"十三五"国家重点出版物出版规划项目
能源革命与绿色发展丛书
普通高等教育能源动力类系列教材

新能源发电技术

第 2 版

于立军　刘单珂　编著

机械工业出版社

本书为"十三五"国家重点出版物出版规划项目。

本书全面讲述了新能源发电领域的主流技术及其相关专业基础，其主要内容包括能源、环境、温室气体的排放和核算，核能利用，风力发电，太阳能发电，生物质能利用，地热发电，海洋能发电以及燃料电池技术，并对其基础知识、工作原理、系统构成以及关键设备等进行了细致描述。本书知识结构完整，语言表达简明，专业知识点及难点设置得当，以期为读者提供良好的学习体验。

本书为新能源、储能及能源动力类相关专业本科生和研究生教材，也可为从事新能源发电、新型电力系统开发以及节能环保相关工作的人士提供参考。

图书在版编目（CIP）数据

新能源发电技术 / 于立军，刘单珂编著. -- 2 版. -- 北京：机械工业出版社，2025.4. --（能源革命与绿色发展丛书）（普通高等教育能源动力类系列教材）.
ISBN 978-7-111-78491-3

Ⅰ. TM61

中国国家版本馆 CIP 数据核字第 2025R8L530 号

机械工业出版社（北京市百万庄大街 22 号　邮政编码 100037）
策划编辑：尹法欣　　　　　　责任编辑：尹法欣
责任校对：韩佳欣　张亚楠　　封面设计：张　静
责任印制：刘　媛
三河市国英印务有限公司印刷
2025 年 8 月第 2 版第 1 次印刷
184mm×260mm・15.75 印张・387 千字
标准书号：ISBN 978-7-111-78491-3
定价：49.80 元

电话服务	网络服务
客服电话：010-88361066	机 工 官 网：www.cmpbook.com
010-88379833	机 工 官 博：weibo.com/cmp1952
010-68326294	金 书 网：www.golden-book.com
封底无防伪标均为盗版	机工教育服务网：www.cmpedu.com

前言 PREFACE

我国传统能源占比相对较大,加之以煤为主的能源结构特点,造成温室气体排放居高不下。在"双碳"政策的持续发力下,截至2023年年底,我国新能源发电装机总量已经超过14亿kW,首度超越传统火电,实现了历史性跨越。

今后,"双碳"战略还将继续引领新能源产业蓬勃发展,利用新能源大规模替代化石能源已经成为减控温室气体的重要手段,相关产业依旧蕴含重大机遇,有着重大的现实意义。对我国而言,新能源发电所涉及产业链及供应链相对完备,基本不存在"卡脖子"问题。

在各类新能源中,风能、太阳能、地热能以及海洋能等资源情况得天独厚,发展潜力十分巨大。相信在不远的将来,新能源发电将凭借其特有的综合优势,在发电市场占据举足轻重的主导地位。面对庞大的市场需求,加强专业人才队伍建设变得尤为重要。

另外,新能源自身特点决定了其发电过程往往带有波动性和间歇性,新能源发电如果采用直接并网的方式运行,将会对电网产生较大冲击。为了更好满足国家提出的"构建以新能源为主体的新型电力系统"发展需要,更好适应新质生产力的发展要求,本书还详细地介绍了储能电池及功率预测等相关专业知识,方便大家学习使用。

全书共分8章,核心是电能生产过程中所涉及的专业知识。其中,第1章是绪论,第2章是核能利用,第3章是风力发电,第4章是太阳能发电,第5章是生物质能利用,第6章是地热发电,第7章是海洋能发电,第8章是燃料电池技术。

本书第1、2、7、8章由于立军编写,第3~6章由刘单珂编写,全书由于立军统稿。另外,在近些年第1版的使用过程中,先后收到300多位同学的完善建议与使用反馈,在这里一并表示感谢!

由于编者水平所限,书中不当之处敬请读者批评指正。

于立军

目 录

前言
第1章 绪论 … 1
1.1 能源问题 … 1
1.2 环境问题 … 9
1.3 温室气体的排放和核算 … 13
1.4 新能源发电技术 … 20
思考题与习题 … 24

第2章 核能利用 … 25
2.1 核反应堆的物理基础 … 25
2.2 核反应堆的热工分析 … 37
2.3 核反应堆的动力回路 … 40
2.4 核电站的安全基础 … 50
2.5 可控核聚变及其未来的利用方式 … 59
思考题与习题 … 66

第3章 风力发电 … 67
3.1 风资源与风能利用基础 … 67
3.2 风力发电机组的构成 … 80
3.3 储能电池 … 86
3.4 风电功率预测技术 … 96
思考题与习题 … 103

第4章 太阳能发电 … 105
4.1 太阳能的利用基础与利用方式 … 105
4.2 太阳能集热器 … 115
4.3 太阳能光热发电技术 … 119
4.4 太阳能光伏发电技术 … 126
思考题与习题 … 133

第5章 生物质能利用 … 134
5.1 生物质能的利用基础 … 134
5.2 生物质气化技术 … 138
5.3 生物质液化技术 … 148
5.4 生物质能发电技术 … 152
思考题与习题 … 157

第6章 地热发电 … 158
6.1 地热资源的种类 … 158
6.2 地热资源的获取方式 … 163
6.3 蒸汽型地热发电技术 … 167
6.4 闪蒸型地热发电技术 … 171
6.5 双循环地热发电技术 … 175
思考题与习题 … 181

第7章 海洋能发电 … 182
7.1 潮汐能蓄能发电技术 … 182
7.2 波浪能发电技术 … 191
7.3 海流能发电技术 … 204
7.4 海洋温差能发电技术 … 209
思考题与习题 … 218

第8章 燃料电池技术 … 219
8.1 燃料电池的工作原理及输出性能 … 219
8.2 燃料电池的技术分类 … 226
8.3 燃料电池发电系统 … 233
8.4 燃料电池联合循环发电 … 239
思考题与习题 … 242

参考文献 … 243

第1章 绪论

能源及能源所引发的环境问题已经受到全世界的广泛重视,很多国家都在努力尝试重新构筑能源安全与环境保护之间的新型平衡关系。随着能源利用技术的不断进步和人类对生态环境的日趋重视,人们更有信心建立一个广泛依靠新能源的电力生产方式,在满足社会用电需求的同时,还能解决当前遇到的环境问题。

1.1 能源问题

能源是能量物质或能量资源的统称,它是自然界中可为人类提供某种能量(如电能、热能、光能等)的各类能量物质,或者是可以做功的各种能量资源。

举例来说,煤炭、石油、天然气这些能源都能够为人类的活动提供能量,所以它们都属于能源。这三种能源是由埋在地下的动植物经过千百万年的地质演变而形成的,和化石的形成一样,所以被称为化石能源。化石能源常以固态、液态或气态的形式存在于地球内部,可以通过一些技术手段进行开采和利用。能源是人类活动的物质基础,人们常常通过某种特定的技术,使化石能源转变为人类所需要的电能、机械能或冷热能量,应用在人类活动的方方面面,以满足人类对能源的需求。

能源在现代工业生产中占有重要地位,任何生产环节都直接或间接依赖能源;现代化的交通运输更离不了能源,火车、汽车、飞机和轮船都是以强大的能源工业作为基础的。人类社会的发展离不开品质优良的能源和先进的能源技术。能源是人类赖以生存的基本保障,是奠定人类社会的重要基础,同时也是推动世界发展和社会进步的驱动力,其重要意义不言而喻。

另外,能源问题也一直是全球的热点话题。在当今世界,能源安全、能源与环境是全世界、全人类共同关心的热点问题,如何解决能源问题是一个国家社会经济发展的重要课题。

1.1.1 能源分类

能源的种类有很多,例如煤炭、石油、天然气、生物质能以及核能等,这些都是人们所熟知的能源。此外,大自然中的风、太阳辐射、潮汐、地震等也蕴含着巨大的能量。能源有多种分类方法,根据不同的划定方式,可以从多角度对能源进行分类。

1. 一次能源和二次能源

最常用的是按其形成和来源进行分类,我们可以将能源分成一次能源和二次能源。所谓一次能源,是指以现存形式存在于自然界中,而不改变其基本形态的天然能源,例如生物质、煤炭、原油、天然气、核燃料、水能、风能、太阳能、地热能以及海洋能等。一次能源又可以分为地球以外的、地球内部的、地球与其他天体相互作用的三类。二次能源是指需要经过加工转换过程，从一次能源直接或间接转化来的能源，例如蒸汽、煤气、电能、汽油、煤油、柴油、氢能等。二次能源比一次能源具有更高的终端利用效率，使用时更方便、更清洁。

2. 常规能源和新能源

按能源的开发及利用状况进行分类，能源可以分成常规能源和新能源。常规能源又称作传统能源，是指已经大规模生产和广泛利用的能源，如煤炭、石油、天然气等。新能源是相对于常规能源而言的，要比常规能源所受关注度更高。所谓新能源，是指在新技术基础上，能够开发与利用的能源。与常规能源相比较，新能源使用量较小，尚未形成较大的应用规模，例如核能、太阳能、风能、海洋能、地热能、氢能、水能等。

这里需要指出的是，常规能源与新能源的划分并无严格界限，会随着时间推移或地区不同而发生一定的变化。例如核能，在 20 世纪 50 年代核能刚开始应用时，它被认为是一种新能源；而到了 20 世纪 80 年代，一些发达国家已经把它列为常规能源了。

3. 可再生能源与不可再生能源

按照能源是否能再生又可以将能源分为可再生能源和不可再生能源，这是对一次能源的再一次分类。可再生能源就是指在生态循环中能不断再生的能源，它不会随着本身的转化或人类的利用而减少，具有天然的自我恢复功能，例如风能、水能、海洋能、地热能、太阳能以及生物质能等。矿物燃料和核燃料则难以再生，它们会随着人类的使用而越来越少，因而被称为不可再生能源。

4. 其他分类方法

能源还可以分为商品能源和非商品能源。商品能源是指能够进入能源市场作为商品销售的能源，例如煤炭、石油、天然气和电能等（国际上的能源统计均限于商品能源）。非商品能源主要指柴薪和农作物残余。

另外，能源还可以分为燃料能源和非燃料能源。燃料能源是指可用于直接燃烧发出能量的物质，例如煤、石油、天然气、生物质。非燃料能源是指不可用于直接燃烧的能源，例如水能、风能、电能等。

1.1.2 能源发展过程

1. 能源发展过程综述

能源作为人类社会与经济持续发展的重要物质基础，它的发展与人类社会的发展密切相关。因此，能源技术发展的过程，也是人类文明和社会进步的发展历程。人类利用能源大致经历了以柴薪、煤炭、石油作为主要能源的三个阶段。

什么是能源

在远古时代，早期人类发现了火，掌握了火的使用技术，开始了以柴薪作为主要能源的时代，这一阶段一直持续到了 18 世纪。生活在这一阶段的人类主要把柴薪作为主要燃料。

随后在 18 世纪，由于第一次工业革命的爆发，英国发明了蒸汽机、纺织机等工业机器，并开始大规模代替人力，柴薪已经不能满足人们对能源的巨大需求，煤炭作为柴薪的替代品开始崭露头角，逐渐成为世界第一大主导能源。

19世纪70年代以来,科学技术突飞猛进,各种新技术迅速应用于工业生产中,尤其是电力的广泛应用和内燃机的发明,使人类由蒸汽时代迈入电气时代,被称为第二次工业革命。伴随着一系列新技术的出现,汽车工业、电力工业、化学工业、通信技术得以迅速发展,石油和天然气工业也在这一时期迅速崛起,并以其更高热值、更易运输、更低污染的特点,于20世纪60年代取代了煤炭的主导能源地位,世界能源结构又一次发生改变。

随着科学技术的进步,各类新能源开始得到应用。根据2022年BP世界能源统计,2021年一次能源消费增长5.8%。化石燃料所释放的能量在一次能源供应中约占82.27%,其中石油占30.95%,煤炭占26.9%,天然气占24.42%。非化石能源中,核能占4.25%,水力发电占6.77%,太阳能、风能、地热能等可再生能源占6.71%。

2. 常规能源

常规能源主要有煤炭、石油及天然气等,是人类历史上应用最多的能源。下面简要介绍煤炭、石油及天然气的发展历程。

(1) 煤炭的发展　煤炭利用有着悠久的历史,我国是世界上最早将煤炭作为能源使用的国家,早在汉代就将煤炭作为燃料,要比欧洲早1000多年。但是,煤炭作为主要能源却花了很长时间。

在第一次工业革命之前,由于人类的生产技术比较落后(主要集中在手工业上),所以对能源的需求不是很强烈,仅仅使用柴薪这样的低热值能源就可以满足人类生产生活的需求。但是,第一次工业革命的出现改变了能源结构。由于蒸汽机的出现,人类对工业能源的需求剧增,需要具备高热值的煤炭提供所需热能,因此煤炭取代之前的柴薪成为了人类的第一大能量来源。直到现在,煤炭依旧在钢铁、化工及电力工业中扮演着重要的角色。

(2) 石油、天然气的发展　同煤炭一样,石油、天然气也是常规能源。我国在公元前3世纪到1世纪就将天然气作为燃料使用。然而,石油、天然气作为主导能源同样经历了漫长的过程。

19世纪60年代,活塞式内燃机的发明增加了人类对石油的需求。随后得益于柴油发动机的发明,航空业也发展起来,因此人类开始大规模地开采石油。世界能源结构又一次发生改变,从以煤炭为主过渡到以石油、天然气为主,而且人类社会的生产生活越来越离不开石油、天然气。

但是,石油、天然气作为不可再生能源,终有枯竭的一天。人类进入现代社会以来,已经遭遇了三次石油危机,油价飙升、储量减少,威胁着人类社会的健康发展。由此可见,以新能源为主的时代即将到来。

3. 新能源技术

除常规能源外,人类也在积极探索新能源应用的可能性。相比常规能源,新能源具有储量丰富、清洁低碳、污染低甚至无污染的特点。虽然现阶段新能源的利用仍有较大的局限性,很多停留在研发阶段,但可以预测的是,现阶段所研发的新能源技术将在未来被人类普遍应用,成为能源结构中最重要的组成部分。下面主要介绍太阳能、风能、水能、核能的利用。

(1) 太阳能　太阳能蕴藏着巨大的能量,地球上每秒钟获得的太阳能相当于燃烧500多万吨优质煤所发出的热量,并且完全清洁无污染,被看作是最佳能量来源,但目前的主要问题是缺乏高效利用太阳能的方法。当前太阳能发电主要是太阳能光伏发电和太阳能光热发电：光伏发电就是利用光生伏特效应直接将太阳能转换成电能的技术；光热发电是指将太阳辐射经过热能再转换成电能的发电技术。目前越来越多的高校与研究机构致力于探索太阳能的应用前景，可以预测的是未来太阳能将会得到更好的应用。

（2）风能　风能也是具有广阔应用前景的可再生能源，可以用作航行、灌溉和发电等。早在几百年前，人类就发明了应用风能的风车。到目前为止，人类已经广泛掌握了现代风力发电技术，美国、日本、丹麦都设计制造了超过 16MW 的风力发电机组。风能的清洁性、可再生性以及大规模应用技术的成熟，使得风能成为新能源领域技术最成熟、最具开发条件和最有发展前景的清洁能源。

（3）水能　水能是储量巨大的可再生能源，具有可再生性、清洁性等优点。人类对水能的开发利用也由来已久，早在 2000 多年前就已经在农业上使用水车。现在人类对水能的利用主要集中在水电站上，例如我国的长江三峡水利枢纽工程，年发电量可超过 800 亿 kW·h，由此可见，水能的应用潜力极其巨大。

（4）核能　核能是原子核发生裂变或聚变时释放出的能量，蕴含着巨大的利用潜力。这里讨论的核能主要指核裂变。核能的利用历史只有半个多世纪，但是核能技术的发展极为迅速。截至 2023 年 12 月 31 日，全球共有 413 台在运转核电机组，在个别国家核能发电量甚至超过了总发电量的 50%。

值得注意的是，在目前核能的开发利用过程中，仍存在公众所担心的核安全问题。由于核燃料具有极高的放射性，一旦发生泄漏，将对环境造成严重危害，历史上就曾经发生过苏联切尔诺贝利核事故以及日本福岛核电站泄漏事故。因此，人类还需要找到更安全的核能开发利用方法，加大对核能发电技术的研究，保证核能在安全的环境下造福人类社会。

1.1.3　能源结构

1. 能源生产结构

目前来看，石油仍是全球使用最多的燃料。2021 年全球石油产量增长 138 万桶/日。2021 年，石油储量为 2362.3 亿 t，较 2020 年小幅下降，其中欧佩克石油储量为 1694.4 亿 t，增长 0.8%，占全球储量的比例增至 71.7%。

天然气方面，2021 年全球天然气产量增加了 1754 亿 m^3。截至 2021 年底，全球天然气探明储量为 192 万亿 m^3，和石油储量一样，该储备足以保证 50 年以上的生产需要。俄罗斯拥有世界上最大的天然气探明储量。

煤炭方面，2021 年全球煤炭产量增长 5.9%，其中中国煤炭产量增长 6.0%。全世界探明煤炭储量目前足够满足 153 年的全球产量，是石油和天然气储产比的 3 倍以上，其中美国拥有最大储量，占全球探明储量的 23.2%。

总的来说，当今能源生产结构仍旧以化石能源为主，但是可再生能源和核能的增速不可忽视，可以预测在未来随着化石能源全球储量的减少，可再生能源以及核能等新能源将会占有更加重要的战略地位。

2. 能源消费结构

如图 1-1 所示，石油仍是全球最重要的燃料，约占全球能源消费的三分之一。在 2021

年，石油所占市场份额继续保持上升，全球石油消费较上一年增长了约 534 万桶/日，2011—2021 年期间的年均增长率达到 6.0%。

天然气方面，2021 年全球天然气消费同比增加 1919 亿 m^3。总的来看，天然气消费量占一次能源消费量的 24.42%，排名第三。

在煤炭的消费上，2021 年全球煤炭消费同比增长 6.3%。煤炭在全球一次能源消费中的占比降至 26.90%。

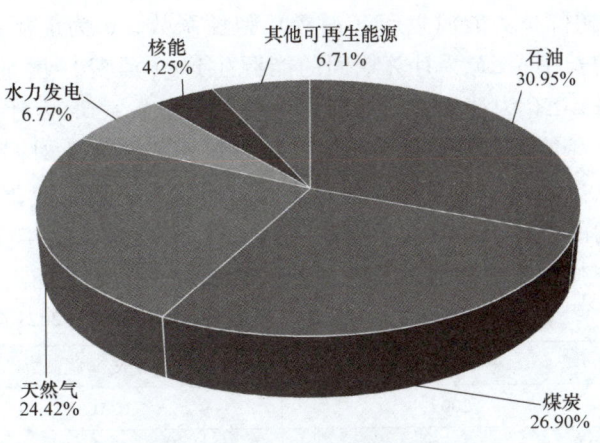

图 1-1　2021 年世界能源消费结构

2021 年，可再生能源的发电量（不包括水电）增长了 16.5%。在可再生能源的发电增长中，超过一半源于风能的增长。太阳能在可再生能源中的占比为 28.23%，贡献了约三分之一的增长。中国超过美国，成为全球最大的可再生能源生产国。全球核能增长 3.8%，中国增长 11.2%。

包括太阳能、风能等在内的新能源增长势头迅猛，这预示着新能源将会在能源消费结构中承担越来越重要的角色。

2021 年中国一次能源消费总量为 53.9 亿 t 标准煤，同比增长 7.1% 左右，其中，石油、天然气、煤炭的一次能源消费量占比分别为 19.41%、8.65%、54.66%，可以看到，现阶段我国仍以煤炭作为主要能源。而核能、水力发电、其他可再生能源分别占 2.33%、7.77%、7.18%。2021 年中国能源消费结构如图 1-2 所示。

3. 能源弹性系数

弹性系数主要是指某一变量的微小增长率与另一变量的微小增长率之比，比如说有 X、Y 两个变量，弹性系数就是 $\dfrac{\Delta Y}{Y} \Big/ \dfrac{\Delta X}{X}$。用弹性系数来分析变量间的关系，这在经济学领域中应用很广泛。

而在能源领域，为了研究能源与国民经济间的关系，则引入了能源弹性系数的概念。能源弹性系数又分为能源生产弹性系数和能源消费弹性系数。能源生产弹性系数可以反映能源生产与国民经济的关系，而能源消费弹性系数则可反映能源消费与国民经济的关系。

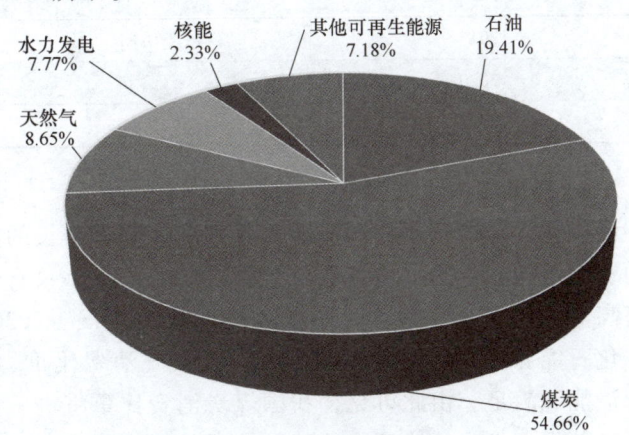

图 1-2　2021 年中国能源消费结构

能源弹性系数是研究能源生产（消费）量与宏观经济发展指标（一般采用国内生产总值 GDP）之间关系的数值，基本定义为能源生产（消费）增长率与经济增长率之比，用式 (1-1) 表示。

$$e = \frac{\alpha}{\beta} = \frac{\Delta E/E_0}{\Delta G/G_0} \tag{1-1}$$

式中，e 为能源生产（消费）弹性系数；α 为能源生产（消费）增长率；β 为国内生产总值增长率；ΔE 为计算期间的能源生产（消费）增量；E_0 为计算起始年的能源生产（消费）量；ΔG 为计算期间的国内生产总值增量；G_0 为计算起始年的国内生产总值。

能源生产弹性系数实质上是国民经济变化对同期能源生产量变化的影响，能源消费弹性系数实质上是国民经济变化对同期能源消费量变化的影响，研究能源弹性系数对制定能源结构的优化策略有着重要意义。中国 2007—2021 年能源弹性系数见表 1-1，由表可见，能源生产弹性系数和能源消费弹性系数都有一定的波动。

表 1-1 中国 2007—2021 年能源弹性系数

年份	能源生产弹性系数	能源消费弹性系数
2007	0.56	0.61
2008	0.52	0.30
2009	0.33	0.51
2010	0.86	0.69
2011	0.95	0.77
2012	0.40	0.49
2013	0.28	0.47
2014	0.12	0.29
2015	0.00	0.14
2016	−0.59	0.21
2017	0.54	0.46
2018	0.84	0.52
2019	0.82	0.55
2020	1.14	0.96
2021	0.58	0.65

4. 能源结构优化调整

优化能源结构是提高能源质量和确保经济增长的重要措施。优化能源结构需要平衡能源的资源结构、供给结构和需求结构之间的关系。只有处理好这三者之间的矛盾，才能够有效提高能源的利用效率，促进经济平稳快速发展。2030 年我国能源发展消费架构的目标为：非化石能源消费比重提高到 20%，天然气消费比重力争达到 15%，新增能源需求主要依靠清洁能源满足。由此可见，我国煤炭消费比重将进一步降低，非化石能源和天然气消费比重将显著提高，主体能源由油气（石油、天然气）替代煤炭、非化石能源替代化石能源的双重更替进程将加快推进。

1.1.4 能源利用效率

1. 能源利用效率的定义

世界能源委员会在 1995 年出版的《应用高技术提高能效》中，将"能源效率"定义为减少提供同等能源服务的能源投入。能源利用效率可以使用两种评价指标进行评价，分别是物理学评价指标和经济学评价指标。

（1）物理学评价指标　物理意义上能源利用效率的热力学指标通常用热效率来表示。联合国欧洲经济委员会的定义是在使用能源（开采、加工、转换、储运和终端利用）的活动中所得到的起作用的能源量与实际消耗的能源量之比。在设备水平上，通过提高能源在利用过程中实际利用的能量来提高能源利用效率。有效提高热力学意义上的能源利用效率可以降低能源利用成本，促进经济快速增长。

根据联合国欧洲经济委员会的物理能源效率评价和计算方法，能源系统的总效率由以下三部分组成：

1）开采效率。即能源储量的采收率。

2）中间环节效率。包括加工转换效率和储运效率。其中，储运效率以能源输送、分配和储存过程中的损失来计算。

3）终端利用效率。是指终端用户得到的有用的能源量与最初输入能源量的比值。

（2）经济学评价指标　能源效率的计算方法有两种：一是单要素能源效率，只把能源要素与产出进行比较而不考虑其他生产要素；二是全要素能源效率，即考虑各种投入要素相互作用的能源效率。全要素能源效率更接近实际但计算复杂，而单要素能源效率虽计算简单，却夸大了能源效率，且没有考虑要素之间的替代作用。由于计算简单，人们通常采用单要素能源效率。

1）基于单要素法的能源利用效率的定义与度量。单要素能源效率常被定义为一个经济体的有效产出（Useful Output）和能源投入（Energy Input）的比值，最常用的单要素能效指标是 GDP 能耗指标。单要素能效指标在分析能源效率上存在不可忽视的缺陷，GDP 能效指标不能反映能源利用的技术效率。由于 GDP 能效指标反映的是社会生产的总体状况，因而不能反映出行业间的技术差别和能效差别，不能表征国民经济体中不同产业在能源利用效率上的不同发展变化情况。因为一个经济体中使用的能源种类很难唯一，很多研究都表明种类不同的能源形式在根据现有技术使用时会有不同的利用效率差异，但 GDP 能效指标因其只是经济体总产出的货币表现与总能源投入之比，故无法描述不同能源结构经济体之间的能效差异。

2）基于全要素法的能源利用效率的定义与度量。鉴于单要素法的缺陷，有学者将单要素能效指标和其他生产率指标（如劳动生产率、资本生产率等指标）结合使用，能在一定程度上弥补单要素能效指标的不足，但还是无法全面解决单要素能效指标的所有缺陷。因此，提出全要素能源效率（Total Factor Energy Efficiency，TFEE）的概念，将其定义为在其他要素保持不变的前提下，按照最佳生产实践，一定的产出所需的最少能源投入量与实际投入量的比值，即

$$\text{TFEE} = \frac{E_{目标}}{E_{实际}} \tag{1-2}$$

该定义包含了除能源要素投入以外的其他要素（资本和劳动力）对能源效率的影响。其中，能源投入的目标就是最佳实践的能源投入最低水平。由于实际能源消费总是大于或者等于目标值，因此 TFEE 的值在 0~1 之间。

我国地域辽阔，各区域能源自然禀赋差异较大，全要素方法能够较好地衡量生产要素间的替代效应，相对单要素能效指标能更为准确地反映各区域在一定能源结构下的能效利用综合水平。

2. 影响因素分析

能源利用效率的影响因素有产业结构、能源消费结构、技术进步、能源价格、市场化水平以及对外开放水平等。

（1）产业结构　产业结构变动对能源利用效率产生影响的主要原因是不同产业的能源消耗量不同，以及技术的发展程度不同。三次产业的能源效率存在很大差异，其中，我国的第一产业特性为劳动力密集型，对能源的依赖较小，因此能源效率显著高于第二产业和第三产业，分别约为5倍和2倍，但是改革开放以来，第一产业在我国国民经济中所占比重逐年下降，到2023年时仅为7.1%，加上第一产业能源需求量少，因此对总能源效率提升的贡献较小。而第二产业主要依靠高耗能来得到产出，第三产业则是以高技术、低耗能、高产出为目标的产业，一个国家的第三产业比重越大，那么能源利用效率就会越高。

（2）能源消费结构　不同的能源有着不同的利用效率，比如煤的利用效率较低，而石油、天然气的利用效率就相对较高。煤炭在我国的一次能源消费中长期占据很大比重，煤炭使用比例的下降会推动能源效率的提高。我国能源结构中的优质能源（如石油、天然气）的比重较低，分布不均衡，且煤炭长期占据能源消费的主体，在运输和使用过程中产生了很多能源损耗。我国煤炭消费比重从1990年的76.2%下降到2023年的55.3%，显著提高了我国的能源利用效率。由此可见，能源消费结构对于能源利用效率会产生直接影响，优质能源使用比率的上升会提高能源利用效率。

（3）技术进步　技术进步对能源利用效率的作用体现在两个方面：一是能源技术进步。比如能源开采技术的进步可以减少能源损失，间接提高能源利用效率。能源价格、能源产品的竞争程度会对能源技术的发明、创新产生影响，如能源价格上升，会激励企业进行技术创新，尽可能提高单位能源投入的产出量。能源技术进步能够应用在能源生产和使用的各个环节，促进能源利用效率的提高。二是非能源技术进步。非能源技术进步表现在生产设备和运输设备的改进、劳动者劳动能力的提高等方面。非能源技术进步可以优化生产要素配置，节约能源投入，增加产出，从而提高能源利用效率。改进高耗能行业（如钢铁和水泥行业）的生产设备，可以显著降低单位产品的能源强度，提高能源利用效率。

（4）能源价格　能源价格被认为是影响能源效率最重要的因素之一，其理论基础为能源是一种生产要素。能源价格上涨将导致企业使用能源的成本上升，从而引起企业的生产成本上升，在完全竞争市场上，当能源价格上升时，为了降低成本，生产者将尽可能提高能源效率，减少能源资源的使用量。

（5）市场化水平和对外开放水平　在市场机制的作用下，企业会更加关注生产效率和技术创新，从而提高企业内部的能源利用效率；同时，市场机制的逐渐强化促使能源这一生产要素流向更加具有效率的企业，因此在整体的资源配置上也会有所改善。对外开放有力地推动了我国的工业化进程，在技术转让、管理技能和国际营销技能等方面发挥了正向促进作用，对我国制造业的能源利用效率产生了积极影响。

1.1.5　新能源渗透率

1. 新能源渗透率的含义与意义

新能源渗透率主要指各种新能源占全部能源用量的比重。例如人类每年利用的太阳能占全部能源的比重就是太阳能的渗透率。

新能源渗透率对人类社会的发展有着重要的意义。由于新能源普遍绿色环保，提高新能源渗透率有利于构建节能减排的资源节约型社会，防止资源短缺情况的发生，最大限度地去保护人类赖以生存的自然环境，促进经济社会的可持续发展；发展低碳经济，可实现 GDP 快速可持续增长。此外，提高新能源的渗透率还能够优化能源结构，促进人类社会构建新的能源体系，摆脱传统化石能源的束缚。

2. 提高新能源渗透率的主要措施

提高新能源渗透率的主要措施是发展先进的多能源耦合和独立的新能源发电技术，使新能源在能源结构中占有支配地位。同时，政府也应该提出相应的政策支持，宣传新能源的优点，优化产业结构，为发展新能源提供有利条件。

1.2 环境问题

随着人们生活水平的不断提高，每个人对自身所处环境及其与环境相关问题的关注程度越来越高。由于人类社会活动的影响，自然环境自身平衡被打破，环境状态也随之发生一定变化，从而引发了各类环境问题，比如由于大量排放二氧化碳等温室气体所造成的气候变化问题，以及 PM2.5、NO_x、SO_x、重金属等污染物排放问题。本节主要介绍由于能源使用所造成的环境影响。

能源与环境

1.2.1 能源环境污染

能源环境污染是指由于能源消费过程中所生成的污染物进入环境，对其所造成的污染，也包括因为人为疏忽所导致的能源泄漏。而大部分能源环境污染是由于能源的浪费或者不合理使用所引发的。能源环境污染大体上可分为大气污染、水污染以及土壤污染。其中，大气污染也叫空气污染，是指能源使用过程中的污染物排放到大气中，从而对大气造成的污染。水污染和土壤污染与此类似，也是指能源使用过程中的污染物排放到水或土壤中，对水体或土壤所造成的污染。

能源环境污染的影响主要有两个方面，一是对自然生态系统的危害，二是对人类社会的危害。对自然生态系统的危害可以分为对自然生物的危害和对气候的影响。大气污染、水污染和土壤污染都会威胁到地球上的动植物以及其他生物。比如在大气污染中，当二氧化硫等污染物的浓度过高时，会直接造成植被的枯萎甚至死亡；在水体污染中，石油的泄漏会导致江河湖海中水生生物的直接死亡；在土壤污染中，燃烧化石能源所排放的硫化物和氮氧化物等有害气体进入大气中，它们与其他物质相互反应从而形成酸雨，通过自然降水进入土壤，最后造成土壤酸化，从而污染土壤。

1.2.2 能源环境污染的成因

能源环境污染的成因将按上文中的划分，从大气污染、水污染、土壤污染三个方面展开介绍。

1. 大气污染的成因

目前的科学研究表明，与能源使用相关的大气污染的成因大致可以分为以下三类：

（1）工业能源环境污染　随着工业的快速发展，化石能源的使用量大幅度上升，而这些化石能源会产生大量的 SO_x 和 NO_x，而这些物质几乎都被排放到大气中，进而造成大气污染。图 1-3 和图 1-4 中的大量烟气，即为工业燃煤排放烟气。

图 1-3　工厂排放

图 1-4　火电厂排放

（2）交通运输能源环境污染　随着社会的不断发展，汽车、火车、飞机、轮船已经成为人们日常出行的主要交通工具，它们运行时所产生的废气污染物已经不容小觑。特别地，汽车的数量不断增多，其排放的 CO、NO_x 和 PM2.5 等污染物的数量不断增多，这些污染物进入大气中，对人体和环境造成比较大的危害。同时，这些交通工具所使用的油气挥发物与其他有害气体经过太阳紫外线照射后，发生一些复杂化学反应，也会加重大气污染程度。

（3）日常生活能源环境污染　日常生活能源环境污染的主要来源是生活炉灶与采暖锅炉。特别是在北方地区的冬季采暖季节，使用这类炉灶和锅炉时需要消耗大量的煤炭，煤炭在燃烧时会释放大量烟尘、SO_x、CO 等有害物质，造成大气污染。

2. 水污染的成因

现今水污染的成因较多，单纯由能源浪费和不合理利用造成的水污染大致可以分为两类：

（1）酸雨造成的水污染　燃煤产生的 SO_2 等酸性气体排入大气中，造成局部地区 SO_2 含量过高，与云层中的水蒸气反应生成亚硫酸，进而继续与其他污染物发生催化反应生成硫酸，最后以酸雨的形式降下。降下的酸雨一部分流入江河湖海，最后造成水污染。同时，一些工厂排出的废水因其携带较多的热量和污染物，造成水的热污染和直接污染，对周围的环境造成危害。

（2）石油造成的水污染　石油泄漏也是造成水污染的一个重要原因。一方面，石油泄漏污染地下水，直接危及人类的健康，导致各种疾病的患病率上升；另一方面，海上石油泄漏污染（图 1-5）会造成大面积的海洋生物死亡，破坏生态平衡，例如 BP 石油公司漏油事件就是由于石油泄漏造成的一次重大污染事件。图 1-6 所示为清理受污染的水体。

3. 土壤污染的成因

与水污染的成因类似，土壤污染的成因主要也可以分为两类：

（1）酸雨造成的土壤污染　酸雨的一部分渗入土壤，造成了土壤酸化，导致土壤污染。

（2）石油造成的土壤污染　石油泄漏也会造成土壤污染。在开采、存储、使用的过程中，石油中的重金属等污染物进入土壤导致土壤的质量下降，无法发挥其正常作用，被石油污染的土壤通常寸草不生，如图 1-7 所示。

图 1-5　海上石油泄漏污染

图 1-6　清理受污染的水体

图 1-7　石油造成的土壤污染

1.2.3　能源环境污染实例

本小节主要介绍由能源的浪费和不合理利用引起的大气污染、水污染、土壤污染的具体实例。

1. 大气污染相关实例

（1）雾霾天气　PM 是颗粒物（Particulate Matter）的缩写，通常说的 PM2.5 是大气中直径小于或等于 2.5μm 的颗粒物，也叫作可吸入肺颗粒物，通常采用每立方米空气中这种颗粒的含量来表示，这个值的大小和当地空气污染程度直接相关。与其他大气中的颗粒物相比，PM2.5 的粒径更小，还可携带大量的有害物质，能长时间停留在大气中并且拥有较远的输送距离，所以对人类社会和自然环境造成的破坏性更大。

PM2.5 的成因主要是工业生产过程，例如燃煤发电烟气排放、汽车尾气排放等。例如 2015 年 11 月 8 日，中国某省出现了史上最严重的雾霾天气，这次雾霾天气的特点是持续时间长、污染面积大、污染程度深。在这一天，该省 14 个城市中有 11 个处于重度污染以上。当地 PM2.5 值一度超过 1000μg/m³，局部地区更是高达 1400μg/m³。

（2）1952 年伦敦烟雾酸雨事件　在 1952 年 12 月初的得奖牛展览会上，350 头牛中有 52 头出现了严重的中毒症状，14 头处于濒死状态，其中 1 头当场死亡。紧接着是伦敦市民发生了不良反应：许多人呼吸困难、哮喘咳嗽、眼睛刺痛。在 12 月 5 日到 8 日的 4 天中，伦敦的死亡人数高达 4000 人。紧接着是 12 月 9 日的酸雨，pH 值低至 1.4~1.9，而正常雨水的 pH 值仅为 5.6 左右。究其原因，一方面，伦敦当时为了发展经济，建立的火力发电厂、燃煤工厂等排放的二氧化硫成为酸雨的主要来源；另一方面，当时正处于冬季，各家各户通过燃煤进行取暖，所排放出来的烟气也加重了污染物的浓度。

2. 水污染相关实例

（1）北美死湖酸雨事件　自20世纪70年代起，美国东北部及加拿大东南部的湖泊水质发生酸化，污染程度高的湖泊pH值已低到1.4，污染程度较低的pH值也有3.5，而正常湖泊的pH值在6~7之间。据记载，1930年当地只有4%的湖泊没有鱼，但是在1975年，就有50%的湖泊没有鱼，其中有200个湖泊已经成为死湖。当地为了发展经济，工业发达，但是这也带来极大的负面效应，造成了年平均超2500万t SO_2 的排放。这些 SO_2 的排放，造就了约3.6万 km^2 的大面积酸雨，大约9400km^2 的湖泊被污染而酸化变质。

（2）海洋石油污染事件　2010年4月20日，英国BP石油公司在美国墨西哥湾租用的钻井平台发生爆炸，导致大量石油泄漏，酿成了一场经济和环境的惨剧。美国政府证实，此次漏油事故超过了1989年阿拉斯加埃克森公司瓦尔迪兹油轮的泄漏事件，是美国历史上"最严重的一次"漏油事故。1967年3月，油轮"托利卡尼翁"号在英吉利海峡触礁，不幸失事。这次油轮失事造成了严重的海洋石油污染。在该油轮触礁的10天内，它所装载的11.8万t原油，除了一小部分在沉船爆炸时被烧掉，其余全部流入海中。据统计，大约140km的海岸受到了严重的石油污染；受石油污染的海域有25000多只海鸟死亡，大约50%~90%的鲱鱼卵难以正常孵化，其幼鱼也濒临灭绝，对生态系统造成了极大的破坏。

（3）日本核污染废水排海事件　2011年，日本发生福岛核事故，福岛核事故是国际核事故事件分级标准（INES）下的最高级别核事故。2021年，日本政府决定将福岛核事故积累的大量核污水排放至海洋。该举措引发国际社会广泛关注与争议，因其基于短期利益考量而缺乏对海洋生态系统及渔业长期影响的全面评估。这一决定可能对海洋环境产生不可逆转的危害，引发长期的生态灾难。排放核污水可能污染海洋水域，影响海洋生物的健康和繁殖，对渔业产生严重影响，危及当地居民的生计。此举违背了国际环境伦理和法律，对国际社会影响深远。

3. 土壤污染相关实例

（1）电池不合理处置污染　2017年，某新区23t含有废铅膏和废酸液的废旧铅酸蓄电池壳露天堆放在无防渗措施的地面上，对当地土壤造成严重污染。低碳交通的实行使得对电池的需求量剧增。然而，由于电池中含有有害物质，不合理处置的废旧锂离子电池将对自然环境和人类健康造成巨大威胁。

（2）重金属污染　我国中东部的老油田，由于其开发较早，并且当时的开发方式比较粗放，因而导致了比较严重的土壤重金属污染。这些重金属大多数都不是人体所必需的元素（铅、锌、镉等），有些甚至有剧毒，严重威胁人类和生态环境。不只是中国油田，世界上许多油田都有关于土壤重金属污染的研究报告，可见油田土壤重金属污染是一个普遍现象。

1.2.4　改善能源环境污染的主要途径

由前面内容可以看出，能源环境污染已经给人类和人类所赖以生存的环境造成了严重的影响，特别是在经济高速发展的当今社会，能源环境污染已是当今环境污染的一大主体。因此，必须采取措施，改善这一现状。下面将针对常规能源和新能源，介绍一下改善环境的主要措施。

由于常规能源在能源使用方面仍占较大比重，所以放弃常规能源是不现实的，只能尽量采取积极措施来降低常规能源在使用过程中所带来的环境危害，或者寻找污染后的治理方法。前者是预防，后者是治理，二者缺一不可。

（1）预防方面　例如：采取洗煤、脱硫脱硝等技术措施，降低煤炭使用过程中的灰、硫等污染物排放；实行汽车尾气排放标准，通过法律的手段，强制限制燃油汽车排放的污染气体；在汽车尾气排放前使用三元催化器对将要排放的气体进行处理，从而减少排放废气中的污染排放量。

（2）治理方面　例如：当土壤被石油污染之后，可以采用土壤修复技术，通过微生物对污染的土壤进行修复，减轻石油对土壤的危害。当然，改善能源环境污染还是以预防为主，以治理为辅。这样才能把对环境的损害降至最低。

新时代，新能源如风能、太阳能、生物质能、地热能、海洋能等正蓬勃发展。这些新能源在使用过程中几乎不会产生对环境有害的物质，因此受到了社会的广泛重视。随着科技的进步和对可持续发展的追求，新能源的应用和发展成为了当前能源转型和环境保护的重要方向。

1.3　温室气体的排放和核算

当今世界，灾难性气候频发，高温、洪水、冰川融化等极端自然现象频发，给世界各国带来了巨大的损失。针对这样的现状，各国纷纷加入到温室气体减排的行列中，著名的《京都议定书》和《巴黎协定》就是在这样的背景下产生的。温室效应已经成为当代人类不得不了解、不得不面对的一个重大环境问题。

1.3.1　温室效应

1. 温室效应的概念

在农业领域，温室是用来培养植物的密闭装置。当太阳照射时，温室能保持比室外大气更高的温度。而大气中也存在类似作用的气体，可以将地球构成一个温室。太阳通过辐射把能量传递给地球，一部分被反射回宇宙中，另一部分则被地面所吸收。地面增温后通过长波辐射，将能量返还给宇宙，这是地球本身的热平衡。但是由于大气中某些物质的增加，导致热量无法向外层空间发散，地球表面的温度则会逐渐升高。由于这种情况类似于温室大棚的保温效果，故称之为温室效应，如图1-8所示。而那些能够产生温室效应的气体则被称为温室气体。

温室效应并不可怕，相反它还是地球上众多生物的保护神，是地球生物赖以生存的必要条件。温室效应中帮助加热温室的辐射过程使地球表面平均温度由-18℃上升到当今自然生态系统和人类已经适应的平均15℃的舒适温度。因此温室气体的存在，对于维持自然环境来说十分重要。

但是，由于近年来人口激增、人类活动频繁、矿物燃料用量猛增、森林植被的破坏，造成了温室效应的加剧，引起了全球变暖的趋势。2023年，全球平均地表温度较19世纪末工业化前升高了1.36℃，是自1880年以来有记录以来地表温度最高的一年，过去的三个10年比之前自1850以来的任何一个10年都暖。由此导致海洋变暖、冰冻圈退缩、海平面上升和极端天气增多等负面影响。

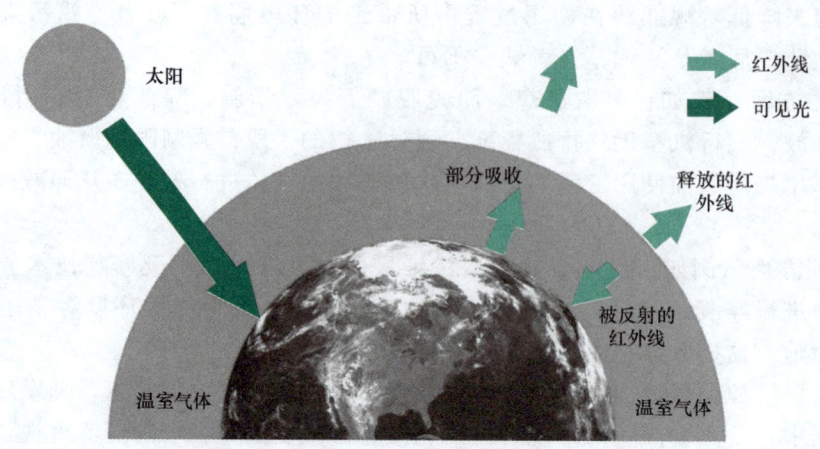

图 1-8 温室效应示意图

2. 温室气体种类及其特性

（1）主要温室气体的种类及性质　除了人们熟知的二氧化碳，还有哪些气体也是属于温室气体呢？从定义上说，温室气体是能吸收并反射地面的长波辐射，使地球增温而产生温室效应的气体。人们现在已经发现的温室气体有 40 余种。

主要的温室气体可以从 1997 年 12 月制定的《京都议定书》中了解到，有以下六种：二氧化碳（CO_2）、甲烷（CH_4）、氧化亚氮（N_2O）、氢氟碳化物（HFCs）、全氟化碳（PFCs）、六氟化硫（SF_6）。其中后三种气体产生温室效应的能力最强，但是由于二氧化碳在空气中的含量更多，所以从产生的总体温室效应来看，二氧化碳仍是最主要的温室气体。表 1-2 为几种主要温室气体的特性。

表 1-2　几种主要温室气体的特性

温室气体	增加	减少	对气候的影响
CO_2	1. 化石燃料 2. 改变土地的使用（砍伐森林）	1. 被海洋吸收 2. 植物的光合作用	吸收红外线辐射，影响大气平流层中 O_3 的浓度
CH_4	1. 生物体的燃烧 2. 肠道发酵作用 3. 水稻	1. 和 OH 自由基起化学反应 2. 被土壤内的微生物吸取	吸收红外线辐射，影响对流层中 O_3 及 OH 自由基的浓度，影响平流层中 O_3 和 H_2O 的浓度，产生 CO_2
N_2O	1. 生物体的燃烧 2. 燃料 3. 化肥	1. 被土壤吸收 2. 在大气平流层中被光线分解及和 O 起化学反应	吸收红外线辐射，影响大气平流层中 O_3 的浓度

（2）温室气体的作用强度　各种温室气体对地球的能量平衡有不同程度的影响。为了度量各种温室气体对全球变暖的影响，政府间气候变化专门委员会（Intergovernmental Panel on Climate Change，IPCC）在 1990 年的报告中引入全球变暖潜值（Global Warming Potential，GWP）的概念。

GWP 是一个相对值，表示一定质量的某种温室气体所捕获的热量相对于同样质量的 CO_2 所捕获的热量之比。GWP 是在一定时间间隔内计算得到的，以二氧化碳为基准，将 1kg

二氧化碳使地球变暖的能力作为 1，其他物质均以其相对数值来表示。例如 100 年的甲烷气体的 GWP 是 21，意味着相同质量的甲烷和 CO_2 被释放到大气中，在接下来的 100 年中，甲烷气体捕获的热量是 CO_2 所捕获的 21 倍。

表 1-3 为一些常见温室气体的 GWP（100 年）和大气预留时间。GWP 值的计算含有一些不确定因素，计算某温室气体的 GWP 通常需要了解该气体在大气层中的演变情况以及它在大气层的余量所产生的辐射影响。因此，温室气体的 GWP 并不是一个精确值。

表 1-3　一些常见温室气体的 GWP（100 年）和大气预留时间

温室气体	大气预留时间/年	GWP（100 年）
CO_2	50~200	1
CH_4	12±3	21
N_2O	120	310
HFC-23	264	11700
HFC-32	5	650
CF_4	50000	6500
C_2F_6	10000	9200
SF_6	3200	23900

3. 温室气体的影响

（1）气候转变、全球变暖　温室气体浓度的上升会减少红外线向太空辐射，由于地球生态环境存在的正反馈和负反馈机制，会使地球的气候发生转变。IPCC 第六次综合评估报告中指出，2011—2020 年全球地表温度较 1850—1900 年上升 1.09℃（0.95~1.20℃）。在过去的 2000 年中，自 1970 年以来全球地表温度上升速度比任何 50 年间的速度都快。

（2）对海洋的影响　根据 IPCC 第六次综合评估报告，海洋变暖占气候系统热量的 91%，自 1901 年至 2018 年，全球平均海平面上升 0.20m（0.15~0.25m）。1901 年至 1971 年，平均海平面上升速率为 1.3mm/a⊖（0.6~2.1mm/a），1971 年至 2006 年增至 1.9mm/a（0.8~2.9mm/a），2006 年至 2018 年进一步增至 3.7mm/a（3.2~4.2mm/a）。至少自 1971 年以来，可以将海平面增长的主要原因归于人类的影响，人类造成的 CO_2 排放是目前全球海洋表面酸化的主要驱动因素。

（3）对生态系统的影响　气候变暖、海水酸化、海平面上升等因素给生态系统带来了许多不利影响。气候变暖引起动植物生态环境发生变化，生物数量和地理分布也会随之改变。当前由于人为因素引起的气候变化速度要比过去几百万年全球自然气候变化快得多，那些无法适应当地的气候，或者无法快速迁移的生物，将会面临物种灭绝的危险。

（4）对人类生活的影响　全球大部分人口居住在沿海地区，海平面的显著上升会对沿海地区人类生命财产和社会经济发展造成严重的危害。联合国环境规划署警告称，除非世界各国采取有效措施来减少温室气体的排放，否则，今后 50 年，平均每年因全球变暖造成的经济损失将高达数千亿美元。

气候变暖对人类健康的最直接影响是使热浪袭击频繁或严重程度增加，热浪、高温使病菌、病毒、寄生虫更加活跃，会损害人体免疫力和疾病抵抗力，导致与热浪相关的心脏、呼

⊖　mm/a，毫米每年。

吸道系统等疾病的发病率和死亡率增加。随着气候变暖，病原体会突破其原有的寄生、感染分布区域，并可能形成新的传染病病原体，威胁人类健康。

1.3.2 二氧化碳

1. 现状和成因

二氧化碳是最主要的温室气体，有必要了解其基本情况。二氧化碳的增加对于大众来说已经是熟知的事实，那么它究竟增加了多少呢？根据美国国家海洋和大气管理局（NOAA）在夏威夷莫那克亚山天文台的检测数据，空气中 CO_2 浓度（体积分数）从1958年有记录的 315.7×10^{-6} 到2015年突破 400×10^{-6}，截至2023年已上升至 421×10^{-6}。空气中二氧化碳含量的增长速度越来越快，减少二氧化碳排放已经刻不容缓。

那么究竟是什么造成了如此巨额的碳排放呢？其中最主要的原因是化石燃料的燃烧。现阶段在新能源技术还不成熟的情况下，化石燃料依然是人们的主要能量来源，每年通过化石燃料的燃烧会产生巨额的二氧化碳。经济发展是推动因化石燃料燃烧造成 CO_2 排放增加的最重要因素。化石燃料使用最多的两个行业为发电供热和交通运输。另外一个重要的原因则是人类对于自然资源的耗竭式利用，导致了大量森林和草地植被的破坏。一方面，植被和土壤中有着巨大的碳储量，人们砍伐树木破坏植被，将会让这些本来被固定住的碳又以二氧化碳的形式回到大气中；另一方面，植物本身有吸收二氧化碳的功能，自然植被的破坏会大大减少空气中二氧化碳的吸收。两个效果互相叠加，对全球碳平衡造成了巨大的破坏。

2. 减排措施

目前，国际上关于二氧化碳的减排主要有以下三大方向：一是提高能源利用效率，二是寻找清洁的新能源作为代替，三是二氧化碳的捕集与封存。三种方法各有利弊，应该针对各地的具体情况进行选择。

首先是提高能源利用效率，对于能源利用效率已经很高的发达国家来说，这并不是一个很好的选择，但是对于像中国这样能源利用效率较低、能耗巨大的国家来说，则有很大的提升空间。国务院2021年印发的《2030年前碳达峰行动方案》中指出，到2025年，单位国内生产总值能源消耗比2020年下降13.5%。我国节能潜力巨大，如果能将能耗降低到发达国家的标准，将会大大减少碳排放。

第二个方法是寻找清洁的新能源作为替代。新能源替代被认为是理想的解决方案，能够彻底解决碳排放的问题。美国、日本、欧盟等一些发达国家和地区也在大力研究新能源替代，目前应用比较广泛的有生物质能、太阳能、风能、地热能等。《2030年前碳达峰行动方案》中指出，到2025年，非化石能源消费比重达到20%左右，单位国内生产总值二氧化碳排放比2020年下降18%，到2030年，非化石能源消费比重达到25%左右，单位国内生产总值二氧化碳排放比2005年下降65%以上。2023年7月，中央全面深化改革委员会第二次会议正式提出，要立足我国生态文明建设已进入以降碳为重点战略方向的关键时期，完善能源消耗总量和强度调控，逐步转向碳排放总量和强度双控制度。这将为我国非化石能源的利用和以新能源为主体的新型电力系统建设提出更高的要求。

最后一个方法是二氧化碳的捕集与封存，这也是目前备受关注的研究方向。二氧化碳的捕集主要分为燃烧前捕集和燃烧后捕集。燃烧前捕集是指在燃烧之前将燃料分解成为氢气和二氧化碳，再将二氧化碳进行处理；而燃烧后捕集，指的是在燃烧后的烟气中进行二氧化碳的处理。二氧化碳的封存是一个可以解决碳排放的终极手段,即将排放出来的二氧化碳集中起来在地质结构中进行封存,可利用的地质结构包括贫化油田、枯竭气田等。根据地质探测这些地质结构有足够的储量来进行二氧化碳的封存。同时,二氧化碳在油藏中埋存不仅可以实现温室气体减排,还可以提高石油采收率。

1.3.3 甲烷

1. 现状和成因

甲烷是公认的温室效应仅次于二氧化碳的温室气体,甲烷对于温室效应的影响主要集中在两个方面:一是甲烷作为温室气体,本身具有吸收和反射长波辐射的特性,可以吸收地面辐射中的红外线,使地球升温;二是甲烷作为一种烃类,会参与大气中的各种化学反应,生成其他种类的温室气体。

甲烷在大气中的含量虽远不及二氧化碳,总的温室效应也不及二氧化碳,但其 GWP(100 年)是二氧化碳的 21 倍,增长趋势也远超过二氧化碳。根据 IPCC 第六次综合评估报告,2019 年大气中甲烷的浓度已经增加到至少过去 80 万年来前所未有的水平,达到 1866×10^{-9}(体积分数),较 1750 年增长 156%,期间 CO_2 的增长幅度仅为 47%。

目前甲烷的主要来源有三个:一是化石燃料开采中的泄漏,不论是煤矿开采中煤层气的泄漏,还是石油开采中甲烷的渗漏,都是大气中甲烷的重要来源;二是农业生产,农业生产中动物反刍、粪便处理以及稻田种植中均会产生大量的甲烷;三是废弃物品的掩埋,废弃物品填埋虽然可以避免燃烧产生的二氧化碳,但是其中的厌氧分解则会产生大量的甲烷。

2. 减排措施

与二氧化碳不同,甲烷的化学性质较为活泼,在大气层中的停留时间较短,对于甲烷的减排将会很快便有成效;而且甲烷本身也具有利用的价值,既可以作为燃料,也可以作为原料制备各种化学制品。这两个因素使得甲烷的减排前景较为光明。

目前常用的甲烷减排措施有以下几种。一是针对甲烷的逃逸。通常是将甲烷注回地下或者点燃,这两种方法都能大幅度减少甲烷的泄漏。二是针对农业方面的措施。可以通过改进饲料的成分来减少动物反刍导致的排放;通过对粪便池的管理,建立沼气池和发酵池利用甲烷;通过水分管理和肥料管理来减少稻田中甲烷的产生。三是针对废弃物的措施。一般是通过在废弃物周围铺设防渗层,进行气体和沥出液的捕获,进行重复利用。

1.3.4 碳核算

1. 碳核算方法

目前,使用范围较广的碳排放核算方法有排放因子法、质量平衡法和实测法三种。碳核算方法可参考核算结果的数据准确度要求、可获得的计算用数据情况、排放源的可识别程度等因素进行选取。

为统一度量整体温室效应的结果,需要一种能够比较不同温室气体排放的度量单位,由于 CO_2 增温效益的贡献最大,因此,规定二氧化碳当量(CO_2e)为度量温室效应的基本单位。

(1)排放因子法 排放因子法(Emission-Factor Approach)是 IPCC 提出的第一种碳排放估算方法,也是目前广泛应用的方法。其基本思路是依照碳排放清单列表,针对每一种排放源构造其活动数据与排放因子（Emission Factor），以活动数据（Activity Data）和排放因子的乘积作为该排放项目的碳排放量估算值，即

$$E_{GHG} = AD \cdot EF \cdot GWP \tag{1-3}$$

式中，E_{GHG} 为温室气体（如 CO_2、CH_4 等）排放量（tCO_2e）；AD 为温室气体活动数据（导致温室气体排放的生产或消费活动量表征值，如各种化石燃料的消耗量、原材料的使用量、购入的电量、购入的热量等），单位根据具体排放源确定；EF 为排放因子（表征单位生产或消费活动的温室气体排放系数），单位与活动数据的单位相匹配；GWP 为全球变暖潜值（通常 E_{GHG} 为 CO_2 排放量，则 GWP 值为 1）。

表 1-4 给出部分能源的排放因子。

表 1-4 部分能源的排放因子

能源名称	二氧化碳排放因子/(kg/kg)	能源名称	二氧化碳排放因子/(kg/kg)
原煤	1.9003	煤油	3.0179
焦炭	2.8604	柴油	3.0959
原油	3.0202	液化石油气	3.1013
燃料油	3.1705	油田天然气	2.1622kg/m³
汽油	2.9251		

（2）质量平衡法 质量平衡法（Mass-Balance Approach）是根据质量守恒定律，用输入物料中的含碳量减去输出物料中的含碳量进行平衡计算得到二氧化碳排放量，见式（1-4）。

$$E_{GHG} = \left[\sum(M_I \cdot CC_I) - \sum(M_O \cdot CC_O)\right] \cdot w \cdot GWP \tag{1-4}$$

式中，E_{GHG} 为温室气体排放量；M_I、M_O 分别为输入和输出物料的量，其单位根据具体物料确定；CC_I、CC_O 分别为输入和输出物料的含碳量，其单位与物料单位相匹配；w 为碳的温室气体质量转换系数；GWP 为全球变暖潜能，数值可参考表 1-3。

（3）实测法 实测法（Experiment Approach）是通过安装检测仪器、设备，测量其所排放到大气中的温室气体排放量。该法中间环节少、结果准确，但数据获取相对困难，投入较大。现实中多是将现场采集的样品送到有关检测部门，利用专门的检测设备和技术进行定量分析，因此该方法还受到样品采集、样品代表性以及测定精度等因素的影响。目前，实测法在我国的应用还不多。

综合比较，上述三种方法的优缺点、适用对象及应用现状见表 1-5。

表 1-5 碳核算方法比较

类别	特点	适用对象	应用现状
排放因子法	1. 简单明确，易于理解 2. 有成熟的核算公式和活动数据、排放因子数据库 3. 有大量应用实例参考	排放源较为稳定，自然排放源不是很复杂或忽略其内部复杂性的情况	应用广泛，结论权威
质量平衡法	1. 明确区分各类设施设备和自然排放源之间的差异 2. 中间过程较多，容易出现系统误差，数据获取困难且不具权威性	排放设备更换频繁、自然排放源复杂的情况	刚刚兴起，具体操作方法众多，结论需讨论

(续)

类别	特点	适用对象	应用现状
实测法	1. 中间环节少,结果准确 2. 数据获取相对困难,投入较大,受采集样本及测定精度影响较大	小区域碳排放源	应用历史较长,但应用范围窄

2. 企业的碳核算

企业作为碳排放的重头,在生产中的碳排放核算也成为减排中的一个重大问题。由世界资源研究所(World Resources Institute,WRI)和世界可持续发展工商理事会(World Business Council for Sustainable Development,WBCSD)共同制定的温室气体协议——《企业核算和报告准则》中定义了企业碳排放的三个范围:直接排放、电力的间接排放、其他间接排放。

(1) 直接排放　企业中的直接排放是指企业直接从自己的生产活动中产生的温室气体排放。这些排放通常来自于企业自身的生产过程和设备运行,与企业内部直接控制的活动相关联。在进行核算时可以先将各种燃料折算成标准煤当量,然后根据每个国家的标准折算成碳排放。对于化学反应过程中的碳排放,可以通过化学反应方程式和反应物质量进行估算。对于非二氧化碳的温室气体(如甲烷、氧化亚氮等),可以根据国家或国际标准将其全球变暖潜能值(GWP)折算为二氧化碳当量(CO_2e)。

(2) 电力的间接排放　企业的电力间接排放是指企业在生产经营过程中,由于使用外购电力而间接产生的温室气体排放。这些排放不是由企业自身直接燃烧化石燃料引起的,而是由电力供应商在发电过程中产生的碳排放,这部分排放归因于企业的用电需求。

(3) 其他间接排放　除了电力外,企业还可能通过购买其他能源(如燃气、燃油等)而导致间接排放。这些能源在生产、运输、使用等过程中产生的排放也算作企业的间接排放。

3. 其他的碳核算方法

针对核算的对象不同,还有一些其他的碳核算方法:生产碳足迹法和消费碳足迹法。生产碳足迹法是指不考虑由于经济交往产生的碳转移,只按照地理界线统计该区域生产带来的碳排放,而不考虑产品在本区域消费或者是在其他区域消费,适用于分析该地区的产业结构对于碳排放的影响。消费碳足迹法则刚好相反,不考虑消费产品在哪里制造,只考虑在本地区消费的产品的碳排放,该方法考虑了经济交往的碳排放,关注各个区域消费结构不同带来的碳排放差异,应用更广泛。

1.3.5　总结

随着温室效应日益加剧,各国纷纷意识到温室气体排放控制的紧迫性。为了应对这一挑战,国家和个人都需共同努力。国家层面,需要加大科研投入,以加快清洁能源技术的发展,改善能源结构,提高能源利用效率,从而降低对化石燃料的依赖。同时,建立规范的碳核算体制和监管机制,严格控制各类温室气体的排放强度,确保减排目标的达成。而对个人而言,了解温室效应的危害和原因至关重要,只有深刻认识到个人行为对气候变化的影响,才能意识到自己也可以参与到减排行动中来。因此,每个人都应从自身做起,从每一天做起,采取节能减排措施,如减少用电、选择低碳出行方式、推广绿色生活方式等，共同减少温室气体的排放，为保护地球环境、减缓气候恶化贡献自己的力量。

1.4　新能源发电技术

长期以来，人类在生产和生活中主要依靠煤炭、石油、天然气等化石能源，化石能源的大量使用，不但引起了二氧化碳排放量的急剧增加，还引发了雾霾等极端天气。由此可见，化石能源的过快消耗不但污染了环境，还会影响地球上各种生物的生存与健康。解决环境恶化问题已经刻不容缓，开发更为高效清洁的能源转换方式已经成为当前的主要任务。

电力系统

与此同时，能源的大量消耗也带来了资源短缺问题，有关专家对世界能源形势做出如下预测：到 2030 年，化石燃料消费基本上达到峰值；到 2050 年，在化石燃料的供应方面也将面临严峻的考验，未来可以使用的化石燃料将会变得非常有限。在中国，这一问题更加明显，因为中国的人口数量和工业规模位居世界前列，同时我国也是世界上发展最快的国家之一，能源需求量远远高于其他国家；另外，虽然我国能源储量在世界上位于前列，但由于人口众多，人均资源占有量尚不及世界平均水平的一半；再者，我国的部分能源品种，尤其是石油的供应需要依赖进口，能源安全面临严峻挑战。能源问题已经成为各国发展的主要瓶颈之一，在中国这一问题更为突出，因此通过新能源满足未来能源增量是一个切实可行的必然选择。

1.4.1　新能源发电技术简述

电能为社会发展提供动力源泉，同时也是保证人们日常生活水平的重要基础，可以说电能是最重要的终端能源。2023 年我国的能源消费总量已经超过了 57 亿 t 标准煤，其中电能生产就是最主要的能源消费方式。因此，在各种能源利用技术中，发电技术占有重要地位。能否利用新能源来提供和保障电力供应，已经成为解决问题的重要部分。在此背景下，新能源发电技术应运而生。新能源发电技术就是区别于传统化石能源的能源利用与转换技术，主要包括核能、风能、太阳能、水能、生物质能、地热能以及海洋能、燃料电池技术等一系列新技术。

1.4.2　新能源发电主要技术类型

新能源发电技术发展至今，已初具规模，该技术方式可以有效降低化石能源的消耗量，也有助于改善环境质量。总而言之，新能源发电技术是解决能源与环境问题的有力武器。下面，首先简单介绍一下核能、风能、太阳能、生物质能、地热能、海洋能以及燃料电池等新能源发电技术的相关内容。

1. 核能利用及其发电技术

到目前为止，人类获取核能的主要方式有两种，即核裂变与核聚变。核裂变就是将一个质量较大的原子核分裂成两个或多个质量较小的原子核，目前主要使用铀核进行核裂变获取核能；核聚变就是将质量较小的两个原子核聚合成一个质量较大的原子核，目前主要依靠氢核聚变来获取核能。在这两个变化过程中都会释放出巨大的能量，这就是核能，根据来源方式被分为核裂变能和核聚变能。威力巨大的核武器也是利用核能产生的。

目前的商业核电站都是基于核裂变实现发电的。核裂变发电过程与火力发电有些类似，只是核电站所需的热能不是来自化石燃料燃烧，而是来自于核燃料核裂变所释放出的热量。实现大规模可控核裂变链式反应的装置称为核反应堆。根据核反应堆形式的不同，核电站可分为轻水反应堆、重水反应堆及石墨气冷堆等。轻水反应堆又称轻水堆，通常采用轻水，即普通的水（H_2O）作为慢化剂和冷却剂。重水堆则采用重水（D_2O）作为中子慢化剂，重水或轻水作冷却剂。重水堆的特点是可采用天然铀作为燃料，无需铀浓缩过程，燃料循环简单，但建造成本比轻水堆要高。石墨气冷堆采用石墨作为中子慢化剂，用气体作冷却剂。由于气冷堆的冷却温度较高，因而提高了热效率。目前，气冷堆核电机组的热效率可以超过40%，相比之下，水冷堆核电机组的热效率只有30%左右。

此外，还有正在研究中的快堆，即快中子增殖堆。这种反应堆的最大特点是不用慢化剂，主要使用快中子引发核裂变反应，因此堆芯体积小、功率大。由于快中子引发核裂变时新生成的中子数较多，可用于核燃料的转化和增殖。特别是采用氦冷却的快堆，其增殖比更大，是第四代核技术发展的重点堆型之一。

目前世界上的核电站大多数采用轻水反应堆。轻水堆又有压水堆和沸水堆之分。据统计，目前在世界已建的核电站中，轻水堆大约占90%，其中轻水压水堆约占70%，轻水沸水堆占20%。国际上核电站已经经过了三代的发展，技术已经相对成熟，正在研发的第四代核反应堆将能够满足极少的核废物生成、风险低、防止核扩散等基本要求。

研究显示，核聚变放出的能量远大于核裂变，其所用燃料是氢的一种稳定形态放射性同位素氘或氚，有时又被称为重氢或超重氢。核聚变产物无放射性且不产生温室气体，是一种十分理想的清洁能源。但是，核聚变十分难控制，一旦失控其破坏力巨大。因而，"受控核聚变"一直是制约人类利用核聚变的巨大障碍，这一难题也受到国内外研究机构的关注。

截至2023年年底的公开资料显示，我国的核电装机容量已经达到5699万kW，主要是大亚湾、岭澳以及秦山、田湾核电站。预计到2030年核电装机容量达到1.2亿~1.5亿kW。总之，我国已经是世界核电在建机组容量最多的国家，未来20年核电仍将快速发展。

2. 风力发电

风是由于空气流动产生的，它广泛存在于地球上的各个角落，而空气在流动过程中所具有的动能就是风能。风能也是新能源中的一种，它有着传统化石能源所没有的很多优势。风能取之不尽用之不竭，是典型的可再生能源，并且没有污染，对环境基本没有影响。早在公元前，人们就开始利用风能，人们利用风力进行舂米、提水、磨面、灌溉、用风帆推动船舶前进等，发展到今天，人类开始研究利用风力进行发电。风力发电作为新能源发电技术的一个重要组成部分，已经得到了较大的发展，目前是可再生能源中除了水力发电之外技术最成熟并且前景最好的发电方式，也是新能源发电技术中十分具有潜力的一种。

风力发电是利用风力发电机组将风的动能转化为机械能，再最终转化为电能的发电方式。它主要利用风力带动风轮转动，再利用变速装置加速使其能够达到发电的标准。风力发电机根据应用类型，大体上可分为两类：水平轴风力发电机、垂直轴风力发电机。水平轴风力发电机风轮的旋转轴与地面平行，在工作时需要不断转换方向来对风；垂直轴风力发电机风轮的旋转轴垂直于地面或者气流方向，工作时不需要实时对风。

19世纪80年代,美国电力工业的奠基人查尔斯·弗朗西斯·布拉升安装了世界上第一台自动运行且用于发电的风力发电机,到目前为止,风力发电技术已经越来越成熟。20世纪90年代以后,世界各国都开始大力发展风力发电,促进了风电技术的快速发展。目前有几种技术已经成型并成为主流,包括双馈变速、直驱变速、半直驱变速等风力发电机技术。截至2023年,我国的可再生能源装机容量超过了1500GW,风电装机容量已经超过310GW;其中,海上风电装机容量达到了31.4GW,约占总风电容量的10%。我国的风机制造商得益于成本优势和高效的生产能力,提供的涡轮机价格低于西方竞争对手。例如,亚洲的平均每兆瓦价格约为40万美元,这比美洲和欧洲的平均价格要低得多。我国企业推出的16MW风力发电机为世界上最大,其转子直径为260m,覆盖面积约等同于十个美式足球场。

我国风力发电市场发展潜力巨大,尤其是海上风电项目,目前已经取得了一定的突破,在未来必将大有作为。同时,风电产业对于我国的能源结构调整具有重大意义,它有助于解决困扰我国多个省市的雾霾问题。可以预见,风力发电必将成为未来重要的发电方式之一。

3. 太阳能发电

太阳能主要指太阳辐射能,其来源是太阳内部氢原子发生核聚变释放出来的能量。人类所使用的能量大都来自于太阳辐射。植物通过光合作用将太阳能转化为化学能储存在体内,而传统的化石能源主要是远古生物埋在地下经过一系列复杂的演变之后形成的能源,其根本还是太阳能。

太阳能发电技术就是利用太阳能产生电能的技术,主要包括太阳能光伏发电和太阳能光热发电技术两大类。目前太阳能光伏发电技术已经逐渐成熟,只是存在发电成本较高、转换效率低的问题。太阳能光伏发电系统主要包括太阳能电池组件(阵列)、控制器、蓄电池、逆变器等。其中,太阳能电池组件和蓄电池为电源系统,控制器和逆变器为控制保护系统,负载为用户终端。太阳能光热发电技术是首先将太阳能转化为中高温热能,之后再将这部分热能转化为电能的发电技术,它与传统火力发电有些类似,主要差别是该系统利用太阳能中高温集热器取代传统锅炉。

在我国,光伏发电技术领先于光热发电技术,在太阳能电池组件的生产方面已经达到了世界领先水平,很多科研院所也在进一步研究以取得更大的发展。但在光热发电方面,我国起步较晚,相对落后。

有关数据显示,我国是最大的太阳能电池生产基地,但其中还存在着诸多问题,例如我国光伏产品的原材料绝大部分是从国外进口,而大多数产品也出口到了欧洲、美国、日本等国外市场。随着技术的发展,我国太阳能发电成本正在逐步降低,1977年,我国太阳能电池发电成本高达200元/(kW·h);20世纪80年代,我国光伏工业开始起步,成本降至40~45元/(kW·h);2000年年底则进一步降低到20元/(kW·h);2016年,我国太阳能光伏电池的发电成本已经降到0.8元/(kW·h)以下,正在逐渐接近火力发电成本价格。

为了进一步扩大太阳能发电的规模,我国在新疆、西藏等地开建了很多大型太阳能发电站。截至2023年,我国太阳能发电装机容量约达到6.1亿kW,同比增长55.2%,这标志着太阳能发电的规模和产能均实现了大幅度增长,使得太阳能发电成为我国总发电装机容量的第二大电源,占比达到21%。2023年,全国太阳能发电总量达到5833亿kW·h,同比增长36.4%,在总发电量中的占比为6.3%,排名第五,凸显了太阳能发电作为清洁能源在我国能源结构中的重要地位。

4. 生物质能发电

生物质能，就是太阳能以化学能形式储存在生物质中的能量形式，即以生物质为载体的能量。它的主要来源是植物的光合作用，可转化为气态、液态和固态燃料，是一种可再生能源，同时也可以视为碳源。它具有原料丰富、清洁低碳、可再生、可代替化石能源等优点。可以作为生物质能的资源不仅包括各种农业生物质、农业废弃物和畜禽粪便，还包括城市生活垃圾。这些资源可以通过直接燃烧或气化的方式用于发电。其中，相关的技术主要包括生物质直接燃烧发电、气化发电和沼气发电等。直接燃烧发电是指把生物质原料投入适合其燃烧的锅炉中燃烧，带动蒸汽轮机发电；气化发电的主要方式是将生物质原料通过热解或发酵等方法使其产生可燃性气体，然后利用这些气体进行发电。

由于我国是农业大国，每年产生的生物质很多，很多地区都采用焚烧的处理方法，这样会给环境带来巨大的影响。发展和推广生物质能发电技术有利于解决这一问题。在我国，生物质储量与来源都十分丰富，生物质发电技术也在进一步提升，同时，国家对生物质能发电有着很多的激励政策，它在新能源发电技术中占据重要地位，未来也有着很大的发展空间。截至2023年底，我国生物质能发电累计装机容量达到了4414万kW，年发电量达到1824亿kW·h，年上网电量达到1531亿kW·h。生物质能发电技术的发展有助于缓解能源紧张的形势，同时对环境改善也将带来积极影响。

5. 地热发电

地热主要是由地球内部不断发生的核裂变所产生的能源，也是一种储量巨大的新能源。火山喷发和温泉都是其具体的表现形式，火山喷出的岩浆温度可高达上千摄氏度，温泉也基本在60℃以上（有些甚至超过100℃）。整个地球就好像是一个巨大的热能储存库，其大部分热量集中在地核部分，溢出地表的这部分地热只占其能量的很小一部分。地热是清洁能源的一种，有着广阔的开发前景。地热发电就是地热资源开发利用的一个重要组成部分。

地热发电是利用地下蒸汽或热水所具有的热能，并将其通过一定的装置和技术手段转化为机械能之后进一步转化为电能。针对温度不同的地热资源，地热发电主要包括三种技术方式，即蒸汽型地热发电、闪蒸型地热发电和双循环地热发电技术。1904年，意大利托斯卡纳的拉德雷洛，第一次用地热驱动发电机投入运转，给5个100W的电灯提供电源进行照明，随后建造了第一座500kW的小型地热发电站。地热发电经过了上百年的发展，目前美国、新西兰、菲律宾、日本等国家都先后建设了地热发电站，其中拥有世界最大装机量的是美国。

地热资源在全球分布较为分散，地热资源较为丰富的地方共有三个：第一个是地中海到喜马拉雅带，包括意大利和我国西藏；第二个是大西洋中脊带，大部分在海洋，北端穿过冰岛；第三个是环太平洋带，东边是美国西海岸，南边是新西兰，西边有印尼、菲律宾、日本和我国台湾地区。各地的地热利用情况各不相同，但总体上发展还是十分迅速的。

我国地热资源也非常丰富，在苏北、西藏、四川、松辽、华北等地均有分布，但大多数为低温地热资源，现有技术难以发电利用。有利于发电的高温地热资源，主要分布在滇、藏、川西和台湾。我国目前最大的地热利用基地是位于藏北的羊八井地热电厂，它也是当今世界唯一利用中温浅层热储资源进行大规模发电的地热电厂。同时，羊八井地热电厂还是藏中电网的主要电力来源之一。

6. 海洋能发电

海洋覆盖面积超过地球表面的 70% 以上，在海洋中蕴藏着巨大的能源，这些能源就是海洋能。海洋能是指依附在海水中的可再生能源，这些能量以多种多样的形式存在于海洋之中。它们包括潮汐能、波浪能、海流能、海洋温差能及盐差能等诸多形式。这些能源有很多的利用方式，发电就是其中的重要组成部分。海洋能的开发与利用早在很多年前就开始了，作为储量丰富的新能源之一，海洋能的开发与利用所面对的最大问题在于获取海洋能的技术手段。

我国是世界上建造潮汐发电站最多的国家，自 20 世纪 50 年代开始的近二十年里，我国建造了近 50 座潮汐发电站，但到了 80 年代初，仍正常运行发电的仅剩 8 个。目前已正常运行近 20 年的江厦电站是中国最大的潮汐发电站，总的说来潮汐发电机组的技术已基本成熟。

7. 燃料电池发电

燃料电池可将燃料中的化学能直接转变为电能，如果不断为其提供燃料，它就具有持续的发电能力，同时还有较高的发电效率。燃料电池发电技术与传统的火力发电不同，它不需要通过锅炉、汽轮机等设备进行能量转换，因此减少了过程中的能量损失。同时它的燃料适应性广，通常采用模块化设计，输出功率由燃料电池堆的自身容量决定。对于氢氧燃料电池来说，其排放产物为水，属于环境友好型发电方式。

燃料电池有很多种类，一般是按其电解质的种类进行分类的。其中最受关注的是以氢为燃料的电池技术。氢能是一种清洁、高效的新能源，是 21 世纪最具发展潜力的新能源发电技术手段。多年以来，世界各国都在研究氢能利用，人们将其视为主宰世界未来的主要能源。

1.4.3 结论与展望

新能源发电技术已经受到了广泛关注，经过近几十年的发展，该技术已具备初步规模，相信在不远的将来，新能源发电技术将凭借它特有的优势，在我国的发电市场中占据举足轻重的地位，成为国家经济发展中不可或缺的重要成员。

思考题与习题

1-1　简述新能源与可再生能源的主要区别。
1-2　什么是能源弹性系数？请给出其数学表达式。
1-3　什么是二次能源？二次能源与一次能源相比有哪些优点？
1-4　常见的能源环境污染分为哪几种？
1-5　简述改善能源环境污染的主要途径。
1-6　什么是温室效应？通常所说的温室气体主要有哪几种？
1-7　什么是碳排放核算的排放因子法？估算企业碳排放量时包括哪些主要范围？
1-8　举例说明你所熟悉的新能源发电技术。
1-9　新能源渗透率如何定义？
1-10　试描述风、光互补发电系统的适用领域及其优势。

第 2 章　核能利用

核能利用包括重核裂变和轻核聚变两大技术体系，当前已投入运行的所有商业核反应堆都是基于核裂变技术开发的，核能发电是人类和平利用核能的重要标志。对商业运行的核电站来说，反应堆中的重核元素在中子轰击下发生原子核裂变，同时还释放出大量热能，然后再通过冷却剂吸收这部分热能并产生蒸汽，带动汽轮机发电机组发电。

截至 2023 年，全球有超过 400 个商业核反应堆在 31 个国家运行，总装机容量达到 396GW。核电已向全球提供超过 11% 的电能，全球 16 个国家在很大程度上依赖于核电，其核电占比超过本国电力供给的 1/4。其中，法国电力来源中，核电贡献 3/4 左右；比利时、捷克、芬兰、匈牙利、斯洛伐克、瑞典、瑞士、斯洛文尼亚、乌克兰等国的核电占比达 1/3 或更多；韩国、保加利亚核电提供 30% 以上的电能；美国、英国、西班牙、罗马尼亚核电各占 20%；日本过去很大程度上依赖核电，占比曾超过 1/4，目前期望返回到当时水平。中国政府计划到 2030 年，核电装机容量将达到 120GW。截至 2023 年 4 月 28 日，我国在建核电机组共 24 台，总装机容量约 26.81GW，整体规模继续保持全球第一；商用核电机组 54 台，总装机容量 56.82GW，位居全球第三（未包含港澳台数据）。另外，自主创新能力也显

图 2-1　我国某核电站厂区布置

著增强，"华龙一号"机组陆续投运，标志着我国实现了由二代向自主三代核电技术的全面跨越。同时，高温气冷堆、小型堆、聚变堆等一批代表着当今先进水平的核能工程也取得重大进展。图 2-1 所示为我国某核电站厂区布置。

2.1　核反应堆的物理基础

能够维持可控自持链式核裂变反应，以实现核能利用的装置被称为核反应堆，它是核能发电过程中的关键设备。为了深入了解核能发电原理及过程，本节将对核反应堆所涉及的物理基础进行介绍。

2.1.1　核物理基础

由于核反应过程均在原子核内部进行，与核物理存在紧密联系，因此本小节首先介绍核

物理相关基础知识。

1. 原子核的组成

原子核位于原子内部，原子核与围绕其不断旋转的电子共同构成原子。原子的直径约为 10^{-10} m（最外层电子轨道直径），而原子核比原子小得多，直径为 $10^{-14} \sim 10^{-15}$ m。原子核由带正电的质子和不带电的中子组成（质子用 p 表示，中子用 n 表示），质子和中子统称为核子；质子质量为 1.6726×10^{-24} g，中子质量为 1.6749×10^{-24} g。可以看出，使用宏观世界很方便的 g 作为单位在微观世界很麻烦，因此需要引入一种新的单位——原子质量单位 u，原子质量单位定义为 ^{12}C 原子质量的 1/12：$1u = 1.6605 \times 10^{-24}$ g。在这种新的计量单位下，中子和质子的质量均略大于 1u，而电子的质量仅为 0.000549u（9.1094×10^{-28} g），可见原子质量几乎全部集中在原子核中。

一个原子核中的核子数用 A 表示，也称为原子核的质量数；质子数用 Z 表示，也称为原子序数；中子数用 N 表示。核子数为质子数与中子数的总和。具有一定质子数和一定中子数的一种原子称为核素，以 $^{A}_{Z}X$ 表示，其中 X 是其化学元素符号。由于 X 本身已经隐含原子序数，因此也常简写成 ^{A}X，例如 $^{235}_{92}U$ 常写成 ^{235}U。元素的化学性质主要由原子核的质子数决定，但也受到电子结构的影响，将具有相同质子数而中子数不同的同一种元素的多种原子称为同位素。

2. 核力

在原子核内，除了质子之间的静电斥力和核子之间微不足道的万有引力外，还存在着一种远比电磁力强得多的吸引力将质子和中子紧紧结合在一起，这就是核力。核力是核能的源头，核能可以理解成是核力和电磁斥力共同作用的结果。

核力是核子之间的、属于强相互作用力的一类作用力。它的强度极大，比库仑力大 100 倍，在核子之间相互作用中起支配作用。核力是短程力，作用范围在 1.5×10^{-15} m 之内。核力在大于 0.8×10^{-15} m 时表现为吸引力，且随距离增大而减小，当超过 1.5×10^{-15} m 时，核力急速下降，几乎消失，这一数值决定了核子的作用边界；而在距离小于 0.8×10^{-15} m 时，核力表现为很大的斥力，这一数值决定了核子的几何边界。它的作用边界和几何边界决定了原子核中每一核子仅仅与紧邻的核子之间存在核力，这一性质称为饱和性。

3. 核的结合能

当一定数量的质子和中子聚合起来组成一个新原子核后，新原子核的质量总是小于构成其核子的质量总和。

质能方程中能量和质量的关系为

$$E = mc^2 \tag{2-1}$$

式中，E 为能量；m 为质量；c 为光速（常量，$c = 299792.458$ km/s）。

取变化量得

$$\Delta E = \Delta m c^2 \tag{2-2}$$

当核子形成原子核时，需要释放能量，所以系统的质量减少。自由核子结合生成原子核时释放的能量称为该原子核的结合能，为式（2-2）中的 ΔE。减少的质量称为质量亏损，为式（2-2）中的 Δm。

在原子物理学中，习惯用电子伏特表示能量，1eV（即 1 电子伏特）等于 1.6×10^{-19} J。由于 1eV 太小，因此常用百万电子伏特（MeV）作为单位，即 $1 \text{MeV} = 10^6 \text{eV}$。1u 的质量可以释放出 931MeV 的能量。

核反应中所利用的就是原子核的结合能。所有已经比较精确测定了同位素质量的元素，其结合能都可以通过式（2-2）计算出来。由于不同核素的结合能差别较大，直接比较缺乏参考性。因此，引入了比结合能这一物理量，以更好地衡量原子核的稳定性。

比结合能：即一个原子核中单个核子结合能的平均值，等于总的结合能除以核子数（即质子数加中子数），又称平均结合能。

比结合能与质量数的关系如图 2-2 所示：

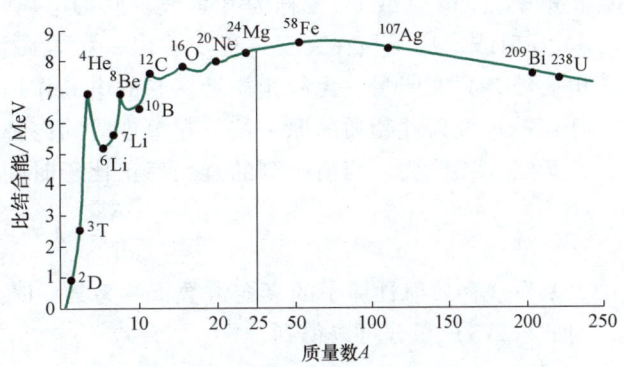

图 2-2 比结合能与质量数的关系

比结合能反映的是每个核子在形成原子核的过程中释放的能量，因此在不同核素之间进行比较十分方便。从图 2-2 可以看到，除了几个轻核外，其他元素的比结合能比较接近。质量数在 50~90 的原子核具有最大比结合能，因此最为稳定。如果将很重的原子核分裂成较轻的原子核，由于发生质量亏损而释放出大量的能量，这就是核裂变能。而两个较轻的原子核结合成一个较重的原子核时，质量亏损往往会更多，能量释放也更大，这就是核聚变能。

4. 核的放射性

分析稳定的原子核结构可以发现，如果某种核素是稳定的，它的核内中子数与质子数的比例必须在某一范围之内，如图 2-3 所示。而当某种原子核内中子数与质子数的比例超出与质量数相应的稳定界限时，这种核将通过放射性衰变的方式向着更稳定的方向自发地变化。

自然界中不稳定的核素会以一定速率自发地变化，一般放出带电粒子并以辐射的形式放出能量，其中辐射包括 α 粒子、β 粒子以及 γ 射线，最终形成一种具有稳定核的元素，这个过程被称为放射性衰变。这种不稳定的元素被称为放射性元素（核素）。当发生衰变时，原子核通常放出一个带电粒子（α 粒子或者 β 粒子），形成一个新的原子核（稳定的或不稳定的），且新原子核往往带有放射性，继续经历放射性衰变过程。在许多情况下，原子核经历放射性衰变后所产生的子核处于激发态，随后以 γ 射线的形式释放过剩能量，回到最低能量状态。

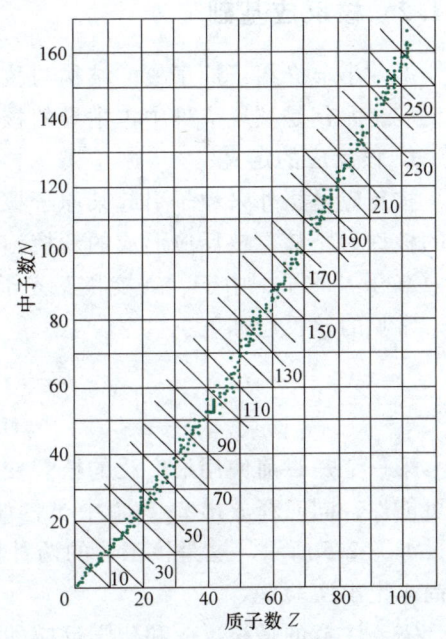

图 2-3 稳定核素在 Z-N 平面上的分布

放射性元素在衰变时放出的射线主要有以下三种：

1) α 射线。原子核衰变时放出 α 粒子（α 粒子流称为 α 射线），核本身转变为另一个新的原子核。α粒子即氦原子（$_{2}^{4}\text{He}$），它的电离作用大，但穿透能力相对较小。

2）β射线。当原子核内部中子和质子比例超过稳定极限时，不稳定的核素会放出电子或者正电子，即e^{-1}或e^{+1}，称为β射线。它的电离作用相对较小，但穿透能力较大。

3）γ射线。原子核在衰变过程中放出一种电磁波，称为γ射线。γ射线是一种波长很短的电磁波，只有能量，无静止质量。它的电离作用相对较小，但穿透能力极强。

任何一种放射性物质的原子核，在单位时间内都有一定的衰变率。衰变率取决于核的种类，且无法人工改变。当前时刻的衰变率正比于时间间隔dt内衰变的原子个数，即

$$\frac{dN}{dt} = -\lambda N \tag{2-3}$$

式中，λ为这种放射性原子的衰变常数；N为某一时刻放射性原子的数量（个/s）。

对式（2-3）积分可以得到

$$N = N_0 e^{-\lambda t} \tag{2-4}$$

式中，N_0为初始时刻放射性原子数量。

人们常用半衰期来表示放射性原子数量变化的快慢。半衰期定义为放射性原子数量衰减到初始数量一半时所需要的时间周期（$T_{1/2}$）。半衰期的计算式为

$$T_{1/2} = \frac{\ln 2}{\lambda} = \frac{0.6931}{\lambda} \tag{2-5}$$

2.1.2 核反应基础

上一小节介绍了原子核的结构与核能的来源。这一小节主要关注原子核的动态过程——核反应，尤其是核反应堆中占主导的核反应——中子介导的核反应。

1. 核反应的定义

核反应是指外来粒子引起某原子核发生各种变化的反应。外来粒子称为入射粒子，被打击的核称为靶核，核反应形成的新核称为剩余核，放出的粒子称为出射粒子。入射粒子可以是α粒子、质子、中子、氘核和γ光子等。

常见的核反应如下：

$$_{92}^{235}\text{U} + _{0}^{1}\text{n} \longrightarrow _{Z_1}^{A_1}\text{X} + _{Z_2}^{A_2}\text{Y} + (2\sim3)_{0}^{1}\text{n}$$

$$_{1}^{2}\text{H} + _{1}^{3}\text{H} \longrightarrow _{2}^{4}\text{He} + _{0}^{1}\text{n}$$

第一个是目前使用最广泛的核裂变反应。其中，X、Y分别代表两种裂变产物，具有多种可能性，同时释放出2~3个中子，如图2-4所示。第二个是科学家正在攻关的核聚变反应，如图2-5所示。这是核工业的两种代表反应，当前工业中主要使用核裂变，核聚变的技术尚未走出实验室。

需要注意的是核反应和化学反应的区别：化学反应是原子间电子的重新组合以形成化学键的结果，表现为化学键的断裂与重新形成，在化学反应中，原子的核结构并未发生变化，但电子的重新排布会导致物质的性质发生改变；恰恰相反的是，核反应涉及原子核的重组或分裂，而不涉及电子的行为，另外，核反应释放或吸收的能量通常远远大于化学反应。

2. 中子与原子核的相互作用

中子作为一种不带电的粒子，可以不受核的静电排斥而接近原子核，进而与其发生相互作用，是一种特别好的引发核反应的媒介。因此，在所有核反应中，应用最多的就是中子与

原子核之间的核反应。中子触发核反应的原理是,中子与原子核碰撞并被吸收后,对核的平均结合能造成了较大的扰动,这个扰动可能已经超出了核素可以保持稳定的范围,使其向一个能量更低的状态转变,从而引发后续反应,也就是发生了核反应。核反应的最终结果可能是产生了新的核素,其具有更加稳定的核结构。

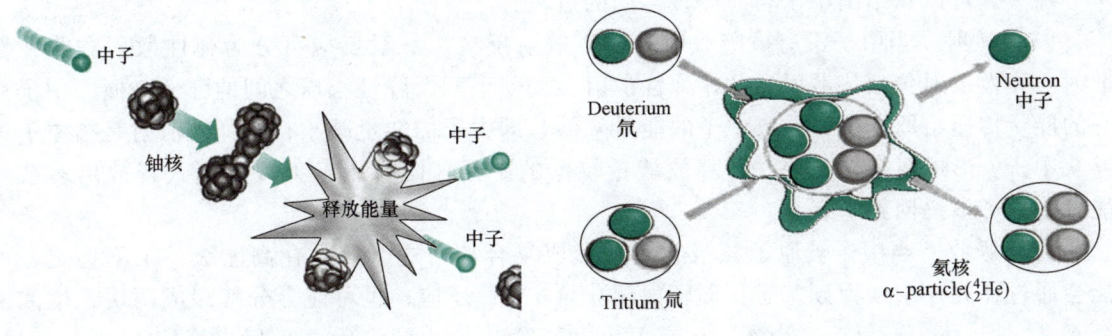

图 2-4 铀核裂变　　　　　　　　图 2-5 氘氚核聚变

中子的能量不同,它与原子核相互作用的方式、概率也就不同。在反应堆物理分析中通常按中子能量把它们分为快中子（0.1MeV 以上）、超热中子（1eV ~ 0.1MeV）、热中子（1eV 以下）。

中子与原子核的相互作用可以归结为以下三类:

（1）复合核的形成　复合核的形成是反应堆的中子与原子核主要的相互作用形式。在这个过程中,入射中子与靶核发生相互作用形成一个新核,即复合核。复合核吸收中子,处在激发态（因为中子的动能转化为了系统的内能）,然后自发地从激发态跃迁回基态,释放能量。激发的能量在所有核子上平均分配并达到统计平衡,直到核内某一个或一组核子得到足够的能量时,才会发生衰变或分解,因此复合核需要在激发态上停留一段时间,这个时间尺度通常取决于核的性质和激发态的特性。因为原子核内部具有不同的结构,所以复合核衰变或分解有多种方式,可以用以下两式做简要表示概括:

$$中子 + 靶核 {}^A_Z X \longrightarrow 复合核 {}^{A+1}_Z X^*$$

$$复合核 {}^{A+1}_Z X^* \longrightarrow 反冲核 + 散射粒子$$

下面给出了核反应的命名（取决于复合核放出的核子）:

1) 若放出质子衰变,称为 (n,p) 反应。

2) 若放出 α 粒子衰变,称为 (n,α) 反应。

3) 若放出的核子是一个中子,而剩余核又重新直接回到基态,前后原子核和中子没有发生变化,就称这个过程为共振弹性散射,即 (n,n) 反应。

4) 若通过发射 γ 射线返回基态,称这个过程为辐射俘获,即 (n,γ) 反应。

5) 复合核还可以通过分裂成两个较轻核的方式发生衰变,称这一过程为核裂变,即 (n,f) 反应。这个反应是反应堆的核心反应。

（2）势散射　势散射是最简单的也是很主要的核反应,它是中子波和核表面势相互作用的结果,中子并未进入靶核。势散射前后中子与靶核系统的能量和动量守恒。势散射是一种弹性散射,而且发生于任何能量的中子。入射中子把它的一部分或全部动能传给靶核,成为靶核的动能。势散射后,中子改变了运动方向和能量,快中子减速,直到中子的能量降低至热中子的能级。

（3）直接相互作用　直接相互作用是指入射中子直接与靶核内的某个核子碰撞，使某个核子从核内发射出来，而入射中子留在核内。这种情况要求中子的能量非常高，反应堆内几乎没有具有如此高能量的中子，基本可以不予考虑。

综上，可以总结出中子与原子核作用的过程：

（1）散射　当中子没有被吸收时，发生散射反应。散射反应可分为弹性散射和非弹性散射。弹性散射包括势散射和共振弹性散射，类似于两个弹性小球之间的弹性碰撞，中子将它的能量传递给原子核，导致中子的能量降低，即中子的能量减小；非弹性散射是指原子核俘获中子，形成复合核，并立即释放能量较低的中子，同时以 γ 射线的形式释放出多余的能量，原子核仍回到基态。

（2）吸收　当中子被原子核吸收后，形成复合核，这个核处在高能级，很不稳定，可能会通过释放 γ 射线回到基态，即辐射俘获（n, γ）反应；也可能会分解裂成两块，生成两个元素，即（n, f）反应；当然，还有很小可能发生（n, α）、（n, p）反应等。

3. 反应截面和核反应率

为了更好地描述和分析反应堆，这里将引入一些物理量来定量研究核反应。

（1）微观截面　这个物理量是用来描述中子与原子核发生反应的概率，定义为单位厚度（Δx）、单位核密度（即单位体积中的原子核的数量 N_0）与中子发生反应的概率。

$$\sigma = \frac{\Delta I / I}{N_0 \Delta x} \tag{2-6}$$

式中，σ 为微观截面，它的量纲与面积相同，由于其值很小，因此通常用 barn（靶恩，缩写为 b）作为单位，$1b = 10^{-28} m^2$；$\Delta I/I$ 为平行中子束与靶核发生作用的中子概率，即损失的中子比例；N_0 表示单位体积内原子核的密度，即单位体积上的靶核数（个/m³ 或个/cm³）。

微观截面可以用如下实验装置测量，如图 2-6 所示。

假定有一单向均匀平行中子束，其强度为 I，打在一个薄靶上，厚度为 Δx，靶片内单位体积中的原子核数是 N_0，在靶后某一距离处放一个中子探测器。如果未放薄靶时测得的中子束强度是 I，放薄靶后测得的中子束强度是 I'，那么 $I - I' = \Delta I$ 即为与靶核发生作用而损失的中子强度（因为中子一旦与靶核发生作用，不论是散射还是吸收，就会使中子离开它原来的飞行方向，中子探测器就不能探测到这些中子了）。代入定义式（2-6）求出微观截面。

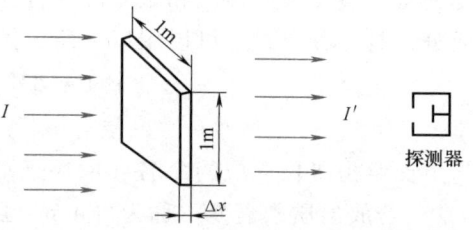

图 2-6　平行中子束穿过薄靶后的衰减

根据上文所述中子与原子核的相互作用形式，微观截面包括散射截面和吸收截面：散射截面包括弹性散射截面和非弹性散射截面；吸收截面主要包括辐射俘获截面和裂变截面。不同的微观截面用下标来区分。

实验中最容易测量的是总的微观截面，不同核反应的反应截面很难测量，而且测量任务很繁重，因为不同靶核和不同能量中子的反应截面都不同。²³⁵U 的微观截面与入射中子能量的关系如图 2-7 所示。

²³⁵U 在热能区（<1eV）的微观截面随中子能量减少而增加，且截面值很大。对高于热

能区（>1eV）的中子，^{235}U 的微观截面（裂变截面）出现共振峰，共振能区延伸至千电子伏特。在千电子伏特至兆电子伏特能量范围内，微观截面随中子能量的增加而下降到几靶恩。

共振现象：当入射中子的能量具有某些特定值，恰好使形成的复合核激发态接近于一个量子能级时，那么形成复合核的概率就显著地增大（使用术语即为反应截面很大），这种现象就叫作共振现象（包括共振吸收、共振散射和共振裂变等）。共振吸收对反应堆的物理过程有着很大的影响。

（2）宏观截面 对微观截面进行一些处理即可引入宏观截面，使其物理意义方便应用于实践。宏观截面是一个中子与单位体积内原子核发生核反应平均概率的一种度量。

将式（2-6）改写成 dI = $-\sigma I N_0 \mathrm{d}x$，设靶厚度为 x，对 dI = $-\sigma I N_0 \mathrm{d}x$ 积分，得

$$I(x) = I_0 \mathrm{e}^{-N\sigma x} \quad (2\text{-}7)$$

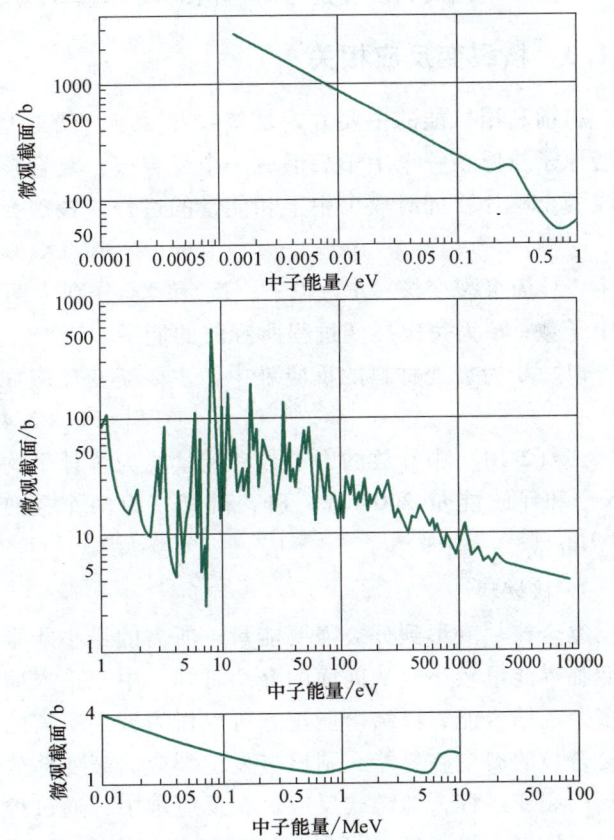

图 2-7 ^{235}U 微观截面与入射中子能量的关系

式中，I_0 为入射平行中子束的强度；$I(x)$ 为靶厚度 x 处的平行中子束强度。

由式（2-7）可见，平行中子束强度随进入靶内深度的增加按指数规律衰减，衰减因子为 $N\sigma$。因此，定义

$$\Sigma = N\sigma = \frac{\mathrm{d}I/I}{\mathrm{d}x} \quad (2\text{-}8)$$

式中，Σ 是宏观截面（cm^{-1} 或 m^{-1}）。

从宏观截面的量纲可以看出，它的物理意义是一个中子移动单位距离与核发生相互作用概率大小的一种度量。对应于不同的核反应过程有不同的宏观截面，所用的下标符号与微观截面的相同。宏观截面的倒数 $1/\Sigma$ 就是中子的平均自由程，定义为中子在连续两次相互作用之间穿行的平均距离。

（3）核反应率 核反应率定义为单位时间、单位体积内发生核反应的次数。
由定义得到

$$R = \Sigma \phi \quad (2\text{-}9)$$

式中，ϕ 为中子通量，即单位面积、单位时间通过的中子数（可以类比光的强度），即中子密度 n 与中子速度 v 的乘积 [个/($\mathrm{m}^2 \cdot \mathrm{s}$)]；$\Sigma$ 为中子在核中穿行单位距离与核发生反应的概率，即发生核反应的宏观截面。

对应于不同的核反应过程有不同的核反应率，用下标来区分，如裂变反应率 $R_f = \Sigma_f \phi$。

2.1.3 核裂变反应相关

目前利用核能的主要方式是核裂变反应，就是上文所提的（n，f）反应，它是指一个可裂变原子核俘获一个中子后形成一个复合核，复合核经过一个短暂的不稳定激发阶段后，分裂成两个碎片，同时放出中子和能量的过程。核裂变反应可用下列通用核反应式来描述：

$$U + n \longrightarrow X_1 + X_2 + xn + E$$

式中，U 为可裂变核；n 为中子；X_1 和 X_2 分别为两个裂变碎片核；x 为每次裂变平均放出的中子数；E 为每次裂变过程所释放的能量。

以 ^{235}U 为裂变材料的反应堆中，主要裂变反应如下：

$$^{235}U + ^{1}_{0}n \longrightarrow FF_1 + FF_2 + 2.43 ^{1}_{0}n + 207 \text{MeV} \tag{2-10}$$

式（2-10）中释放的中子数和能量均为统计平均值，为了方便计算一般取放出中子数为 2.5 个和释放能量 200MeV。FF_1 和 FF_2 为两个裂变碎片，一般情况下其裂变产物为 ^{94}Kr 和 ^{140}Ba 或 ^{94}Sr 和 ^{139}Xe。

1. 核燃料

复合核从变形到分裂需要能量，所需的最小能量称为裂变临界能量。相对而言，重核的裂变临界能量较小。从前面的介绍可知，中子进入原子核后，因为与其他核子紧密结合而放出多余的结合能，该结合能正好可以作为裂变所需的能量。因此，如果入射中子的结合能大于复合核的裂变临界能，则该核发生裂变。裂变释放的能量通过中子给到新的原子核可以引发新的裂变过程，即链式反应。在反应堆中，通过控制裂变释放的中子能量，可以实现可控的链式反应。易裂变（可裂变）核可作为裂变反应堆的核燃料。目前，被人们所公认的裂变核燃料主要有 ^{235}U、^{233}U 和 ^{239}Pu 三种。其中，^{235}U 是天然的裂变核燃料，其含量只占天然铀原子的 0.7%（其余基本上是不可裂变的 ^{238}U），也就是说地球上每 1000 个铀原子中只有 7 个是能产生裂变反应的 ^{235}U；而 ^{233}U 和 ^{239}Pu 是可经过人工转换得到的裂变核燃料，分别由不可裂变的 ^{232}Th 和 ^{238}U 经过中子俘获和 β 衰变转换而成。例如，在以铀为核燃料的热中子反应堆中，^{238}U 俘获中子后，经两次 β 衰变，便可生成新的易裂变核燃料 ^{239}Pu，其反应式为

$$^{238}U + n \longrightarrow ^{239}U \xrightarrow{\beta^-} ^{239}Np \xrightarrow{\beta^-} ^{239}Pu$$

而同时 ^{235}U 作为核燃料被消耗，每消耗一个易裂变核所新生成的易裂变核核数称为转换比，即

$$r = 新生成易裂变核的数目 / 被消耗易裂变核的数目$$

$r < 1$ 的反应堆被称为转换堆。一般压水堆的转换比为 0.5~0.6，高温气冷堆的转换比可达 0.8。

$r \geq 1$ 的反应堆被称为增殖堆。大于 1 的转换比又被称为增殖比。增殖堆消耗 1kg 核燃料的同时，还能生产出超过 1kg 的新核燃料。增殖堆不仅可以大量发电，而且可以逐渐积累核燃料，经过一定时间的运行，将反应堆内产生的新核燃料提取，又可建造新的反应堆。这种反应堆充分利用了自然界大量蕴藏的非裂变核燃料，使核电站反应堆成为一座可裂变核燃料的加工厂，为核电站提供了丰富的核燃料资源。由于 ^{235}U 发生核裂变反应平均发射出 2.43 个中子，而其中有至少 1 个中子需要继续轰击 ^{235}U 核，使反应持续发生下去。所以增殖比 r

小于 1.43，一般为 1.2~1.4。

2. 核裂变产物的分布和能量

上文介绍了哪些核素可以作为核裂变反应的"燃料"，下面主要讨论核裂变反应的产物和释放出的能量。在常规的核反应堆中，热中子与 ^{235}U 碰撞，形成复合核，复合核分解——发生（n,f）反应，由于激发的能量是分配在许多核子上的，所以可能的产物有很多，如图 2-8 所示，Ba 和 Kr 是概率最大的产物，显然这两个对应曲线的两个峰值为 95 和 140。

在生成产物以后很短时间，核反应会立刻释放大量能量，这些能量的产生是因为中子碰撞了稳定核素 ^{235}U，给了它一个较大的扰动，使其偏离了稳定的邻域，趋向更小的能量极值，即生成了平均结合能更大（更稳定）的元素。释放的能量（表 2-1）以产物的动能为主，占 84%，这部分能量会很快变成热能耗散掉；还有一部分能量以 γ 射线、中微子的形式放出，值得提出的是，中微子几乎不与其他物质发生作用，因此这部分能量无法应用。以上介绍的是瞬发的能量，占据 93%，那么为什么

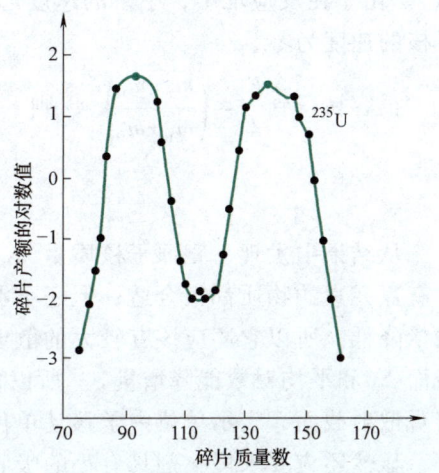

图 2-8　^{235}U 核裂变的产物分布

会有缓发的能量呢？因为生成的元素虽然平均结合能比 ^{235}U 低，但不一定是稳定的元素，还有可能自发发生衰变并释放能量，这就是衰变热，在后面的章节中将介绍它的处理。

表 2-1　（n,f）核反应的产物能量分布

能量形式	能量/MeV
裂变碎片的动能	168
裂变中子的动能	5
瞬发 γ 能量	7
裂变产物 γ 衰变-缓发 γ 能量	7
裂变产物 β 衰变-缓发 β 能量	8
中微子能量	12
总计	207

^{235}U 与中子的核裂变反应过程中，按统计规律平均释放出 2.43 个中子（约为 2.5 个中子）。为了继续引发后续的核反应，新生成的中子中必须至少有一个和 ^{235}U 发生（n,f）反应，才能使反应继续下去。通过表 2-1 可知道每个中子的能量平均为 2MeV（5MeV÷2.5 = 2MeV），属于快中子，但是因为快中子的微观截面 σ_f 比热中子的微观截面 σ_f 小得多，这样中子就很不容易与 ^{235}U 发生（n,f）反应，"锅炉"就没有办法继续燃烧下去。为此，只能将中子减速，才能使"锅炉"持续燃烧。中子的减速，又叫作中子的慢化。

3. 中子的慢化

从快中子和热中子的能量（1MeV 和 1eV）可以看出，中子需要慢化到原来能量的 1/1000000，使用如此大的数字很不方便。为此，需要引入一个物理量——平均对数能降增量。

平均对数能降增量：每次碰撞中子能量的自然对数的平均变化值，用 ξ 来表示。

$$\xi = \ln E - \ln E' = \ln \frac{E}{E'} \tag{2-11}$$

通过上文我们知道，中子慢化的主要形式是势散射（可以使用两个刚性球碰撞来模拟）。由于在反应堆中，中子的速度远远大于靶原子核的热运动速度，可以合理地假设靶原子核的速度为零。

很容易得到 $\dfrac{E'}{E} \propto \left(\dfrac{m_n - m_0}{m_n + m_0}\right)^2$，则

$$\xi \propto \ln \frac{m_n - m_0}{m_n + m_0} \tag{2-12}$$

从结果中发现，靶原子核质量 m_0 与中子质量 m_n 越接近的粒子越适合慢化中子，显然含有氢元素的物质都很合适；但还不够，因为只有当中子与核发生碰撞时，才有可能使中子能量降低，所以它还应该有较大的散射截面。因此要求慢化剂应当同时具有较大的宏观散射截面 Σ_s 和平均对数能降增量 ξ。所以，把两者乘积 $\xi\Sigma_s$ 叫作慢化剂的慢化能力，其中 Σ_s 是宏观散射截面，表示单位中子移动单位距离与靶原子散射的概率。除了要求有大的慢化能力外，显然还应要求慢化剂具有小的吸收截面。否则，一旦慢化剂吸收了太多中子，中子就不足以引发其他原子核的（n, f）反应，也不符合慢化的初衷——提高中子的利用率。因此，在原来 $\xi\Sigma_s$ 的基础上定义一个新的量 $\xi\Sigma_s/\Sigma_a$，把它叫作慢化比。表 2-2 为常用慢化剂的慢化能力和慢化比。

表 2-2 常用慢化剂的慢化能力和慢化比

慢化剂	轻水	重水	铍	石墨
慢化能力 $\xi\Sigma_s/\mathrm{cm}^{-1}$	1.53	0.170	0.176	0.064
慢化比 $\xi\Sigma_s/\Sigma_a$	72	12000	159	170

好的慢化剂不仅应具有较大的慢化能力值，还应具有大的慢化比。从表 2-2 可以看出，重水具有良好的慢化性能（虽然慢化能力比轻水差一点，但是慢化比很大），但是其价格昂贵。轻水的慢化能力最大，因而以轻水作慢化剂的反应堆堆芯体积较小，经济性最好；但轻水的吸收截面较大，中子的损失很大，因此必须提高"燃料"的密度来减少中子泄露和其他元素的吸收——使用富集铀作燃料。石墨的慢化性能也是较好的，但它的慢化能力小，因而石墨堆一般具有比较庞大的堆芯体积。综上，目前动力堆中最常用的慢化剂是轻水。

4. 核裂变反应堆功率

下面主要对反应堆功率进行一些定量讨论，引入一些对反应堆很重要的物理量。讨论功率的前提是反应堆处在稳定的状态（即中子密度、反应堆功率保持稳定），以确保安全。

（1）功率密度 $q(r)$ 顾名思义，即堆芯内任一点 r 处单位体积的产热功率。

很自然，单位体积的产热功率等于 r 处单位体积、单位时间发生（n, f）反应的次数乘以每次反应放出的能量，通过上文的知识，发现 r 处单位体积、单位时间发生（n, f）反应的次数正是（n, f）的反应率 R_f，因此 $q(r)$ 可以表示为

$$q(r) = E_f R_f \tag{2-13}$$

式中，E_f 为一次（n, f）反应放出的能量。

由表 2-1 可以得到 $E_f = 207\text{MeV} = 3.2\times10^{-11}\text{J} = 1/(3.12\times10^{10})$ J，这说明每发生 3.12×10^{10} 次 (n,f) 反应（核裂变）就产生 1J 能量，这个数字很重要，是沟通微观和宏观的桥梁。

定义了功率密度 $q(r)$ 后，很自然，反应堆功率 P 便等于 $\iiint q(r)\mathrm{d}V$，在认为功率密度处处相等时，可以简单地认为

$$P = q(r)V \tag{2-14}$$

式中，V 为反应堆的体积。

从上面的分析我们可以看出 $q(r)$ 正比于核反应率 E_f，而 E_f 正比于中子强度。所以中子强度大的地方，单位体积内发出的功率也大，反之亦然。在核反应堆运行时，易裂变材料的核密度一般随运行时间的增加而减小，即宏观裂变截面一般随运行时间的增加而减小，因此为了维持反应堆恒定功率运行，堆内平均中子通量密度必须随运行时间的增长而增大。

(2) 核燃料消耗速率　经过了上面定量的分析，我们可以计算出核电站燃料消耗的速率。

燃料 U 消耗的速率 = 单位时间 ^{235}U 形成复合核的数量

$$= \text{单位时间}\,^{235}\text{U 发生 (n,f) 反应的数量} + \text{其他吸收的数量} \tag{2-15}$$

由功率密度的分析可知，单位时间 ^{235}U 发生 (n,f) 反应的次数为

$$F_f = 3.12\times10^{10}P \tag{2-16}$$

然后设 α 为易裂变核的吸收-裂变比，$\alpha = \dfrac{R_\alpha}{R_f}$，也可以表达为

$$\alpha = \dfrac{\sigma_\alpha}{\sigma_f} \tag{2-17}$$

则单位时间 ^{235}U 发生其他吸收的数量为 αF_f。因而可以通过微观截面的比值计算出易裂变核的消耗率。这是上文推导的妙处。每天（1d = 86400s）消耗掉的易裂变核的质量，用 G 表示，即

$$G = \dfrac{86400 F_f (1+\alpha) A}{N_0} \tag{2-18}$$

式中，A 为易裂变核的相对原子质量，取 235；N_0 为阿伏伽德罗常数。

对于一般的压水堆，$\alpha = \dfrac{\sigma_\alpha}{\sigma_f} = 0.169$，通常的反应堆运行热功率为兆瓦级别。不妨令 $P = 1\text{MW}$，代入得到核电站燃料消耗的速率 1.23g/(MW·d)，这是一个小得惊人的数字。

对应于核燃料消耗的速率，核电站还有一个十分重要的概念：燃耗深度，简称为燃耗。其定义为每吨燃料可以连续发出多少兆瓦·天的功率，即单位为 MW·d/t。燃耗越大，核燃料的消耗量就越小，电能的成本就越低。

2.1.4　自持链式核裂变反应

上一小节介绍了核裂变反应的基础理论知识，这一小节来分析实际反应堆中的核裂变反应过程。

1. 自持链式核裂变反应机理

在实际反应堆中，人们用中子轰击铀-235引起核裂变，铀裂变后又能释放新的中子。一般可放出2~3个中子，按统计规律平均约为2.5个中子，释放出约200MeV的能量。在适当的条件下，这些新产生的中子又会引起下一轮核裂变，这样一直发展下去，就成为一连串的核裂变反应，这种反应过程称为链式核裂变反应。进一步，人们把不依靠外来中子的补充就能持续裂变下去的核反应称为自持链式核裂变反应。

中子在反应堆内由原子核裂变不断产生，而中子在反应堆内的消耗主要有以下四种情况：

1）中子被核燃料吸收，发生裂变。
2）中子被核燃料吸收，却不发生裂变。
3）中子被慢化剂、冷却剂、结构材料等吸收。
4）中子被泄漏。

而只有在每次裂变产生的中子数大于或等于被消耗的中子数时，自持链式核裂变反应才有可能不断发生下去。

2. 有效增殖系数

在实际反应堆中，人们常用有效增殖系数来反映中子产生与消耗的平衡情况。这个系数也从侧面反映了反应堆的运行状态。

有效增殖系数是指在有限大的反应堆中，某一代开始时的中子数与前一代开始时的中子数之比，通常用 k_{eff} 来表示，即

$$k_{eff} = \frac{新生一代的中子数}{上一代的中子数} \tag{2-19}$$

有效增殖系数也可定义为中子产生率与中子总消耗率之比，即

$$k_{eff} = \frac{系统内中子产生率}{系统内中子总消失率(吸收+泄漏)} \tag{2-20}$$

这两种定义是等价的。

当反应堆临界时，$k_{eff}=1$，此时，反应堆处于稳定状态，反应堆的核裂变能（反应功率）维持恒定，反应堆多数时间应处于这种状态；当反应堆超临界时，$k_{eff}>1$，链式反应规模越来越大，反应堆的功率不断提升，这是反应堆起动和功率提升时的状态；当反应堆次临界时，$k_{eff}<1$，链式反应规模越来越小，反应堆功率不断下降，这是反应堆降功率或停堆时的状态。

3. 反应堆内中子循环

在反应堆临界条件下，堆内每一代的中子数目保持不变，它处于动态平衡。裂变放出的中子从产生到最后被吸收，一般要经历慢化和扩散两个过程。由之前的学习可知，裂变反应放出的中子都是快中子，它们具有的平均能量是2MeV。快中子的微观裂变截面非常小，极不容易发生裂变反应。所以这些快中子必须与慢化剂的原子核进行碰撞，降低自身的能量。这一过程称为慢化过程或者减速过程。经过慢化过程变成热中子后，这些热中子被吸收并释放能量，称为扩散过程，最后被核材料或者其他介质吸收，其中一部分中子引起铀-235的

裂变，如此代代循环，不断重复。

用一个简化的例子可以说明反应堆内部中子循环的大致情况：

```
第一代 100 个快中子
   │
减速过程 │ 由于被 $^{238}$U 俘获、泄漏以及快中子诱发 $^{238}$U 裂变，总体上 4 个中子消失。
   │
剩余 96 个热中子
   │
扩散过程 │ 由于漏失、被慢化剂和结构材料俘获，20 个热中子消失。
   │
剩余 76 个热中子，被铀俘获
   │   10 个热中子被 $^{235}$U 俘获不产生裂变。
   │   26 个热中子被 $^{238}$U 俘获不产生裂变。
   │   40 个热中子被 $^{235}$U 俘获产生裂变，并放出第二代中子（40×2.5）。
   │
放出第二代 100 个快中子
```

从上面的过程可以看到，第一代 100 个快中子经过慢化过程和扩散过程，与反应堆中的各种物质发生作用，直到第二代 100 个快中子的产生，形成一个自持链式核裂变反应的完整循环。

2.2　核反应堆的热工分析

核反应堆作为一种热源，其突出的特点是功率密度比常规火力发电站的热力系统高得多，并且在停堆后仍持续释放热量。核反应堆热工分析的主要任务是确保在正常运行、停堆及各种动态工况下，核反应堆内核裂变产生的热能能够安全可靠地导出，并被高效利用。

2.2.1　核反应堆的热源

核反应堆内的热量来自核裂变释放的能量，每次裂变释放的能量平均约为 200MeV。裂变产生的能量主要是裂变碎片的动能，大约占总裂变能的 84%，还有一部分能量主要以 γ 与 β 射线的形式放出。裂变能的分布与反应堆的具体设计有关，对于热中子反应堆，一般来说，90% 以上的总裂变能是在燃料元件内转换成热能的，大约 5% 的总裂变能在慢化剂中转换成热能，剩余不到 5% 则在反射层、热屏蔽等部件中转换成热能。近年来，在压水动力堆的设计中，核燃料裂变所释热量占反应堆总释热量的 97.4%；而在沸水堆中，核燃料裂变过程中所释热量占反应堆总释热量的 96%。因此，及时输出核燃料裂变过程中所释放出的热量是核反应堆设计的关键之一。

特别需要注意的是核反应堆停止运行后，核反应堆的功率不会一下子降为零，而是按照一定的规律衰减。核反应堆停堆后，堆内自持链式核裂变反应已经终止，所以热量来源主要有燃料棒内储存的显热、剩余中子引起的核裂变、裂变产物及中子俘获反应产物的衰变。其中，由剩余中子引起核裂变而释放的热量，称为剩余裂变发热；另外两个主要热源，即裂变产物的放射性衰变和中子俘获反应产物的放射性衰变所产生的热量叫作衰变热。反应堆停堆后的几个热源随时间变化的特性各不相同，燃料棒内的显热、剩余裂变热约在 30s 内传出，其后的冷却要求完全取决于衰变热。

2.2.2 燃料元件的结构

由于核反应堆内的绝大部分热量都来源于燃料元件，因此核反应堆热工分析的主要任务之一就是对燃料元件的传热过程进行分析。而在传热过程分析之前，需要先了解一下燃料元件的结构。

燃料元件的名称极其繁多，这主要是由不同的分类方法造成的。当掌握了燃料元件的分类方法后，就不难理解为什么同一种燃料元件可能有多种不同的名称。下面介绍几种主要的燃料元件分类方法：

（1）按燃料类型分类　可分为金属型燃料元件、弥散型燃料元件和陶瓷型燃料元件三种，这是最常用的分类方法。轻水堆燃料元件属于陶瓷型燃料元件，因为它使用二氧化铀作为燃料芯块。

（2）按燃料元件几何形状分类　可分为棒状、板状、管状和球状等燃料元件形式。轻水堆几乎全部用棒状燃料元件，习惯称作燃料棒。

（3）按反应堆类型分类　反应堆型+燃料元件，如轻水堆燃料元件、重水堆燃料元件。

虽然燃料元件种类繁多，但是不论何种形状和形式的燃料元件，其组成不外乎两大部分：燃料棒和骨架。

燃料棒是构成燃料元件的核心部件，典型的压水堆燃料棒由燃料芯块（UO_2 芯块）、锆合金包壳、端塞、压紧弹簧腐及氦气腔组成，如图 2-9 所示。锆合金在 300~400℃ 的高温、高压的水和蒸汽中有良好的耐蚀性能、适中的力学性能、较低的热中子吸收截面（锆为 0.18b），对核燃料有良好的相容性，因此常用作水冷核反应堆的包壳材料。包壳中留有足够的空间和间隙，用于补偿包壳和燃料芯块不同的热膨胀，以及芯块的辐照膨胀，并且作容纳裂变气体的膨胀室，上端塞带有一个小孔，用于制造时往包壳内充氦气并加压至 2.0MPa，以减少包壳蠕变和增加燃料棒的导热性。用氦气加压后，再用熔焊将小孔封死，包壳内的压紧弹簧可以防止运输与操作过程中芯块的窜动。

压水堆燃料元件骨架的实物如图 2-10 所示。燃料元件的骨架是支撑燃料棒的结构部件，它承受冷却剂的冲刷和紧急停堆时数十千克的控制棒突然下落产生的冲击力，此外，堆内的高温和强烈的中子辐照也会使骨架的力学性能发生变化甚至使骨架发生弯曲。因此，骨架的结构决定了燃料元件的刚性，它的几何尺寸直接影响元件的外形。

2.2.3 核反应堆的传热过程

热交换主要有三种形式，即热传导、热对流和热辐射。在目前普遍使用水作为冷却剂的核反应堆系统中，堆内热交换主要以热传导和热对流两种方式进行。而热辐射的传热方式主要存在于高温气冷堆中。

核反应堆内的传热过程就是指燃料元件内产生的裂变热经一系列过程传给冷却剂，其主要过程包括燃料芯块导热→燃料-包壳间间隙导热→包壳导热→包壳表面向冷却剂对流换热。

棒状燃料元件径向温度分布情况如图 2-11 所示。

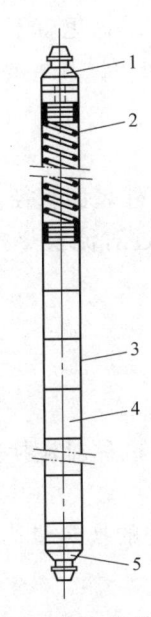

图 2-9 压水堆燃料棒

1—上端塞　2—储气腔压紧弹簧　3—锆合金包壳
4—燃料芯块（UO_2 芯块）　5—下端塞

图 2-10 压水堆燃料元件骨架的实物

图 2-11 中燃料元件与冷却剂的传热过程分析如下：

（1）燃料芯块内的导热　燃料芯块导热属于有内热源的圆柱形芯块温度场问题。设燃料芯块的体积释热率为 q_V（W/m^3），线功率为 q_l（W/m），表面热流密度为 q（W/m^2），则它们之间的关系为

$$q_l = 2\pi r q = \pi r^2 q_V \quad (2-21)$$

式中，r 为燃料芯块的半径。

燃料芯块内部导热的主要计算式为

$$t_0 - t_u = q_l \frac{1}{4\pi\lambda_u} \quad (2-22)$$

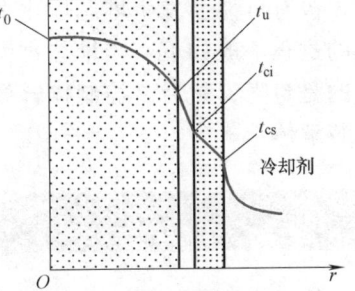

图 2-11 棒状燃料元件径向温度分布情况

式中，t_0 为燃料芯块的中心温度；t_u 为燃料芯块的表面温度；λ_u 为燃料芯块的热导率。

（2）气体间隙导热　燃料芯块与包壳之间存在很薄的间隙，在通常情况下，把气体间隙换热看成是无热源的圆筒壁导热问题，即使用气隙导热模型来计算。

其主要计算式为

$$t_u - t_{ci} = \frac{q_l}{2\pi\lambda_g} \ln\frac{d_{ci}}{d_u} \quad (2-23)$$

式中，t_{ci} 为包壳内表面的温度；λ_g 为气体间隙的热导率；d_u 为燃料芯块直径；d_{ci} 为包壳内表面直径。

需要注意的是当核反应堆长时间运行后，燃料芯块可能会与包壳直接接触，这时候就不能再使用上述的气隙导热模型，需要利用接触导热模型进行计算，这里就不做具体介绍了。

（3）包壳导热　包壳导热属于最常见的无热源圆筒壁导热问题，其主要计算式为

$$t_{ci}-t_{cs}=\frac{q_l}{2\pi\lambda_c}\ln\frac{d_{cs}}{d_{ci}} \tag{2-24}$$

式中，t_{cs} 为包壳外表面的温度；λ_c 为包壳的热导率；d_{cs} 为包壳外表面直径。

（4）包壳与冷却剂的对流换热　冷却剂的主要目的就是通过对流换热把燃料芯块内产生的热量给传递出去。

其主要计算式为

$$t_{cs}(z)-t_f(z)=\frac{q_l(z)}{h(z)A_l} \tag{2-25}$$

式中，t_f 为冷却剂的温度；h 为冷却剂与包壳的表面传热系数（也称对流换热系数）；A_l 为单位轴向长度的换热面积。其中，各变量均为轴向位置 z 的函数。

（5）冷却剂的温升计算　假设冷却剂从堆芯进口到位置 z 处的换热量为 $Q(z)$，则冷却剂的温升为

$$t_f(z)-t_{f,in}=\frac{Q(z)}{Wc_p} \tag{2-26}$$

式中，W 为冷却剂的质量流量；c_p 为冷却剂的比热容。

在设计计算时，由于只知道冷却剂的进口温度和换热量，因此计算过程是由冷却剂向燃料芯块内部反向推算的。

当核反应堆内的传热过程出现异常，冷却剂不能及时把核反应堆内的热量传递出去的时候，极有可能会发生堆芯熔化事故。这是核电站可能发生的事故中最为严重的事故。堆芯熔化的过程一般如下：当堆芯丧失冷却功能时，堆芯开始升温；随着温度的逐渐上升，首先熔化的是包壳，然后是控制棒解体，接着燃料芯块熔化并下移，最终导致堆芯支撑结构失效和堆芯解体。

2.3　核反应堆的动力回路

核反应堆有很多种分类方法，可以根据燃料形式、冷却剂材料、中子能量分布形式以及特殊的设计需要等因素分为很多种反应堆，如：

若按核反应的燃料形式分类，可分为裂变反应堆、聚变反应堆和裂变聚变混合堆。

若按冷却剂材料分类，可分为轻水堆（即普通水堆，它又分为压水堆和沸水堆）、重水堆、气冷堆和液态金属冷却堆。

若按中子能量分布形式（中子能谱）分类，可分为热中子堆、中能中子堆和快中子堆。

若按核反应堆的用途分类，可以分为研究堆（用来研究中子特性，进而对物理学、生物学、辐照防护学以及材料学等方面进行研究）、生产堆（主要是生产新的易裂变材料 U、Pu）和动力堆（将核裂变所产生的热能用作舰船的推进动力和核能发电）。根据不同的应

用,还包括微型中子源反应堆、TRICA 堆、高中子注量率反应堆及游泳池堆等。

本节主要以按冷却剂材料分类为标准,以压水堆为主要的讲解对象,对核反应堆的动力回路进行详细介绍。

2.3.1 压水堆核电站的动力回路

压水堆是指采用高压轻水作为冷却剂和慢化剂,且水在堆内不沸腾的核反应堆。冷却剂的压力一般在 150~160atm($1atm=1.01325\times10^5Pa$)范围内,经过反应堆时保持液态,不会发生汽化。压水堆是目前世界上核电站、核动力潜艇及航母应用最多、最普遍的一种核反应堆。装机容量占所有核电站反应堆的 60% 以上,如我国的秦山一期、二期核电站以及广东大亚湾核电站等,都是采用压水堆。

1. 基本组成与工作过程

压水堆核电站主要由压水反应堆、反应堆冷却剂系统(简称一回路)、蒸汽和动力转换系统(又称二回路)、循环水系统、发电机和输配电系统及其辅助系统组成。通常将一回路及核岛辅助系统、专设安全设施和厂房称为核岛。二回路及其辅助系统与常规火电站系统相似,又称为常规岛。电站的其他部分,统称配套设施。实质上,从生产的角度讲,核岛利用核能生产蒸汽,而常规岛用蒸汽生产电能。压水堆核电站原理如图 2-12 所示,图左边虚线框内的循环回路即为一回路,它是反应堆冷却剂带走核反应热量再传热给蒸汽发生器的过程;右边回路是二回路,它是蒸汽发生器产生的蒸汽推动汽轮机组发电,然后被冷凝由给水泵送回蒸汽发生器的过程;右下方是一个冷却回路,它用于冷却二回路的水蒸气。

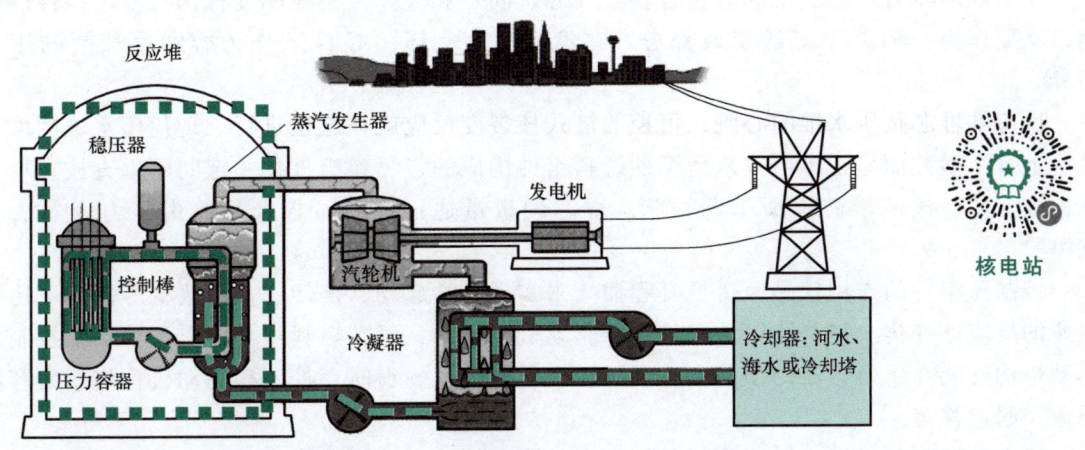

图 2-12 压水堆核电站原理

2. 压水堆一回路结构及设备

压水堆一回路由核反应堆、主泵(反应堆冷却剂泵)、蒸汽发生器、稳压器及管道、阀门组成。核燃料在反应堆内发生反应,产生大量的热,反应堆冷却剂在主泵的驱动下进入反应堆,流经堆芯带走热量后从反应堆容器的出口管流出,进入蒸汽发生器将热量传给二回路的蒸汽发生器,然后回到主泵。系统运行时,回路中的压力波动主要由稳压器来控制,带有放射性的冷却剂始终循环流动于闭合的一回路系统环路中,与二回路是完全隔离的,这就使得蒸汽发生器产生的蒸汽无放射性。

压水堆一回路详细结构如图 2-13 所示。根据核电站的功率大小和设备制造商的生产能力，一回路主系统一般由 1 个反应堆和 2~4 个并联的闭合环路组成。这些闭合环路以反应堆压力容器为中心做辐射状布置。每个闭合环路都由 1 台或 2 台主泵、1 台蒸汽发生器、1 台稳压器、相应的管道及仪表组成。

压水堆中采用除盐除氧的含硼水作为冷却剂，并兼作慢化剂。冷却剂中溶有的硼酸可吸收中子，因此可通过调整硼浓度控制反应程度。一回路中冷却剂的工作压力目前一般为 14.7~15.7MPa。提高冷却剂工作压力有利于提高二回路蒸汽参数，但会受到各设备承压能力和经济性的限制。冷却剂在反应堆进口的温度一般为 280~300℃，从反应堆出去的

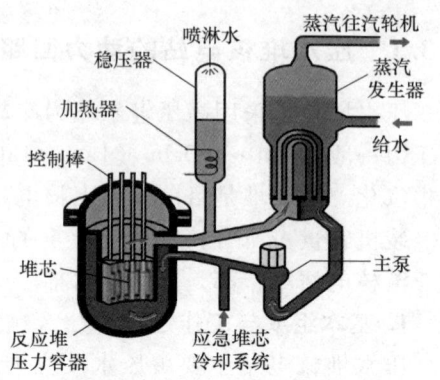

图 2-13 压水堆一回路详细结构

温度一般为 310~330℃，即温升一般为 30~40℃。一回路系统中冷却剂的流量较大，当单个环路的发电容量为 300MW 时，流量可达 15000~24000t/h。

前面已提到一回路的主要设备除压水反应堆外还有蒸汽发生器、稳压器和主泵等，下面介绍一下这些设备的工作情况。

（1）压水反应堆　一个典型的压水反应堆主要由压力容器、下部堆内构件、反应堆堆芯、上部堆内构件、控制棒组件及其驱动机构组成。

压水堆的压力容器，既起着包容整个堆芯、固定和支撑控制棒驱动机构与堆内构件的作用，又要作为一回路系统的组成部分，在运行温度和压力条件下作为容纳冷却剂的压力边界。

反应堆堆芯是压水堆的心脏，可控的链式核裂变反应就在这里进行。现代压水堆的堆芯是由上百个横截面呈正方形或六角形的燃料组件构成的，燃料组件按一定间距垂直放在堆芯下板上，使组成的堆芯近似于圆柱状。堆芯的重量通过堆芯下板及吊篮由压力容器法兰支撑。

控制棒组件的作用就是通过提升和插入来实现电站起动、停闭、负荷改变等情况下比较快速的反应性变化。控制棒组件靠控制棒驱动机构带动，可在燃料组件内上下移动，控制棒驱动机构安装在压力容器的顶盖上，当压水堆需要更换燃料时，控制棒驱动机构与压力容器顶盖一起被移走。

压水堆的冷却过程：轻水冷却剂从压力容器上部的进口接管进入，先沿着堆芯吊篮与压力容器内壁之间的环状间隙向下流，到达压力容器底部后，改变方向向上流经堆芯，带走核裂变反应产生的热量，高温的冷却剂从压力容器的出口接管流出堆外。

（2）蒸汽发生器　蒸汽发生器是一回路和二回路热传递的枢纽，它是产生汽轮机所需蒸汽的换热设备。蒸汽发生器中产生具有一定压力、一定温度和一定干度的蒸汽，在能量转换过程中，它既是一回路设备，又是二回路设备，它将一回路的放射性物质阻挡在一回路内，所以它的安全性极其重要。蒸汽发生器能否安全、可靠地运行对整个核动力装置的经济性和安全可靠性有十分重要的影响。

蒸汽发生器按不同的方式可以分为许多类，如按照工质流动方式可分为自然循环蒸汽发生器和直流蒸汽发生器；按照蒸汽发生器的外形可分为卧式蒸汽发生器和立式蒸汽发生器；按传热管的形状可分为 U 形管、直管、螺旋管，以及由其他形状传热管构成的蒸汽发生器。目前在压水堆核动力回路中应用最广的是立式 U 形管自然循环蒸汽发生器。立式自然循环 U 形管蒸汽发生器的主要结构如图 2-14 所示。主要部件有下封头、管板、U 形管束、汽水分离装置、筒体组件、套筒等。U 形管束是一回路冷却剂和二回路工质进行热交换的地方。

所谓自然循环，就是水和汽水混合物的循环不需要外加压力，而是依靠水和汽水的密度差而进行的水循环。二回路中的高温冷却剂从冷却剂入口进去，在 U 形管束中流一圈，再从冷却剂出口出来，由主冷却剂泵送回反应堆。二回路冷却水从给水管嘴进去，从蒸汽发生器的下降通道下来，进入 U 形管束空间，在 U 形管束空间吸收来自一回路侧的热量，被逐渐加热到饱和温度并不断产生蒸汽。汽水混合物依靠浮力向上移动，再经过多重分离，将蒸汽湿度降至 0.25% 以下后，由蒸汽导管导出，送往

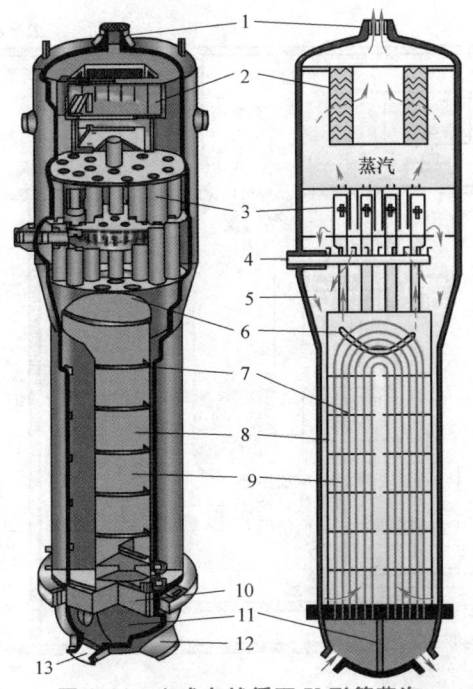

图 2-14　立式自然循环 U 形管蒸汽
发生器的主要结构

1—蒸汽出口管嘴　2—蒸汽干燥器　3—旋叶式
汽水分离器　4—给水管嘴　5—水流
6—防振条　7—管束支撑板　8—管束围板
9—U 形管束　10—管板　11—隔板
12—冷却剂出口　13—冷却剂入口

汽轮机做功。分离出的饱和水全部进入内部环形通道，与二回路给水混合后再次送往蒸汽发生器。

（3）稳压器　稳压器顾名思义就是使压强平稳的器件，它是一回路中的重要设备。一回路是一个封闭的系统回路，因此，当由于某种原因引起回路中的冷却剂产生温度变化或者容积波动时，势必引起系统压力产生相应的变化：如果回路压力升高超过设计压力，将导致系统和设备损坏；压力过低又会造成堆芯局部沸腾或体积沸腾，引起堆芯烧毁。它的基本功能是在反应堆的起动、稳态功率运行、正常功率变化、停堆以及各种事故工况条件下，均对冷却剂压力起着控制调节和保护的作用。它还有一些辅助的作用，比如排除回路内产生的有害气体。

在核岛中，主要是借助稳压器调节一回路的工作压力，其调节手段是通过稳压器中的电加热器和喷淋系统，它在压力过低或过高时的工作原理如图 2-15 和图 2-16 所示。

当回路压力低于自动起动阀门的压力值时，稳压器底部的电加热器开始工作，让底部已有的冷水加热并沸腾，产生水蒸气，使蒸汽密度增加，从而增大压力。对百万千瓦级别的核电机组来说，稳压器中电加热器的功率一般超过 1000kW。

当回路压力过高时，喷淋系统开始工作，安全阀下面的喷淋口喷水，冷却后使温度下降，进而液化水蒸气，使得蒸汽密度下降，压力自然就下降了。

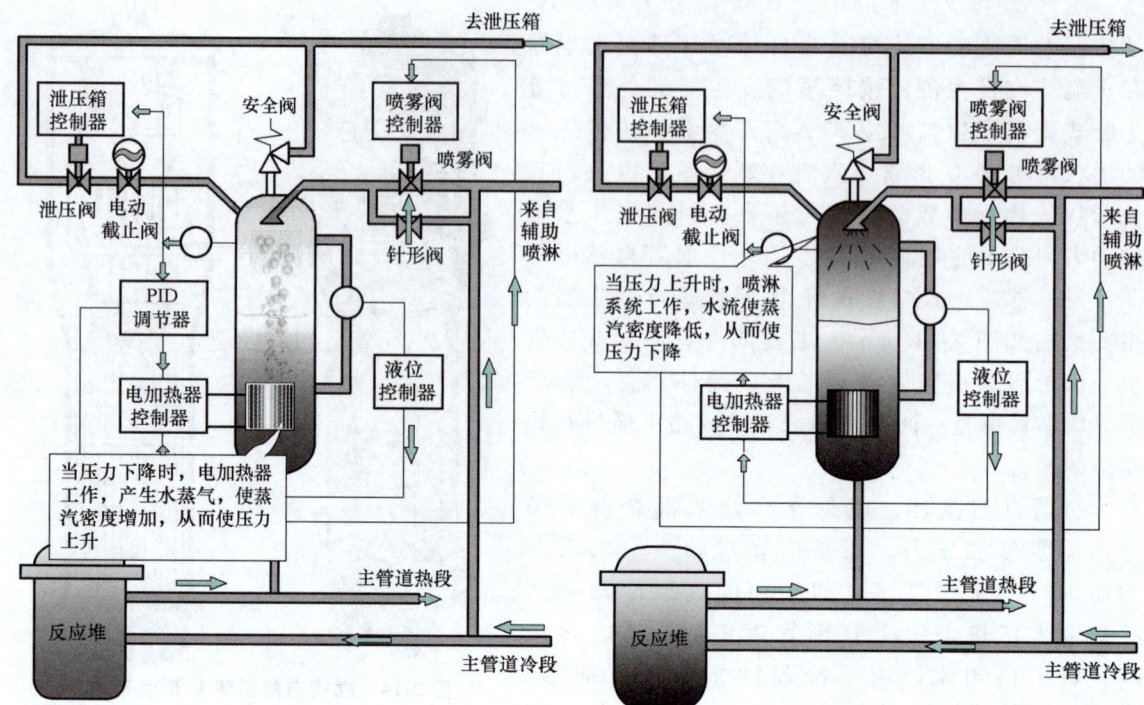

图 2-15 压力过低时稳压器的工作原理　　图 2-16 压力过高时稳压器的工作原理

稳压器还有一个重要的组成部分是泄压箱。泄压箱接收从安全阀排放的蒸汽，使之冷凝降温，避免稳压器过压，防止一回路冷却剂对反应堆安全壳造成污染。

（4）主泵（反应堆冷却剂泵）　主泵（反应堆冷却剂泵）提供驱动压力，将一回路经过蒸汽发生器的冷却剂送回核燃料"燃烧"的堆芯，再把反应堆产生的热量送至蒸汽发生器，产生推动汽轮机做功的蒸汽，形成循环。回路就好比人的血液循环系统，而提供循环动力的泵就好比心脏。所以反应堆冷却剂泵对核反应堆动力回路十分重要，"心脏"一旦停止工作，系统也就无法运行，如果经常出问题无法工作，则会给核电站造成巨大损失。此外，在主系统充水时需要用主泵排除回路内空气，在开堆前需要用主泵将一回路的冷却水循环升温，达到开堆的 280℃ 温度条件。对百万千瓦级别的核电机组来说，主泵的功率在 6000kW 左右。主泵电动机上加了大飞轮，以确保在出现断电事故时主泵还能因为惯性继续工作一段时间，以带走堆芯的反应余热，防止堆芯燃料元件被烧坏。

反应堆冷却剂泵的要求：由于反应堆冷却剂泵输送的是高温高压且高辐射的流体工质，因此泵在结构上必须耐高温高压、防辐射；泵不能停止工作，因此需要泵在长期无人维护的情况下安全可靠运行，且易于维修；泵还得耐腐蚀，密闭性好，冷却剂泄漏也要尽可能少。

3. 压水堆二回路的结构及设备

二回路系统由汽轮机、汽水分离再热器、冷凝器、除氧器等设备构成。二回路给水在蒸汽发生器内吸收了一回路冷却剂传递的热量后蒸发为蒸汽，蒸汽进入汽轮机高压缸做功，从高压缸中出来的蒸汽进入汽水分离再热器，提高干度后的蒸汽再进入汽轮机低压缸做功，最终进入冷凝器凝结成水，然后再送入低压加热系统加热，再到除氧器进行热力除氧，最后由给水泵将其送入高压加热器，加热后送回蒸汽发生器。典型压水堆核电站的汽轮机各蒸汽参数见表 2-3。

表 2-3 汽轮机各蒸汽参数

主要蒸汽流通位置	压力/MPa	温度/℃	湿度(%)	流量/(kg/s)
主汽门前进汽	6.63	283	0.48	1532.7
高压缸入口蒸汽	6.11	276.7	0.61	1532.2
高压缸出口蒸汽	0.783	169.5	14.2	1274.14
低压缸入口蒸汽	0.74	264.8	0	1011.6
低压缸出口蒸汽	0.0075	40.3	9.3	829.41

二回路的详细结构可参考图 2-17 的中间部分，其主要设备及系统包括汽轮机、汽轮机辅助系统、凝结水系统及给水加热系统。

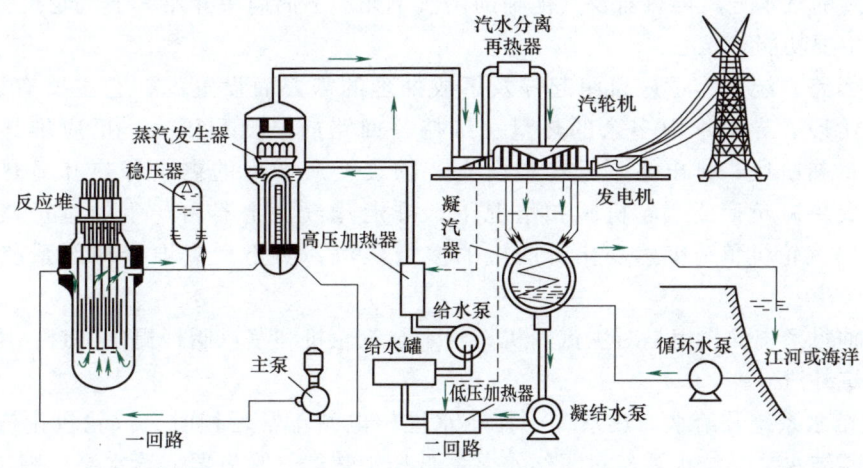

图 2-17 压水堆核电站主要结构

下面介绍一下这些主要的设备或系统：

（1）**汽轮机** 汽轮机是一种高速旋转的动力机械。它首先把蒸汽的热能变为蒸汽流的动能，然后再把蒸汽流的动能转化为机械能，带动发电机发电。

汽轮机经常做成多级，即蒸汽在顺序排列的汽轮机级组中进行膨胀。"级"是汽轮机完成能量转换工作的基本工作单元，它由两种叶栅组成，即静止叶栅（喷嘴）和旋转叶栅（动叶）。图 2-18 是单级汽轮机结构原理，它的基本原理是具有一定压力和温度的蒸汽通过一组沿圆周方向排列的、流通截面沿流动方向变化的通道——喷嘴时，压力下降，流速增大，蒸汽热能转换为动能。高速蒸汽流出喷嘴后，进入固定在转轴上的动叶，带动蒸汽汽轮机高速旋转，进一步将蒸汽的动能转换为高速旋转的机械能。

核电汽轮机和普通的火电汽轮机有着很多不同点：

与常规火电厂的汽轮机相比，核电汽轮机的主蒸汽参数相对较低，不仅其主蒸汽的汽耗量要比传统汽轮机大得多，而且通流部分多处于湿蒸汽区。因此，汽水分离再热器是核电汽轮机组中必不可少的部分。它能有效防止蒸汽在汽轮机的膨胀过程中湿度过大，并使其获得一定再热，从而增加蒸汽在低压缸内的有效焓降，使低压缸能够提供更大的出力，提高热力循环效率。

另外，需要注意的是所有的火电汽轮机都是全速汽轮机，即转速为3000r/min。而核电汽轮机分为全速汽轮机和半速汽轮机，目前以半速汽轮机为主，即转速为1500r/min。核电采用半速汽轮机的根本原因还是因为主蒸汽的参数不够高，汽轮机如果仍采用全速会给汽轮机本身带来很多问题。

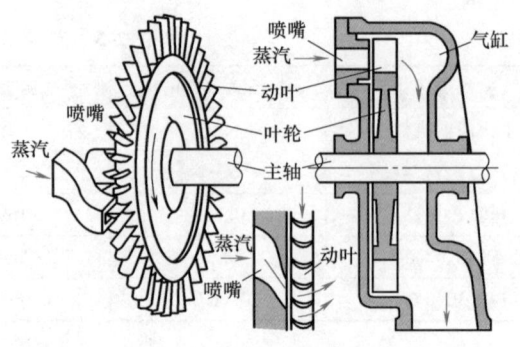

图2-18 单级汽轮机结构原理

（2）汽轮机辅助系统 汽轮机辅助系统包括汽轮机旁路系统、汽轮机轴封系统、前文提过的汽水分离再热器及其他辅助用汽单元。下面简单介绍一下汽轮机旁路系统和轴封系统的主要功能。

汽轮机旁路系统是为适应机组起停及事故处理的需要而设置的，它主要有以下作用：在机组起动阶段，导出堆内多余的热量，维持一回路的温度和压力；反应堆热停闭和反应堆冷却的最初阶段，排出主泵运转和裂变产物衰变所产生的剩余释热和显热；在汽轮机发电机组突然减负荷或汽轮机脱扣情况下，排走蒸汽发生器内产生的过量蒸汽；在安全方面，导出汽轮机负荷突然变化所产生的多余蒸汽，防止反应堆冷却剂系统过热和二回路超压。

汽轮机轴封系统的作用是对主汽轮机、给水泵汽轮机和蒸汽阀杆提供密封，用以防止空气进入和蒸汽外泄。

（3）凝结水系统及给水加热系统 在压水堆核电站正常运行时，汽轮机排汽进入凝汽器被冷凝为凝结水，凝结水需经过凝结水泵、低压加热器、除氧器、给水泵、高压加热器再作为二回路给水供给蒸汽发生器。

凝汽器是将汽轮机排汽冷凝成水的一种热交换器。蒸汽从汽轮机出来遇到低温冷却水，迅速液化，体积骤降，因此在原来蒸汽充满的地方形成真空空间，有利于蒸汽的流动，提高汽轮机效率。排汽冷凝后由凝结水泵送往低压加热器。

低压加热器的主要功能是在冷凝水进入除氧器之前，利用汽轮机的抽汽来加热，使其温度提高，提高热利用率。低压加热器一般为表面式热交换设备，由一个壳体、一个水室和热交换管束组成，位于凝结水泵与除氧器之间。冷水从进口进入，然后在管束中流动，高温蒸汽进来后加热管束里的水，最后热水从出口出去。

除氧器系统将从低压加热器过来的凝结水加热到除氧器工作压力下的饱和温度，除去凝结水中氧气等不凝结气体，向蒸汽发生器提供氧密度低于$5\mu g/L$的凝结水。同时它还接收高压加热器及汽水分离再热器的疏水。除氧器系统的热源为高压缸的排汽和新蒸汽。从除氧器出来的水由给水泵送往高压加热器。

高压加热器系统的主要功能是利用汽轮机的抽汽加热来自给水泵的高压水，同时接收汽水分离再热器两级的疏水。高压加热器均为表面式加热器，和低压加热器差不多。

凝结水泵和给水泵的作用都是给水升压，其中凝结水泵位于凝汽器和低压加热器之间，给水泵位于除氧器和高压加热器之间。

2.3.2 沸水堆核电站的动力回路

1. 基本结构与工作过程

沸水堆是指利用沸腾的轻水作为慢化剂和冷却剂，并直接在压力容器内产生饱和蒸汽的反应堆。沸水堆也是轻水堆的一种，但它只有一个动力回路，因此在系统设备、管道、泵、阀门等耐高压方面的要求低于压水堆，造价低廉。日本福岛核电站采用的就是沸水堆。沸水堆的运行压力一般为70atm，运行温度一般为286℃，相比压水堆一回路压力低了一半。

如图 2-19 所示，沸水堆的动力回路相对于压水堆显得十分简单，只有反应堆压力容器、汽轮机、压力泵、冷凝器等主要设备，并且只有一个回路。

来自汽轮机系统的给水进入反应堆压力容器后，沿堆芯围筒与容器内壁之间的环形空间下降，在喷射泵的作用下进入堆下腔室，再折而向上流过堆芯，受热并部分汽化。汽水混合物经汽水分离器分离后，水分沿环形空间下降，与给水混合。汽水分离干燥器在压力容器内部，此时压力容器就同时起到了蒸汽发生器

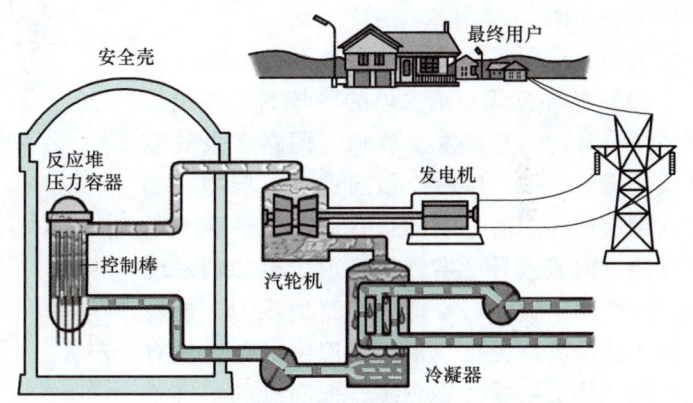

图 2-19 沸水堆核电站

的作用，在水沸腾变成高压蒸汽的同时经汽水分离干燥器除去了水分。

蒸汽经干燥器后出堆，通往汽轮机，做功发电，蒸汽压力约为 7MPa，干度不小于 99.75%。汽轮机乏汽冷凝后经净化、加热，再由给水泵送入反应堆压力容器，形成一个闭合循环。

沸水堆汽轮机部分也由高压缸（HP）、低压缸（LP）、汽水分离再热器、凝汽器、给水加热系统等与压水堆结构类似的部件组成，具体的循环过程讲解请参考本章 2.3.1 的第 3 部分，工作原理几乎与压水堆无异，在此不再赘述。

2. 沸水堆动力回路的优缺点

优点：①直接循环，只有一个回路。直接在一回路里形成蒸汽推动汽轮机做功，比压水堆省去了一个回路，因此造价较低，节约成本。②工作压力可以降低。为了获得与压水堆相同的温度，沸水堆只需要 70atm 左右，而压水堆要 150atm，这使得系统大大简化，降低了投资。③堆芯出现空泡。经验表明，堆芯出现空泡使得沸水堆更加稳定，具有较好的控制调节性能。

缺点：①辐射防护和废物处理较为复杂。由于只有一个回路，冷却剂带有许多放射性物质，由于沸水堆的循环系统直接连接了堆芯和汽轮机，因此可能造成汽轮机受到放射性污染，给设计和维修带来麻烦。而且当汽轮机等设备出现问题时，维修时间也很长。②功率密度比压水堆小。由于水沸腾后慢化能力降低，导致燃料利用率较低，因此需要比压水堆多的核燃料。

2.3.3 重水堆核电站的动力回路

重水堆是指用重水作为慢化剂，可以直接利用天然铀作为核燃料的热中子反应堆。重水堆可采用天然铀作为燃料的原因在于重水的中子吸收截面比轻水小得多，所以重水堆中慢化剂吸收的中子比轻水堆要少得多，使用浓度更低的核燃料也可以维持核裂变反应。

1. 基本结构与工作过程

重水堆按结构可分为压力容器式和压力管式。重水堆采用的也是两个动力回路，它的一回路结构如图 2-20 所示。

下面介绍一下它与轻水堆的不同之处：

（1）循环方式 重水堆的冷却剂、慢化剂循环是分开的。蒸汽发生器和主回路水泵安装在反应堆的两端，以便冷却剂自反应堆的一端流入反应堆堆芯的一半燃料管道，另一端则以相反的方向流入另一半燃料管道。冷却剂系统设有一个稳压器，以维持主回路的压力，使冷却剂不致沸腾。慢化剂系统的温度较低，设有循环泵和热交换器。热交换器把高温燃料管道传给慢化剂的热量、重水与中子和 γ 射线相互作用产生的热量带出堆芯，以提高反应堆的物理性能。

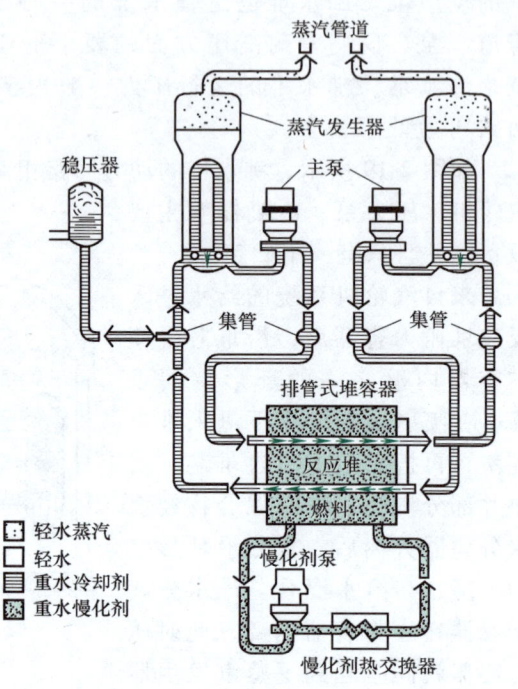

图 2-20 重水堆一回路结构

（2）燃料棒 重水堆的燃料是天然二氧化铀经压制、烧结而成的圆柱形芯块，无需将铀浓缩。若干个芯块装入一根锆合金包壳管内，两端密封形成一根燃料元件。再将若干根燃料元件焊到两个端部支撑板上，形成柱形燃料棒束，元件棒间用定位隔块使其隔开。

2. 重水堆的优缺点

优点：重水堆可以采用天然铀作燃料，而不必提纯，燃料利用率高于轻水堆。且烧过的燃料中铀-235 的含量极少，不需要进行乏燃料的处理。

缺点：重水的价格比较昂贵，且需要频繁更换燃料。目前投入商业运行的重水堆核电站很少，典型的有加拿大发展起来的坎杜型（CANDU 型）压力管式重水堆核电站和中国秦山三期的两个重水堆机组。

2.3.4 高温气冷堆核电站的动力回路

高温气冷堆是指用氦气作为冷却剂，石墨作为慢化剂，反应堆冷却剂出口温度可达 750~1000℃（甚至更高）的核反应堆，它是由普通的石墨气冷堆发展而来。高温气冷堆的效率比较高，目前为 40%~41%，此外，氦气化学稳定性好，传热性能好，感生放射性小，停堆后能将余热安全带出，安全性能好，这些都是高温气冷堆吸引人的地方。

高温气冷堆采用的也是两个动力回路。一回路是冷却剂氦气，二回路仍是工质水。该堆属于第四代先进核能系统，还在不断发展中。我国建成的石岛湾核电站就是一座高温气冷堆示范电站。

1. 基本结构与工作过程

高温气冷堆一回路结构如图2-21所示，其工作原理与压水堆类似，铀-235核裂变时释放出来的核能迅速转化为热量，热量通过热传导传递到燃料棒表面，然后，通过对流换热，将热量传递给快速流动的氦气（冷却剂），使氦气温度升高，从而由氦气将热量带出反应堆，高温氦气经过蒸汽发生器管内时，使蒸汽发生器管外的二回路水变成高温蒸汽，像压水堆那样去推动汽轮机组发电，具体过程不再赘述。

氦气汽轮机直接循环方式是高温气冷堆高效发电的发展方向。由一回路出口的高温氦气冷却剂直接驱动氦气汽轮机发电，反应堆压力为7MPa，氦气出口温度为900℃，高温氦气首先驱动高压氦气汽轮机，带动同轴的压缩机，再驱动低压氦气汽轮机，带动另一台同轴的压缩机，最后驱动主氦气汽轮机，输出电力。经过整个循环，氦气的压力将降到2.9MPa，温度降为571℃。为了将氦气加压到反应堆一回路的入口压力，需先经过回热器和预热器冷却到27℃后，再经两级压缩机升压到7MPa，而后回到加热器的另一

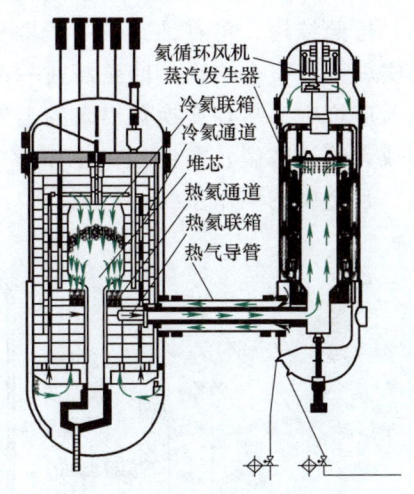

图2-21　高温气冷堆一回路结构

侧加热到558℃，回到堆芯的入口。该循环方式的发电效率可达47%。

2. 高温气冷堆的优缺点

优点：热效率高，燃耗深，氦气性质稳定、传热性能好、感生放射性低，停堆后能将余热安全带出，不易发生堆芯熔化，安全性能好。

缺点：高燃耗包覆颗粒核燃料元件的制备和辐照考验、高温高压氦气回路设备的工艺技术问题、燃料后处理及再加工问题等。

2.3.5　钠冷快中子增殖堆核电站的动力回路

钠冷快中子增殖反应堆就是以液态钠为冷却剂，由快中子引起核裂变并维持链式反应的反应堆。其主要特点在于它能增殖核燃料，即它每消耗1个核燃料，就可以生产出1个以上的核燃料，这样一来，从理论上说，它可以将全部铀资源都转化为可裂变的核燃料并加以利用。采用适当增殖比的快中子堆，可以将铀资源的利用率由普通热堆的不足1%，提高到60%～70%，从而有效扩大了铀资源。

快堆用钚-239作燃料，在堆芯燃料钚-239的外围再生区里放置铀-238，钚-239燃烧产生的中子会被外围的铀-238吸收，生成钚-239，这样燃料越"烧"越多。目前全世界有若干中小型快堆在运行。

根据冷却剂的不同，快堆可分为两类：钠冷快堆（SFR）和气冷快堆。其冷却剂分别是液态金属钠和氦气。由于气冷快堆缺乏工业基础，许多问题尚未解决，目前处于试验探索阶段。

1. 基本结构与工作过程

由于金属钠容易被活化,从堆芯出来的金属钠具有很强的放射性,因此钠冷快堆一般设计成三个回路,比压水堆中间多一个三回路。

一次钠回路从堆芯一回路带出热量,在二回路的中间热交换器中将热量传给二次钠回路里的液态金属钠,然后在三回路的蒸汽发生器中将热量传递给水,生成高温高压蒸汽进一步推动汽轮机做功。由于二次钠回路压力比一次钠路压力小,因此快堆普遍采用直流式蒸汽发生器。

按照结构,可将钠冷快中子堆分成回路式和池式。图2-22为池式钠冷快堆结构,池式其实就是将整个一次钠回路浸在一个充满液态金属钠的钠池中,钠池中的金属钠通过主泵进入反应堆中,从热交换器出来的金属钠直接进入钠池。这种结构的好处是即使循环泵出现故障或者管道破裂,在钠池中也不存在泄漏问题,冷却剂仍然能够供应。缺点是维修比较困难,且金属钠使用量大。

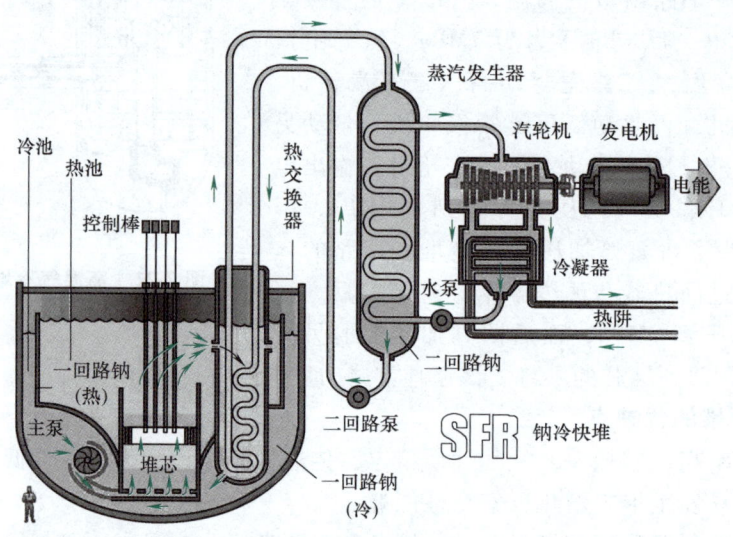

图2-22 池式钠冷快堆结构

2. 钠冷快堆的优缺点

优点:钠冷快堆采用液态金属钠作为冷却剂,将堆芯热量带出来。钠具有中子吸收截面小、导热性好、比热容大等特点,且沸点高达883℃,所以常压下钠的工作温度可以很高,一般只要3atm,金属钠的温度就能达到500~600℃。此外钠对金属材料不具有腐蚀性,因此钠是一种很好的冷却剂。

缺点:作为冷却剂的金属钠由于化学特性很活泼,易与水、氧气等反应,在空气中能燃烧,因此需要采取严格的防范措施,技术难度上比热堆大。

2.4 核电站的安全基础

核能的开发和利用,给人类带来了巨大的效益,但也伴随着一定的危害。核电的安全、环保一直也是人们所关注的重要话题。本节将介绍一下核电潜在的辐射危害以及核电站的安全措施。

2.4.1 辐射及其危害

1. 天然辐射与人工辐射

在介绍核电站安全之前,需要知道核电潜在的危险性,也就是辐射危害。本章第 1 节的天然放射现象,其本质就是不稳定的核素通过放出带电粒子并以辐射形式放出能量,最终形成稳定核素的过程。天然放射性同位素放射的射线主要有三种:α 射线、β 射线、γ 射线。它们各自特点见表 2-4。

表 2-4 三种射线的特点

辐射物质	穿透能力	电离能力	防护措施
α 射线	极弱	极强	主要是防止吸入被污染的空气和食入被污染的食物;同时,要防止伤口被污染
β 射线	中等	中等	避免直接接触被污染的物品,以防皮肤表面吸入辐射污染;同时也要防止吸入污染的空气和食入受污染的食物;防止伤口被污染;应对 β 射线,楼房是很好的屏蔽体
γ 射线	最强	极弱	可以造成外辐射。防护的方法主要是尽可能减少受辐射的时间,远离辐射源,如采取待在家里的屏蔽措施

除了上述三种主要的放射性粒子外,有些原子核还具有质子、中子等其他放射性粒子。

在自然界中,辐射是无处不在的。天空、大地、山水、房屋、食物以及人体本身都存在着辐射,称为"本底辐射"或者"天然本底"。人类就是在自然界这种辐射环境下生存和发展的,说明低水平的辐射并不会对人类造成危害。

但是,随着科学技术的发展,特别是核技术的发展,出现了人工辐射源,使人也会受到人工辐射的影响。人工辐射包括核工业过程中产生、使用以及排放的放射性物质的照射;核技术应用中使用的放射性核素产生的射线照射,如医学诊断和治疗方面的照射;计算机、电视机、手机等用电设备产生的辐射。低水平的辐射并不会危害人体的健康,但是对于核电站的核反应堆,其放射强度远远超出了人和环境所能承受的范围,需要对其加以防护。

2. 辐射剂量

为了定量确定人体受辐射照射的程度和吸收能量的大小,国际上引入了辐射剂量这个概念。它是某一个机体所接受或吸收辐射的一种度量。常用的辐射剂量单位有吸收剂量和剂量当量。吸收剂量通常用 D 来表示,是指单位质量的物质吸收电离辐射的能量,其国际单位是戈(Gy),$1Gy=1J/kg$。剂量当量在吸收剂量的基础上考虑了人体受到辐射后产生的生物效应,因此在辐射防护中更常用,通常用 H 来表示,它是吸收剂量 D 与辐射的品质因子 Q 的乘积。剂量当量的单位称为希(Sv),$1Sv=1J/kg$。由于 1Sv 的单位很大,更常用的单位是毫希(mSv)。居民在生活中受到的天然辐射剂量见表 2-5。

3. 辐射危害

超过限定值的核辐射会对人体造成一定的危害。核辐射对人体的危害按核辐射作用对象可分为躯体效应和遗传效应:躯体效应是指该辐射对受照者本人产生的影响,如核辐射可能会引起白内障、皮肤良性损伤、骨髓造血障碍、生育能力减退以及血管结缔组织受损等;而遗传效应是指其对下一代的影响。

表 2-5 居民在生活中受到的天然辐射剂量

日常行为或生活环境	辐射剂量
核电站周围	0.01mSv/a[①]
胸肺透视 1 次	0.02mSv/a
水果、粮食、空气	0.15mSv/a
砖房	0.75mSv/a
某些高原地区	3.7mSv/a
每天看 1h 电视	0.001mSv/a
每天吸 20 支烟	0.5~2mSv/a
乘坐飞机	0.005mSv/h
放射性工作者的职业剂量限值	20mSv/a

① 毫希每年。

辐射对人体的伤害通过内、外照射两种途径引起,即内照射和外照射,或称内(部)辐射和外(部)辐射。放射性核素在生物体外,使生物受到来自外部的射线照射称为外照射,例如 γ(伽马)辐射可穿透一定距离被机体吸收,使人员受到外照射伤害;放射性核素进入生物体,使生物受到来自内部的射线照射称为内照射,例如有些放射性物质可通过呼吸、皮肤伤口及消化道吸收进入体内,引起内照射。内、外照射形成放射病的症状有疲劳、头昏、失眠、皮肤发红、溃疡、出血、脱发、白血病、呕吐、腹泻等,有时还会增加癌症、畸变、遗传性病变发生率,影响几代人的健康。一般讲,身体接受的辐射能量越多,其放射病症状越严重。

接受剂量当量与人体表现的关系见表 2-6。

表 2-6 接受剂量当量与人体表现的关系

接受剂量当量/mSv	人体表现
<100	无危害
100~1000	血液中白细胞数量减少,但人体本身不会有感觉
1000~2000	导致轻微射线疾病,如疲劳、呕吐、暂时性脱发、红细胞数量减少等
2000~4000	人的骨髓遭到破坏,红、白细胞均极度减少,出现内出血、呕吐等症状
>4000	直接导致死亡

从远期来看,在中等或大剂量范围内,核辐射致癌已为动物实验和流行病学调查所证实。在受到急、慢性照射的人群中,白细胞严重下降,肺癌、甲状腺癌、乳腺癌和骨癌等各种癌症的发生率随照射剂量的增加而增高。

短时间内大剂量电离辐射引起的放射性损伤称急性放射病,较长时间超过允许剂量的辐射损伤称慢性放射病,常见于接受过量射线的工作人员、公众及核武器爆炸的罹难者,主要引发造血功能障碍、内脏出血、组织坏死、感染及恶性病变等。其中,核辐射导致的全身外照射损伤主要出现在急性放射病典型病程的初期,表现为恶心、呕吐、疲劳、发热和腹泻。"假愈期"患者持续时间长短不同,症状有所缓解,严重的发展到了后期则有感染、出血和胃肠症状,经恰当治疗后上述症状逐渐缓解。

而局部照射损伤是随受照射剂量的不同,在受照射部位可能出现红斑、水肿、干性脱皮和湿性脱皮、起水泡、疼痛、坏死、坏疽或脱发等症状。局部皮肤损伤通常持续几周到几个月，严重者常规方法难以治愈。不过，外照射多见于核电站工作人员。体内污染引起的内照射一般没有明显的早期症状，除非摄入量很高，但这种情况非常罕见。

既然核辐射有这么严重的危害，那么保证核电站的安全性就十分必要。

2.4.2 核反应堆的固有安全性

核反应堆具有内在的安全特性。例如，核反应堆不会像原子弹那样发生剧烈爆炸，这是由于核爆炸的形成需要满足极其严格的条件。原子弹需要高浓度的铀-235或钚-239作为核燃料，并通过复杂的系统引爆高能炸药，利用爆炸力瞬间精确改变核燃料的形状或位置，从而引发不可控的链式裂变反应，导致核爆炸。在核电站中，这种条件是无法实现的，因为普通压水堆中铀-235的浓度仅为3%~5%。

核反应堆具有经过精心设计的内在安全特性，这些特性确保了反应堆在异常情况下能够安全响应。当核反应堆因外部因素（如自然灾害、设备故障等）导致运行异常时，例如中子通量的异常增加，以及核燃料或冷却剂温度的异常上升，无需人为干预或依赖外部设备的强制操作，核反应堆依靠其固有的自然安全机制和非能动安全系统来应对这些异常情况，这些安全机制能够有效地控制反应堆的反应性，并移除堆芯产生的热量。通过这些措施，反应堆能够恢复到正常运行状态，或在必要时安全停闭。核反应堆的这种自然且非能动地应对异常情况的能力，被称为固有安全性。

（1）自然安全性　自然安全性是指反应堆内在的温度效应、多普勒效应等自然科学法则的安全性，在发生事故时能控制反应堆反应性或自动终止裂变，确保堆芯不熔化。

自然安全性来自反应堆本身所具有的负反馈效应，包括燃料温度效应、慢化剂温度效应、慢化剂空泡效应等。

1）燃料温度效应，又被称作多普勒效应。燃料温度升高将使铀的共振吸收峰变宽，导致中子的共振吸收增加，从而引起反应性的减少。因此对采用低富集度核燃料的反应堆来说，燃料的反应性温度系数是负值。反应堆的热量产生于燃料内，燃料温度变化对反应堆功率变化的响应是瞬时的，所以燃料的温度效应是一个瞬发效应，它对反应堆的安全起着十分重要的作用。

2）慢化剂温度效应。慢化剂的温度升高以后，慢化剂的密度（特别是液态慢化剂）及其微观中子截面都会发生变化，导致慢化能力减弱和中子能谱硬化。由于慢化能力的减弱，中子在未慢化至热能前被核共振吸收的概率增大，而引起反应性的减小，这是一个负效应。由于慢化剂密度的减小，慢化剂对热中子的吸收也相应地减少了，因而慢化剂相对于燃料对热中子的吸收减少了，从而使反应堆的热中子利用系数提高了，这将导致反应性的增加，它是一个正效应。此外，由于中子能谱的硬化，燃料每吸收一个热中子后，由于裂变产生的平均快中子数会有所降低，从而引起反应性的减小。综合这些因素，慢化剂的温度系数可正可负，这取决于反应堆的具体设计和运行条件。在安全的反应堆中，要求慢化剂的反应性温度系数必须是负的，以确保在温度升高时，反应性能够减小，从而增加反应堆的安全性。这是一个重要的设计要求，需要在反应堆设计和运行过程中进行严格的控制和监测。

3）慢化剂空泡效应。轻水慢化剂在温度升高时，其中的部分水会转化为蒸汽，产生气泡。这些气泡的出现减少了慢化剂中水的体积，从而减少了中子与水的相互作用，导致中吸收减少。同时，气泡占据了部分空间，使得慢化剂的有效体积减小，中子更容易从反应堆中泄漏出去。此外，由于实际参与慢化的水量减少，慢化能力也会下降。这些综合因素导致中子能谱趋向于高能，即"趋硬"。这些效应共同作用，最终会使反应堆的反应性下降，这就是所谓的空泡效应。

（2）非能动安全性　非能动安全性是指依赖自然物理法则（如惯性、重力、热传导等）以及材料性质，不依赖或最小化依赖能动组件和外部动力源，以实现安全功能的特性。

非能动安全性包括但不限于以下几种：
1）事故状态，惰性飞轮推动水泵继续工作导出衰变余热。
2）控制棒借助重力落入堆芯（或其他非能动设计）实现紧急停堆。
3）利用热水与冷水的密度差建立自然循环导出衰变余热。

2.4.3 核电站的安全性

核电站安全的最根本任务是保证核电站的正常运行以及在发生各种事故时，核电站内外的任何人所受的辐射剂量小于相应的规定值。

1. 安全原则

为了保证核电站的安全，现有核电站的设计、建造和运行贯彻了纵深防御的安全原则。纵深防御的安全原则包括在放射性物质与人之间设置四道屏障以及确保四道屏障安全有效的多级防御。

（1）四道屏障　核电站为防止放射性物质逸出，最大限度保证人员及环境安全，设置了四道屏障：

第一道屏障是核燃料芯块。现代反应堆广泛采用耐高温、耐辐射和耐腐蚀的二氧化铀陶瓷核燃料。经过烧结、磨光的这些陶瓷型的核燃料芯块能保留住98%以上的放射性裂变物质不逸出，只有穿透能力较强的中子和γ射线才能辐射出来。这就大大减少了放射性物质的泄漏。

第二道屏障是燃料元件包壳。二氧化铀陶瓷芯块被装入包壳管，叠成柱体，组成了燃料棒，由锆合金制成的燃料元件包壳，可以防止气体裂变产物以及在燃料芯块表面产生的裂变碎片的外逸，从芯块逸出的裂变气体，可存于燃料-包壳间隙中或燃料元件端部的气隙内，在正常时，仅有少量裂变气体可能通过包壳扩散到冷却剂中。

第三道屏障是压力容器和封闭的一回路系统。流经燃料元件的一次冷却剂是被限制在压力容器与一个或数个一回路环路内流动的，这个压力容器与一回路管道又组成了一道屏障，可进一步防止放射性物质外逸。这道屏障足可挡住放射性物质外泄，即使堆芯中有1%的核燃料元件发生破坏，放射性物质也不会从它里面泄漏出来。

第四道屏障是安全壳。它是阻止放射性物质向环境逸散的最后一道屏障，它一般采用双层壳体结构，对放射性物质有很强的防护作用，万一核反应堆发生严重事故，放射性物质从堆内漏出，由于有安全壳的屏障，对安全壳外环境和人员的影响也微乎其微。

（2）多级防御　核电站把纵深防御的安全原则应用于各道实体屏障，采用多级防御措施保护每一道屏障，来提高它们的可靠性，包括五级相继深入而又互相支援的防御。

第一级防御：核电站的设计、建造应考虑防止事故的发生，采取各种有效措施，在运行中提供必需的监督，把事故发生的概率降到最低程度，以达到长期安全运行。为此，要求核反应堆及其动力装置的设计必须有内在的自然安全性,系统对于损伤必须有最大的耐受性,设备必须有冗余度和可检查性,以及在投入运行前或整个工作寿期内的可试验性等。

第二级防御:在满足第一级安全防御的各项要求之外,必须谨慎估计发生事故、影响安全的可能性及其对策问题,第二级防御要求能及时发现故障和控制异常状况,事故一旦发生,应能对人身与设备进行安全防护,防止或减小事故产生的危害。为此,核电站除设有核反应堆保护系统外,还应有可靠的停堆系统,当某些控制棒组件由于故障不能插入时,仍能快速停堆。另外,核电站还必须有两套独立的外电源、站内事故电源、快速起动的柴油发电机组及蓄电池组。柴油发电机组的功率可以支持主泵、稳压器等重要设备继续工作,带出反应堆的余热,对百万千瓦级别的核电机组来说,柴油发电机组的功率一般在7000kW左右。

第三级防御:这一级防御是作为对前两级防御的补充。它主要考虑当发生设计基准事故或多重事故,而一些保护系统又同时失效时,必须有另外的专设安全设施投入工作。由于专设安全设施的作用,可有效防止燃料的熔化和限制裂变产物的释放。

第四级防御:这一级防御是为防止和缓解核电站的严重事故而采取的对策。严重事故是指堆芯遭到严重损坏或熔化,甚至安全壳遭到破坏的事故,它将导致放射性物质大量释放到环境中,是一种超设计基准事故。这些对策包括通过减轻施加在安全壳上的载荷和加强安全壳结构来保持安全壳的完整性,采取事故处置措施来阻止事件演变成严重事故和限制放射性物质释放至环境中。

第五级防御:这一级防御是以核电站发生严重事故的应急对策为主要内容,以适时采取应急防护措施,保护公众。已发展核电的各国均以法规形式对核电站应急准备做出了明确要求,核电站的应急计划和准备,均以发生严重事故为基础。

2. 专设安全设施

人们常用"万无一失"来形容一件事物的安全可靠,而核电站为这极不可能出现的"一失"也做出了周密的准备,这就是专设安全设施。专设安全设施包括安全注射系统、安全壳、安全壳喷淋系统和辅助给水系统等。

安全注射系统又叫作应急堆冷却系统,它的主要功能是当一回路系统破裂引起失水事故时,安全注射系统向堆芯注水,保证淹没和冷却堆芯,防止堆芯熔化,保持堆芯的完整性;当发生主蒸汽管道破裂时,反应堆冷却剂由于受到过度冷却而收缩,稳压器水位下降,安全注射系统向一回路注入高浓度含硼水,重新建立稳压器水位,迅速停堆并防止核反应堆由于过冷而重返临界。安全注射系统必须保证当事故引起一回路系统压力下降时,在不同的压力水平下介入,因此安全注射系统通常分三个子系统:高压安全注射系统、蓄压箱注射系统和低压安全注射系统。

安全壳作为放射性物质与环境之间的第四道屏障,在发生失水事故和主蒸汽管道破裂事故时承受内压,容纳喷射出的汽水混合物,防止或减少放射性物质向环境中释放。当核电站正常运行时,安全壳对反应堆冷却剂系统的放射性辐射提供物理屏蔽,并限制污染气体的泄漏;同时,安全壳作为非能动安全设施,能够在寿命期内保持其功能,承受外部事件(如飞机撞击、龙卷风)和内部飞射物及管道甩击的影响。

安全壳喷淋系统的主要功能是在发生事故或发生导致安全壳内温度、压力升高的主蒸汽管道破裂事故时从安全壳顶部空间喷洒冷却水,为反应堆降温降压,限制事故后安全壳内的峰值压力,以保证安全壳的完整性。在必要时,还可以向喷淋水中加入氢氧化钠,以去除安全壳大气中悬浮的碘和碘蒸气。

辅助给水系统也是核电站的专设安全设施之一，用于保证蒸汽发生器的给水，以便维持一个冷源，确保反应堆余热的导出。它的主要功能是在以下情况中，向蒸汽发生器给水：主给水系统失效或故障、反应堆起动、反应堆热备用或热停闭状态、反应堆冷停闭且余热排出系统尚未投运之前等情况。此外，当核电站发生失水事故时（蒸汽管道破裂事故或给水管道破裂事故），主给水系统被切除时，辅助给水系统自动投入。

3. 辐射监测与防护

（1）辐射监测 对可能泄漏出来的放射性物质和射线，核电站还设有专门的辐射监测系统。

辐射监测的对象是反应堆运行过程中产生的放射性物质，包括裂变产物、活化产物和锕系元素等几类。前面已提到，核电站为了防止放射性物质逸出设置了四道屏障，辐射监测的重要任务就是监测这些密封屏障的完整性，及时发现可能发生的放射性物质泄漏。

压水堆核电站的辐射监测系统一般包括厂房辐射监测系统、保健性物理监测系统和环境辐射监测系统三部分。

厂房辐射监测系统主要监测厂房内的放射性物质，包括电站工艺系统和设备密封屏障的完整性；工作人员可能经常进入区域或房间的辐射剂量率；电站通过气态或液态排放途径向环境中排放物质的放射性活度。

保健性物理监测系统则主要负责对工作人员的辐射剂量进行监测，包括对全站工作人员内辐射和外辐射个人剂量和集体剂量进行测量、记录和管理；对进出控制区进行管理，实时监测控制区内工作人员辐射剂量值，在工作人员退出控制区时检查工作人员全身的表面污染，同时防止放射性物品未经许可被带出控制区；其他表面污染监测，如车辆污染、洗衣房衣物污染等。

环境辐射监测系统则负责对周围环境的放射性物质进行监测，包括测量核电站正常运行和事故期间周围环境 γ 辐射剂量率和环境介质中放射性活跃度；发现核电站周围地区放射性变化的异常现象，追踪测量非计划排放时放射性核素的来源；验证核电站正常运行期间向环境排放的放射性物质控制在规定的限值以内。

（2）辐射防护 为保障核电站工作人员的安全，核电站还采取了一系列辐射防护措施，主要措施如下：

1）控制辐射源，降低工作场所的辐射水平。

2）根据辐射水平的大小，对放射性厂房进行分区控制，严格控制进入高辐射区的人员和在其内的停留时间。

3）设置卫生出入口，严格管理进出控制区的人员和物品，降低工作人员所受的辐射剂量，防止放射性污染的扩散。

4）设置屏蔽体对辐射源进行屏蔽以降低外照射。

5）对含有放射性物质的系统、设备、厂房进行合理布置，使工作人员尽量远离高辐射区。

6）设置通风系统，保证厂房内合理的气流组织和换气次数，降低工作场所空气中的放射性浓度。

7）进行辐射监测，掌握工作场所的辐射水平和工作人员受照剂量情况。

2.4.4 核电站的安全事故

核泄漏会对环境和人类健康造成巨大影响,有些事故的危害至今无法彻底解决,如 1986 年苏联切尔诺贝利核电站发生的爆炸。回顾事故经过、分析事故原因可以从中吸取教训,避免再犯同样的错误。本小节将回顾分析历史上三个重要的核事故。

1. 核泄漏的等级标准

国际上通常将核泄漏及其产生的影响分为核事件和核事故两种提法,通常采用 7 个标准等级来衡量,具体等级划分见表 2-7。

表 2-7 国际核事故分级

名称	等级	影响
核事件	1 级	操作违反安全准则,对外部没有影响
	2 级	严重违反安全准则或者内部可能已有核物质污染扩散,对外部没影响
	3 级	极少量放射性物质释放,居民受到辐射程度小于规定值的影响;工作人员健康受影响
核事故	4 级	很有限但明显高于标准的核物质释放到厂外,或反应堆严重受损,或内部人员受严重辐射
	5 级	出现核污染泄漏到工厂外,需要采取一定的措施来挽救
	6 级	一部分核物质泄漏到工厂外,需要立刻采取补救措施
	7 级	大量核污染泄漏到工厂外,使附近大范围的居民和环境受到严重影响

2. 核电站的事故分析

(1) 三里岛事故(5 级核事故)

时间:1979 年 3 月 28 日凌晨。

事故原因:

冷却剂流入反应堆时经过的过滤器出现周期性泄漏,泄漏的部分水进入驱动部分反应堆检测仪的气动系统,使水泵停止工作。而输水管处于关闭状态,反应堆无法冷却,同时安全阀出现故障,导致氢气爆炸、堆芯熔化。

事故经过:

1) 事故之前,过滤器已暴露出周期性泄漏的问题。

2) 事故当天发生泄漏,冷却水漏出造成供水水泵停转。

3) 按照正常应急流程,次级紧急冷却系统运作,从储水池中抽水以满足反应堆冷却需求。

4) 几天前有人将输水管阀门关闭,无法进行应急措施。

5) 蒸汽发生器烧干。

6) 安全阀和指示灯均发生故障,大量放射性冷却剂泄出。

7) 操作员采取高压注水方式冷却堆芯,4min 38s 后停止该进程。

8) 冷却水不足,堆芯开始熔化。

9) 减压阀自动打开,放射性物质泄漏。

存在问题:

1) 维护其他反应堆时关闭了输水阀门,但事后并未打开。
2) 轻视周期性泄漏问题。
3) 高压注水降温时过早停止注水。
4) 主冷却泵发生振动时工作人员将其关闭,导致堆芯冷却情况恶化。

(2) 切尔诺贝利事故（7级核事故）

时间：1986年4月26日凌晨。

事故原因：

反应堆安全系统试验（试验目的在于探讨在核电站内外全部断电的情况下,汽轮机中断蒸汽供应时,利用转子惰转动能来满足该机组本身电力需要的可能性）过程中,由于操作失误导致反应堆功率激增,进而引发链式核裂变反应失控。

事故经过：

1) 事故前一天,反应堆功率开始从满功率下降。
2) 根据试验流程,把反应堆应急堆芯冷却系统与强迫循环回路断开以防止试验过程中该系统运作。
3) 按低功率运行规程解除局部自动调节系统时,操作人员未能及时消除因自动调节棒测量部件所引起的不平衡状态,结果使得功率继续下降。
4) 在功率骤减期间,氙-135这种毒性物质不断累积（氙的热中子吸收截面较大）,操作人员所能得到的最大功率依旧不高；而此时,大部分控制棒已被提出,堆芯中子通量分布已被氙严重毒化。
5) 为保证冷却,所有8台主循环水泵都投入运行；为抑制沸腾程度,堆芯流速很高,冷却剂入口温度接近饱和工况。
6) 蒸汽压力下降,汽水分离器内的水位也降到紧急状态标志以下；为避免停堆,操作人员切除了与这些参数有关的事故保护系统。
7) 关闭汽轮机入口截止阀,4台循环水泵开始惰转。
8) 试验开始不久,反应堆功率开始急剧上升,冷却剂大部分接近很容易闪蒸成蒸汽的饱和点。
9) 由于当时是RBMK反应堆（RBMK反应堆是一种石墨慢化、轻水冷却的压力管式反应堆）,功率增长从而到达了一种失控的状态。
10) 操作人员按下紧急停堆系统但控制棒无法下落到较低的位置；当切除电源让其靠重力下降时,反应堆功率在4s内就增大到满功率的100倍,高功率导致燃料元件破裂,形成热颗粒,高温和热颗粒导致冷却剂迅速蒸发从而引起蒸汽爆炸。

存在问题：

1) 功率水平低于试验计划中规定的水平。
2) 所有循环泵投入运转,有些泵的流量超过规定值。
3) 关闭汽水分离器的水位和蒸汽压力事故停堆信号。
4) 关闭了来自两台汽轮机的停堆信号。
5) 切除了应急堆芯冷却系统。

(3) 日本福岛核事故（6~7级核事故）

时间：2011年3月11日。

事故原因：

日本遭受里氏 9.0 级强震，同时引发海啸。强震使反应堆停堆，外电供应不足导致冷却系统无法正常运行，海啸淹没备用机房。随即在降温过程中发生锆水反应，生成大量氢气，电站发生爆炸。

事故经过：

1) 日本标准时间 2011 年 3 月 11 日 14 时 46 分，日本发生了 9.0 级大地震，同时引发海啸。

2) 46min 后第一波海啸浪潮抵达福岛第一核电站，冲破了核电站的防御设施，造成除一台应急柴油发电机之外的其他应急柴油发电机电源丧失，核电站的直流供电系统严重损坏，第一核电站丧失所有交、直流电源供应。

3) 机组在堆芯余热的作用下迅速升温。

4) 锆金属包壳在高温下与水反应产生大量氢气，3 月 12 日下午 3 时左右，1 号机组发生第一次爆炸，放射性物质泄漏。

5) 3 月 12 日晚上 20 时，1 号机组发生第二次爆炸。

6) 现场淡水资源用尽后，东京电力公司分别于 3 月 12 日 20：20、3 月 13 日 13：12、3 月 14 日 16：34 陆续向 1、3、2 号机组堆芯注入海水，以阻止事态的进一步恶化。

7) 3 月 13 日 17 时 18 分，3 号机组冷却系统失灵。

8) 3 月 14 日 11 时，3 号机组氢气爆炸，反应堆损坏。

9) 3 月 15 日，2 号机组反应堆中放射性冷却水流出，造成严重放射性污染。第一核电站起火。

10) 3 月 16 日上午，第一核电站再次起火。

存在问题：

1) 地震及其引发的海啸造成福岛第一核电站多机组、长时间断电，超出了核电站设计考虑的范围。

2) 外部救援不及时，电力供应不及时。

3) 未预计的位置发生氢气爆炸现象，造成最后一道安全屏障的破坏。

4) 应急撤离范围超出预期。

5) 安全壳通风系统不良。

6) 严重事故培训不到位。

在经历了日本福岛核事故沉重打击后，核电正在逐步走上复苏之路。同时经过多年的技术发展，核电的安全可靠性得到进一步提高，美国、欧洲、日本开发的先进轻水堆核电站，即"第三代"核电站取得重大进展，有的已投入商业运行或即将立项。核电作为当前唯一可大规模替代化石燃料的清洁能源，仍受到世界各国的广泛重视。

2.5　可控核聚变及其未来的利用方式

在宇宙中，无数恒星内部的原子都在进行着剧烈的核聚变反应，从离人们最近的太阳，到远在人们可观测范围外的宇宙。在任何一颗恒星的内部，每一秒都在进行着剧烈的核聚变反应。

2.5.1 核聚变反应概论

核聚变是指两种质量较轻的原子在超高温下发生的原子核聚合作用，这一反应会生成新的质量较重的原子核并且释放出巨大的能量。大规模的核聚变反应通常需要在极高温度条件下（1亿℃以上）进行，在高温条件下发生的聚变反应称为热核聚变或热核反应。

1. 核聚变的反应过程

核聚变的反应过程如下：

第一步，要让电子摆脱原子核的束缚，使原子核可以自由运动并且裸露出来，让两个原子核接触。温度是原子热运动的宏观表现，温度与原子总体的热运动速度呈正相关关系，因此完成第一步需要极高的温度，需要到达大约10万℃，此时反应物被加热到等离子态，失去电子包裹的裸露的原子核相互之间有条件发生直接接触或者碰撞。

第二步，让原子核发生接触或碰撞。由于原子核带正电，因此这个过程必须克服强大的静电斥力。由库仑定律可知静电力的大小与距离的二次方成反比，因此，两个原子核之间靠得越近，静电产生的斥力就越大，然而只有原子核间的距离达到大约 3×10^{-15} m 时，核力（强作用力）才会伸出强有力的手，把它们拉到一起发生聚变反应，这时的静电斥力已经相当大了。这就是为什么质量轻的原子核更容易发生聚变反应，因为原子核质量越轻，原子核正电荷越少，核之间的静电斥力越小。

为了克服带正电荷原子核之间的斥力，原子核需要以极快的速度运行，要使原子核达到这种运行状态，就需要继续加温，直至上亿摄氏度。温度越高，原子核运动越快，以至它们没有时间相互躲避。然后两个原子核以极大的速度发生碰撞，结合成一个新的原子核，放出一些粒子（质子或中子）和巨大的能量。

反应堆经过一段时间运行，内部反应体已经不需要外来能源的加热，核聚变的温度足够使得原子核继续发生聚变。这个过程只要将反应产物排除出反应堆，并及时将新的核聚变燃料输入到反应堆内，核聚变就能持续下去；核聚变产生的能量一小部分留在反应堆内，维持链式反应，剩余大部分的能量可以通过热交换装置输出到反应堆外，驱动汽轮机发电。这就和传统核电站类似了。还有一种思路是利用磁流体直接发电，即通过流动的导电流体与磁场相互作用而产生电能，这种方式只有某些特定的核聚变反应才可能实现。

2. 常见的核聚变反应

前面已提过，质量轻的原子核更容易发生核聚变反应，因此目前核聚变反应的研究主要集中在氢元素和氦元素之间。

（1）氘氚聚变（D-T反应） 氘是氢的稳定同位素，可从海水中得到。氚的半衰期较短，为12.43年，在地球的存量非常少，但是氚可以通过中子撞击锂-6来制得，也可通过宇宙采矿从月球或木星上获得。该反应不产生放射性物质，只会放出一些中子，整个反应过程中产生的放射性相对于核裂变反应要小得多。其反应方程式为

$$^2_1H + ^3_1H \longrightarrow ^4_2He + ^1_0n$$

氘氚聚变是科学家们目前的主攻方向，也是在当前技术条件下最容易实现的核聚变反应。在相同温度下，其反应速率比其他反应要大，反应释能也多，更重要的是该反应可以在较低温度下实现。

（2）氘氘聚变（D-D反应） 氘氘聚变反应方程式为

$$^2_1H + ^2_1H \longrightarrow ^3_1H + ^1_1p$$

或者

$$^2_1H + ^2_1H \longrightarrow ^3_2He + ^1_0n$$

氘氘聚变产生一个质子和一个中子的概率各约50%。每一次反应平均产生3.6MeV的能量。其单位质量核聚变所放出的能量5倍于铀核裂变能。在此反应中，由于放出带电粒子质子，因此除了可以利用热机将核聚变反应过程中所释放的热能转换成电能外，还可以考虑通过磁流体技术直接发电加以利用。

（3）其他聚变　氘氦聚变反应方程式为

$$^2_1H + ^3_2He \longrightarrow ^4_2He + ^1_1p$$

该反应会放出质子，质子可以通过电场吸引来处理。在反应中，氘氦聚变反应性较低，电子密度较高，其聚变功率降低。氘氦反应不会产生中子，但由于反应物中包含氘，因而反应过程中会附带氘氘聚变，进而产生中子。

氦-3聚变反应式为

$$^3_2He + ^3_2He \longrightarrow ^4_2He + 2^1_1p$$

氦-3（^3_2He）聚变反应中不会产生中子，可以减轻设备材料的辐射损伤，降低放射性水平。作为可控核聚变发电的反应，氦-3（^3_2He）聚变反应很理想。

2.5.2　实现可控核聚变的条件

可控核聚变的定义是指能够稳定可控地进行下去的核聚变反应，既不能使反应物因为不能满足反应条件而导致反应停止，也不能让反应失去控制。同时作为获得能量的途径，也要满足反应产生的能量要大于为了维持反应而输入的能量。

以下是实现可控核聚变的两个基本条件：

1. 极高的温度

前面已提过，核聚变反应需要在高温条件下进行，通常需要1亿℃或以上。一方面，这是为了让原子核获得足够的动能克服原子核之间的静电斥力；另一方面，在发生热核聚变时，温度越高，反应物能量损失越大，同时核聚变产生能量的速率也越大。不过两者随温度升高的增长速率不同，聚变能的生成速率要比反应物能量损失速率增长得快，所以当超过某一温度时，聚变能的生成速率将大于能量损失速率。两者相等时的温度，也就是核聚变燃料维持在可进行持续核聚变反应的最低温度，称为点火温度。不同聚变反应的点火温度不同，其中 D-T 反应的点火温度最低，比 D-D 反应的点火温度约低一个数量级。

2. 充分的约束

处于高温下的等离子体十分不稳定，它只能被约束一个很短的时间。为了使聚变反应释放的能量大于产生和加热等离子体本身所需的能量及其在此过程中损失的能量，就必须将高温等离子体维持相对足够长的时间，以便充分地发生聚变反应，释放出足够多的能量。约束时间跟等离子体密度相关，密度越大则单位时间里参加反应的原子核越多，释放的能量也就越多，必要的约束时间相应较短。反之，约束时间必须较长。劳逊判据表明，除了对反应温度有要求外，气体密度 n 和约束时间 τ 的乘积 $n\tau$ 也必须满足一定条件：对 D-T 反应，$n\tau$ 需大于 10^{16}s/cm^3，而对于 D-D 反应，$n\tau$ 需大于 10^{14}s/cm^3。

总之，对可控核聚变而言，首先需要将反应物加热到一个极高的温度，让原子核有足够的动能克服静电斥力相互碰撞发生聚变反应。同时，还必须将反应物约束一定时间，让足够多的原子核发生聚变反应，释放出足够多的能量，维持反应所需的高温外还能不断向外输出能量。这样，聚变反应才能源源不断地继续下去，并作为人们获得能量的有效途径。

2.5.3 实现可控核聚变反应的方法

通常物质在较低温度下是固体，温度升高就变成液体或气体。当气体的温度进一步升高，就形成自由电子与离子的混合气体，即高温等离子体。这些高温等离子体已不能用普通的容器容纳，而要用特殊的方法来约束。前已提及，可控热核聚变需要在极高温条件下进行，而且要维持一段时间，因此，如何约束高温等离子体是实现可控核聚变反应的关键。人们一直在寻求约束高温等离子体的方法，目前主要有惯性约束和磁约束两种方式。

1. 惯性约束方式

惯性约束核聚变（ICF）是利用粒子的惯性作用来约束粒子本身的，从而实现核聚变反应的一种方法。其基本思想是利用驱动器提供的能量使靶丸中的核聚变燃料（氘、氚）形成等离子体，在这些等离子体粒子由于自身惯性作用还来不及向四周飞散的极短时间内，通过向心爆聚被压缩到高温、高密度状态，从而发生核聚变反应。由于这种核聚变是依靠等离子体粒子自身的惯性约束作用而实现的，因而称为惯性约束聚变。

对于惯性约束可控核聚变，目前研究最多的是激光核聚变。它是在一个直径约为 $100\mu m$ 的小球内充以高压的氘氚混合气体（或结冰的固体），称靶丸，然后用大功率的激光束多方向同时照射小靶丸。靶丸中的核燃料吸收激光的能量形成等离子体，这些等离子体在还来不及飞散开的极短时间内，被压缩到很高密度（液体密度的数千倍），并被加热到很高温度，从而产生核聚变反应。这种聚变方法称为激光核聚变或激光"聚爆"。

惯性约束核聚变可以比之内燃机燃料循环的四个行程，如图 2-23 所示。

1) 燃料注入气缸——靶丸注入爆炸室。

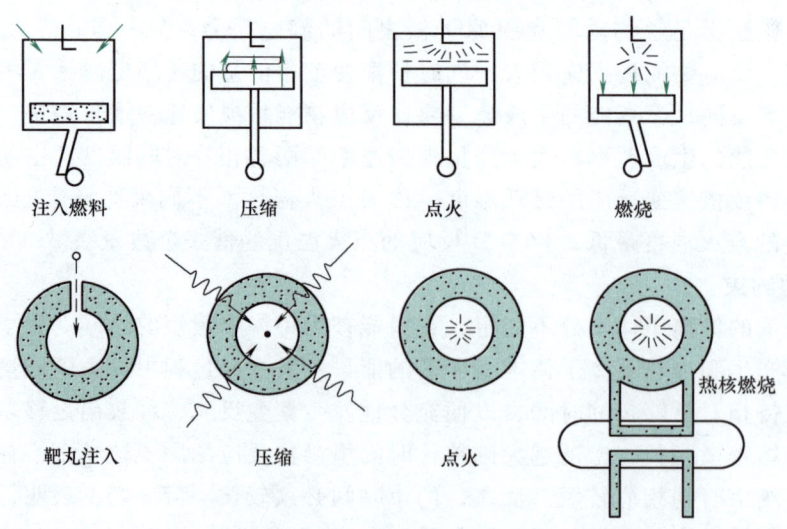

图 2-23 惯性约束核聚变比之内燃机燃料循环

2）活塞压缩燃料混合气体——激光或其他能量源照射靶丸，产生高温高压环境。

3）火花塞将压缩的燃料点燃——高温高压环境导致燃料在靶丸芯部发生聚变反应，实现点火。

4）燃料混合体以爆炸方式燃烧，驱动活塞和曲轴——聚变反应释放的巨大能量以中子和γ射线的形式释放，可用于发电或其他应用。

除了采用激光束外，也可用电子束、重离子束等来照射靶丸，达到实现核聚变的目的。用激光或其他粒子束引起靶丸"聚爆"，也和氢弹爆炸一样，是难以控制的。氢弹引爆采用的是原子弹产生的高温高压，使氢弹中的核聚变燃料依靠惯性挤压在一起，从而产生核聚变反应。但氢弹爆炸时释放的能量太大，难以被利用。如果可以用激光核聚变的方法有节制地引爆一个个微型"氢弹"，就可以得到连续的能量输出。当前的主要问题是如何提高激光器的功率和照射的均匀度、改进靶丸结构、降低能量损失等。

2. 磁约束方式及反应装置

磁约束核聚变（MCF）是用特殊形态的磁场把氘、氚等轻原子核和自由电子组成的、处于热核反应状态的超高温等离子体约束在有限的体积内，使它们可控制地发生大量的原子核聚变反应，释放出热量。磁约束热核聚变是当前开发聚变能源中最有希望的技术途径，是等离子体物理学的一项重大应用。

磁约束的基本思想是带电粒子在磁场中的运动只能绕着磁力线做螺旋线运动，这样在磁力线的垂直方向上，带电粒子就被约束住了。核聚变的高温等离子体是带正电的氘或氚与带负电荷的电子组成的气体，因此，它们都只能绕着磁力线并沿磁力线方向做螺旋线运动，所以可采用特殊形状的磁力线来约束高温等离子体，并与实际器壁相脱离。

磁约束方式有以下特点：约束时间长、装置大、高真空。至于为何需要大装置，因为为了使约束时间 τ 值足够大，也为了能有足够多的燃料粒子进行聚变反应，磁约束装置要非常大。等离子体的体积需要达到几十到几百立方米。自研究核聚变以来，已提出了多种磁约束途径，可按磁力线的形状分为开端和闭合两类。

（1）开端形态：磁镜 解决等离子体沿磁力线流失的问题，人们很早的一个想法是把长圆柱两端的磁场特别地加强，中间部分的磁力线平直均匀，磁场强度为 B_0，两端磁场的强度增加到 B_m。两端磁力线还是开放的，因此称为"开端"。在这样的磁场形态中，沿着磁力线运动的带电粒子向端部区域接近时，有可能会被加强了的磁场反射回来，因此，这种磁场形态称为"磁镜"。

磁镜系统的端损失，可以用更复杂的设计结构进一步改善。例如用多重的串节磁镜，以及注入特定分布的高、低能量的带电粒子和中性粒子及高频波来造成特殊的端部和边缘等离子体区，使系统中部和两端磁镜之间保持一定的静电电位差（静电约束）和温度差（热垒约束），以进一步约束中心的等离子体。图2-24所示为我国最大串节磁镜装置KMAX。

（2）闭合形态：托卡马克磁约束装置

图 2-24 我国最大串节磁镜装置 KMAX

解决等离子体沿磁力线流失的另一种办法是把磁力线连同等离子体柱弯曲起来，使它的两端互相连接，成为一个环形，磁力线闭合起来。把一个导线绕成的长螺线管弯成一个环形，或者在环形的真空室外绕上线圈，就能做到这一点。不幸的是，在这样的环形磁场安排中，等离子体的运动发生了新的情况：组成等离子体的带电粒子发生一些漂移运动。解决简单环形磁场中正、负电荷分离因而发生漂移运动的基本方法是使磁力线来一个"旋转变换"。以简单的环形磁场 B 为基础，加上一个垂直方向的

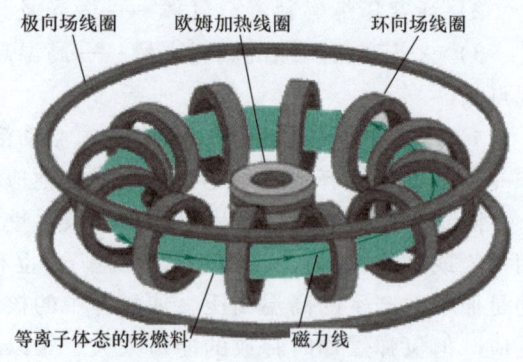

图 2-25 托卡马克磁约束装置

"极向磁场" B_p，即在环的小截面上加一个旋转式的磁场分量，来造成磁力线的旋转变换。其方法之一是在等离子体内设法产生一个环形的电流 I_p，这个环形电流按安培定律的右手法则产生极向磁场 B_p。利用这一原理而制造的环形磁约束装置称为环流器，又叫作托卡马克磁约束装置，如图 2-25 所示，这是目前在实验中最有成效的磁约束形态。

托卡马克磁约束装置利用超高真空中的等离子体电流携带等离子体，由欧姆加热线圈电流根据变压器原理建立和维持等离子体电流，用环向磁场来约束等离子体，用平衡磁场控制其平衡，由高频电磁波设备构成的辅助加热系统来驱动电流或加热等离子体。真空室内充入一定气体，在灯丝的热电子或者微波等作用下，产生少量离子，然后通过感应或者微波、中性束注入等方式，产生一个强大、持续的环形等离子体电流。外面线圈中的电流与此等离子电流协同作用，产生一定的螺旋形磁场，约束其中等离子体，同时必须严格保障隔热。如此等离子体才能被电磁感应、中性束、离子回旋共振等方式加热到超过 1 亿℃的高温，以达到核聚变的目的。

2.5.4 核聚变发电的研究进展

聚变反应中蕴含的巨大能量吸引着科学家和企业家的兴趣。与化石能源燃烧发电和核裂变发电相比，核聚变发电有三个优点：①聚变反应不会产生温室气体，也不会产生长寿命和高放射性的核废料，基本不会对环境造成污染；②聚变反应本身是依靠高温来维持的，一旦堆系统失灵，高温条件就不能维持，聚变反应会自动停止，因此不会发生像裂变反应堆那样的因堆芯失冷而熔化或爆炸的事故；③地球上蕴藏的核聚变能量远超化石能源和裂变能。据估算，1L 海水中含有 0.03g 氘，所以地球上仅在海水中就含有 40 万亿 t 氘。1L 海水中所含的氘经过核聚变可提供相当于 300L 汽油燃烧后释放出的能量。按照目前世界能量的消耗率估计，地球上蕴藏的聚变能按照当前的能源消耗水平，大约可以使用 100 亿年以上。从经济的角度来考虑，聚变燃料的生产很便宜，由于氘是氢的同位素，轻同位素分离比重同位素分离容易，从水中提取氘只需要让水流经提取工厂就可以制得。因此从原理上讲，聚变能可以成为蕴含能量巨大且原料十分丰富的能源。

目前正在法国卡达拉奇建造中的国际热核聚变反应堆 ITER，是由美、俄、欧、中、日等共同参与的大型项目，由多国共同承担巨额研发费用。2003 年，美国能源部确定了 28 项未来 20 年的大科学装置，其中 ITER 项目居于首位。ITER 计划是人类可控核聚变研究的关

键一步，其科学目标是：以稳态为最终目标证明可控点火和氘氚等离子体的持续燃烧；在核聚变综合系统中，验证反应堆相关的重要技术；对聚变能和平利用所需高热通量和核辐照部件进行综合试验。

ITER 装置由多个系统和部件组合而成，主要系统有磁场线圈系统、真空室系统、真空室内部件、低温恒温器、水冷系统、低温站、加热和电流驱动系统、供电系统、加料和抽气系统、氚系统、诊断系统等。ITER 设计是以各个聚变研究小组与工业界合作制定的研究与发展规划为基础的。它是一个具有先进工艺的项目，汇集了尖端工艺和先进技术。ITER 将拥有世界上最大的超导磁体，许多关键工艺已经获得验证。

ITER 运行第一阶段的主要目标是建设一个能产生 500MW 聚变功率、有能力维持大于 400s 氘氚燃烧的托卡马克聚变堆。在 ITER 中将产生与未来商用聚变反应堆相近的氘氚燃烧等离子体，供科学家和工程师研究其性质和控制方法，这是实现聚变能必经的关键一步。在 ITER 上得到的所有结果都将直接为设计托卡马克型商用聚变堆提供依据，也为其他技术途径的可控核聚变发展指出方向。如果 ITER 能成功，将使人类第一次获得可控时间很长、相当于准稳态的高功率高增益燃烧等离子体，那么人类就离实现聚变能的商业化更进了一步。

中国于 2003 年加入 ITER 计划，位于安徽合肥的中科院等离子体物理研究所是国内的主要承担单位。2017 年 7 月 4 日，中国科学院等离子体物理研究所宣布，其研究建设的超导托卡马克实验装置 EAST（图 2-26）在全球首次实现了上百秒的稳态高约束运行模式，为人类开发利用核聚变清洁能源奠定了重要的技术基础。2023 年 4 月 12 日，EAST 成功实现了 403s 稳态长脉冲高约束模式等离子体运行，刷新了 2017 年托卡马克装置高约束模式运行 101s 的纪录。

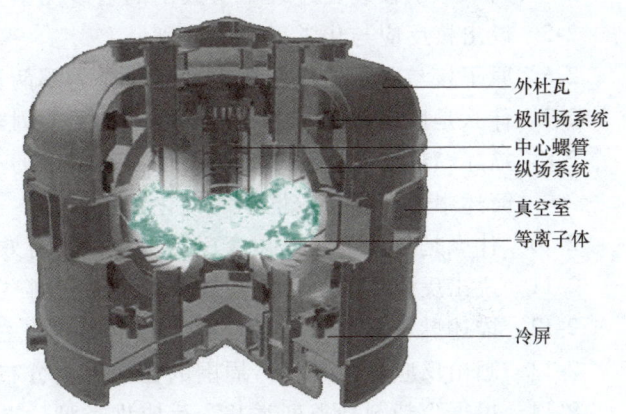

图 2-26　我国自主研发的超导托卡马克实验装置 EAST

如今，EAST 成为国际磁约束聚变装置中最前沿的国际开发平台之一，40 多个国家和地区与之开展广泛交流合作。ITER 计划目前尚未完成建设，因此还没有产生正式的研究成果。不过，ITER 计划的建设和研究工作已经取得了一些重要的进展和突破。

(1) 增强热负荷第一壁　ITER 计划的核心部件之一是增强热负荷第一壁，它直接面对真空壁等离子体堆芯的 1 亿℃高温，是 ITER 装置最关键的堆芯部件之一。中核集团核工业西南物理研究院承接了 ITER 增强热负荷第一壁全尺寸原型件的研制任务，并于 2022 年 11 月完成了首件制造。这一突破标志着中国全面突破了"ITER 增强热负荷第一壁"关键技术，实现了该项核心科技的持续领跑，有力提升了我国在该领域的话语权。

(2) 等离子体物理研究　ITER 计划的另一个重要目标是研究等离子体物理，以更好地理解和控制核聚变反应。近年来，等离子体物理研究取得了重要进展，例如发现了新的等离子体不稳定性，这对理解和控制聚变反应具有重要意义。同时，新的诊断技术的发展也为等离子体物理研究提供了更强有力的工具。

(3) 材料科学研究　核聚变反应需要高温高压环境，这对材料科学提出了挑战。近年来，研究人员开发了新的耐高温材料和涂层，为聚变反应器的设计和建造提供了重要的支持。

虽然"人造太阳"的奇观在实验室中初现，但离真正的商业运行还有相当长的距离，它所发出的电能在短时间内还不可能进入人们的家中，乐观估计实现这一梦想最快也要50年。从长远来看，核能有可能成为继石油、煤和天然气之后的主要能源。

思考题与习题

2-1 简述核裂变的主要过程，且已知核裂变燃料 $^{235}_{92}U$ 最常见的裂变产物为 $^{141}_{56}Ba$ 和 $^{92}_{36}Kr$，写出该核裂变反应式。

2-2 说明核裂变释放的能量一般如何计算，并说明核裂变常用的能量表示单位。

2-3 对于习题2-1中所写出的核裂变反应式，已知 $^{235}_{92}U$、$^{141}_{56}Ba$、$^{92}_{36}Kr$、$^{1}_{0}n$ 的质量分别为235.0439u、140.9139u、91.8973u 和 1.0087u 的情况下，求一次该核裂变释放的能量。

2-4 列举原子核裂变过程中所放出的射线类型并说明其穿透性能。

2-5 说出核反应与化学反应的区别。

2-6 原子核与中子的作用按表现形式分为哪两种？

2-7 什么是反应截面？影响核反应率的主要因素有哪些？

2-8 描述燃料增殖过程以及转换堆与增殖堆的主要区别。增殖比有无上限？为什么？

2-9 简述中子在核反应堆中的慢化过程。

2-10 什么是自持链式核裂变反应？什么是有效增殖系数？

2-11 说出反应堆内热量的主要来源，通过哪些手段可以调节反应堆的输出功率？

2-12 描述燃料芯块内的热量传递给冷却剂的主要过程。

2-13 画出反应堆内燃料棒周围的径向温度分布。

2-14 根据冷却剂种类列举几个反应堆类型。

2-15 描述压水堆一回路的主要运行流程和主要设备。

2-16 描述压水堆二回路的主要运行流程和主要设备。

2-17 说出沸水堆与压水堆的主要区别。

2-18 什么是辐射剂量？有哪两种主要单位？区别是什么？

2-19 核电站安全原则中的四道屏障是哪四道？

2-20 核电站的专设安全设施有哪些？分别有什么作用？

2-21 什么是核聚变？列举几个常见的核聚变反应。

2-22 写出氘氚聚变的核反应式，并已知氘核、氚核、氦核和中子的质量分别为2.0141u、3.0161u、4.0026u、1.0087u，求一次氘氚聚变释放的能量。

2-23 实现可控核聚变的条件是什么？

2-24 实现可控核聚变有哪些技术方法？

第3章 风力发电

风能是由地表空气流动所形成的能量。地球上可被利用的风能资源非常丰富,超过1/4的陆地年平均风速大于5m/s(距地面10m),海上风能资源更为丰富。据测算,风能可利用的资源量远超水力发电的可开发总量。人类利用风能的历史可以追溯到公元前,其中中国是最早利用风能的国家之一。早期,风能主要被直接转化为机械动力,应用于农业生产和交通运输等领域,典型的例子包括利用风车进行排水和灌溉,以及使用风帆推动帆船航行等。如今,风力发电已经成为风能利用的主要方式。

3.1 风资源与风能利用基础

本节将介绍风的形成机理,熟悉风速、风向、风能计算以及风资源评估,掌握现有风资源分布情况以及风电场选址原则等是风能利用的基础要点,下面将逐一介绍。

风能及风力资源分布

3.1.1 风的形成

由于地球上不同高度大气层压力分布不均以及地球自转的影响,空气处于永不停息的运动状态,空气的流动即形成了风。因此,要了解风的形成,就需要先了解地球大气环流。大气环流是指地球大气层内气流沿着稳定的路径进行不同规模运动的总称,大气环流体现了全球大气运动的基本形式。太阳辐射强度的差异、地球自转、海陆间热力性质差异、地球表面地形的变化等都是影响大气环流的主要因素。

1. 太阳辐射强度的差异

大气流动的能量主要来自太阳辐射,而辐射强度的不均匀导致地球不同纬度间存在温度差,赤道附近地面比两极地区温度高。在赤道以及低纬度地区,空气受热膨胀上升,导致对流层高层形成由低纬度指向高纬度的气压梯度,在该气压梯度的驱动下,空气向两极地区流动,从而使赤道及低纬度地区气压减小。此时,两极地区底层较高压空气从两极吹向赤道,以替补赤道附近上升的热空气,使不同纬度之间的热量得以平衡。显然,如果不存在地球自转的话,赤道和两极之间能够形成一个完整的热力环流圈。这种仅仅由于太阳辐射而引起的大气环流称为纯粹的经向环流。

2. 地球自转

地球的自转会产生一个使空气水平运动发生偏向的地转偏向力,阻碍风垂直于等压线从高压吹向低压。地转偏向力的方向始终和空气运动的方向垂直,在北半球它指向空气运动方向的右方,使空气向右偏转;在南半球它指向空气运动方向的左方,使空气向左偏转。地转偏向力的大小与风速和纬度有关,当风速一定时,纬度越高,地转偏向力越大;在相同的纬度下，风速越大，地转偏向力越大。

赤道附近气流起初向高纬度地区流动时，地转偏向力较小，随着纬度的增大，地转偏向力逐渐增大，气流发生偏转，在纬度 30°处偏转至与纬度线平行，空气下沉形成副热带高压。副热带高压带向赤道一侧，有空气流向赤道，与赤道上升气流构成环流。在地转偏向力的作用下，这一大气运动体现为北半球吹东北风，南半球吹东南风，风速稳定但不大，也称之为信风。因此，在南北纬 30°之间的地带被称为信风带。而在副热带高压带向极地一侧，有空气流向中纬度地区，同样在地转偏向力的影响下，在南北纬度 30°~60°之间形成西风带且风速较大，被称为盛行西风带。从两极地面高压区流出的空气，受地转偏向力的驱使，南北半球均吹偏东风，这样就在南北纬度 60°~90°之间，形成了极地东风带。由以上热带-赤道信风圈、中纬盛行西风圈、极地东风圈组成的大气环流圈便是"三圈环流"（图 3-1）。

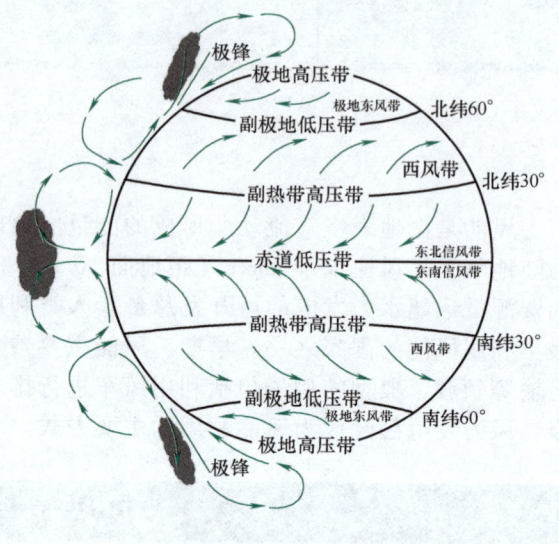

图 3-1　三圈环流

"三圈环流"反映了大气环流的基本状况，是一种理想的环流模型。但由于地球表面分布着广阔的海洋和大片的陆地，而陆地上又有高山峻岭、低地平原、广大沙漠以及极地冻原等，因此，地球是一个性质不均匀的复杂下垫面，实际大气环流模型相比理想模型更为复杂。

3. 海陆间热力性质差异

海陆间热力性质的差异和山脉的机械阻滞，都是大气环流重要的热力和动力影响因素。夏季，由于陆地热容量比海洋热容量小很多，陆地温升比海洋快，因此，陆地成为相对热源，海洋成为相对冷源；而冬季，陆地成为相对冷源，海洋却成为相对热源。这种冷热源分布直接影响到海陆间的气压分布，使完整的纬向气压带分裂成一个个闭合的高压和低压。同时，冬夏两季海陆间的热力差异引起的气压梯度驱动着海陆间的大气流动，这种随季节而转换的环流是季风形成的重要因素。

4. 地球表面地形的变化

地形起伏（尤其是大范围的高原和高大山脉）对大气环流的影响非常显著，其影响包括动力作用和热力作用两个方面。当大规模气流爬越高原和高山时，常常在高山迎风侧受阻，形成高压脊；在高山背风侧，则利于空气辐散，形成低压槽。如果地形过于高大或气流比较浅薄，则运动气流往往不能爬越高大地形，而在山地迎风面发生绕流或分支现象，在背风面发生气流汇合现象。地形对大气的热力变化也有影响，比如青藏高原相对于四周自由大气来说，夏季时高原面是热源，冬季时是冷源，这种热力效应对南亚和东亚季风环流的形成、发展和维持有重要影响。

总而言之，太阳辐射对大气层的加热不均是大气产生大规模运动的根本原因，地球自转是全球大气环流形成和维持的重要因素，海陆间热力性质的差异和山脉的机械阻滞都是影响局部气流的重要热力和动力因素。正因为太阳辐射、地球自转、海陆热力性质差异和山脉的机械阻滞等因素对地球上大气流动有着各自不同的作用,所以,实际大气运动会因占主导的影响因素不同而表现出多种形式,即形成多种形式的风,下面主要对几种常见的风进行介绍。

3.1.2 风的常见形式

1. 季风

由于大陆和海洋在各季节中增热和冷却程度不同,在大陆和海洋之间形成的大范围的、风向以及气压分布随季节有规律变化的风,称为季风。冬季时,海洋温度比陆地高,海洋上的空气受热膨胀上升,导致近地面气压减小,形成了由陆地指向海洋的压力梯度,因而近地面空气从陆地吹向海洋,形成冬季风;而夏季正好相反,近地面空气由海洋吹向陆地,形成夏季风。由于亚欧大陆是全球面积最大的大陆,东部太平洋又是全球最大的海洋,因而造成了南亚和东亚季风气候特别显著,使我国成为典型的受季风气候影响的国家。我国既受东亚季风的影响,也受南亚季风的影响。

2. 海陆风

与季风形成的原理类似,海陆风也是由于海洋和陆地之间的热力差异产生的,但相比之下,海陆风周期较短,以一昼夜为变化周期,同时气流强度也较弱。白天,在太阳的照射下,由于陆地热容量远小于海洋热容量,陆地上的空气温升较快,空气受热膨胀,向上流动,同时,海面上的温度较低、密度较大的空气在压力梯度的作用下,由海面吹向陆地,形成海风;夜间正好相反,海洋上的空气温度比陆地高,风从陆地吹向海洋,形成陆风。海风和陆风合称为海陆风,海陆风的形成如图 3-2 所示。

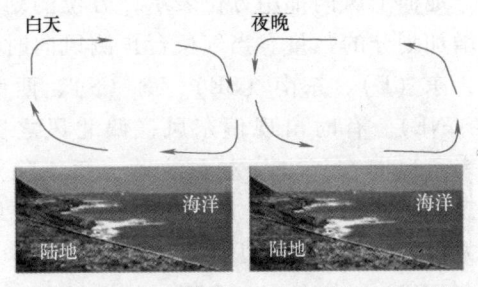

图 3-2 海陆风的形成

一般来说,白天海陆温差大,陆地气流又很不稳定,有利于海风的形成和发展。而在夜间,海陆温差较小,海上气流相对稳定,不利于陆风的形成和发展。因此,海风要比陆风更为强盛,典型情况下,海风风速可达 4~7m/s,陆风一般为 1~3m/s。海陆风伸展的水平和垂直距离也不相同,热带的海风水平伸展为 50~100km,向上伸展高度为 1~2km;温带海风水平伸展为 15~50km,向上伸展几百米;而陆风的水平伸展为 20~30km,向上伸展为 200~300m。

在温度日变化明显和昼夜温差比较大的地区,海陆风表现得更为强盛。热带地区全年可见海陆风,中纬度地区则在夏季才会出现,到高纬度地区海陆风就表现得很微弱了。由于海陆最大温差出现在海岸线附近,因此,海岸线附近的海陆风风速最大,随着离海岸线距离的增加,风速逐渐减小。

3. 山谷风

白天,山坡接收到的太阳辐射量较大,空气温度升高较快,山坡上的暖空气不断上升,从山坡上空流向山谷上空,而山谷谷底的冷空气气压高,向山坡流动并沿山坡爬升,从而在山坡和山谷之间形成热力环流,此时,下层风由谷底吹向山坡,成为谷风。夜间,山坡上的空气由于山坡辐射冷却而降温较快,在山坡和山谷之间形成了一个方向与白天相反的热力环流,此时,下层风由山坡吹入谷底,称为山风。山风和谷风总称为山谷风,山谷风的形成如图3-3所示。

在通常情况下,由于白天山坡受热导致的温差比夜间辐射冷却造成的温差大,谷风的风速要大于山风,谷风的平均风速为2~4m/s,有时能够达到7~10m/s,谷风通过山隘的时候,速度还会进一步加大。谷风所达厚度一般为谷底以上500~1000m,且这一数值还会随着气层不稳定程度的增加而增大;山风厚度则相对较薄,通常只有300m左右。山谷风的特征与山坡的坡度、坡向和山区地形条件等有密切的关系,当山谷深且坡向朝南时,山谷风最盛。

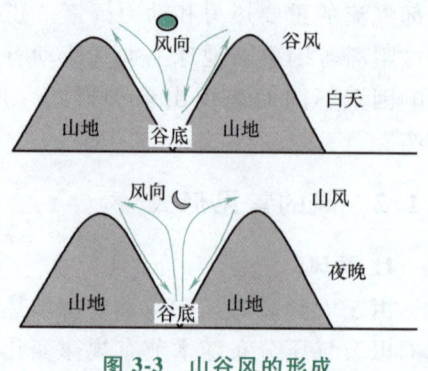

图3-3 山谷风的形成

3.1.3 风向

气流的运动形成了风。因此,风是矢量,既有大小,又有方向。风向是指风吹来的方向,风从北方吹来叫作北风,从南方吹来叫作南风,其余风向依此类推。

1. 风向的表示方法

地面上风向都用方位表示,方位的划分数量视具体情况而定,一般根据精度要求的提高而增加划分的数量。当气象台预测风向时,风向一般由8个方位表示,即每45°划分一个方位,东(E)、东南(SE)、南(S)、西南(SW)、西(W)、西北(NW)、北(N)和东北(NE)。有时出现偏东风、偏北风之类的术语表示风向在该方位左右波动,暂不稳定。陆地观测风向时通常用16方位,即22.5°划分一个方位,比8方位多出了北东北(NNE)、东东北(ENE)、东东南(ESE)、南东南(SSE)、南西南(SSW)、西西南(WSW)、西西北(WNW)和北西北(NNW),如图3-4所示。海面上观测风向一般采用36方位,风向测量更为精确。高空中风向则用角度表示,北风(N)是0°(即360°)、东风(E)是90°、南风(S)是180°、西风(W)是270°,其余的风向都可以由此计算出来。

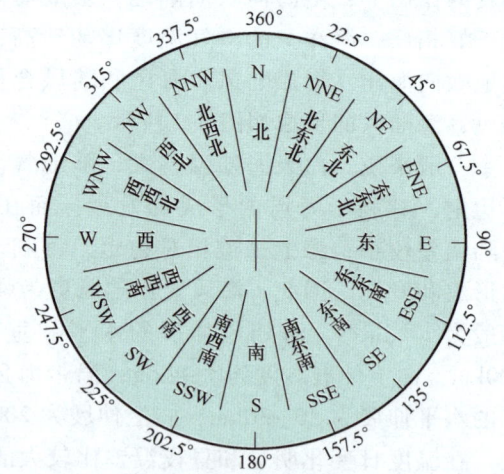

图3-4 风向的16方位

2. 风向的测量

风向标是用来测定风向的常用设备。如图3-5所示,风向标是由尾翼、水平杆(指向杆)、转动轴和平衡锤4部分组成的:尾翼是用来感受风力大小的感受件,在风力的推动下产生旋转力矩,使指向杆不断调整位置,最后与风向保持一致;水平杆箭头最终指向的方向即为风的来向;转动轴是风向标的转动中心,轴上接有传感元件,将风向标指示的度数传送到室内指示仪表上;平衡锤位于指向杆的头部,目的是使整个风向标对于支点(旋转轴与指向杆的交点)保持重力力矩平衡。

从风向标设计的角度讲，应尽量满足以下两点：一是在小风速或者风速变化较小的情况下，能快速反映出风向的变动，即具有足够的灵敏度；二是当风向发生改变时，由风向标本身惯性引起的摆动要尽量小，即具有一定的稳定性。一般情况下，在风向标重量一定的前提下，扩大尾翼的面积，增大尾翼压力中心到转动轴的水平距离和减小机械转动摩擦都可以提高风向标的灵敏度；

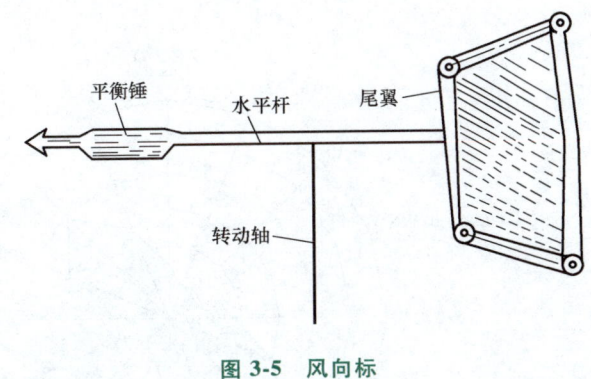

图 3-5　风向标

而为了达到风向标稳定性的要求，又需要适当地减小尾翼的面积以及尾翼压力中心到转动轴的水平距离。因此，满足灵敏度和稳定性的条件是相互制约的，在实际的设计中要根据测量任务决定设计的形式，表 3-1 列举了常见的几种风向标。

表 3-1　常见的几种风向标

类型	优缺点
双叶型风向标	尾翼由两个分开的叶片组成，张角约为 20°，张角的存在增大了尾翼垂直方向上的风压，灵敏度较好；但也正是因为张角的存在，风向标在做惯性转动时，受到的摆回平衡位置的力更大，稳定性较高。缺点是尾翼的两叶片对气流的破坏严重，容易在尾翼后引起涡流
菱形风向标	是比较理想的风向标。由于体积和质量都比较小，因此具有较高的灵敏度。气流从尾翼透空部分通过，形成一股强气流阻碍了尾翼的摆动，并带走了尾部形成的涡流，气流趋于稳定，整个风向标的稳定性较好
流线型风向标	具有菱形风向标的优点，但制造工艺困难，容易变形
单叶型风向标	由于灵敏度和稳定性都不够理想，在实际使用中很少应用

3. 风向的统计特性

风向时刻都在发生变化。如果对某一地区某一时间段内的风向进行连续测定并记录，就能够获得每一种风向出现的频率。所谓风向频率，就是指将某一地区某一时间段内（年、季、月）风向观测的次数按照划分好的方位进行分类统计，然后用每一方位出现的次数除以这一时段内总的观测次数，所得比值即为风向频率。

为了更直观地反映某一地区某一时段的风向频率情况，一般采用风向玫瑰图表示。风向玫瑰图又称风频图，是将风向分为 8 个或 16 个方位，在各方向线上按各方向风的出现频率，截取相应的长度，再将各方向线上的截点用线段连成连续的闭合折线图形。图 3-6 所示为某地区风向玫瑰图，该地区最大风向频率的方向为东风，为 10.6%。

通过风向玫瑰图，可以准确地描绘出一个地区的风频分布，从而确定风电场风力机组的总体排布，是风电场建设初期重要的参考依据。

3.1.4　风速

风速是指气流在单位时间内相对于地面移动的距离，常用单位为 m/s 或 km/h。相邻两地间的气压差越大，空气流动越快，风速越大，风的力量自然也越大。所以气象中通常采用风力来表示风的大小。风力是指风吹到物体上所表现出的力量的大小。

1. 风速与风级

按照风对海陆物体影响而引起的各种现象可对风力进行等级划分，目前世界上通用的风

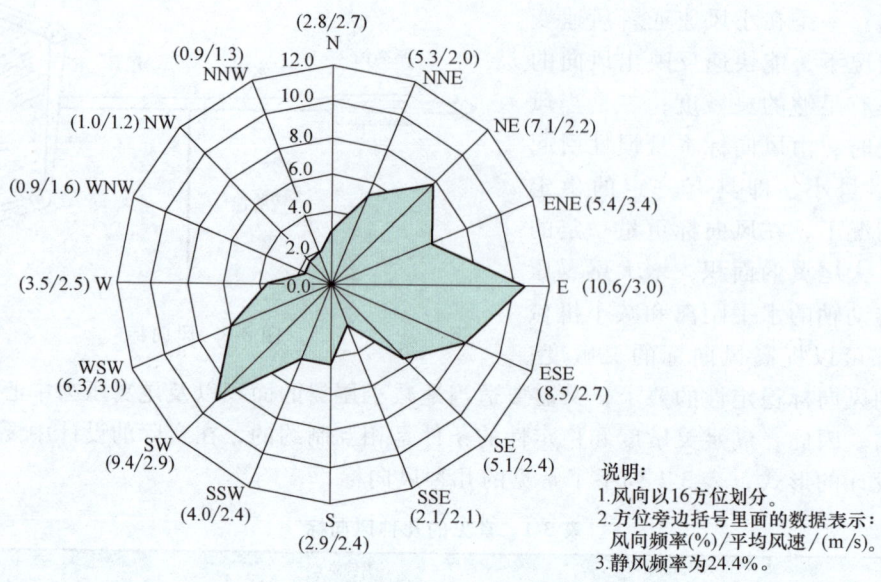

图 3-6 某地区风向玫瑰图

级划分标准是《蒲福风力等级表》(the Beaufort Scale)。该表于 1806 年由英国海军弗朗西斯·蒲福编制,根据风对地面(或海面)物体影响程度划分成 0~12 级,共 13 个等级,后来中国气象局在蒲福风力等级的基础上将 12 级以上台风补充到 17 级,具体参数见表 3-2。"蒲福风级"最开始用于海面上,是以航行的船只状态及海浪为参照,后来也适用在陆上,是以烟、树叶及树枝或旗帜的摇动为参照。因此,在实际的应用中,可根据肉眼观察到的风对海陆物体的影响程度,按照风力等级表估算风力和风速的大小。风速与风级之间也可通过如下数学关系式进行换算,得到平均风速、最大风速和最小风速:

$$v = 0.1 + 0.824 N^{1.505} \tag{3-1}$$

$$v_{max} = 0.2 + 0.824 N^{1.505} + 0.5 N^{0.56} \tag{3-2}$$

$$v_{min} = 0.824 N^{1.505} - 0.56 \tag{3-3}$$

式中,v 为 N 级风的平均风速;v_{max} 为 N 级风的最大风速;v_{min} 为 N 级风的最小风速;N 为风的级数。

表 3-2 风力等级表

风力等级	风的名称	风速 m/s	风速 km/h	陆地现象	海面状态
0	无风	0~0.2	<1	静,烟直上	平静如镜
1	软风	0.3~1.5	1~5	烟能表示风向,但风向标不能转动	微浪
2	软风	1.6~3.3	6~11	人面感觉有风,树叶有微响,风向标能转动	小浪
3	微风	3.4~5.4	12~19	树叶及微枝摆动不息,旗帜展开	小浪
4	和风	5.5~7.9	20~28	能吹起地面灰尘和纸张,树的小枝微动	轻浪
5	清劲风	8.0~10.7	29~38	有的小树枝摇摆,内陆水面有小波	中浪

(续)

风力等级	风的名称	风 速		陆地现象	海面状态
		m/s	km/h		
6	强风	10.8~13.8	39~49	大树枝摆动,电线呼呼有声,举伞困难	大浪
7	疾风	13.9~17.1	50~61	全树摇动,迎风步行感觉不便	巨浪
8	大风	17.2~20.7	62~74	微枝折毁,人向前行感觉阻力很大	猛浪
9	烈风	20.8~24.4	75~88	建筑物有损坏(烟囱顶部及屋顶瓦片移动)	狂涛
10	狂风	24.5~28.4	89~102	陆上少见,见时可使树木拔起,将建筑物损坏严重	狂涛
11	暴风	28.5~32.6	103~117	陆上少见,有则必有重大损毁	非凡现象
12	飓风	32.7~36.9	118~133	陆上少见,其摧毁力极大	非凡现象
13	飓风	37.0~41.4	134~149	陆上少见,其摧毁力极大	非凡现象
14	飓风	41.5~46.1	150~166	陆上少见,其摧毁力极大	非凡现象
15	飓风	46.2~50.9	167~183	陆上少见,其摧毁力极大	非凡现象
16	飓风	51.0~56.0	184~201	陆上少见,其摧毁力极大	非凡现象
17	飓风	56.1~61.2	202~220	陆上少见,其摧毁力极大	非凡现象

2. 风速的测量

测量风速的仪器有很多种,常用的风速测量仪表包括旋转式风速计、压差式风速计、热线风速计等。

(1) 旋转式风速计 旋转式风速计中应用较广的是风杯形风速计。如图3-7所示,风杯形风速计通常由三个半球形的风杯组成,所有风杯朝同一个旋转方向,固定在一个由中心延伸出三根间隔120°水平杆的支架上,随后整个支架被固定在可以自由旋转的垂直轴上。当有气流流过风杯时,凸面和凹面受到的气压大小不同,从而产生风压差驱动风杯旋转,随着风杯旋转速度的增大,风压差逐渐减小,当风压差减为零时,风杯匀速转动。此时,通过风杯转速与外界风速的转换关系式,便可求得风速,转换关系式一般通过实验获得,即

图3-7 风杯形风速计

$$v = a + bN + cN^2 \tag{3-4}$$

式中,a为阻尼决定的常数,数值上等于风杯起动速度;b为风速表系数,与风杯尺寸结构相关;c为一个量级很小的系数,$c/b \approx 10^{-4}$;N为风杯的转速(m/s)。

旋转式风速计的优点是结构简单,缺点是旋转轴的摩擦力会影响到测量的精度,风速越小,摩擦力对精度的影响则越大。

(2) 压差式风速计 毕托管风速计是现有最常用的压差式风速计。毕托管风速计由总压探头和静压探头组成,根据气流的总压和静压的压力差,即动压来求出风速,适用于流速较高的情况。图3-8所示是L形毕托管结构简图。处于同一流线上的不可压缩流体的伯努利方程可简化变形为

$$v = \sqrt{\frac{2(p_0-p)}{\rho}} \tag{3-5}$$

式中，ρ 为当地空气密度（kg/m^3）；p_0 为气流总压（Pa）；p 为静压（Pa）。

当空气密度、气流总压和静压都已知时，由式(3-5)便可求出风速。

（3）热线风速计　热线风速计的基本原理是将一根细的金属丝放在气流中，通电流加热金属丝，使其温度高于流体的温度，因此将金属丝称为"热线"。当气流沿垂直方向流过金属丝时，将带走金属丝的一部分热量，使金属丝温度下降。利用散热速率和风速的二次方根呈线性关系，再通过电子线路线性化（以便于刻度和读数），即可制成热线风速计。热线风速计分旁热式和直热式两种：旁热式的热线一般为锰铜丝，其电阻温度系数趋近于零，它的表面另装有测温元件；直热式的热线多为铂丝，在测量风速的同时可以直接测定热线本

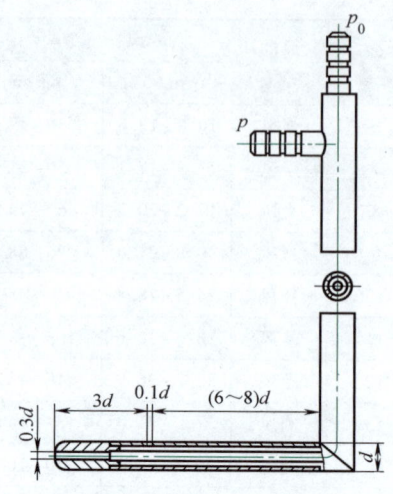

图 3-8　L 形毕托管结构简图

身的温度。热线风速计在小风速时灵敏度较高，适用于小风速的测量。它的时间常数只有百分之几秒，是大气湍流和农业气象测量的重要工具。

3. 风速的变化特性

（1）风速的脉动　由于风总是变幻莫测的，任何地区的风速都不可能维持恒定。于是，风速又分为瞬时风速 $v(t)$、平均风速 $\bar{v}$ 和脉动风速 $v'(t)$。瞬时风速是某时刻某一点的真实风速，平均风速是指某一时间段内各瞬时风速的平均值，脉动风速则是瞬时风速与平均风速的差值，三者之间有如下数学关系：

$$\bar{v} = \frac{1}{t_2 - t_1} \int_{t_1}^{t_2} v(t) \, dt \tag{3-6}$$

$$v(t) = \bar{v} + v'(t) \tag{3-7}$$

脉动风速的相对强度是衡量风稳定性的重要指标，在风资源评估中用湍流强度 I 来表示。湍流强度的计算公式如下，是脉动风速的均方差与平均风速的比值。

在一段时间内，脉动风速的均方差为

$$\sigma = \sqrt{\frac{1}{T} \int_0^T [v(t) - \bar{v}]^2 \, dt} \tag{3-8}$$

对于一定数量的采样来说，为

$$\sigma = \sqrt{\frac{1}{N} \sum_{i=1}^{N} (v_i - \bar{v})^2} \tag{3-9}$$

式中，N 为风速样本数量；$\bar{v}$ 为样本的平均风速；i 为样本编号，$i = 1, 2, 3, \cdots, N$。

从而得到湍流强度为

$$I = \frac{\sigma}{\bar{v}} \tag{3-10}$$

湍流在风能利用中有着负面作用，会影响风机的载荷，因为风机在设计的过程中已经设定了理论的额定载荷，而湍流强度的存在会使其载荷值发生偏离，降低风能利用效率。

（2）风速随时间的变化　风速一直处于不断变化的状态，但若以日、季节为周期来看，

风速的变化也遵循一定的规律。

通常在一天中,白天气温高,夜间气温低,风速随着气温的升降而不断变化。在近地层,午后风速达到最大,此后逐渐减小,清晨时风速最小,日出后风速又随之增强。高空中则正好相反,夜间风比白天强。这一变化趋势转变的临界高度一般为 100~150m。

季节的变化使地球上存在季节性温差。因此,风速的大小也会发生季节性的变化。在北半球中纬度地区,最大风速往往出现在冬季,最小风速一般出现在夏季。在我国大部分地区,最大风速多见于春季的 3、4 月份,而最小风速则多出现在夏季的 7、8 月份。

(3) 风速随高度的变化　在地球表面到 1000m 的高空层内,空气的流动受到涡流、黏性、地面植物及建筑物等的影响,一般情况下,靠近地面的风速较低,越往高处风速则越大。关于风速随高度变化的经验公式有很多,工程上常用指数公式进行计算,即

$$v = v_1 \left(\frac{h}{h_1}\right)^{\alpha} \tag{3-11}$$

式中,v 为高度 h 处的风速(m/s);v_1 为高度 h_1 处的风速(m/s);α 为经验指数,大小取决于大气稳定度和地面粗糙度,其值在 0.125~0.500 范围内变化。

式(3-11)中,经验指数 α 在开阔、平坦的大气稳定度正常的地区为 1/7,根据我国气象部门的测量结果,α 的平均值均介于 0.16~0.20 之间。因此,一般情况下可用此值粗略估算不同高度处的风速大小。

4. 风速的统计特性

与风向频率类似,将某一地区某一时间段内(年、季、月)相同风速发生小时数进行统计,然后用该发生时间除以这一时间段内刮风的总时数,所得比值即为风速频率,又称风速的重复性。图 3-9 为某风电场的风速频率,该地最大风速频率出现在风速为 5m/s 时,为 19.7%。

实际上,要对某一地区的风资源进行深入分析,需要大量的风况数据,统计观测记录至少要进行 3 年以上,为了节省工作时间,在前期理论计算时会对风速分布情况以具有适当精度的数学表达式来进行拟合。目前常用的拟合公式有瑞利分布和威布尔分布。

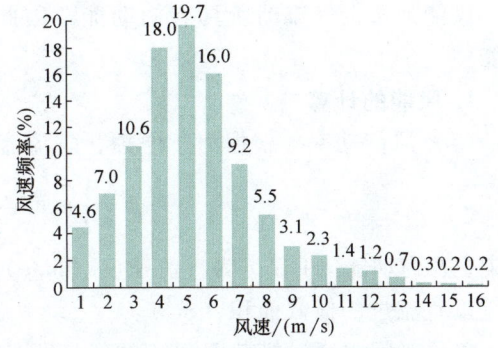

图 3-9　某风电场的风速频率

(1) 风速的瑞利分布　瑞利分布是威布尔分布的一个特例,常常用来拟合风速分布。瑞利分布的概率密度函数表达式为

$$f(v) = \frac{v}{\sigma^2} e^{-\frac{v^2}{2\sigma^2}} \tag{3-12}$$

式中,v 为风速;σ 为风速的标准偏差。

令 $\sigma^2 = \frac{2\bar{v}^2}{\pi}$,1 年按照 8760h 计算,则式(3-12)可变为

$$h(v) = 8760 \times \frac{\pi}{2} \frac{v}{\bar{v}^2} e^{-k} \tag{3-13}$$

式中,$h(v)$ 为不同风速发生的小时数;$k = \frac{\pi}{4}\left(\frac{v}{\bar{v}}\right)^2$;$\bar{v}$ 为平均风速。

当获得某一地区平均风速后,便可根据式(3-13)求得1年内任一风速下发生的小时数。实践证明,当平均风速不低于4.5m/s时,采用瑞利分布进行风速分布拟合能够达到适当的精度。普遍认为,按照瑞利分布得出的风速分布结果与实测结果误差在10%左右,在缺乏数据的情况下,可以采用瑞利分布来估算风能。

(2) 风速的威布尔分布 威布尔分布是一种单峰的、以形状参数 k 和尺度参数 c 表述的分布函数,其概率密度函数可表达为

$$f(v) = \frac{k}{c}\left(\frac{v}{c}\right)^{k-1}\exp\left[-\left(\frac{v}{c}\right)^k\right] \tag{3-14}$$

式(3-14)中,当 $c=1$ 时,称为标准威布尔分布。形状参数 k 值的大小对分布曲线有很大的影响:当 $0<k<1$ 时,分布函数为 v 的减函数;当 $k=1$ 时,分布函数为指数型;当 $k=2$ 时,分布函数就是前面提到的瑞利分布;当 $k=3.5$ 时,威布尔分布已经很接近正态分布。在使用威布尔分布进行风速分布拟合时,需先确定参数 c 和 k 的值,而确定该参数常用的方法是最小二乘法。因此,对于威布尔分布需要有大量的前期数据才能获得较好的模拟结果。国内外广泛研究成果表明,威布尔分布是一种形式较为简单又能满足适当精度要求的拟合实际风速分布的方法,被公认为是风资源分析的有用工具。

3.1.5 风能

风能是指大气流动所具有的动能。因此,计算风能的大小就是计算大气流动所具有的动能。

1. 风能的计算

(1) 风能功率 根据力学原理,气流流动所具有的动能 E 为

$$E = \frac{1}{2}mv^2 = \frac{1}{2}\rho Avtv^2 = \frac{1}{2}\rho Atv^3 \tag{3-15}$$

式中,E 为动能(J);v 为气流速度(m/s);ρ 为空气密度(kg/m³);t 为时间(s);A 为气流垂直流过的横截面积(m²)。

单位时间内通过横截面积 A 的气流所具有的动能称为风能功率,用 W 表示,即

$$W = \frac{1}{2}\rho Av^3 \tag{3-16}$$

式(3-16)即为常用的风能功率公式,在风力工程中,又习惯称其为风能公式。风能功率的大小与空气密度、气流流过的横截面积以及风速的三次方成正比。而在近地层,空气密度 ρ 的量级为1,而风速三次方 v^3 的数量级为 $10^2 \sim 10^3$。因此,在风能计算中,风速取值的准确性对风能潜力的评估有决定性的作用。

(2) 风能密度 评价一个地区风能的大小,评估一个地区的风能潜力,风能密度是目前最有价值和最为方便的考察指标。气流在单位时间内垂直流过单位面积的风能大小称为风能密度(w),即

$$w = \frac{1}{2}\rho v^3 \tag{3-17}$$

1) 平均风能密度。由于风速的大小随时间不断变化,因此,一般会采用平均风能密度来表示一段时间内的风能密度。

平均风能密度的数学表达式为

$$\overline{w} = \frac{1}{T}\int_0^T \frac{1}{2}\rho v^3 \mathrm{d}t \tag{3-18}$$

式中，$\overline{w}$ 为平均风能密度；T 为观测时间。

一般情况下，同一地区空气密度的变化较小，可以忽略不计。因此，可以把密度 ρ 视为常数，式（3-18）可以简化为

$$\overline{w} = \frac{\rho}{2T}\int_0^T v^3 \mathrm{d}t \tag{3-19}$$

风速的变化是随机的，通常情况下，风速的变化规律很难用数学表达式表示出来，这时可以采用风速的概率分布近似求解。假设时间 T 内风速 v 拟合得到的概率分布函数为 $P(v)$，则平均风能密度可根据下式计算：

$$\overline{w} = \int_0^\infty \frac{1}{2}\rho v^3 P(v)\mathrm{d}v \tag{3-20}$$

另外，平均风能密度也可以根据观测次数，采用离散值近似求解，即

$$\overline{w}' = \frac{\rho}{2N}\sum v_i^3 \tag{3-21}$$

式中，N 为时间 T 内的观测次数；v_i 为每次观测的风速。

观测次数越多，计算值越逼近真实值，但统计工作量非常繁重，只有在已有足够数据的基础上，才会考虑采用此方法进行平均风能密度的计算。

2）有效风能密度。在风机的设计过程中，会设定风机运行的最小风速，即"起动风速"，只有外界风速在起动风速以上时，风机才会运转。当外界风速继续增大，达到一定值并超出不多时，风机中的限速装置会限制风轮转速不再发生变化，达到稳定出力，这一风速值称为"额定风速"。而风速继续增大到某一值，为了保护风机的安全，必须停止运行，这时的风速为"停机风速"。考虑到风机的停机范围，计算可利用风能潜力时，通常将"起动风速"和"停机风速"范围内的风能称为"有效风能"。因此，在实际工程应用中，就需要引入"有效风能密度"的概念。

有效风能密度的计算公式为

$$\overline{w}_i = \int_{v_1}^{v_2} \frac{1}{2}\rho v^3 P'(v)\mathrm{d}v \tag{3-22}$$

式中，$\overline{w}_i$ 为有效风能密度；v_1 为风机起动风速，v_2 为风机停机风速；$P'(v)$ 为风速 $v_1 \sim v_2$ 范围内的概率分布函数，其表达式为

$$P'(v) = \frac{P(v)}{P(v \leq v_2) - P(v \leq v_1)} \tag{3-23}$$

2. 贝兹理论

1919 年，德国物理学家阿尔伯特·贝兹（Albert Betz）提出了贝兹定律，从理论上对风轮的能量转换效率进行了推导。贝兹定律建立在一个假定"理想风轮"的基础之上，即风轮没有轮毂，且叶片无限多，连续的、不可压缩的流体均匀流过整个风轮迎流面时不存在阻力。在这种理想情况下风能可转换成风轮动能的极限比值为 16/27，约为 59.3%。下面对这一定律进行理论推导。

假设将通过风轮的空气从空气中分离出来当作孤立的事物来看待，那么就可以形成一个横截面为圆形的长的气流管，风能利用的本质是对气流动能的利用，流入风轮之前足够远处气流的速度为 v_1，流出风轮之后足够远处气流的速度为 v_2，则 $v_1 > v_2$。由于理想情况下气体不可压缩，为保证气流管内流量前后恒定，此流管必定是头小尾大的，如图 3-10 上半部分所示。

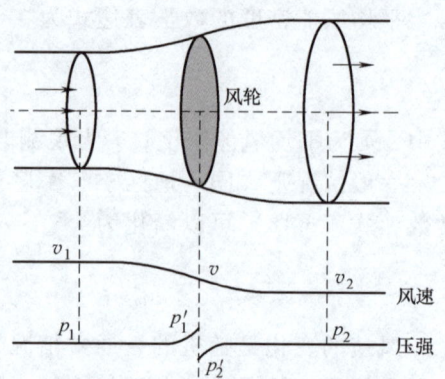

图 3-10　经过风轮的气流管及其风速和压强变化示意图

具体而言，为保证流量恒定，且速度不能突变，流经风轮的气流速度由初始的 v_1 缓慢变为 v_2，并设风轮处的气流速度为 v，如图 3-10 下半部分所示，在气流减速过程中，根据伯努利方程，气流压强将上升，且距离风轮足够远处的气体压强与大气压 p 一致，从而可得气流速度、压强的关系式如下：

$$v_1 > v > v_2 \tag{3-24}$$

$$p_1' > p_1 = p_2 = p > p_2' \tag{3-25}$$

风轮前后气流均满足伯努利方程，整个过程忽略高度差，可得到如下的伯努利方程组：

$$p + \frac{1}{2}\rho v_1^2 = p_1' + \frac{1}{2}\rho v^2 \tag{3-26}$$

$$p + \frac{1}{2}\rho v_2^2 = p_2' + \frac{1}{2}\rho v^2 \tag{3-27}$$

式中，ρ 为空气密度。

式（3-26）与式（3-27）相减可得

$$p_1' - p_2' = \frac{1}{2}\rho(v_1^2 - v_2^2) \tag{3-28}$$

伯努利方程本质上是能量方程，求解问题需要补充动量方程。假想的气流管内气体总受力为浮力，竖直向上，与水平动量无关。改变气体水平动量的力为风轮前后压强差所产生的力。设风轮面积为 A，力等于动量变化率，即

$$A(p_1' - p_2') = \rho A v(v_1 - v_2) \tag{3-29}$$

式（3-28）与式（3-29）联立可得

$$v = \frac{v_1 + v_2}{2} \tag{3-30}$$

传递给风轮的风能功率 W 为

$$W = \frac{1}{2}Av\rho(v_1^2 - v_2^2) \tag{3-31}$$

若气流不流经风轮，则速度为 v_1 的气流穿过面积 A 的风能功率 W_1 为

$$W_1 = Av_1 \frac{1}{2}\rho v_1^2 = \frac{1}{2}\rho A v_1^3 \tag{3-32}$$

W 除以 W_1 可得理想风轮的风能利用效率 C_p 如下，并用式（3-30）消去 v_2 可得

$$C_{\mathrm{p}}=\frac{v(v_1^2-v_2^2)}{v_1^3}=\frac{4v^2(v_1-v)}{v_1^3} \tag{3-33}$$

可得 C_{p} 是关于 v 的 3 次函数，v 的取值范围为 $\left[\frac{1}{2}v_1, v_1\right]$，求导可解得当 $v=\frac{2}{3}v_1$ 时，C_{p} 取得最大值 16/27。这是理想情况下的极限值，由于存在损耗，实际情况下风轮的效率均低于此值。

3. 风能资源的分布

（1）全球风能资源的分布　地球上风能资源非常丰富，每年地球收到来自外层空间的辐射能量为 1.5×10^{18} kW·h，其中的 2.5% 能够被大气吸收，产生约 4.3×10^{12} kW·h 的风能。据世界能源理事会估计，地球上 1.16×10^8 km² 陆地面积中 26% 的地区年平均风速高于 5m/s（距地面 10m）。风资源主要集中在沿海地区以及开阔大陆的收缩地带，全球风能资源分布见表 3-3。

表 3-3　全球风能资源分布

国家和地区	陆地面积/万 km²	3~7 级风所占面积/万 km²	3~7 级风所占面积比例（%）
北美	1933	787	41
拉丁美洲和加勒比	1848	331	18
西欧	474	196	41
东欧	2304	678	29
中东和北非	814	256	31
撒哈拉以南非洲	725	220	30
太平洋地区	2135	418	20
中国	960	105	11
中亚和南亚	429	24	6
总计	11622	3015	26

（2）我国风能资源的分布　我国位于亚洲大陆东南，海岸线长，季风气候显著。根据全国 900 多个气象站离陆地 10m 高度的数据估算，全国平均风能密度为 100W/m²，风能资源总储量约 32.26 亿 kW，陆地上可开发和利用的风能储量有 2.53 亿 kW，近海可开发和利用的风能储量有 7.5 亿 kW，共计约 10 亿 kW。如果陆上风电年上网电量按等效满负荷 2000h 计，每年可提供 0.5 万亿 kW·h 电量，海上风电年上网电量按等效满负荷 2500h 计，每年可提供 1.8 万亿 kW·h 电量，合计 2.3 万亿 kW·h 电量。由此可见，我国风能资源丰富，开发潜力巨大，其必将成为未来能源结构中一个重要的组成部分。

为了了解我国各地风能资源的差异，合理地利用风能资源。中国气象科学研究院依据以下 3 个指标对我国风能进行了区划：

1）风能密度和利用小时数。
2）风能的季节变化。
3）风机的最大工作风速。

按照上述第一个指标，我国风资源分区见表 3-4。

表 3-4 我国风资源分区

指　　标	丰富区 （Ⅰ区）	较丰富区 （Ⅱ区）	可利用区 （Ⅲ区）	贫乏区 （Ⅳ区）
年平均有效风能密度 /（W/m²）	>200	150~200	50~150	<50
全年风速 3~20m/s 累计小时数/h	>5000	4000~5000	2000~4000	<2000
占全国面积比（%）	8	18	50	24

3.1.6　风电场的选址原则

风资源是否适合用于开发风电场，是由气候条件、地形地貌和可用面积等因素共同决定的。因此，风电场选址是一门周期性长、专业强的综合技术。风电场选址是否得当，直接关系到风机能否达到预期的发电功率。在选址的过程中，一般遵循以下选择原则：

1）尽量选择风能资源丰富区。按照我国风资源分区划分情况，风电场应设在年平均风速大于 6.0m/s，风速持续性好，3~25m/s 年有效风速在 5000h 以上，平均有效风能密度达到 300W/m² 的地区。

2）初选场址全年盛行风向稳定，主导风向频率在 30% 以上。风向稳定可以增大风能的利用率，延长风机的使用寿命。

3）湍流强度要小。湍流强度过大会使风机振动受力不均，降低风机使用寿命，甚至会毁坏风机。因此，在选址时要尽量避开障碍区和粗糙的地表。

4）避开自然灾害频发的地带。强风暴、沙尘暴、雷暴、地震、泥石流多发地区不适宜建立风电场。

5）所选风电场内地势相对平坦，交通便利，风电上网条件较好，且最好远离自然保护区、人类居住区、候鸟保护区及候鸟迁徙路径等。

6）在平坦地区安装风机时，周围 3~5km 内的山区高度小于 60m；风机附近地面的坡度不超过 1∶30；若风机周围有障碍物，风机叶片扫风最低点的高度至少应是障碍物高度的 3 倍，才能不受湍流的影响。

在山区安装风机时，山脊走向与盛行风向垂直、上升坡度到山尖尽可能连续小于 30° 的山顶以及其迎风面上半部是最好的风场；在峡谷内则选择风力最强的谷口区域，且尽量保证盛行风的走向平行于该峡谷。

3.2　风力发电机组的构成

风力发电厂通常是由许多大型风力发电机组组成的，如图 3-11 所示。典型的风力发电机组主要由风力机、传动系统、制动系统、变桨距系统、液压系统、发电机以及支撑保护系统等部分构成。当其正常工作时，机组能将所采集到的风能转换为机械能，再进一步转换成电能。此外，为了实现风力发电并网过程中的稳定运行，还需要通过储能电池平稳负荷波动。储能电池的相关内容将在 3.3 节中详细介绍，本小节主要介绍风力发电机组的主要组成部分。

图 3-11 风力发电机组

3.2.1 风力机

风力机是风力发电系统的核心设备,按风轮转动轴与地面的相对位置,可分为垂直轴风力机和水平轴风力机;按叶片的工作原理,可分为升力型风力机和阻力型风力机;按风轮的叶片数量,分为单叶片、双叶片、三叶片、多叶片式风力机;按风轮转速,分为定速型风力机(风轮转速不随风速变化而变化)、变速型风力机(风轮转速随风速变化而变化);按功率调节,分为定桨距风力机(轮毂与叶片的连接是固定的)和变桨距风力机(轮毂与叶片的连接是非固定的);按风力机容量大小可分为大、中、小、微等型号,其容量分类标准详见表 3-5。

表 3-5 风力机容量分类标准

风机容量	微型(<1kW)	小型(1~100kW)	中型(100~1000kW)	大型(>1000kW)
我国分类标准	√	√	√	√
国际分类标准	无	√	√	√

下面介绍垂直轴风力机和水平轴风力机,两种风力机的结构如图 3-12 所示。典型的垂

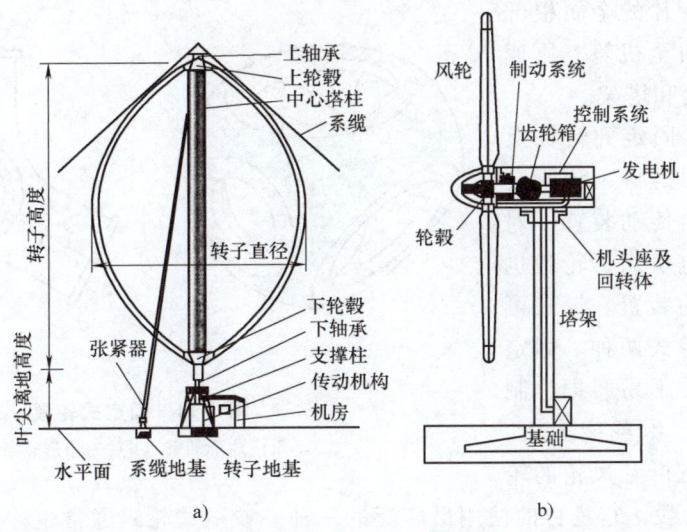

图 3-12 风力机的结构

a)垂直轴风力机的结构 b)水平轴风力机的结构

直轴风力机是由转子、中心塔柱、上下轮毂和上下轴承等组成的，转子是其最主要部件之一，其作用是将风能转换为机械能。转子获得机械能后再通过传动机构带动发电机工作。垂直轴风力机工作时不需要配备风向调节装置，一般适用于中、小型容量机组。

水平轴风力机最主要的部件是风轮，其作用也是将风能转换为机械能。风轮和内部齿轮箱等一系列装置构成机头。机头与塔架连接的部件是机头座与回转体，机头座用来支撑塔架上方的所有装置以及附属部件，回转体是塔架与机头座连接部件，在风向变化时保证机头能水平旋转，使风轮迎风转动。目前大型风力发电机组使用的都是水平轴风力机。

水平轴风力机的风轮一般由叶片（桨叶）、轮毂、叶柄等组成。叶片的主要功能是吸收风能，因此其形状设计主要考虑空气动力学特性，使其最大可能地吸收风能。同时，叶片要有可靠的结构强度，具备足够承受极限载荷和疲劳载荷的能力；合理的叶片刚度和叶尖变形位移可以避免叶片与塔架的碰撞；良好的结构动力学特性和气动稳定性可以避免发生共振现象。大型风力发电机组的风轮叶片很长，叶片的平面几何形状一般为梯形，叶尖的优化可以提高风轮功率，改善气动噪声，水平轴风轮结构如图 3-13 所示。

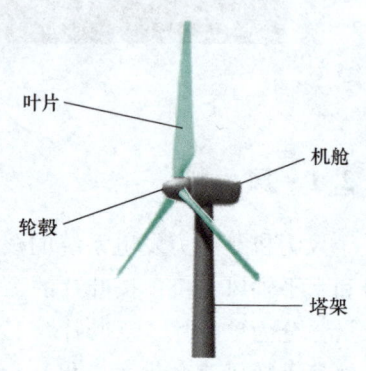

图 3-13　水平轴风轮结构

需要注意的是很多大型风轮叶片并不是由单一材料制作而成，它是由主梁、外壳和填充料三部分组成的。主梁也叫纵梁，其作用是保证叶片的强度和刚度；外壳以复合材料为主，具备一定的空气动力学外形，同时承担部分弯曲载荷和剪切载荷；填充料以聚氨酯类的硬质泡沫塑料为主。

另外，叶片防雷也是叶片设计需要考虑的重点问题。叶片是机组中最易受雷击的部件，绝大部分雷击事故会损坏叶片的叶尖部分，少量的雷击事故甚至会损坏整个叶片。叶片防雷系统的主要作用是避免雷电直击叶片本体，它主要由接闪器和敷设在叶片内腔连接到叶片根部的导线构成，叶片的金属根部连接到轮毂，并引至机舱，再通过接地线连接机舱和塔架。

轮毂是将叶片固定到转轴上的装置，它的作用是将风轮所受的力和力矩传递给传动装置。对于变桨距风力发电机组，轮毂也是控制叶片桨距的装置。轮毂可分为固定式和铰链式两种。固定式轮毂结构简单，不易磨损，制造和维护成本低，承载能力大，如图 3-14 所示。三叶片风轮的轮

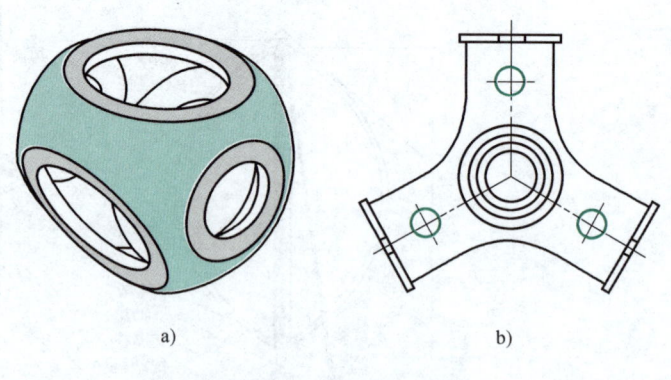

图 3-14　固定式轮毂
a) 球形轮毂　b) 三角形轮毂

毂多采用固定式轮毂，它是目前使用最广泛的一种。铰链式轮毂通常也称为柔性轮毂，叶片和轮毂柔性连接。铰链式轮毂具有活动部件，相对于固定式轮毂可靠性低，制造和维护成本高。

3.2.2 传动系统

传动系统的作用是将风轮吸收的能量以机械能的形式传递给发电机。由于风轮转速较慢，而发电机往往需要较高转速，所以一般需要通过传动系统提高转速。根据其传动方式的差异，可分为机械、液压等传动方式，其中机械传动方式主要由主轴、齿轮箱、轴承以及联轴器等部件构成。

主轴是风轮的转轴，安装于风轮和齿轮箱上，其作用是支撑风轮并将风轮转矩传递给齿轮箱。由于主轴要承受各种力的作用，因此主轴应具备较高的综合力学性能。

齿轮箱是传动系统中的主要部件，位于风轮和发电机之间。由于风轮转速往往比较低，因此需要通过齿轮箱进行增速，其速度变化范围取决于高低速齿轮的传动比。齿轮箱的主要结构包括箱体、齿轮、轴承、齿轮箱轴、密封装置、润滑系统，如图3-15所示。其中密封系统的主要作用是防止杂质进入及润滑油泄漏。而润滑系统的作用是在轴承和齿轮等部件相对运动的部位之间保持一层油膜，以减小零件的磨损。

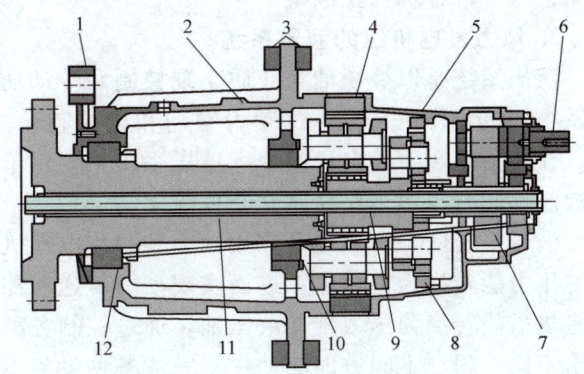

图 3-15 齿轮箱的结构
1—风轮锁 2、5—壳体 3—减噪装置 4——级齿轮传动 6—输出轴 7—输出级 8—二级齿轮传动 9—空心轴 10—主轴后轴承 11—主轴 12—主轴前轴承

在风力发电机组中，所有转动部件与固定部分的连接都是通过轴承来实现的。传动系统内有多个轴承，主轴轴承位于风力机主轴上，一般采用调心滚子轴承结构；偏航轴承位于机舱底部，作用是调节风力机的迎风角度；变桨轴承位于轮毂与叶片的连接部位，作用是调整叶片的迎风角度。

联轴器是实现轴与轴之间的连接从而传递动力的装置。联轴器分成刚性联轴器和柔性联轴器两种：刚性联轴器通常用在主轴和齿轮箱低速轴连接处；柔性联轴器通常用在发电机与齿轮箱高速轴连接处。

3.2.3 制动系统、变桨距系统和液压系统

1. 风力发电机组的制动系统

风力发电机组的制动系统是为了实现机组从运行状态转变为停机状态，保证安全控制的关键装置，它是风力发电机组出现不可控情况下安全防护的最后一道屏障。制动分两种情况：正常情况下的运动制动以及突发故障时的紧急制动。

制动系统由制动器、驱动装置和控制装置组成：制动器的主要作用是使运动部件减速、停止运动，包括辅助制动系统中的阻尼装置；驱动装置的作用是给制动器提供能量；控制装置负责产生制动动作和控制制动效果。

2. 风力发电机组的变桨距系统

变桨距系统的主要作用是通过调节叶片对气流的攻角，改变风力机的能量转换效率，从而控制风力发电机组的功率输出，变桨距系统还可以在机组需要停机时提供空气动力制动。

与定桨距相比，变桨距风力发电机组的起动和制动性能更好，风能利用系数高，在额定功率点以上输出功率平稳。变桨距使风机在风速较小的情况下能够截获风能，在风速大于额定风速时，通过增大桨距角将风轮转速控制在额定转速以下。

世界上大型风力发电机组变桨距系统的执行机构主要有液压变桨距执行机构和电动变桨距执行机构，主要包括连续变桨和全顺桨两种工作状态。风力机开始工作时，桨叶由90°转向0°以及桨叶在0°附近的调节状态都属于连续变桨，在这个工作状态下叶片正对着迎风面，风力机运转。当遇到紧急情况需要停机时，叶片转动到90°，使得叶片与风向平行而失去迎风面，这个过程称为全顺桨。

3. 风力发电机组的液压系统

液压系统是以液压油为介质实现控制和传动功能的系统。在定桨距风力发电机组中，液压系统的主要作用是为空气动力制动和机械制动提供动力，实现风力发电机组的开机和停机。在变桨距风力发电机组中，液压系统主要用于控制变桨距机构，实现风力发电机组的功率控制，同时也用于机械制动及偏航驱动。

液压系统的工作原理是利用动力装置将电动机的机械能转换为液压能，再通过液压油将油的压力能转换为机械能，进而实现动力传递和控制功能。通常由电动机提供动力，用液压泵将机械能转换为压力推动液压油，通过控制各种阀门改变液压油的流向，从而控制液压缸做出不同行程、不同方向的动作，完成各种设备不同的动作需要。

3.2.4 偏航系统

偏航系统又称为对风装置，其作用是使风轮对准风向从而获得最大风能。当风速小于额定风速时，在控制系统的控制下使风轮处于最佳迎风方向，最大限度地利用风能，提高风力发电机组的发电效率。当风速超过额定风速时，使风轮偏离迎风方向，降低风轮转速，确保设备安全。当机舱在反复调整方向的过程中，有可能沿着同一方向转了若干圈，造成机舱和塔底之间的电缆扭绞，此时偏航系统自动发出信号，机组解缆。

偏航系统是水平轴式风力发电机组必不可少的组成系统之一。偏航系统的主要作用有两个：其一是与风力发电机组的控制系统相互配合，使风力发电机组的风轮始终处于迎风状态，充分利用风能，提高风力发电机组的发电效率；其二是提供必要的锁紧力矩，以保障风力发电机组的安全运行。风力发电机组的偏航系统一般分为被动偏航系统和主动偏航系统：被动偏航指的是依靠风力，通过相关机构完成机组风轮对风动作的偏航方式，常见的有尾舵偏航、舵轮偏航和下风向布局3种；主动偏航指的是采用电力或液压拖动来完成对风动作的偏航方式，常见的有齿轮驱动和滑动两种形式。对于并网型风力发电机组来说，通常都采用主动偏航的齿轮驱动形式。

3.2.5 发电机

发电机是风力发电机组的重要组成部分，包括直流发电机和交流发电机两种主要类型。其中，直流发电机可以分成永磁直流发电机和励磁直流发电机；交流发电机可以分成同步发电机和异步发电机。其中较常见的风力发电机是双馈异步发电机和直驱型发电机。

双馈异步发电机又称交流励磁异步发电机，是当前应用最广泛的风力发电机，如图3-16所示。通过转子侧输入交流励磁，利用导线切割磁力线感应出电动势，将机械能变为电能。其特点是转子的转速与励磁频率有关，既可以输入电能又可以输出电能，同时具备同步发

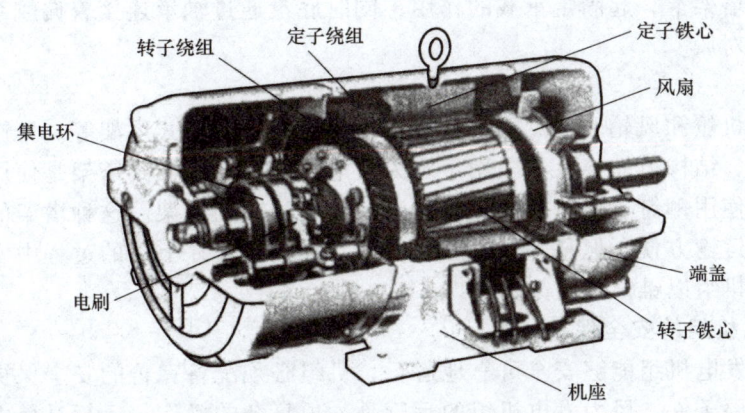

图 3-16 双馈异步发电机

机和异步发电机的特性。

通常状态下双馈发电机是异步运行的,但是根据转子转速的不同,可以有 3 种运行状态。设双馈异步发电机转子的转速为 n,定子的磁场转速为 n_1,则 3 种运行状态为:

当 $n=n_1$ 时,此时为同步运行状态,与同步发电机相同。

当 $n>n_1$ 时,超同步运行状态,此时转子向电网输出功率。

当 $n<n_1$ 时,亚同步运行状态,此时电网向转子输入功率。

直驱型发电机通常不与变速箱连接,它通过增加磁极对数来达到正常的交流频率。这种发电机工作在低转速的状态,转子磁极对数较多,而且磁极多采用永磁铁,因此发电机的直径较大,结构更加复杂。但由于实际工作情况下风力不稳定,为了实现输出电能的频率恒定,发电机定子需要通过全功率变流器与电网相连。

3.2.6 控制系统

风力发电机组的控制系统贯穿于各个部分中,是一个综合控制系统。由于风力发电系统一般安装在风力资源丰富的海岛、山口或草原上,分散安装的风力发电系统要求能够实现无人值守运行和远程监控。它不仅要监视风况和机组运行参数,对机组运行进行控制,而且还需要根据风速与风向的变化,对机组进行优化控制,以提高机组的运行效率和发电量。

控制系统是风力发电系统的核心。控制系统关系到风力发电机组的工作状态、发电量、发电效率以及设备的安全。风力发电的两个主要问题——发电效率和发电质量,都和风力发电控制系统密切相关。因此并网运行的风力发电机组要求控制系统能够根据风速大小自动进入起动状态或从电网切出;在电网故障时,能确保机组安全停机;在机组运行过程中,能对电网、风况和机组的运行状况进行检测和记录,对出现的异常情况能够自行判断并采取相应的保护措施;还应具备远程通信的功能,可以实现异地遥控操作。

3.2.7 支撑设备与安全保护

1. 机舱与底盘

支撑设备在大型风力发电机组中不但起着支撑作用,同时也保证风力发电机组能够最大限度地收集风能,并将其安全可靠地转换成电能。为保护齿轮箱、传动系统、发电机等主要设备免受风沙、雨雪的直接侵害,机舱和底盘构成一个封闭的壳体,对这些设备起到保护作用。底盘连接在塔架上，起固定承载的作用，同时底盘通过轴承连接着偏航系统，可以控制底盘旋转来实现对风。

2. 塔架

塔架支撑着机舱和风轮。常见的塔架有锥筒式塔架、桁架式塔架等。锥筒式塔架呈管状锥形，外形美观，结构可靠，大量应用于风力发电机组中。桁架式塔架是使用钢材做成不同尺寸的杆件，再使用铆钉、螺栓和焊接将这些杆件装配成的塔架。这种塔架的优点是使用材料少、成本低、运输方便，但是外形不美观，而且维修人员在上下的过程中安全性较差。现行并网风力发电机组以锥筒式塔架为主。

3. 风力发电机组的安全保护

为了使风力发电机组能够安全可靠地运行，机组必须配备完善的安全保护功能，这是机组安全运行的必要条件。风力发电机组的运行是一项复杂的操作，运行过程中的问题，如风速的变化、转速的变化、振动等都直接威胁风力发电机组的安全运行。安全保护的具体内容包括超速保护、过电压过电流保护以及控制器抗干扰保护等，本书不详细介绍。

除此之外，机组的防雷也是实际运行必须要考虑的问题。事实上，雷击是自然环境对风力发电机组安全运行危害最大的一种灾害。一旦发生雷击，雷电释放的巨大能量会造成风力发电机组叶片损坏、发电机绝缘击穿、控制器件烧毁等后果。对于风力发电机组而言，防雷保护主要针对叶片、机舱和塔架。

研究表明，当物体被雷电击中后，电流会选择传导性最好的路径。针对雷电的这一特性，可以在叶片内布置一个低阻抗的对地导电通路，使设备免遭雷击破坏。除了叶片防雷保护外，机舱也有独特的防雷保护方法。现代风力发电机的机舱罩都是用金属板制成的，这相当于一个法拉第笼，对机舱中的部件起到了良好的防雷保护作用。机舱罩及机舱内的部件均通过铜导体与机舱底板及塔架连接，保证即使机舱被雷电直接击中，雷电也会被导向地面而不损坏设备。

3.3 储能电池

在新能源发电的实际使用过程中，诸如风能、太阳能等容易受到外界条件的影响，其输出电能波动较大，难以保持平稳。为解决这一问题，新能源发电系统中通常会配有储能装置，以平稳电能输出，减少其对电网的影响。在所有储能装置中，储能电池技术最为成熟，其主要优点包括效率高、体积小、易安装等。

3.3.1 电池的基本组成

电池是指盛有电解质溶液和金属电极以产生电流的杯、槽、其他容器或复合容器的部分空间，能够将化学能转化成为电能的装置。电池一般包括正负电极、极板、电解质、隔板以及壳体，其基本结构如图3-17所示。

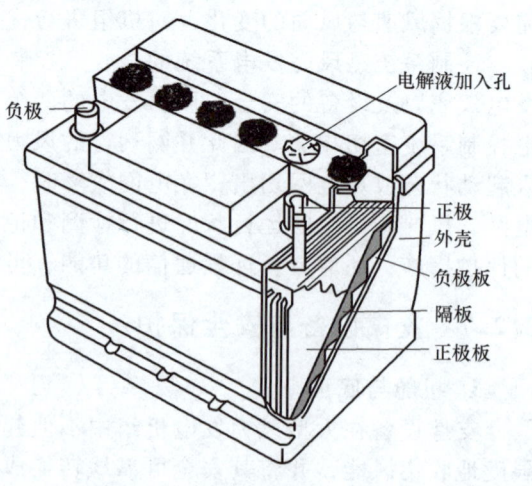

图3-17 储能电池的基本结构

电池的工作原理是通过两个电极上发生的电化学反应产生电动势,电子在电动势的作用下流动形成电流,实现化学能向电能的转化。电池负极表面与电解质发生氧化反应,释放电子。电子沿导线流经负载,进入电池正极,正极表面与电解质发生还原反应得到电子。在电解质溶液中,由于电化学反应产生的浓度梯度,电子流向负极,形成电子流动的闭合回路。电流的流向与电子流向相反,在电池外部,从正极经负载流向负极;在电池内部,从负极流向正极,形成闭合回路。

1. 外壳

储能电池的外壳是保证电池稳定和安全的第一道防线,外壳除了必须密封不漏气、不会使电解液泄漏之外,还必须耐受电解液的化学和电化学腐蚀,同时要具有一定的力学强度,能够抵抗一定的外力冲击。

储能电池的外壳结构一般包括电池槽和电池盖,其中,电池槽用来支撑和固定正负极板和电极;电池盖起到封顶、密封的作用。电池盖与电池槽之间留有孔洞或沟槽,便于两者紧密结合。合盖时,通常采用胶粘等方式密封为一体。电池盖上还会留出正负电极孔位、电解液加入孔及各类仪表设施的位置。

2. 电极与极板

电极是储能电池内部发生电化学反应的场所,是产生电能的源泉,是储能电池重要的组成部分。正负电极在储能电池外部与负载相连,在储能电池内部与交替穿插排布的层层正负极板相连。多层极板能够增大电极与电解液的接触面积,提高电化学反应的速度,提高电池的性能。

储能电池的电极通常由活性物质和导电骨架组成,其中活性物质是能够发生电化学反应的物质,导电骨架主要起到传导电子和支撑活性物质的作用。电池电极的材料很大程度上决定了电池的性能,正极可选用的材料包括金属氧化物、盐类、硫化物等,负极可采用铅、锌、锂等金属材料或碳材料。

储能电池的极板一般为多孔结构,用以增加极板与电解液的接触面积,提高活性物质的利用率;同时也给活性物质在充放电过程中可能产生的体积膨胀和收缩留出空间,延长电池的寿命。在孔隙中,还可以方便地添加各类催化剂,提高电池性能。

3. 隔膜

储能电池体积不宜过大,因此正负极板在电池内部的间隔一般较小,为了防止由于正负极板靠得太近引起的短路、电池烧毁等问题,在正负极板之间必须放置隔离材料,这个隔离材料被称为隔膜。

隔膜是储能电池重要的内层组件,为了实现上述功能,对隔膜有如下要求:首先,隔膜必须对电子绝缘;其次,隔膜还需要具有一定的孔径和孔隙率,保证电解液中的离子能够通过;此外,由于隔膜位于电池内部,除了具有一定的力学性能、不能被轻易刺穿和拉断外,还必须有足够的化学和电化学稳定性,能够耐受电解液腐蚀;在此基础上,为了减少隔膜对电解液流动的干扰,隔膜还需要对电解液有好的浸润性和吸液保湿能力;最后,隔膜还要尽可能薄,以减小电池体积,同时易于制造、价格便宜。

隔膜的物理和化学特性决定了电池的截面结构和内阻,这会直接影响到电池的综合性能,如容量、充放电特性、安全性能等。常用的隔膜有半透膜、微孔膜、编织物和非编织物等。例如对于锂离子电池,由于电解液是有机溶剂,因此隔膜通常选用耐有机溶剂的高强度聚烯烃多孔膜。

4. 电解质

电解质是指在水溶液或熔融状态下可以产生自由离子的导电物质。储能电池中的电解质是一种离子导体，充满储能电池内部，流动于正负极板之间，是储能电池中不可缺少的重要组成部分。电解质不仅实现电池内部的连接，还会参与电化学反应，因此电解质的电化学特性还往往决定了电池性能的优劣。

储能电池的电解质一般选用强电解质，包括强酸、强碱及大多数盐类，可以在溶液中发生完全电离，导电性较强。例如铅酸电池中可以利用硫酸（H_2SO_4）作为电解质、锌溴液流电池可以利用溴化锌（$ZnBr_2$）作为电解质、锂离子电池可以利用六氟酸锂（$LiPF_6$）作为电解质等。

3.3.2 储能电池的主要性能参数

性能参数决定储能电池的应用场景。储能电池的主要性能参数包括电压、容量、功率、寿命和充电效率等，不同类型的储能电池在性能上具有较大差异。因此，在介绍几种常见的储能电池之前，先对储能电池的性能参数进行介绍。

1. 电压

电压是储能电池选型中非常重要的性能参数之一，是储能电池选型的第一步，只有储能电池的电压与负载匹配，储能系统才能正常工作，否则会出现负载无法正常工作甚至损毁的现象。

在介绍储能电池电压的概念前，先介绍一下电动势的概念。电动势是反映储能电池将化学能转化成电能的本领的物理量。由于电动势的存在，储能电池的两极才会产生电压。电动势的概念常出现在理论计算中，用于在电池设计阶段估计该电池的端电压。

在已知电池化学反应式的前提下，利用能斯特方程（Nernst Equation）可以计算储能电池的电动势，该公式的表达形式如下：

$$E = E_0 - \frac{RT}{nF}\ln\frac{a_p}{a_r} \tag{3-34}$$

式中，E 为电池电动势（V）；E_0 为标准电动势（V），即在标准状态下，参加电池反应的全部反应物和生成物的活度均为 1 时的电池电动势，可以通过查表得到；n 为电池反应中得失的电子数；F 为法拉第常数，$F = 96485 C/mol$，经常简化为 96500 C/mol；R 为摩尔气体常数，$R = 8.314 J/(mol·K)$；T 为温度（K）；a_p 为电池反应全部生成物的活度积；a_r 为全部反应物的活度积。

为了描述实际应用中储能电池的电压特性，电池的电压具有多种表述形式。

（1）开路电压　开路电压是指电池处于开路状态时的电压，数值上接近电池电动势。电池的开路电压与电池的设计有关，包括电池正负极板的数量与排布、正负极材料、电解液等。此外，随着电池放电（即化学反应过程的进行），反应物与生成物的浓度发生变化，引起活度积的改变，也会影响电池的开路电压。

（2）端电压　端电压也叫工作电压，即电池在充电或放电时正、负电极之间的电压。充电时的端电压称为充电电压，放电时的端电压称为放电电压。电池在整个放电过程中端电压的平均值称为平均电压。端电压的大小不仅与电池的开路电压或电动势有关，还与储能电池的工况有关，比如充放电电流大小、外接负载大小、工作温度等。在充电时，端电压高于开路电压；放电时，端电压低于开路电压。

（3）标称电压　标称电压是电池放电过程中最稳定的电压值，故也可称为额定电压，通常用以表示或识别一种电池的类型。例如，锂离子电池在充满电的状态下，电压约为 4.3V，完全放电后电压降至约 3.0V，但是在放电过程中，大约 3/4 的时间都是处于 3.7V，因此将锂离子电池的标称电压定为 3.7V。同理，铅酸蓄电池的标称电压为 2.0V，锌锰干电池的标称电压为 1.5V，镍镉电池、镍氢电池的标称电压为 1.2V。利用电池的标称电压来鉴别电池的类型是行业内较为普遍的做法。

（4）终止电压　终止电压是电池充放电过程中的电压上下限。由于电池的开路电压与剩余容量有关，因此，将电池电量充满时的电压称为充电终止电压，将电池电量全部耗尽无法放电时的电压称为放电终止电压。电池无法在终止电压区间以外的电压下工作，强行充电或放电会导致电池损坏。

2. 容量

电池的容量是衡量电池性能的重要参数之一，是指电池在一定条件（如放电率、温度、终止电压等）下能够容纳或释放的电量，代表电池的储能能力，通常以安·时（A·h）或毫安·时（mA·h）为单位，其中 1C/s 为 1A，则 1A·h 表示每小时 3600C 电荷的通过能力。在实际中，为了方便表示电池的放电能力，也可采用瓦·时（W·h）或毫瓦·时（mW·h）为单位。安时容量与电池额定电压的乘积约等于瓦时容量。电池的容量有多种常用表达形式。

（1）理论容量　电池容量是指该电池能够容纳或释放多少电荷。在设计阶段，根据电化当量和活性物质的量，可以理论计算得到的电池容量大小，称为理论容量。这是电池在理想状态下能够获得的最大容量。

（2）额定容量　额定容量是指根据相关国家或行业标准的要求，对储能电池在一定规定条件下进行测试，得到电池能够输出的最低电量。由于电池容量会受到充放电电流大小的影响，所以先引入"充放电倍率（Current Rate）"的概念，充放电倍率以数字后加 C 表示，代表规定时间内放出其额定容量所输出的电流值，其大小等于充放电电流与额定容量的比值，单位是 h^{-1}。例如额定容量为 $100mA·h$ 的电池经 5h 放电完毕，则放电倍率为 $0.2C$，放电电流为 $100×0.2mA=20mA$。在国际电工委员会（International Electrotechnical Commission，IEC）的标准规定下，镍镉电池和镍氢电池的额定容量是在 $(20±5)$℃下，以 $0.1C$ 电流充电 16h 后，以 $0.2C$ 电流放电至电压 1.0V 所放出的电量。

（3）实际容量　实际容量又称放电容量，是指在实际工况（温度、放电电流和截止电压）下电池输出的电量，代表电池在实际工况下的储能能力。电池的实际容量受到多种因素影响。从设计方面，电池的结构会影响电池的内阻，内阻越大，电池放电的效率就越低；从生产方面，电池的原材料、生产工艺、制造水平等会影响电池产品的实际容量；从使用方面，电池的充放电条件和使用工况也会影响实际容量，比如大电流放电、过电压充电、电池未在工作温度区间内等，都会导致电池实际容量的下降。因此，在储能系统中，通常还配备电池管理系统（Battery Management System，BMS）来控制电池的充放电状态，使电池可以工作在最佳工况下，延长储能电池的使用时间和寿命。

（4）比容量　由于电池储能能力与电池的质量和体积密切相关，储电能力的大小是储能系统设计中非常重要的考虑因素，因此，人们常使用容量与质量或体积的比值来反映单位体积或质量电池的储能能力，称为质量比容量或体积比容量，单位分别是 A·h/kg 或 A·h/L。

3. 功率

储能系统的作用，一方面是将多余的电能储存起来，另一方面是在需要的时候，还要将储存的电能释放出来，驱动负载正常工作。容量决定电池能够储存多少电能，而功率则决定电池能够带动多大的负载。

电池在一定的放电条件下，单位时间输出的能量，称为电池的输出功率，单位用瓦（W）或千瓦（kW）来表示。功率是储能电池的重要选型因素之一，反映储能电池的放电能力。储能电池以直流电形式对外放电，因此，功率的计算公式为

$$P = UI \tag{3-35}$$

式中，P 为输出功率（W）；U 为端电压（V）；I 为放电电流（A）。

储能电池的输出功率不仅与端电压有关，还与放电电流有关。实验表明，对于大多数储能电池，随着放电电流的增加，输出功率有先升后降的变化趋势。对于特定类型的电池，其端电压通常只会在标称电压上下浮动，因此储能电池的功率大小也反映了该电池的放电能力。人们常用质量比功率或体积比功率来描述储能电池在单位质量或体积下的放电能力，其单位分别是 W/kg 和 W/L。

4. 寿命

电池是损耗品，在使用过程中，电解液中杂质变多、催化剂失活、电极表面氧化、极板形变等问题都会导致电池性能的下降。在经过上百次的充放电循环后，电池的各性能指标会逐渐下降，直到无法满足工作要求，此时电池的寿命视作耗尽。

储能电池的寿命参数有如下多种表述方式：

（1）标准循环寿命　电池的标准循环寿命（Cycle Life）是指在规定的充放电条件下（包括充电电流、放电电流、放电温度、放电截止电压等），电池容量衰减到某一规定值（通常是额定容量的80%）前，电池的充放电循环次数。一次充放电循环是指电池从充满电、放电至截止电压、再充满电的过程。

对于不同类型和用途的电池，其测试标准也是不同的，例如对于一般便携式电子产品锂离子电池的充放电倍率取 0.2C；对于电动汽车动力锂离子电池的充放电倍率取 1C。以当前的技术水平来说，便携式电子产品锂离子电池的标准循环寿命一般为 300~500 次，电动汽车动力锂离子电池的循环寿命为 500~1000 次。

（2）工况循环寿命　工况循环寿命（Working Condition Life）多用于功率较大、工作负载变化较大的储能系统，如电动汽车动力电池，其考核指标是按照工况图谱测试电池的循环寿命，单位是充放电循环次数。以电动汽车的动力电池为例，国家标准 GB/T 31484—2015《电动汽车动力蓄电池循环寿命要求及试验方法》中就规定了不同车型的工况循环寿命测试方法及要求。

（3）日历寿命　日历寿命（Calendar Life）是指电池从生产日期到寿命终止的这段时间，在此期间，包括电池的搁置、老化、高低温、充放电循环等环节都会引起电池性能的下降。日历寿命通常以年为计量单位。

标准循环寿命和工况循环寿命是电池生产企业在研发阶段看中的指标参数,但是被大众广泛理解的电池的"寿命"其实是日历寿命。日历寿命没有明确的标准对它进行限定,不同的使用条件,比如温度、充放电电流大小、电池管理策略等因素,都会导致相同的电池具有不同的日历寿命。

5. 充电效率

由于电池存在内阻,因此在充电的过程中常常会有能量的损失。在规定条件下,放电期间对外输出的电量与通过充电恢复到初始状态所需电量之比称为储能电池的充电效率。由于充放电电量以安·时(A·h)或瓦·时(W·h)为单位计量,因此充电效率又被称为"安时效率"或"瓦时效率(能量效率)"。

储能电池的充电效率除了与电池本身有关,还与充电时的温度、电流大小等因素有关。充电效率直观反映了储能电池的能量转换效率,如铅酸电池、锂离子电池等常见电池,充电效率可达80%,一些最新研发的低温磷酸铁锂离子电池,其实验室测试下的充电效率可以达95%。

3.3.3 储能电池的种类

目前,技术比较成熟、应用较为广泛的储能电池包括铅酸电池、锂离子电池、全钒液流电池、钠硫电池等。各电池的特性与性能参数不同,因此通常应用于不同的场景中。下面将着重介绍一些具有代表性的电池类型。

1. 铅酸电池

铅酸电池是人们最早使用的储能电池之一,早在1986年,德国就已经建成了世界上第一个铅酸电池储能站。经过一个半世纪的发展,铅酸电池已成为目前最成熟的储能电池。

铅酸电池的电极主要由铅及其氧化物制成,电解液是硫酸溶液。在充电状态下,正极主要成分为二氧化铅(PbO_2),负极成分为海绵状金属铅(Pb);在放电状态下,正负极均转化为硫酸铅($PbSO_4$)。铅酸电池的标称电压为2.0V,其放电过程的电化学反应如下:

正极 $$PbO_2 + 4H^+ + SO_4^{2-} + 2e^- \longrightarrow PbSO_4 + 2H_2O \tag{3-36}$$

负极 $$Pb + SO_4^{2-} - 2e^- \longrightarrow PbSO_4 \tag{3-37}$$

总反应 $$Pb + PbO_2 + 2H_2SO_4 \longrightarrow 2PbSO_4 + 2H_2O \tag{3-38}$$

在电池充电过程中,当正极板的荷电状态(State of Charge, SOC)达到70%时,水开始分解,有

$$2H_2O \longrightarrow O_2 + 4H^+ + 4e^- \tag{3-39}$$

根据结构的不同,铅酸电池可以分为普通非密封富液铅酸蓄电池和阀控密封铅酸蓄电池。两种电池的充放电电极反应机理相同,但阀控密封铅酸蓄电池采用氧复合技术和贫液技术,前者可以使充电过程中产生的氢离子和氧离子再化合成水返回到电解液中,后者能够确保氧离子能够快速、大量地移动到负极发生还原反应,提高了可充电电流。因此,相比于传统的非密封富液铅酸蓄电池,阀控密封铅酸蓄电池的效率、比功率、比容量、循环寿命等性能都有所提高,还减少了后期补水的维护成本。

铅酸电池单体容量大,而且可以串、并联后成为兆瓦级的大型储能电站,此外还具有成

本低、易于充放电控制、安全可靠、技术成熟度高、市场应用广泛等优点,可用于电网调峰、新能源发电储能调节等。但是,相比其他新型电池,其比能量较低,一般为30～50W·h/kg;循环寿命短,一般约为500次;生产过程中会产生含铅的重金属废水,且电解液属酸性,易产生环境污染。随着其他电池技术的逐渐成熟和成本的逐步降低,铅酸电池正渐渐地淡出市场,被其他储能电池所替代。

2. 锂离子电池

锂离子电池是近些年成功开发并广泛使用的新型电池,性能卓越,目前已广泛应用于便携式电子产品行业,大大促进了各种电子产品的更新换代。

锂离子电池是一类通过Li^+迁移产生电动势的电池的总称。正极为锂离子嵌入和脱嵌的金属氧化物或硫化物,如钴酸锂($LiCoO_2$)、镍酸锂($LiNiO_2$)、锰酸锂($LiMn_2O_4$)、磷酸铁锂($LiFePO_4$)等,负极是碳材料,电解质为有机溶剂-无机盐体系。各种锂离子电池的特性见表3-6。

表3-6 各种锂离子电池的特性

正极材料	理论比容量/(mA·h/g)	实际比容量/(mA·h/g)	标称电压/V	循环次数	成本	安全性
钴酸锂($LiCoO_2$)	274	140～160	3.8	300～500	高	一般
镍酸锂($LiNiO_2$)	274	190～210	3.7	>300	中	差
锰酸锂($LiMn_2O_4$)	148	90～120	4.0	100～200	低	好
磷酸铁锂($LiFePO_4$)	170	110～165	3.2	>2000	低	很好

锂离子电池的放电反应如下:

正极 $$Li_{1-x}MO_2 + xLi^+ + xe^- \longrightarrow LiMO_2 \quad (3-40)$$

负极 $$Li_xC_6 - xe^- \longrightarrow 6C + xLi^+ \quad (3-41)$$

总反应 $$Li_{1-x}MO_2 + Li_xC_6 \longrightarrow LiMO_2 + 6C \quad (3-42)$$

其中$LiMO_2$代表金属正极材料,M可以是上述金属的某一种,如$LiCoO_2$等。

市面上的锂离子电池有多种形状,主要有圆柱形、方形和扣式3种,如图3-18所示。通过将多个锂离子电池以串、并联的方式连接,可以形成更大容量、更高电压的储能电池系统。

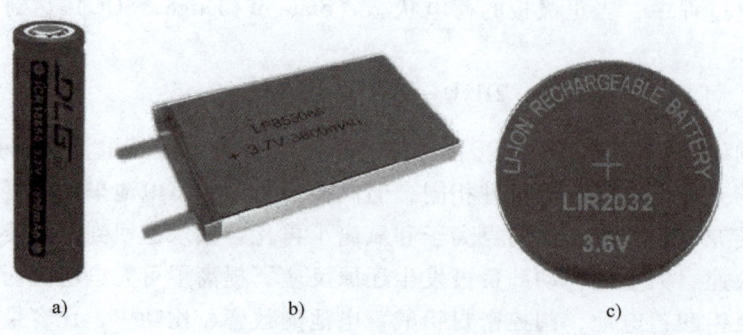

图3-18 锂离子电池
a)圆柱形 b)方形 c)扣式

锂离子电池的出现使得锂电池正式进入了大容量储能应用的领域。相较于传统的铅酸蓄电池，锂离子电池具有许多明显的优点：其一，锂离子电池的能量密度大，锂离子电池的比容量已经达到了 120W·h/kg；其二，工作电压高，锂离子电池的工作电压通常为 3.0~4.0V，而铅酸蓄电池仅有 2.0V；其三，清洁无污染，锂离子电池中不含有毒的重金属物质，且使用过程中很少有气体放出，是一种相对清洁的电池。

但是，锂离子电池还有一些尚待解决的问题，比如耐过充电和耐过放电的能力差、需要保护电路、高温条件下性能衰减快、内阻大、价格高等。

目前，锂离子电池储能系统已经在平滑风光出力、削峰填谷和电网调频方面做出贡献。典型锂离子电池储能系统的应用包括美国劳雷尔山（Mount Laurel）的 32MW 储能电站，日本仙台变电站 40MW 锂离子电池试点项目（图 3-19）等。

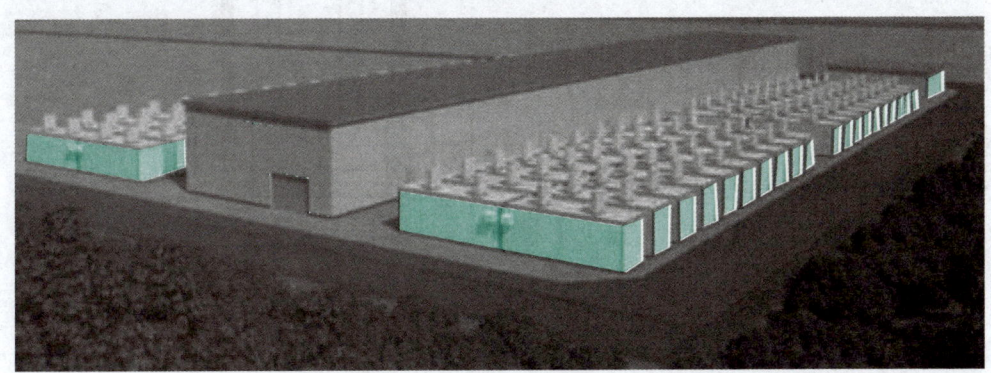

图 3-19　日本仙台变电站 40MW 锂离子电池试点项目（示意图）

3. 全钒液流电池

全钒液流电池是将具有与不同价态的钒离子溶液作为正极和负极的活性物质，分别储存在各自的电解液储罐中。正极活性电对是 VO^{2+}/VO_2^+，负极活性电对是 V^{2+}/V^{3+}，是众多化学电源中唯一使用同种元素组成的电池系统，因此从原理上避免了正负半电池间不同种类活性物质相互渗透产生的交叉感染。全钒液流电池正负极标称电压为 1.26V，充电效率为 75%~80%。其充电过程正负电极化学反应为：

$$正极 \quad VO^{2+}+H_2O-e^- \longrightarrow VO_2^+ +2H^+ \tag{3-43}$$

$$负极 \quad V^{3+}+e^- \longrightarrow V^{2+} \tag{3-44}$$

$$总反应 \quad VO^{2+}+H_2O+V^{3+} \longrightarrow VO_2^+ +V^{2+}+2H^+ \tag{3-45}$$

全钒液流电池的优点：电池输出功率取决于电池堆的大小，容量取决于电解液储量和浓度，因此功率和容量的调整在电池结构上相互独立，设计灵活，易于模块化组合；正负极板均在液相中完成，且电解质离子只有钒离子，寿命长；充放电性能好，可以深度放电而不损坏电池；钒离子电解液可以回收重复使用和再生利用，因此全生命周期成本会有所下降。

但是，全钒液流电池也有如下缺点：比容量较低，大约只有 40W·h/kg；需要配置循环泵维持电解液的流动，降低了实际能量效率；工作温度需要严格控制在 5~45℃ 之间，温度太低会导致溶解度降低析出低价钒晶体，高温下五价钒易分解成 V_2O_5 沉淀，导致使用寿命下降；目前钒电池由于制备工艺不成熟，导致容量单价较高，甚至与钠硫电池的价格不相上下，与同等容量的铁锂电池价格相比缺乏优势。

世界上已经存在许多利用全钒液流电池作为储能系统的新能源电站，例如日本苫前町（Tomamae）风电场的 4MW×1.5h VRB-ESS 钒电池储能系统，该系统用以平滑 19 台风力发电机的发电输出功率。

4. 钠硫电池

常规的电池如铅酸电池、锂离子电池等都是由固体电极和液体电解质构成的，而钠硫电池恰好相反，由熔融液态电极和固体电解质组成，是一种工作在 300℃ 高温下的储能电池。钠硫电池的正极是硫和多硫化钠熔盐，硫填充在导电的多孔炭或石墨毡里，负极是熔融金属钠，同时起到隔膜作用的固体电解质为 Beta-Al_2O_3，如图 3-20 所示。

钠硫电池放电过程的正负电极化学反应式为：

正极 $2Na^+ + xS + 2e^- \longrightarrow Na_2S_x$ (3-46)

负极 $2Na \longrightarrow 2Na^+ + 2e^-$ (3-47)

总反应 $2Na + xS \longrightarrow Na_2S_x$ (3-48)

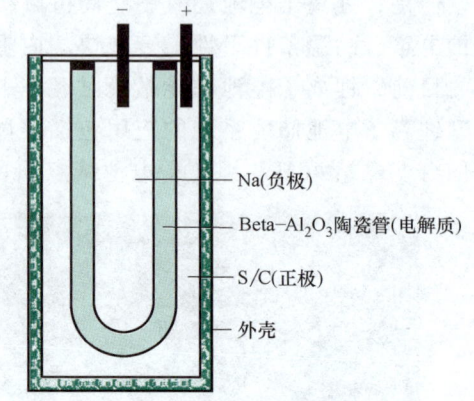

图 3-20 钠硫电池结构

钠硫电池具有如下优点：其一，能量密度高，钠硫电池的理论比能量是 760W·h/kg，目前实际应用的钠硫电池比容量在 150~240W·h/kg 之间，先进产品已达 300W·h/kg，远高于铅酸电池；其二，充放电效率高，钠硫电池的电解质为固体，所以自放电及副反应影响较小，其充放电效率可达 90%；其三，寿命长，钠硫电池可循环充放电 4500 次，使用寿命可达 15 年。

钠硫电池的缺点也十分明显：由于钠硫电池的电极物质均为熔融液态，因此其工作温度较高，通常达到 300℃ 以上；如果固体电解质破损，即隔膜损坏，那么高温的电极物质可以借助自身重力流动，一旦正负极接触形成短路，会发生剧烈化学反应，瞬间放热，可产生高达 2000℃ 的高温，造成严重的安全性问题。

钠硫电池曾一度被用作电动汽车的动力电池，但经过长期的研究发现，钠硫电池的特性更适合作为储能系统。日本 NGK 公司是钠硫储能体系的标志机构。全球已有 100 余座钠硫储能电站。

3.3.4 储能电池在新能源发电系统中的应用

受到天气因素和地理条件因素的影响，新能源发电的输出功率具有很大的波动性和随机性，因此在并网时对电力系统的稳定性和电能质量造成了较大影响。储能电池在新能源发电侧起到重要的缓冲作用，不仅可以平滑功率波动，满足新能源发电的并网要求，提高新能源发电的电能质量，还能够减少系统调峰容量的需求，在负荷低谷时储存过剩新能源电能，在负荷高峰时释放，减少弃风弃光率。此外，储能系统还可以提高新能源发电系统的稳定性和调控性，结合预测新能源发电量的手段，控制电站根据电网计划出力。这些对电网的调控和安全经济运行都有着重要的意义。

由于现在新能源发电技术的飞速发展，对储能系统和储能电池也提出了更高的要求。现在风力发电机组已达兆瓦级，这就要求储能系统必须大型化。在此基础上，尤其是受到新能源发电系统地理位置的限制，又要求储能系统必须安全可靠，易安装、易维护、成本低、效率高、寿命长。最后，由于储能系统是新能源发电并网的关键，因此要求储能系统必须具备良好的动态响应特性，能够实现更高的输出功率和放电电流，才能够满足电力计划复杂、多变、动态的需求。

目前，储能电池技术在世界各国得到了广泛应用。近年来，美国、日本、欧洲等国家和地区都相继建设了与风能和光伏发电相配套的储能电池系统。

1. 美国风光储系统实例

位于美国加州的 Tehachapi（蒂哈查皮）风电场（图3-21）是"美国经济复苏与再投资计划（ARRAFP）"中的智能电网和储能示范项目之一，总投资约5500万美元，参与单位有加州国际标准组织、加州州立大学波莫纳分校和潘多拉咨询公司。该电场约有5000台风力发电机，年发电量约为8亿kW·h，可满足35万户居民的用电需求。

图 3-21　Tehachapi 风电场

Tehachapi 风电场的尖峰发电量约为310MW，当长距离输电线满载时，电网很容易受到冲击而导致崩溃。LG 化学公司于2013年5月在 Tehachapi 风电场安装了一套功率为8MW、容量为32MW·h的锂离子电池储能系统，以提高电网的稳定性。

2. 中国风光储系统实例

近些年，随着我国电网中新能源发电比例逐年提高，对新能源电站的并网能力也提出了更高的要求，储能系统在新能源发电并网的过程中起到了十分重要的调节作用。

2011年，我国河北省张北县国家风光储输示范项目投入运行。国家风光储输示范工程是大规模的集风力发电、光伏发电、储能、智能输电于一体的新能源综合利用平台，规划建设500MW风电场、100MW光伏发电站和70MW储能电站。一期工程已建成100MW风电、40MW光伏发电和20MW储能电站，以及一座220kV智能变电站和风光储联合控制中心。二期规划建设400MW风电、60MW光伏发电和50MW储能电站。

该项目的储能电站包含功率为14MW、容量为63MW·h的铁锂电池,功率为2MW、容量为8MW·h全钒液流电池和功率为2MW、容量为8MW·h的钠硫电池储能装置。目前，14MW铁锂电池已投入运行，分布于占地8869m²的3座厂房内，共分为9个储能单元，共安装电池单体27.4568万节。

该储能系统的电池，按照类型不同分为"能量型"和"功率型"，其中"能量型"储能电池具有较高的能量密度，用于高能量输入与输出，共5个单元，总储存容量为52MW·h，每个单元的额定功率为2MW。除此之外，还包括4台4MW×4h的储能单元，可在全站失去电力的时候提供紧急后备电源，成为风光储输示范项目的黑起动电源；"功率型"储能电池具有循环次数高、功率密度高和放电倍率高等优点，用于瞬间高功率的输入与输出，共4个单元，总存储容量为11MW·h,每个单元的额定功率为1MW。"功率型"储能装置的容量相对较小，但是功率大，适合应对系统调频等大功率的电能吞吐。

结合风电、光电和储能的联合发电系统可根据调度计划、风能和太阳能发电量的预测，进行六种组态运行模式的切换，包括：风电系统单独出力，光伏系统单独出力，风电、光伏联合出力，风电、储能联合出力，光伏、储能联合出力和风电、光伏、储能联合出力。它可起到平滑风光联合发电波动性、提高可控性，跟踪计划发电、降低弃风弃光率，参与削峰填谷、提升系统可靠性，参与系统调频、为电网提供优质调频服务等作用。

3.4 风电功率预测技术

风力发电不断受到风速影响，其发电功率会发生不规则变化，呈现较强的随机性和波动性。当风电机组大规模接入电网时，这种不规律波动将对电网产生较大冲击，并引发一系列安全问题。近些年，随着发电装机的快速增加，风电消纳问题变得尤为突出。为应对这一挑战，电网调度通常要求并网的风电场采用发电功率预测技术上报未来发电出力，便于指导各种类发电企业做好生产计划，确保电网安全、稳定运行。

3.4.1 风电功率预测技术发展历程

1. 国外风电功率预测技术的发展

20世纪70年代，美国太平洋西北国家实验室（PNNL）提出了风电功率预测的初步构想。1990年，丹麦国家可再生能源实验室开发了一套基于大气状况的预测系统，1994年进一步推出了完整的风电功率预测系统Prediktor，结合数值天气预报数据，实现了风电场的输出功率预报，广泛应用于多个国家。同期，丹麦科技大学开发了基于自回归统计方法的WPPT系统，美国的AWS Truewind推出了eWind系统，德国太阳能研究所ISET开发了WPMS系统，西班牙的Sipreólico系统也在风电预测方面取得成功。

2002年，欧盟启动了ANEMOS项目，开发适用于复杂地形和极端天气的风能预报系统。德国奥尔登堡大学研发了Previento系统，改进了风速和风向的预测精度。丹麦国家可再生能源实验室与丹麦科技大学合作开发了短期风功率预测系统Zephry。2005年，爱尔兰科克大学的WEPROG MSEPS系统实现了商业化运营。后续项目ANEMOS.plus和SafeWind对风电功率预测产生了广泛影响。

此外，还有一些有代表性的系统，如阿根廷的Aeolus、英国的GH Forecaster、法国的AWPPS等。

2. 国内风电功率预测技术的发展

随着我国风电装机规模的增加，风电功率预测技术得到了越来越多的关注。中国电力科学研究院、清华大学、上海交通大学等研究机构在这一领域取得了显著进展。2008年，中国电力科学研究院推出了国内首个商用风电功率预测系统WPFS Ver1.0。随后，各地电网相继完成风电功率预测系统的建设和投运，预测精度达到国际水平。

2010年，北京中科伏瑞电气技术有限公司开发了FR3000F系统，满足了短期和超短期预测需求。同年，华北电力大学研发了SWPPS，预测误差在10%以内。清华大学和国网电力科学研究院也分别研发了综合预测系统和NSF3100系统，广泛应用于国内多个风电场。

3.4.2 风电功率预测技术的方法及分类

风电功率预测需要考虑预测场站的时间尺度、空间范围、输入数据的类型以及预测模型等因素,因此风电功率预测技术的划分也遵循类似的原则。常用的风电功率预测技术分类包括:基于时间尺度的分类、基于空间范围的分类、基于建模输入数据的分类、基于预测模型的分类、基于预测形式的分类等。常用的风电功率预测技术分类、特点与适用范围、典型方法的总结见表3-7。

表 3-7 常用的风电功率预测技术总结

分类标准	类别	特点与适用范围	典型方法
基于时间尺度的分类	超短期功率预测	预测风电场未来 0~4h 的有功功率,时间分辨率不小于 15min,用于电力系统调峰调频优化、经济负荷调度以及旋转备用调节等	统计外推法、持续方法
	短期功率预测	预测风电场次日 0 时起 3 天的有功功率,时间分辨率为 15min,用于日前发电计划制定、优化冷热备用、合理调度电网资源等	持续方法、物理方法、动力统计法
	中长期功率预测	预测超过 3 天的风电功率,主要用于安排场站、电网输变电设备检修、风电场储能、优化备用容量、评估风电资源、建设规划风电场	基于 NWP(数值天气预报)的物理方法
基于空间范围的分类	单机功率预测	对单台风电机组进行功率预测	物理方法、统计方法
	单风电场功率预测	对单个风电场进行功率预测	物理方法、时间序列法、人工智能方法
	风电集群功率预测	对大的空间范围内多个风电场组成的风电集群进行整体出力的预测	累加法、统计升尺度法、空间资源匹配法
基于建模输入数据的分类	不采用 NWP 数据的功率预测模型	以风电历史数据作为模型的输入来建立预测模型,并推导功率预测结果	统计方法、人工智能方法
	采用 NWP 数据的功率预测模型	以风电场附近相关的地形信息和地貌信息作为输入,通过微观气象物理模型推导风速、风向等物理信息,并进一步得到风电预测功率,无法用于超短期风电功率预测	物理方法、人工智能方法
基于预测模型的分类	持续方法	以当前时刻实测功率值作为未来时刻的预测功率,模型简单,适用于时间尺度较短的预测	持续方法
	物理方法	考虑风电场的物理信息,需要 NWP 数据,而不需要积累大量的历史数据,采用的是基于风速的预测方法,适用于短期风功率预测	物理方法
	统计方法	建立 NWP 数据与风电场输出功率之间的映射关系,适用于超短期、短期和中长期风功率预测	自回归滑动平均、卡尔曼滤波法
	人工智能方法	建立历史数据、NWP 数据与风电场输出功率之间的非线性映射关系,需要大量的历史观测数据,预测精确度高,适用于超短期、短期和中长期风功率预测	神经网络、SVM、深度学习、梯度提升法
	多元组合方法	通过对物理方法、统计方法、人工智能方法等不同预测方法采取合适的权重进行加权平均,以发挥各个模型的优势	基于时间序列法和神经网络的预测
基于预测形式的分类	确定预测	对未来风电功率的期望值的预测,预测精度高,但不能定量反映风电功率的不确定性	ANN、SVM

(续)

分类标准	类别	特点与适用范围	典型方法
基于预测形式的分类	概率预测	对未来时刻风电功率的波动区间或密度函数的预测，可分为参数化的方法和非参数化的方法	分位数回归、核密度估计、向量自回归
	事件预测	在风电输出功率随机序列的基础上，用离散的风电场输出功率概率分布取代风电功率不确定性，对风电功率的概率分布进行预测的方法	蒙特卡洛法、最优场景产生法

1. 基于时间尺度的分类

风电功率预测时间尺度的划分受到预测可行性、预测精度以及用户用电需求等多种因素的影响，通常分为超短期、短期和中长期3类。

（1）超短期功率预测　我国国家电网公司制定的企业标准中，对超短期功率预测的明确要求是预测未来0~4h的风电功率，时间分辨率不小于15min。美国阿贡国家实验室对超短期以小时为预测单位，但并没有给出明确的时间尺度。超短期预测主要用于电力系统调峰调频优化、经济负荷调度以及旋转备用调节等方面。常用的超短期风电功率预测的方法有统计外推法和持续方法等。

典型的超短期功率预测模型包含输入、基于不同预测技术的主体和输出3部分，建模方法分为基于历史数据和面向波动过程两类。基于历史数据的方法利用风电场 SCADA 系统的历史功率观测数据、测风塔数据和 NWP 数据，通过统计方法建模；面向波动过程的方法利用风电出力波动的持续性规律建模。当前，支持向量回归、多层感知器、M5P 树、决策树的剪枝理论和 Bagging 等智能算法在该领域广泛应用，效果显著。随着数据挖掘技术的发展，未来将涌现出更多新的预测方法。

（2）短期功率预测　我国国家电网公司制定的企业标准中，对短期功率预测的明确要求是预测次日 0~72h 的风电输出功率，时间分辨率为15min。阿贡国家实验室规定短期预测的预测上限为 48h 或 72h。我国短期预测主要用于制定日前发电计划。美国 48h 内的短期预测主要用于电力市场的日交易中，72h 的短期预测主要用于调整检修计划。常用的短期风电功率预测的方法有持续方法、物理方法以及动力统计法等。

典型的短期预测模型包括输入、预测技术模型主体和输出3部分，输入信息涵盖历史功率观测数据、历史气象观测数据和 NWP 数据，通过相关性分析筛选 NWP 中的变量，提高模型训练速度和输出精度。输出包括指定时间段的预测功率值和预测误差。常用的方法有物理方法、统计方法和二者的组合方法，精度受 NWP 数据和预测模型影响。通过改进观测技术、采用高性能计算机和优化预处理方法，如卡尔曼滤波法，可以提升预测精度。

（3）中长期功率预测　中长期功率预测一般是预测3天以上甚至若干个周、月的发电量。阿贡国家实验室规定中期预测的预测上限为7天。中期预测主要用于调整风电场储能和优化备用容量等。长期预测主要用于安排场站、电网输变电设备检修、评估风电资源、建设规划风电场等。

2. 基于空间范围的分类

风电功率预测方法根据研究对象的空间尺度可以分为单机功率预测、单风电场功率预测和风电集群功率预测。

单机功率预测是对单台风电机组的输出功率进行预测，通常采用物理方法和统计方法，基于该机组的历史运行数据和当前环境条件来估算其未来一段时间内的发电能力。单风电场功率预测则是对单个风电场的整体输出功率进行预测，采用物理方法、时间序列法和人工智能方法，通过整合所有机组的运行数据和风电场的环境特征，建立综合模型来预测整个风电场在未来某一时段的总发电量。单风电场功率预测不仅考虑了每个机组的表现，还结合风电场的气象和地理信息，来提供更准确的整个场站的功率预测信息。

风电集群功率预测对较大空间范围内多个风电场组成的集群进行整体出力预测，是应对风电产业由分散、小规模向集群、大规模发展的关键方法，对电力系统的安全运行和经济调度至关重要。典型预测系统框架包括数据来源、子区域划分、预测步骤和数据流向。数据来源利用 NWP 数据、SCADA 系统和测风塔数据建立预测数据库；子区域划分提高预测效率；预测步骤包括数据获取与预处理、子区域划分、单个风电场功率预测、子区域功率预测及总和计算；数据流向包括电力流、信息流、气象流、训练流程和预测流程。

风电集群功率预测方法主要包括累加法、统计升尺度法和空间资源匹配法。累加法对每个风电场单独预测并累加结果；统计升尺度法以基准风电场预测结果为基础，通过权重系数计算集群总功率；空间资源匹配法通过构建风速矩阵，计算历史和预测风速矩阵的欧式距离，提取历史功率数据并加权求和得到预测结果。随着风电产业的快速发展，集群功率预测的重要性日益凸显。未来可重点研究基于天气过程划分、高维深度数据挖掘、特征构建与优化选择以及深度学习的预测方法，以提升预测精度和效率。

3. 基于建模输入数据的分类

风电功率预测方法根据建模输入数据的不同分为不采用 NWP 数据的预测模型和采用 NWP 数据的预测模型。不采用 NWP 数据的模型主要以风电历史数据为输入，通过统计模型和人工智能模型推导功率预测结果；采用 NWP 数据的模型则利用风电场附近的地形和地貌信息，通过微观气象物理模型推导风速、风向等物理信息，进一步得到风电功率预测结果。NWP 数据的精度、网格大小和刷新周期影响预测精度，由于大气条件的持续性较差且 NWP 周期较长，该方法一般不用于超短期预测。

4. 基于预测模型的分类

根据不同的功率预测模型，风电功率预测可分为持续方法、物理方法、统计方法、人工智能方法和多元组合方法。

持续方法使用当前时刻的实测功率值作为未来预测功率，模型简单，但预测精度随时间迅速下降，适用于短时间预测。物理方法基于风电场周围的地形地貌和物理信息，采用微观气象学或流体力学模型预测风速和功率，需要 NWP 数据，适用于短期预测。统计方法通过历史数据和 NWP 数据分析建立风电场输出功率的映射关系，适用于超短期、短期和中长期预测，常用方法包括自回归滑动平均和卡尔曼滤波法。人工智能方法比传统统计方法更先进，通过非线性映射关系建立模型，需要大量历史数据，适用于各种时间尺度预测，常用方法包括神经网络、支持向量机（SVM）和深度学习等。多元组合方法通过加权平均不同预测方法，如物理方法、统计方法和人工智能方法，结合风电功率数据和气象数据的特点，以最大限度发挥各模型优势，提高预测精度，常见组合包括基于 BP 神经网络、RBF 神经网络和 SVM 的组合预测，基于时间序列法和神经网络的预测，以及基于小波变换和 SVM 的功率预测。

5. 基于预测形式的分类

根据预测形式的不同，可将风电功率预测分为确定预测、概率预测和事件预测。

（1）**确定预测**　确定预测的预测内容是风电功率未来逐点期望值，其预测精度高，但是确定预测不能定量反映风电功率的不确定性，而预测误差又无法避免。物理方法、统计方法、人工智能方法和多元组合方法等都可以应用到风电功率的确定预测中。

（2）**概率预测**　概率预测利用 NWP 数据、历史数据和预测数据，建立针对风电功率不确定性的预测模型，是单点预测的延伸，能评估电力系统运行风险，提供风电功率波动区间或密度函数。该方法可分为参数化和非参数化两类。非参数化方法包括分位数回归、核密度估计等；参数化方法包括向量自回归、广义误差分布模型等。

单点预测在风电功率预测中应用广泛，但由于风资源的随机性和波动性，单点预测无法完全避免不确定性。电网规划、运行和安全稳定分析需要对风电功率的波动范围有准确估计，因此有必要发展概率预测。概率预测提供未来时刻风电功率的波动区间或分布函数，输入信息包括风电功率历史数据和与预测功率有因果或相关关系的气象数据。通过相关性分析筛选输入变量，提高模型对功率波动规律的挖掘和泛化能力。输出模式主要有概率密度函数（PDF）、累积分布函数（CDF）、置信区间和分位数，各有特点，表 3-8 列出了各类输出模式的特点。

表 3-8　概率预测的输出模式及特点

输出模式	特点
PDF 或 CDF	连续的分布形式，直观、全面，可进一步转化为另两类输出模式
分位数	对偏态数据和含较多极值点的数据更稳健；离散的分布形式，直观性不足
置信区间	给出一定置信水平下风电功率的波动范围

（3）**事件预测**　事件预测是在风电输出功率随机序列的基础上，用离散的风电场输出功率概率分布取代风电功率不确定性，对风电功率的概率分布进行预测的方法，能刻画未来时刻风电功率的时间关联性和空间关联性。常见的场景生成方法有蒙特卡洛法、近似蒙特卡洛法、最优场景产生法等。

风电爬坡事件是事件预测中的一种，指风电功率在短时间内发生的大幅度变化，包括风电上爬坡（风电功率短时间急剧上升）和下爬坡事件（风电功率短时间急剧下降），由强对流、低空急流、雷暴等极端气象引发。我国风电场大规模、高集中度的特点使风电爬坡事件对电力系统的稳定性和安全性构成重大挑战。风电爬坡事件通常由爬坡幅值 ΔP_r、爬坡方向、爬坡持续时间 Δt、爬坡率 $\Delta P_r/\Delta t$ 和爬坡时刻 t_0 共 5 个特征量描述。爬坡事件预测分为确定性和不确定性两种。确定性预测使用回归统计和神经网络等模型，基于两状态变量或连续变量进行预测。不确定性预测则应用多元自回归统计和数据驱动的机器学习算法，提供更详细和可靠的预测信息。商业化软件如丹麦 Weprog 公司的 MSEPS 和加利福尼亚 ISO 的爬坡事件预测工具已取得成效，但在预测精度、定义及方法适用性等方面仍有改进空间。

图 3-22 记录了新疆某风电场 2 天内的两起爬坡事件；6 月 5 日 16 时起经历的 1.3h 风电上爬坡事件，出力增长 136.8MW；6 月 6 日 1 时起经历的 2.3h 风电下爬坡事件，出力减少 162.8MW。

风电爬坡事件预测研究起步较晚，但近年来在准确识别和精确预测方面取得显著进步，未来在定义、精度和方法适用性等方面仍有很大改进空间。

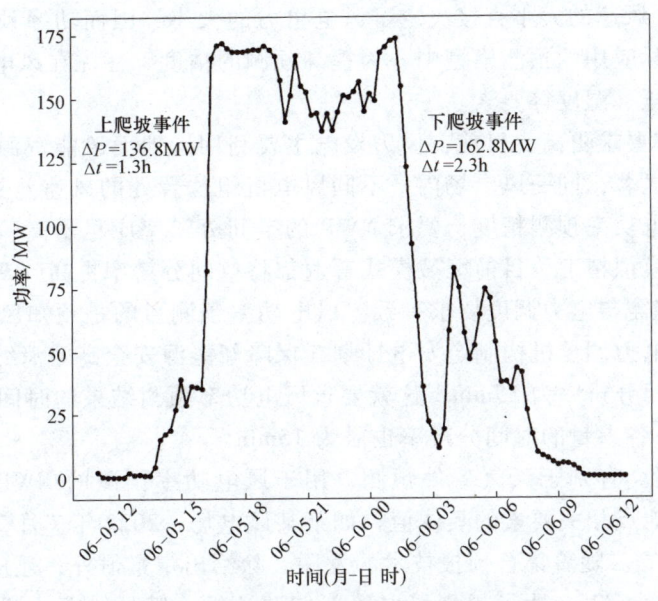

图 3-22 新疆某风电场的两起爬坡事件

3.4.3 风电功率预测主要影响因素

1. 数值天气预报（NWP）

风电功率预测，特别是短期功率预测模型需要输入风速等气象要素的预报数据，这些气象数据主要来自于 NWP。不同于公共气象服务，应用于风电功率预测的 NWP 对预报数据的时空分辨率、预报时长等有其特殊要求，尤其对预报精度的要求较高。风电场输出功率对于风速的变化非常敏感，而这些气象要素的准确预报难度较大，导致 NWP 成为风电功率预测的主要误差源。

（1）数值天气预报基本概念 数值天气预报是在给定初始条件和边界条件的情况下，数值求解大气运动基本方程组，由已知的初始时刻的大气状态预报未来时刻的大气状态。

NWP 分为两种模式，一种是全球模式，另一种是区域模式。全球模式覆盖整个地球，其目标是求解全球的天气状况，目前世界上较为著名的全球模式包括美国的 GFS、欧洲的 ECMWF、加拿大的 GEM、日本的 GSM 等，我国的全球模式主要为 T639 和 GRAPES 模式。目前，全球模式的预报数据已成为各个国家开展气象预报的主要参考信息。此外，全球模式还能为区域模式预报提供必需的背景场数据，供其提取出初始条件和边界条件。全球模式的水平空间分辨率一般在几十千米量级，由于分辨率过低，全球模式难以体现微地形、微气象引起的风场、云层和辐照度的精细变化，对于风电功率预测的应用场景，一般需要使用较为精细化的区域模式。区域模式水平空间分辨率一般在几千米量级，能够更准确地模拟微地形、微气象的作用，且能同化吸收进更多的局地观测数据，预报结果较全球模式更为精确。目前较为著名的区域模式包括美国的 WRF、MPAS 等，我国的 GRAPES-MESO 等。

（2）应用于风电功率预测的数值天气预报特点 NWP 输出的气象要素超过 200 种，对于风电功率预测来说，主要关注的是与风电密切相关的气象要素，如风速、气压等，且对数据的时空分辨率和预报时长等参数有特定要求，具体来说有如下特点：

1)关注风速。风速的大小直接决定了风电出力的大小,因而功率预测中最关键的气象要素是风速。在实际应用的预测模型中,为提高预测的精度,往往在风电功率预测中还需引入风向、温度、气压、湿度等要素。

2)空间分辨率要求更高。目前,风力发电主要利用近地面风能资源,近地面风速受局地地形和地貌影响显著,同一风电场内,不同风电机组位置处的风速差异可达到20%以上。因而,为了保障风电功率预测精度,要求NWP的空间分辨率应尽量高,以提升对微尺度地形、地貌等要素的模拟精度。目前区域模式普遍都将空间分辨率提高到9km×9km以上。

3)时间分辨率需与电力调度要求一致。风电功率预测目的是预知风电未来一段时间内的出力,从而支撑电力调控机构制定发电计划,保障新能源安全高效消纳。目前,发电计划编制通常采用的时间分辨率为15min,这就要求风电功率预测结果的时间分辨率需与其保持一致,对应的NWP各参量的时间分辨率也需为15min。

4)定量化预报。有别于天气事件预测,用于风电功率预测的NWP需实现定量预报,即给出具体时间、地点相关要素的具体值,如某某风电场,2022年7月22日10:30的风速10.2m/s、风向93°等。随着集合预报技术的发展,除给出定量值外,还应给出概率预测值。

5)预报时长至少72h。为了提高风电等新能源消纳,满足风电的调峰需求,要求风电功率预测的时间长度至少在72h(3天),相应的NWP的时间长度也应在3天以上,未来还需发展到7天及以上。

2. 地形

地形对风电功率预测的影响主要体现在风速和风向的变化上。局地地形和地貌会显著影响风的流动特征,特别是在复杂地形区域,需要通过高分辨率的NWP数据和地形数据来准确捕捉和模拟这些影响。山脉和丘陵地形会形成湍流和风速变化,影响风电机组的发电效率;峡谷和山谷地形会引导风的流动,形成较强的风速加速现象;沿海和岛屿地形由于海陆风的作用,风速和风向变化频繁,具有显著的日变化特征;平原和盆地地形虽然相对平坦,但大范围的地形变化如河流、湖泊和人工设施等也会对风速和风向产生影响。

3. 其他因素

除了气象和地理要素外,风电功率预测还受到风机故障、电路问题和设备维护等多种因素的影响。风机的机械或电子故障、电力传输线路的短路、断路及电缆老化等问题会直接影响风电机组的运行状态和功率输出。虽然定期设备维护能确保机组正常运行,但维护期间需停机,暂时降低功率输出,因此合理安排维护时间至关重要。此外,电网的负荷状况、电压稳定性和频率变化也会影响风电功率输出,进而影响预测结果。

3.4.4 风电功率预测流程

本小节介绍一个典型的风电短期功率预测案例,涵盖从数据获取、数据处理到模型建模和结果分析的完整流程。

(1)预测方法选取 选取经验模态分解-长短期记忆(Empirical Mode Decomposition-Long Short-Term Memory,EMD-LSTM)组合模型进行风电功率预测。EMD用于分解原始风电功率时间序列,提取出各层次的风速波动模式,从而更好地描述功率的周期性和季节性特征。在数据获取与处理的特征工程阶段,重点是数值天气预报(NWP)数据中的关键气象特征,如风速、风向和气压等。

(2) 数据获取 收集风电场相关的多源数据,包括:历史功率数据、气象观测数据以及数值天气预报数据。历史功率数据是通过风电场的数据采集与监视控制系统(Supervisory Control And Data Acquisition,SCADA)获取的历史功率输出数据。气象观测数据是从气象站获取的风速、风向、气温、气压、湿度等历史气象数据。NWP数据是NWP系统获取的未来72h的风速、风向、气压等预报数据。

(3) 数据处理 对收集到的数据进行系统化处理,以确保数据的高质量和准确性。其主要步骤包括缺失值处理、异常值检测、噪声过滤、相关性分析等过程。缺失值处理是指使用插值或删除等方法处理数据中的缺失值。异常值检测是指识别并处理数据中的异常点,防止其对模型训练造成负面影响。噪声过滤是指通过滤波等方法减少数据中的噪声,提高数据的清洁度。通过相关性分析,选取与风电功率输出高度相关的气象因子,将不同来源的数据进行时间对齐,生成统一的时间序列数据集。在特征工程中,通过建立由EMD分解得到的各个本征模态函数(IMF)与NWP数据中关键特征之间的映射关系,进一步增强预测模型的表现。

(4) 模型建立 根据数据特征和预测需求,构建EMD-LSTM组合风电功率预测模型。具体步骤如下:使用EMD对原始风电功率数据进行分解,提取主要和次要的风速波动模式,以捕捉功率的周期性和季节性变化;将分解得到的IMF分量输入LSTM模型进行建模和预测。LSTM模型能够有效捕捉时间序列中的长短期依赖关系,从而提高预测精度。

(5) 预测与结果分析 利用训练好的EMD-LSTM模型对未来72h的风电功率进行预测:将处理后的NWP数据输入模型,生成未来风电功率预测值;将预测结果与实际观测值进行对比,计算误差指标(如均方误差、平均绝对误差等),并通过绘制时间序列图展示预测效果和误差分布;深入分析预测误差的来源,识别模型的潜在改进空间,为后续模型优化提供依据。

3.4.5 风电功率预测技术展望

风电出力具有随机性、波动性特点,大规模接入后会对电力系统安全运行带来冲击。提前预测风电输出功率,并根据预测结果预留消纳空间是提高新能源消纳水平和保障电力系统安全的重要技术手段。功率预测精度直接影响预留消纳空间的合理性,若预测精度差,电力系统为保障供用电平衡,将被迫增加常规电源备用容量,进而挤占新能源消纳空间,导致弃风弃光现象加剧。围绕功率预测技术,国内外开展了长期研究工作,取得了大量科研成果,各具特色的功率预测系统也已成为新能源调度运行的重要组成部分。风电功率预测技术虽然取得了长足的发展和进步,但距离解决输出功率的不确定性影响仍存在较大的改进空间,需要进一步提高新能源电站气象观测数据的准确性和完整性,发展面向天气过程的数值天气预报模式系统,同时完善风电场站理论发电能力评估方法,建立在线互动的功率预测方法,积极开展人工智能等新技术在功率预测中的应用研究。

思考题与习题

3-1 简述风的形成过程,并列举风的常见形式。

3-2 说明风有哪些主要特征。

3-3 给出风能的数学计算式,并解释影响风能大小的最主要因素。
3-4 风力机的主要类型及其基本组成结构。
3-5 为什么风力发电机组中会用到偏航系统?偏航系统的工作原理是什么?
3-6 简述风力发电机组的主要组成部分,并说明其工作原理。
3-7 从结构上来说,储能电池一般有哪些主要的组成部分?
3-8 在储能电池选型过程中,需要注意哪些主要性能参数?
3-9 储能电池的开路电压、端电压、标称电压和终止电压有什么区别?
3-10 列举3~4个可以用于新能源发电系统中储能系统的电池技术,并比较它们各自的优劣。
3-11 数值天气预报(NWP)有哪些预报模式?应用于功率预测的数值天气预报具有哪些特点?
3-12 风电功率预测技术按照时间尺度划分有哪些分类?

第 4 章　太阳能发电

太阳是万物之源,是最原始也是永恒的能量源泉。太阳辐射是维持地球上一切生命的基础,也是地球上大气环流、天气和气候形成的根源。在各种可再生能源中,太阳能是最重要的基本能源。它不仅"取之不尽、用之不竭",还不会污染环境和破坏自然生态平衡。20 世纪 70 年代以来,太阳能的开发和利用已成为国际社会的主旋律和共同行动,也一直是各国制定可持续发展战略的重要内容。

4.1　太阳能的利用基础与利用方式

开发利用太阳能,首先需要了解和掌握太阳的基本结构、日地天文关系、太阳光谱及其辐射强度,在此基础上才能更有效地研究开发与太阳能相关的利用技术。因此,本节将重点介绍太阳辐射的基础知识及我国的太阳能资源和利用途径。

太阳能及其资源分布

4.1.1　太阳的概况

太阳系是银河系中一个极小的部分,太阳在银河系中就像是旋转沙漠风暴中的一粒沙。太阳是离地球最近的一颗恒星,也是太阳系的中心天体。在太阳系里,太阳是唯一自身发光的天体,并给地球带来光与热。如果没有阳光,地球表面温度将会快速地降低到接近绝对零度;由于太阳光的照射,才会使地球表面的平均温度维持在 15℃左右,保证了人类与动植物生存所需的生态环境。

除了原子能和地热能等能源外,地球上绝大部分能源,包括风能、水能、生物质能、海洋温差能、波浪能和潮汐能等,皆直接或间接源自于太阳。风能是由于受到太阳辐射的强弱程度不同,在大气中形成温差和压差,从而造成空气的流动所致;水能由水位的高度差所产生,由于太阳辐射的原因,地球表面上(包括海洋)的水分受热蒸发形成雨云,之后通过在高山地区降水而形成;潮汐能则是由于太阳和月亮对地球海水的万有引力作用的结果;即使是地球上的传统化石燃料(如煤、石油、天然气等),也是由千百万年前动植物体演化而来的。

1. 太阳的结构

太阳的质量大约是地球的 33 万倍,体积是地球的 1.3×10^6 倍,所以太阳的平均密度只有地球的四分之一。太阳的主要成分是氢和氦,其中氢的质量约占 78.4%,氦的质量约占 19.8%,其他元素只占 1.8%。太阳从中心到边缘可分为核反应区、辐射区、对流区和大气层。其中,太阳 99%的能量是由中心核反应区的热核反应产生的。太阳大气层自内向外可分为光球层、色球层和日冕三个层次，如图 4-1 所示。

人们看到的太阳表面叫作光球，其厚度约 500km，太阳的可见光几乎全部由光球层发出。光球层上亮的区域叫作光斑，暗的地方叫作太阳黑子，太阳黑子的活动周期平均为 11.2 年。从光球层表面到 2000km 高度为色球层，只有在日全食时或用色球望远镜才能观测到。色球层有谱斑、暗条和日珥，还时常发生剧烈的耀斑活动。色球层之外为日冕，温度极高，可延伸到数倍于太阳半径处，用空间望远镜可观察到 X 射线耀斑。

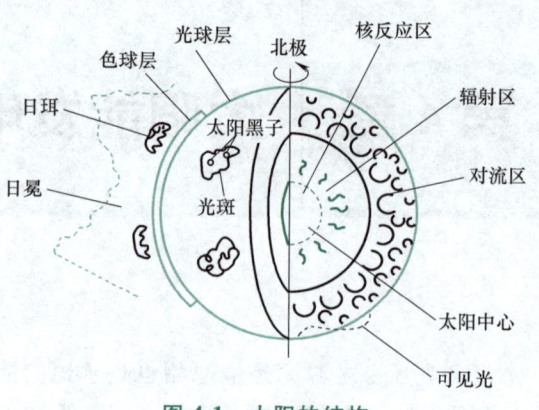

图 4-1 太阳的结构

2. 太阳光谱

太阳在内部热核反应之后，便以电磁波的形式向外传播能量，也就是太阳辐射能，简称太阳能。在大气上界，太阳发射的电磁辐射随波长的分布称为太阳光谱。太阳光谱的范围几乎涵盖了整个电磁波谱。电磁波谱的各段名称及对应波长详见表 4-1，图 4-2 则直观描述了太阳光谱的分布情况。

表 4-1 电磁波谱的各段名称及对应波长

名　称	波长范围/μm	名　称	波长范围/μm
宇宙射线或 γ 射线	$<10^{-5}$	红外辐射	$0.76 \sim 10^3$
X 射线	$10^{-5} \sim 0.01$	微波	$10^3 \sim 10^6$
紫外线	$0.01 \sim 0.4$	无线电波	$10^6 \sim 10^9$
可见光	$0.4 \sim 0.76$	长电振荡	$10^9 \sim \infty$

从表 4-1 和图 4-2 可看出太阳光谱主要集中在近紫外与近红外之间。这些光谱的进一步划分见表 4-2。由图 4-2 可知，太阳辐射波长的范围很宽，但不同波长的辐射能力差异很大。在波长很长和极短的区域中，其能量都非常小，绝大部分辐射能量集中在 $0.30 \sim 3\mu m$ 波长之间，约占太阳辐射总能量的 99%。因此，在太阳能利用的科技领域中，常把太阳看作是辐射波谱为 $0.30 \sim 3\mu m$ 的黑体。

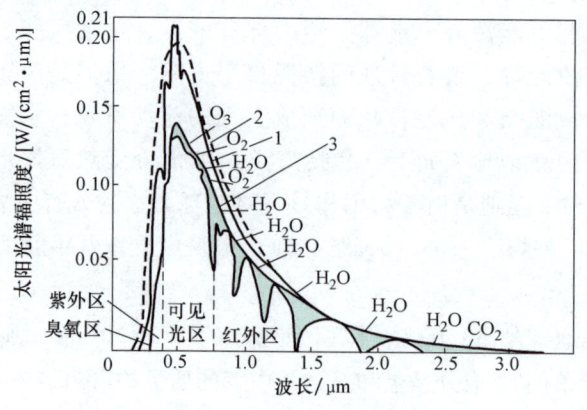

图 4-2 太阳光谱的分布

1—$m=0$（大气层外）　2—6000K 黑体　3—$m=1$（太阳垂直入射到地面）

表 4-2 太阳光谱的划分

名　称	区　域	波长范围/μm	名　称	颜　色	波长范围/μm
紫外线	远紫外区	0.01~0.2	可见光	紫	0.40~0.43
	中紫外区	0.2~0.28		蓝	0.43~0.47
	近紫外区	0.28~0.4		青	0.47~0.50
红外线	近红外区	0.76~1.4		绿	0.50~0.56
	中红外区	1.4~3		黄	0.56~0.59
	远红外区	3~1000		橙	0.59~0.62
				红	0.62~0.76

3. 太阳辐射功率

辐射功率指单位时间内,物体表面某一面积以辐射形式发射、传播或接收的功率,又称为辐射能通量,单位为瓦(W)。

太阳可近似为黑体,并遵循普朗克定律,即

$$\omega(v,T) = \frac{8\pi h v^3}{c^3} \frac{1}{e^{hv/(kT)}-1} \tag{4-1}$$

式中,v 为黑体的辐射频率;T 为黑体的热力学温度(K);$\omega(v,T)$ 为黑体辐射场能量密度,即单位体积内所发出频率为 v 的光谱辐射密度(J/m^3);c 为真空中的光速,其值 $c=2.998\times10^8 m/s$;h 为普朗克常数,其值 $h=6.626\times10^{-34} J\cdot s$;$k$ 为玻尔兹曼常数,其值 $k=1.381\times10^{-23} J/K$。

若用波长表示式(4-1),则可写成

$$\omega(\lambda,T) = \frac{8\pi h}{\lambda^3} \frac{1}{e^{hc/(k\lambda T)}-1} \tag{4-2}$$

式中,$\omega(\lambda,T)$ 为单位体积内所发出的波长为 λ 的光谱辐射能密度。

在普朗克定律基础上,可推导出维恩(Wien)位移定律,其可表示为

$$\lambda_m T = b = 2897.8 \mu m\cdot K \tag{4-3}$$

从而可知,物体辐射功率最大的波长与物体温度成反比关系。根据太阳光谱可知,$\lambda_m = 0.5023\mu m$,故可求得太阳表面的有效温度为

$$T = b/\lambda_m = 5769K \tag{4-4}$$

任何物体当处于热力学温度零度(即 0K)以上时,都具有向外辐射热量的能力,同时也在吸收来自其他物体的辐射热能。物体辐射能力的强弱,取决于物体本身温度的高低,对于黑体,其辐射功率与温度的 4 次方成正比,即斯特藩-玻尔兹曼(Stefan-Boltzmann)光辐射定律,为

$$M = \sigma T^4 \tag{4-5}$$

式中,M 为单位面积黑体辐射功率;σ 为斯特藩-玻尔兹曼常量,其值 $\sigma=5.67\times10^{-8} W/(m^2\cdot K^4)$。

由此可算出,太阳向宇宙空间发射的总辐射功率为

$$\Phi_s = 4\pi r_s^2 \sigma T^4 = 3.8\times10^{20} MW \tag{4-6}$$

式中,r_s 为太阳的半径。

虽然从太阳传播到地球大气层上界的能量仅为其总辐射功率的 22 亿分之一,但其辐射

功率已高达 $1.73×10^{11}$ MW。换言之，太阳每秒钟投射到地球上的能量相当于 $5.9×10^6$ t 标准煤的等值热量。

4.1.2 日地天文关系

由于地球绕地轴进行自转的同时又围绕太阳公转，所以太阳在天空中相对地球的位置每时每刻都在变化。这种变化直接影响到达地面的太阳辐射能，从而影响地面上可供利用的太阳辐射能。为了掌握地球上任意位置接收到太阳辐射能的大小，首先需要确定地球与太阳的相对位置关系。

为了确定天体在天空中的位置，通常假设它们处在单一球体——天球上，即以观察者为球心，以任意长度（无限长）为半径，其上分布着所有天体的球面。天球及天球坐标系如图 4-3 所示。

通过天球的中心（即观察者的眼睛）与铅垂线相垂直的平面称为地平面；地平面将天球分为上下两个半球；地平面与天球的交线是个大圆，称为地平圈；通过天球中心的铅垂线与天球的交点分别称为天顶和天底。地球每天绕着它本身的极轴自西向东自转一周；即假设地球不动，那么天球将每天绕着它本身的轴线自东向西地自转一周，称之为周日运动。在周日运动中，天球上有两个不动点，称为天球北极和天球南极，连接两个天极的直线称为天轴；通过天球的中心与天轴相垂直的平面称为天球赤道面；天球赤道面与天球的交线是个大圆，称为天赤道。通过天顶和天极的大圆称为子午圈。

图 4-3 天球及天球坐标系

按照相对运动原理，太阳似乎在这个球面上自东向西周而复始地运动。要确定太阳在地球上的位置，最方便的方法是采用天球坐标，常用的天球坐标有赤道坐标系和地平坐标系。

1. 赤道坐标系

如图 4-4 所示，赤道坐标系是以天赤道 QQ' 为基本圈，以天球子午圈的交点 Q 为原点的天球坐标系，P 和 P' 分别为北天极和南天极，通过 PP' 的大圈都垂直于天赤道。显然，通过 P 和球面上太阳（S_θ）的半圆也垂直于天赤道，两者交于 B 点。

在赤道坐标系中，太阳的位置 S_θ 由时角 ω 和赤纬角 δ 两个坐标决定。

（1）时角（ω） 相对于圆弧 QB，从天球子午圈上的 Q 点算起（即从太阳的正午算起），顺时针方向为正，逆时针方向为负，即上午为负，下午为正，通常以 ω 表示，它的数值等于离正午时间（小时，h）乘以 $15°$。

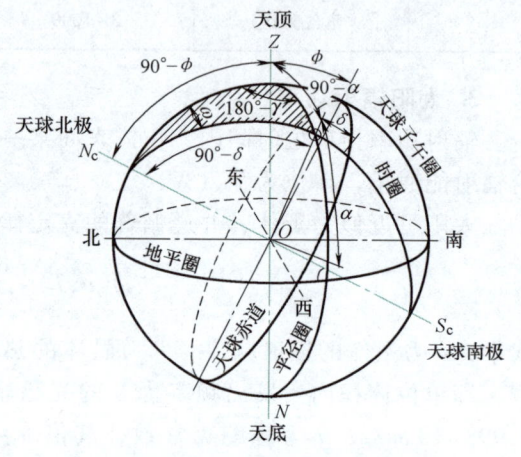

图 4-4 赤道坐标系

（2）赤纬角（δ） 与赤道平面平行的平面与地球的交线称为地球的纬度。通常将太阳直射点的纬度，即太阳中心和地心的连线与赤道平面的夹角称为赤纬角，常以 δ 表示。由于地球不停地绕着太阳公转，所以一年中赤纬角随时都在变化，如图 4-5 所示。

对于太阳来说，春分日和秋分日的 δ=0°，向北天极由 0° 变化到夏至日的 23.45°；向南天极由 0° 变化到冬至日的 -23.45°。赤纬角是关于时间的连续函数，与地点无关。基于此，美国的 Spencer 提出以下 δ 的精确计算式：

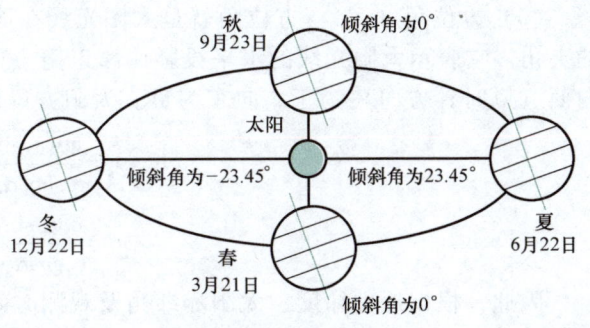

图 4-5 太阳赤纬角变化

$$\delta = [0.006918 - 0.399912\cos\Gamma + 0.070257\sin\Gamma - 0.006758\cos(2\Gamma) + \\ 0.000907\sin(2\Gamma) - 0.002697\cos(3\Gamma) + 0.00148\sin(3\Gamma)]\frac{180}{\pi} \tag{4-7}$$

式中，最大计算误差为 0.0006rad；若略去式中最后两项，则其最大计算误差为 0.0035rad。

在太阳能工程设计中，对 δ 的计算通常采用以下更为简便的计算式：

1) 法国的 Rochambeau 提出以下计算式，即

$$\delta = \arcsin\left(0.4\sin\frac{360°(d_n - 82)}{365}\right) \tag{4-8}$$

2) 英国的 Cooper 则提出以下计算式，即

$$\delta = 23.45\sin\frac{360°(d_n + 284)}{365} \tag{4-9}$$

式中，δ 为计算得出的值（°）；d_n 为一年中某一天的顺序数（1 月 1 日为 1，12 月 31 日为 365，以此类推，2 月通常按 28 天计算）。

2. 地平坐标系

观察者在地球上观看空中的太阳相对于地平面的位置时，太阳相对地球的位置是相对于地面而言的，通常用高度角 α_s 和方位角 γ_s 两个坐标来决定，如图 4-6 所示。在某个时刻，由于地球上各处的位置不同，因而各处的高度角和方位角也不相同。

（1）天顶角（θ_s）　天顶角就是太阳光线 OP 与地平面法线 QP 之间的夹角。

（2）高度角（α_s）　高度角就是太阳光线 OP 与其在地平面上投影线 Pg 之间的夹角，它表示太阳高出水平面的角度。

高度角与天顶角的关系为

$$\theta_s + \alpha_s = 90° \tag{4-10}$$

计算太阳高度角的表达式为

$$\sin\alpha_s = \sin\varphi\sin\delta + \cos\varphi\cos\delta\cos\omega \tag{4-11}$$

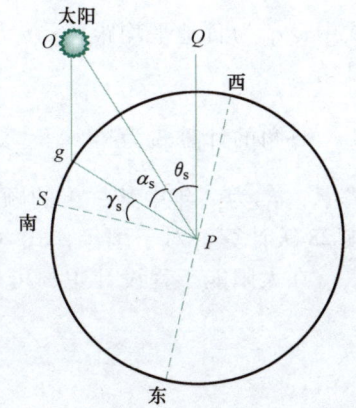

图 4-6 地平坐标系

式中，φ 为地理纬度（°）；δ 为太阳赤纬角（°）；ω 为太阳时角（°）。

(3) 方位角（γ_s）　方位角就是太阳光线在地平面上的投影和地平面上正南方向线之间的夹角。它表示太阳光线的水平投影偏离正南方向的角度，取正南方向为起始点（即 0°），向西（顺时针方向）为正，向东为负。太阳方位角的表达式为

$$\cos\gamma_s = \frac{\sin\alpha_s\sin\varphi - \sin\delta}{\cos\alpha_s\cos\varphi} \tag{4-12}$$

$$\sin\gamma_s = \frac{\cos\delta\sin\omega}{\cos\alpha_s} \tag{4-13}$$

因此，根据地理纬度、太阳赤纬角及观测时间，利用式（4-12）或式（4-13）即可求出任何地区、任何季节某一时刻的太阳方位角。

(4) 日出日落时间（ω_s）　日出日落时太阳高度角为 0°，可得

$$\cos\omega_s = -\tan\varphi\tan\delta \tag{4-14}$$

因为 $\cos\omega_s = \cos(-\omega_s)$，可得

$$\omega_{sr} = -\omega_s \tag{4-15}$$

$$\omega_{ss} = \omega_s \tag{4-16}$$

式中，ω_{sr} 为日出时间；ω_{ss} 为日落时间。

3. 日地距离

在太阳系中，地球绕太阳沿偏心率很小的椭圆形轨道做公转运动，如图 4-5 所示。由于太阳居于地球运行轨道稍偏心的位置，所以日地距离就有近日点和远日点之分。一年中，1月1日地球运动到离太阳最近的位置，称为近日点，这时的日地距离为 1.471 亿 km；7月1日地球运行到离太阳最远的位置，称为远日点，这时的日地距离为 1.521 亿 km。日地平均距离约为 1.5 亿 km。1971 年，美国的 Spencer 研究了计算日地距离的轨道修正系数，提出修正项的计算式，称为地球轨道的偏心修正系数，即

$$\xi_0 = \left(\frac{r_0}{r}\right)^2 = 1.00011 + 0.034221\cos\varGamma + 0.00128\sin\varGamma + 0.000719\cos(2\varGamma) + 0.000077\sin(2\varGamma) \tag{4-17}$$

式中，r_0 为日地平均距离；r 为观察点的日地距离；$\varGamma$ 为一年中某一天的角度（rad），称为日角。

日角的计算式为

$$\varGamma = \frac{2\pi(d_n - 1)}{365} \tag{4-18}$$

式中，d_n 为一年中某一天的顺序数，1月1日为1，12月31日为365，以此类推，2月通常按 28 天计算，对于闰年，式（4-17）的计算结果将有微小的变化。

在太阳能工程设计中，可以采用以下更简便的计算式：

$$\xi_0 = \left(\frac{r_0}{r}\right)^2 = 1 + 0.033\cos\frac{360d_n}{370} \tag{4-19}$$

4.1.3　太阳辐射在地球大气层中的衰减

地球大气层是由空气、尘埃和水汽等组成的气体层，其包围着整个地球。大气层中不少气体分子是辐射吸收性气体，如氧气、二氧化碳等，所以当外太空太阳辐射透过地球大气层时，会受到大气层的强烈衰减。因此，通过引入大气质量和大气透明度，计算地球大气层对太阳辐射衰减的影响。

1. 太阳常数

太阳投射到单位面积上的辐射功率称为辐射强度或辐照度,单位是瓦每平方米(W/m^2)。在一段时间内(如每小时、日、月、年等)太阳投射到单位面积上的辐射能量称为辐照量,单位是焦每平方米(J/m^2)。

在地球大气层外,平均日地距离处,垂直于太阳光方向的单位面积上所获得的太阳辐射能基本上是一个常数,这个辐射强度称为太阳常数(I_{SC})。随着近代探空测量技术的不断完善,太阳常数的测定结果也不断逼近真值。1981年在世界气象组织仪器与观测方法委员会第八届会议上,将太阳常数定为 $I_{SC}=1367W/m^2$,而地球大气层上边界任意时刻的太阳辐射强度 $I_0=(1367\pm7)W/m^2$。这一表述更为切合实际,因为考虑了到日地距离的变化因素,其可表示为

$$I_0 = \xi_0 I_{SC} \tag{4-20}$$

2. 大气质量

在太阳辐射测定中,计量辐射行程长度的单位不是普通的长度单位,而是采用所谓的大气质量。大气质量是一个量纲一的量,它是太阳光线透过地球大气层的实际行程长度与太阳光线在天顶角方向垂直透过地球大气层的行程之比。假定在标准大气压和温度0℃时,海平面上太阳光线垂直入射的路径为1,即 $m=1$。显然,地球大气上界的大气质量为0。太阳在其他位置时,大气质量都大于1。当 $m=1.5$ 时,通常写成 AM1.5 时。大气质量示意图如图4-7所示。

大气质量越大,说明光线经过大气的路程越长,产生的衰减越多,到达地面的能量就越少。根据图4-7的几何关系,可以导出大气质量 m 的计算式为

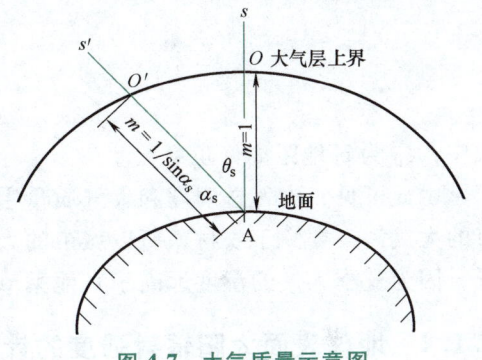

图4-7 大气质量示意图

$$m = \sec\theta_s = \frac{1}{\sin\alpha_s} \tag{4-21}$$

式(4-21)是由三角函数关系推导出来的,是以地表为水平面且忽略了大气的曲率及折射因素的影响。当 $\alpha_s<30°$ 时,由于折射和地面曲率的影响增大,其计算结果误差较大。在实际应用中,可采用下式计算:

$$m(\alpha_s) = [1229+(614\sin\alpha_s)^2]^{1/2} - 614\sin\alpha_s \tag{4-22}$$

通常,气温对大气质量的影响可以忽略不计。但对海拔较高的地区,应对大气压力做修正,修正后的大气质量可表示为

$$m(z,\alpha_s) = m(\alpha_s)\frac{p(z)}{760} \tag{4-23}$$

式中,z 为观测点的海拔高度;p 为观测地点的大气压力(mmHg,1mmHg=133.322Pa)。

3. 大气透明度

大气透明度是表征大气对于太阳光线透过程度的一个参数。晴朗无云的天气,大气透明度高,到达地面的太阳辐射能就多;天空中云雾、风沙、灰尘多时,大气透明度低,到达地

面的太阳辐射能就少。根据 Bouguer-Lambert 定律，假定地球大气层上边界面处波长为 λ 的太阳辐射强度为 $I_{\lambda,0}$，经过厚度为 dm 的大气层后，强度衰减为

$$dI_{\lambda,n} = -K_\lambda I_{\lambda,0} dm \tag{4-24}$$

将式（4-24）积分后，可得

$$I_{\lambda,n} = I_{\lambda,0} e^{-K_\lambda m} \tag{4-25}$$

将式（4-25）改写为

$$I_{\lambda,n} = I_{\lambda,0} P_\lambda^m \tag{4-26}$$

$$P_\lambda = e^{-K_\lambda} \tag{4-27}$$

式中，$I_{\lambda,n}$ 为到达地面的法向太阳辐射强度；$I_{\lambda,0}$ 为大气层上界的太阳辐射强度；K_λ 为大气的消光系数；P_λ 为单色大气透明度。

将式（4-26）对 $0 \to \infty$ 全波段积分，便可得到全色太阳辐射强度，即

$$I_n = \int_0^\infty I_{\lambda,0} P_\lambda^m d\lambda \tag{4-28}$$

设整个太阳辐射光谱范围内的单色大气透明度的平均值为 P，则式（4-28）可改写为

$$I_n = \xi_0 I_{SC} P^m \tag{4-29}$$

$$P = \sqrt[m]{\frac{I_n}{\xi_0 I_{SC}}} \tag{4-30}$$

式中，ξ_0 为日地距离修正系数。

由此可见，大气透明度和大气质量密切相关，并随地区、季节和时刻而变化。通常，城市的大气污染要高于农村，所以城市的大气透明度比农村低。一年中，夏季的大气透明度最低，因为夏季大气的湿度远高于其他季节。

4.1.4 地球表面太阳辐射强度的计算

1. 水平面上太阳辐射强度的计算

太阳直射辐射透过地球大气层时，要受到大气层中的氧气、臭氧、水汽和二氧化碳等各种气体分子的吸收，与此同时还会被云层中的尘埃、冰晶等反射或折射，从而形成漫向辐射。这其中的一部分辐射能将返回宇宙空间，另一部分到达地球表面。人们把改变了原来辐射方向又无特定方向的这部分太阳辐射，称为太阳散射辐射。因此，地球水平面上的太阳总辐射强度可以分为直射和散射两部分，辐射强度 I 由水平面太阳直射辐射强度 I_b 和太阳散射辐射强度 I_d 组成，其计算式为

$$I = I_b + I_d \tag{4-31}$$

（1）水平面太阳直射辐射强度（I_b） 水平面逐时太阳直射辐射强度 I_b，可表示为

$$I_b = I_n \sin\alpha_s = I_n \cos\theta_s \tag{4-32}$$

式中，I_n 为地面上法向太阳辐射强度，由式（4-29）可得，将其代入式（4-32）得

$$I_b = \xi_0 I_{SC} P^m \sin\alpha_s \tag{4-33}$$

（2）水平面太阳散射辐射强度（I_d） 大量的观察资料表明，晴天到达地球表面上的太阳散射辐射强度主要取决于太阳高度角和大气透明度，而地面反射对散射的影响可以忽略不计。常用于估算晴天水平面太阳散射辐射强度 I_d 的经验计算式为

$$I_d = \frac{1}{2}\xi_0 I_{SC} \frac{1-P^m}{1-1.4\ln P}\sin\alpha_s \tag{4-34}$$

2. 倾斜面上太阳辐射强度的计算

在太阳能利用中,绝大部分太阳能采集板的安装形式并非水平铺设,而是与地平面构成一定倾角,以获得更多的阳光照射。因此,在实际应用过程中,往往需要知道倾斜面上的太阳辐射强度。

在通常情况下,水平面上太阳辐射强度可以利用气象仪表测量或者从当地气象数据库中获得。因此,基于水平面上太阳辐射强度,推算出不同倾斜角及方位角下太阳能组件表面的辐射强度模型,是太阳能系统设计与应用的基础。倾斜面上太阳辐射强度 I_T,主要由直射辐射强度 $I_{b,T}$、散射辐射强度 $I_{d,T}$ 和反射辐射强度 $I_{g,T}$ 三部分组成,如图4-8所示。

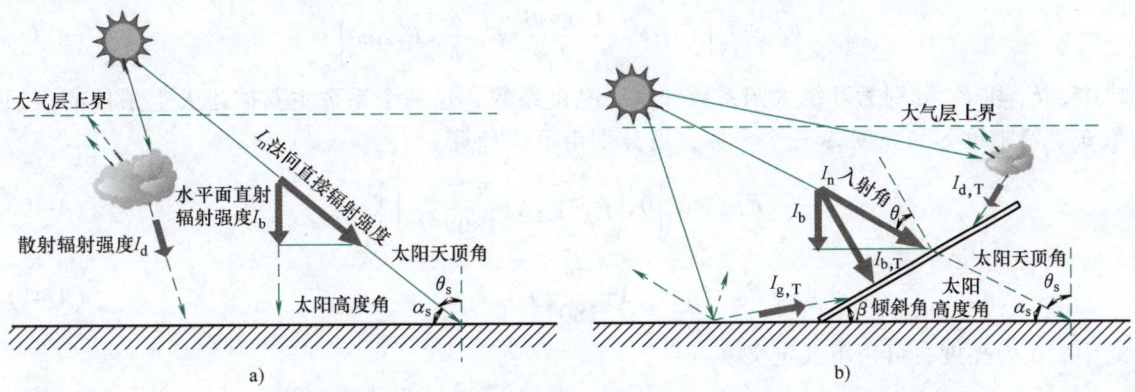

图4-8 水平面和倾斜面上的太阳辐射强度

$$I_T = I_{b,T} + I_{d,T} + I_{g,T} \tag{4-35}$$

(1) 倾斜面直射辐射强度 ($I_{b,T}$) 倾斜面直射辐射强度与水平面直射辐射强度之比 R_b,可表示为

$$R_b = \frac{I_{b,T}}{I_b} = \frac{I_n\cos\theta}{I_n\cos\theta_s} = \frac{\cos\theta}{\cos\theta_s} \tag{4-36}$$

式中,θ 和 θ_s 分别为太阳入射角和天顶角。其中,太阳入射角 θ 可由斜面倾角 β、太阳高度角 α_s、太阳方位角 γ_s、倾斜面方位角 γ_T 计算得到:

$$\cos\theta = \cos\beta\sin\alpha_s + \sin\beta\cos\alpha_s\cos(\gamma_s - \gamma_T) \tag{4-37}$$

(2) 倾斜面反射辐射强度 ($I_{g,T}$) 通常,太阳辐射到地面上,会向空中做半球反射。而落到倾斜平面上的反射辐射强度主要取决于地面的反射率。假定地面反射辐射为各向同性,则有

$$I_{g,T} = I\rho\frac{1-\cos\beta}{2} = (I_b + I_d)\rho\frac{1-\cos\beta}{2} \tag{4-38}$$

式中,ρ 为地面反射率,其数值主要取决于地面状态;β 为倾斜角度。

表4-3为不同地面和水面的反射率。在没有具体数值时,一般情况下 $\rho = 0.2$。

表 4-3 不同地面和水面的反射率

不同地面的反射率					
地面类型	反射率	地面类型	反射率	地面类型	反射率
干燥黑土	0.14	森林	0.04~0.10	市区	0.15~0.25
湿黑土	0.08	干沙地	0.18	岩石	0~0.15
干灰色地面	0.25~0.30	湿沙地	0.09	麦地	0.10~0.25
湿灰色地面	0.10~0.12	新雪	0.81	黄沙	0.35
干草地	0.15~0.25	残雪	0.46~0.70	高禾植物区	0.18~0.20
湿草地	0.14~0.26	水田	0.23	海水	0.35~0.50

水面对不同入射角的太阳直射辐射的反射率									
入射角/(°)	0	10	20	30	40	50	60	70	80	90
反射率	0.02	0.02	0.021	0.021	0.025	0.034	0.06	0.134	0.348	1

（3）倾斜面散射辐射强度（$I_{d,T}$） 倾斜面散射辐射强度主要受当地天气条件等因素的影响，因此计算较为复杂。本书主要介绍基于 Perez 模型计算太阳散射辐射强度，其可表达为

$$I_{d,T} = I_d \left[(1-F_1)\frac{1+\cos\beta}{2} + F_1 \frac{a}{b} + F_2 \sin\beta \right] \tag{4-39}$$

式中，F_1 和 F_2 分别为环绕太阳系数和水平亮度系数，这两个系数主要描述天空条件的天顶角 θ_s、清晰度 ξ 和亮度 Δ 三个参数，可分别由下式计算。

$$F_1 = \max\left\{0, \left(f_{11} + f_{12}\Delta + \frac{\pi\theta_s}{180°}f_{13}\right)\right\} \tag{4-40}$$

$$F_2 = f_{21} + f_{22}\Delta + \frac{\pi\theta_s}{180°}f_{23} \tag{4-41}$$

式中，Δ 为亮度，可由下式定义。

$$\Delta = mI_d/I_0 \tag{4-42}$$

另外，清晰度 ξ 与水平面散射辐射强度 I_d 和法向太阳辐射强度 I_n 有关，可表示为

$$\xi = \frac{\frac{I_d + I_n}{I_d} + 5.535 \times 10^{-6}\theta_s^3}{1 + 5.535 \times 10^{-6}\theta_s^3} \tag{4-43}$$

Perez 模型的亮度系数（f_{11}、f_{12}、f_{13}、f_{21}、f_{22}、f_{23}）见表 4-4。

表 4-4 Perez 模型的亮度系数

ξ 值范围	f_{11}	f_{12}	f_{13}	f_{21}	f_{22}	f_{23}
1~1.065	-0.008	0.588	-0.062	-0.06	0.072	-0.022
1.065~1.230	0.13	0.683	-0.151	-0.019	0.066	-0.029
1.230~1.500	0.33	0.487	-0.221	0.055	-0.064	-0.026
1.500~1.950	0.568	0.187	-0.295	0.109	-0.152	-0.014
1.950~2.800	0.873	-0.392	-0.362	0.226	-0.462	0.001
2.800~4.500	1.132	-1.237	-0.412	0.288	-0.823	0.056
4.500~6.200	1.06	-1.6	-0.359	0.264	-1.127	0.131
6.200	0.678	-0.327	-0.25	0.156	-1.377	0.251

此外，式（4-39）中的 a 和 b 是考虑到环绕太阳入射圆锥角在倾斜面上和水平面上角度的影响，环绕太阳的辐照将太阳当成点光源发出的，其计算方法为

$$a = \max(0, \cos\theta_s) \tag{4-44}$$

$$b = \max(\cos 85°, \cos\theta_s) \tag{4-45}$$

根据以上公式，便可求得倾斜面上的太阳逐时辐射强度。并且基于上文公式，采用逐一

寻优法，便可求得太阳能系统安装时的最佳倾角，以便一年中取得最多的太阳辐照量。

4.1.5 太阳能资源的分布及利用途径

1. 我国太阳能资源的分布

我国广阔富饶的土地上有着十分丰富的太阳能资源。根据中国气象局风能太阳能资源中心发布的《2023年中国风能太阳能资源年景公报》，2023年全国陆地表面平均水平面总辐射年辐照量为1496.1kW·h/m²，即每平方米年辐照量约合为184kg标准煤的等值热量。

从我国太阳能辐射总量的分布来看，我国太阳能资源地区性差异较大，呈现西部地区大于中东部地区，高原、少雨干燥地区大，平原、多雨高湿地区小的特点。根据我国太阳能资源总量等级划分标准，2023年，西藏大部、青海中北部、四川西部等地年水平面总辐照量超过1750kW·h/m²，为太阳能资源最丰富区；新疆大部、内蒙古大部、西北地区中西部、华北大部、西南地区西部等地年水平面总辐照量1400~1750kW·h/m²，为太阳能资源很丰富区；东北大部、西北地区东部、华中中东部、华东大部、华南等地年水平面总辐照量1050~1400kW·h/m²，为太阳能资源丰富区；西南地区中东部、华中西部等地年水平面总辐照量小于1050kW·h/m²，为太阳能资源一般区。

2. 太阳能的利用途径

尽管到达地球表面的太阳辐射总量很大，但是能量密度较低。并且，太阳能是一种辐射能，具有即时性，必须及时转换成其他形式的能量才能储存和利用。目前太阳能的利用方式主要有以下几种：

（1）光-热转换　它的基本原理是将太阳辐射能收集起来，通过与物质的相互作用转换成热能并加以利用。目前使用最多的太阳能集热装置，主要有平板型集热器、真空管型集热器和聚焦型集热器三种。通常根据所能达到的温度和用途的不同，把太阳能光热利用分为低温利用（<200℃）、中温利用（200~800℃）和高温利用（>800℃）。目前低温利用主要有太阳能热水器、太阳能干燥器、太阳能蒸馏器、太阳房、太阳能温室、太阳能空调制冷系统等，中温利用主要有太阳灶和太阳炉等，高温利用主要有太阳能光热发电系统中用到的聚焦型集热器等。

（2）太阳能发电　太阳能发电是利用太阳能的一个重要方面。目前，太阳能发电主要有两种方法：太阳能热发电和太阳能光伏发电。太阳能热发电，通过利用集热器将太阳辐射能转换成热能，然后通过热力循环过程进行发电。而太阳能光伏发电，通过光电器件利用光生伏特效应将太阳辐射能直接转换为电能。

（3）光化学利用　这是一种利用太阳能直接分解水制氢的光-化学转换方式，目前应用成本高，不普遍。

（4）光生物利用　光生物利用是通过光合作用收集与储存太阳能。地球上的一切生物都是直接或间接地依赖光合作用获取太阳能，以维持其生存所需要的能量。所谓光合作用，就是绿色植物利用光能，将空气中的CO_2和H_2O合成有机物与O_2的过程。目前主要有速生植物（如薪炭林）、地膜覆盖、温室大棚和巨型海藻等应用。

4.2 太阳能集热器

太阳能集热器是太阳能利用中的重要设备，它能够将太阳辐射转化成具有一定温度品位的热能并加以利用。太阳能集热器主要有平板型、真空管型以及能够获得更高温度的聚焦型集热器。本节将介绍上述几种集热器的结构及其工作原理。

4.2.1 太阳能集热器概述

太阳能集热器是收集太阳能的装置,太阳能集热器有很多种类。按换热工质的类型,可分为液体集热器和空气集热器;按吸热体外是否为真空环境,可分为平板型集热器和真空管型集热器;按工质能达到的最高温度可分为低温、中温和高温三种类型的集热器。在通常情况下,太阳能集热器一般被分为平板型、真空管型和聚焦型。其中平板型集热器产水量大,但热效率较低,只适合一般民用;真空管型集热器尽管集热效率比平板型高,但仍然无法满足工业领域的中高温热用户;聚焦型集热器可将工质加热到很高的温度,适用于太阳能光热发电或中高温热用户。

4.2.2 平板型集热器

平板型集热器的工质温度一般小于80℃,属于低温集热器,是太阳能低温热利用的常用装置,主要用于制取生活热水或建筑物采暖。图4-9所示为平板型集热器的基本结构。

平板型集热器主要由吸热板、透明盖板、隔热层和外壳等几部分组成。如图4-10所示,当太阳辐射穿过透明盖板后,投射在吸热板上,被吸热板中的管内流动工质所吸收并转化为热能。

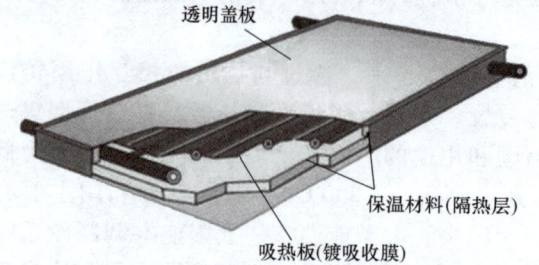

图4-9 平板型集热器的基本结构

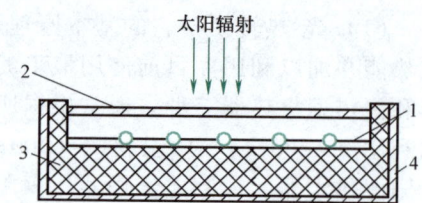

图4-10 平板型集热器的工作原理
1—吸热板 2—透明盖板 3—隔热层 4—外壳

1. 吸热板

吸热板设在集热器内,吸热板内部设有换热工质流道,常见的布置方式有管板式、翼管式、扁盒式与蛇管式等(图4-11)。

(1) 管板式 将管与平板结合在一起,形成一条吸热带,然后再将上下集管连接在一起,便形成了吸热板,也称为管板式吸热板。

(2) 翼管式 首先利用模子挤压工艺制成吸热带,然后再与上下集管焊接成吸热板。它的优点是热效率高,管子和平板是一体的,无结合热阻,但是常用的铝合金材料会被腐蚀。

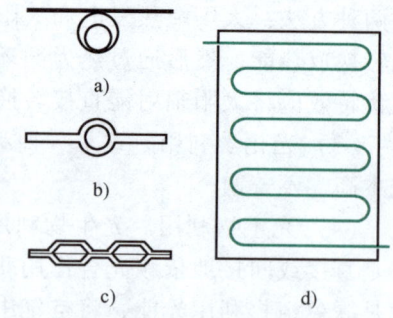

图4-11 吸热板布置方式
a) 管板式 b) 翼管式
c) 扁盒式 d) 蛇管式

(3) 扁盒式 将两块金属板分别模压成型,然后再焊接一体构成扁盒式吸热板。与翼管式相似,这种吸热板热效率高,管子和平板一体,无结合热阻;此外,它不需要焊接集管、流体通道和集管采用一次模压成型。但是扁盒式吸热板也有自己的缺点：焊接工艺难度大，容易出现焊接穿透或者焊接不牢的问题；耐压能力差，焊点不能承受较高的压力；动态特性差，流体通道的横截面大，吸热板有较大的热容量。

（4）蛇管式　将金属管弯曲成蛇形，然后再与平板焊接构成的吸热板。此类吸热板不需要另外焊接集管，减少了泄漏的可能性；耐压能力强；缺点是流动阻力大。

2. 透明盖板

透明盖板具有遮风挡雨的功能，防止吸热板等内部构件受到物理伤害，同时还能减少因吸热板四周气体对流造成的热量损失，达到为吸热板保温的目的。

透明盖板的材料要求坚固、透射性好，多采用钢化玻璃。在一些特殊情况下，例如温度较低的地区可采用双层布置。但很少采用3层或3层以上的玻璃，因为随着层数增多，虽然可以进一步减少集热器的对流和辐射热损失，但同时会影响太阳透射效果。

3. 隔热层

隔热层布置在吸热板下面，能够最大限度地减少热量散失。隔热层对使用材料的要求是热导率小、绝热性好，目前常用的是聚苯乙烯和玻璃棉、矿渣棉等。聚苯乙烯虽然热导率很小，但在温度过热时会发生变形或收缩，降低了它在平板型集热器中的隔热效果。所以，在实际使用时，往往需要在隔热层与吸热板之间放置岩棉或矿棉等隔热材料。

隔热层厚度应根据选用的材料种类和平板型集热器的工作温度、使用地区的气候条件等因素来确定。在决定所用隔热层的厚度时应当遵循这样一条原则：材料的热导率越大、集热器的工作温度越高、使用地区的气温越低，则隔热层就越厚。一般来说，底部隔热层的厚度为30~50mm，侧面隔热层的厚度与底面大致相同。

4. 外壳

外壳除了要像透明盖板一样有强度和刚度上的要求，还要有艺术美观上的要求，因为外壳是太阳能集热器给使用者的第一感受。此外，外壳材料的耐腐蚀性、成本、密封性等都需要考虑，目前常用的材料是不锈钢板。

4.2.3　真空管型集热器

早期的真空集热器是考虑将平板太阳能的吸热板与透明盖板之间的空间抽成真空，但这种方式在受力与装置气密性方面存在很多问题：第一，平板形状的透明盖板很难承受因内部真空而造成的巨大压力；第二，方形的太阳能集热器很难被抽成并保持真空，因为透明盖板和外壳有很多连接处，这些连接的地方难以实现严格的密封。后来，经过不断的实践与理论分析，人们将这类太阳能集热器的基本形状设计为圆管形状，便形成了真空的集热管。若干支真空管按照一定规则排列，组成真空管阵列，再与联集管（或称为联箱）、尾托架一起组成一台真空管型集热器，如图4-12所示。

真空集热管外观上像生活中常见的热水瓶内胆，只是它更细、更长。如图4-13所示，其基本结构由玻璃外管、玻璃内管、选择性吸收涂层、弹簧支架、消气剂等组成。为了进一步提高热效率，在玻璃内管的外表面会喷涂选择性吸收涂层。集热器一端的玻璃内、外管采用环状焊接，在玻璃内、

图4-12　真空管型集热器

外管之间装有弹簧支架,以减轻由于玻璃内、外管摆动所造成的接触。待另一端玻璃内、外管夹层抽真空后,再进行最后的密封焊接,从而在玻璃内、外管夹层形成一个真空环境。另外,弹簧支架上装有消气剂,主要用于吸收真空集热管运行时产生的气体,保持管内真空度。

真空管型集热器的工作原理如图 4-14 所示。储存于储水箱和集热管中的冷水,当有太阳辐射时,与玻璃内管壁面接触的水首先吸热,刚被加热的水由于密度变小会沿着玻璃内管壁面向上流入储水箱,同时储水箱中的水因温度较低、密度较大的原因,会向下流入集热管,如此往复循环加热。

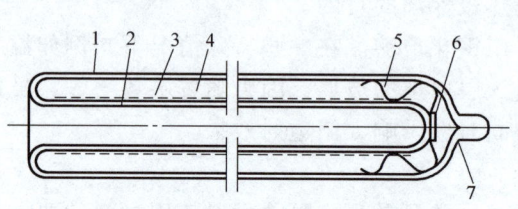

图 4-13 真空集热管的基本结构
1—玻璃外管 2—玻璃内管 3—选择性吸收涂层 4—真空 5—弹簧支架
6—消气剂 7—保护帽

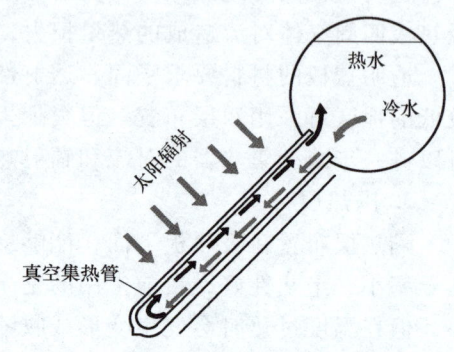

图 4-14 真空管型集热器的工作原理

玻璃内管上的选择性吸收涂层用来减少被加热工质向外界的热辐射。由于选择性吸收涂层对太阳短波辐射的吸收率高,而对管内工质受热后所发出的长波辐射发射率低,利用这一特性制成的特殊材料是选择性吸收材料。通过在玻璃内管上喷涂选择性吸收材料,可以帮助集热器在增加太阳辐射吸收效率的同时,减少其自身向外界的热辐射损失。选择性吸收材料除了要求有较高的太阳辐射吸收率、较低的发射率之外,还要有良好的耐热性,受热不易分解,不能影响管内真空度。目前我国多数生产采用铝-氮/铝选择性吸收涂层,这种涂层采用铝制备金属底层,以铝-氮复合材料作为良好的选择性吸收材料,其太阳辐射吸收率约为 0.93,发射率仅为 0.05(80℃)。

4.2.4 聚焦型集热器

聚焦型集热器可以看成由接收器、聚光器组成的光学系统,聚光器将太阳辐射聚焦在接收器上形成焦点(或焦线),如图 4-15 所示。聚光器一般由反射镜或透镜构成,主要有抛物面反射镜、菲涅尔透镜、菲涅尔反射镜等。常见的聚焦型集热器有槽式、塔式和碟式等主要形式。对聚焦型集热器来说,衡量其聚光程度的特征参数是聚光比(或称聚焦度)。聚光比是一个结构参数,表示聚光器和接收器的有效面积比值。

若将聚焦型集热器的有效长度设成 L,聚光器有效宽度为 a,接收器直径为 d,那么聚光器的有效面积为

$$A_c = aL \qquad (4\text{-}46)$$

接收器的有效面积是

$$A_r = dL \qquad (4\text{-}47)$$

则得到

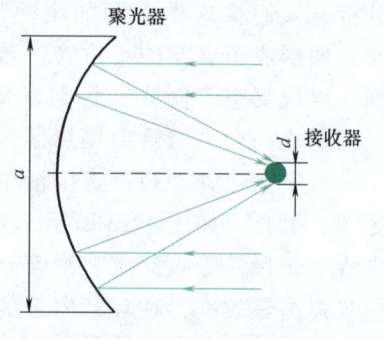

图 4-15 聚焦型集热器

$$c = \frac{A_c}{A_r} = \frac{a}{d} \tag{4-48}$$

式中，c 为聚光比，它表示能量密度增加的倍数。

聚焦型集热器可将工质加热到很高的温度，工质温度也是最能体现聚焦型集热器集热效果的参数。对接收器列热平衡方程式如下：

$$A_c I \rho \alpha_r = A_r \varepsilon_r \sigma T^4 \tag{4-49}$$

式中，I 为单位面积辐射功率（W/m²）；ρ 为聚光器的反射率；α_r 为接收器的吸收率；ε_r 为接收器的发射率；σ 为辐射系数，数值为 5.67×10^{-8} W/(m²·K⁴)。

由式（4-49）可得工质温度为

$$T^4 = \left(\frac{A_c}{A_r}\right)\left(\frac{\alpha_r}{\varepsilon_r}\right)\left(\frac{I\rho}{\sigma}\right) \tag{4-50}$$

可见，当聚光比增大时，换热工质温度也会相应提高。例如当 $I = 850$ W/m² 时，取 $\frac{\alpha_r}{\varepsilon_r} = 1$，$\rho = 0.93$，若聚光比 $c = 1000$，则由式（4-50）可计算得工质温度 $T = 1932$K；当聚光比 c 增大至 3000 时，工质温度 T 将增大至 2540K。在实际工作过程中，由于接收器内部的换热工质始终处于流动状态，聚光器持续投入的热量会被换热工质不断带出，因此工质不会被加热到如此高的温度。

4.3 太阳能光热发电技术

太阳能光热发电的基本原理是通过集热器将太阳能聚集起来加热换热工质，然后经过热交换器生产高温蒸汽，进一步再用蒸汽推动汽轮机带动发电机发电。太阳能光热发电系统由集热系统、储热与热交换系统以及发电系统组成。光热发电系统形式多样，下面主要介绍最常见、最基本的槽式、塔式、碟式以及线性菲涅尔这四种光热发电系统。由于太阳能的间歇性较强，因此，本节内容还将涉及储热技术。

4.3.1 槽式光热发电系统

槽式光热发电适用于配合中温发电系统或中温工业热用户使用。该系统由槽式集热器、油盐换热器、高温熔盐储罐、低温熔盐储罐、蒸汽发生器、汽轮机、冷凝器、发电机等部分组成，如图 4-16 所示。其工作过程为：地面排列有多个槽式聚光集热器，将太阳光聚集到经过串并联组合的集热管（位于集热器的中心位置）上，从而加热集热管中的导热油；被加热的导热油经过蒸汽发生器，将热量传递给水之后返回槽式集热器阵

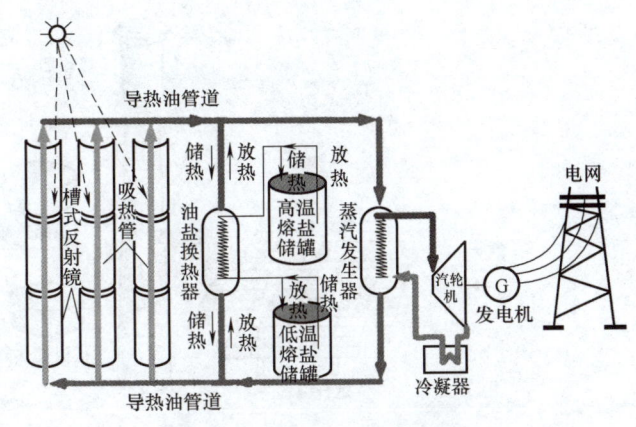

图 4-16 槽式光热发电系统

列，从而完成一个导热油加热循环，水在蒸汽发生器中被加热，变成中高温蒸汽，进而推动汽轮机发电，乏汽在冷凝器中凝结成液态水，再次进入蒸汽发生器换热，从而完成另一个热力循环。下面具体介绍槽式光热发电系统的组成部分。

1. 槽式聚光集热器

槽式聚光集热器主要由集热管、槽式反射镜和支撑架组成，大量的集热器经过串并联组合在一起。槽式反射镜可将太阳光聚焦在一条线上，集热管安装在这条聚焦线上。该集热系统还可以配备光学跟踪系统。光学跟踪系统自动控制反射镜方向，它可以根据某时刻太阳的位置，通过调整反射镜的朝向，使反射镜正面朝向太阳辐射方向，最大化地接收太阳辐射。

2. 储热罐

为了保证发电系统稳定运行，需要在系统中配备一组储热系统。储热系统通常由成对的冷热储罐构成。冷热储罐对是槽式光热发电系统配备的储热装置最常见的形式。冷热储罐通常使用太阳盐等储热性能优良的熔融盐材料作为储热介质，储罐对和集热场导热油输送管路以换热器耦合，实现热量的存储和释放。

3. 热交换系统

槽式光热发电系统一般选用导热油作为换热工质，在太阳能充足的时间段导热油流过集热管被加热升温，然后流出集热管进入热交换系统将热量传递给水，水在热交换系统中被加热产生蒸汽。在太阳能不足或夜间的情况下，导热油流过储热系统换热器被加热升温，然后以相同的方式将热量传递给水，最终产生蒸汽。

4. 蒸汽发电系统

蒸汽发电系统由汽轮机和发电机组成，与火力发电系统相似，通过蒸汽推动汽轮机发电，实现热能到机械能、再到电能的能量转换过程，此处不再详述。

4.3.2 塔式光热发电系统

塔式光热发电系统适合高温发电领域，该系统的能量转换效率要比槽式光热发电系统高。如图4-17所示，其系统由聚光镜、吸热塔、接收器、储热罐和蒸汽发生器以及发电设

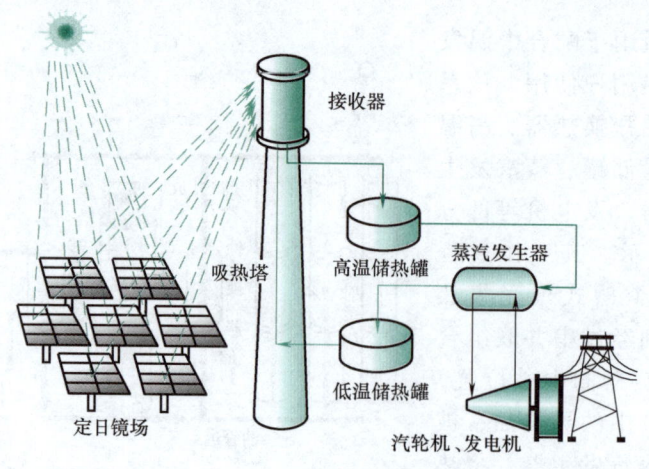

图 4-17 塔式光热发电系统

备构成。系统重要部件是吸热塔，吸热塔顶部安装了接收器，四周地面上布置了大量的定日镜（或称聚光镜）。

塔式发电系统所使用的定日镜采用一种能够自动跟踪太阳的平面或球面反射镜，由大量的定日镜按照一定的朝向排列成组合阵列，构成塔式发电聚光系统，将太阳能汇聚到设置在吸热塔顶部的接收器上。定日镜拥有一套复杂的太阳光跟踪系统，使定日镜能够随太阳移动而旋转，最大化地接收太阳辐射。

塔式光热发电系统的工作原理与槽式光热发电系统类似，首先通过一系列聚光镜将太阳光汇聚到接收器，接收器内部常用水、熔盐或导热油作为换热工质。以水作为换热工质的系统较为常规，这里介绍一下熔盐系统的工作过程。在以熔盐为换热工质的光热发电系统中，其熔盐一般为硝酸钠和硝酸钾的硝酸盐混合物，熔盐混合物的凝固点在220℃左右，沸点多在600℃以上。首先，熔盐在接收器中被加热到600℃左右后，被输送到高温储热罐中储存；然后，部分高温热熔盐流经蒸汽发生器，并将发生器中的水加热成高温蒸汽，之后被冷却到250℃左右的熔盐再流入低温储热罐内保存；最后，熔盐泵把低温熔盐重新送入吸热塔中的接收器进行再次加热。整个循环中的熔盐一直处于熔融状态，通过熔盐的流动实现了热量的传输及储热功能，而且这一过程是在较低的工作压力下完成的。

在塔式光热发电系统（发电站实景见图4-18）的发展历程中，美国的Solar Two（太阳2号）是非常具有代表性的示范运行发电站。早在1982年，美国在加利福尼亚州建成Solar One（太阳1号）塔式光热发电站，以水作为换热工质，装机容量为10MW。经过一段时间的试验运行和总结之后，1995年Solar One被改造成Solar Two，改以熔盐作为换热工质，装机容量同为10MW，于1996年建成并投入试运行。建造Solar Two的目的是为着重研究Solar Two电站中的一些关键部件，如定日镜、接收器以及定日镜场的布置，尤其是以熔盐作为换热工质的系统设计。目前，中国已有多个塔式光热发电项目建成且成功并网，如首航高科敦煌100MW熔盐塔式光热发电项目于2018年12月28日成功并网发电，中控德令哈50MW熔盐塔式光热发电项目于2018年12月30日成功并网发电，中电工程哈密50MW塔式光热发电项目于2019年12月29日成功并网发电，等等。

图4-18 塔式光热发电站实景

4.3.3 碟式光热发电系统

碟式光热发电系统也适合高温发电。碟式光热发电系统主要由碟式抛物面反射镜、斯特林发动机、接收器和发电机组成。碟式光热发电系统的工作过程与前两个系统类似，由碟式抛物面反射镜把太阳光聚集到一个焦点上，位于焦点的集热管吸收热量加热工质，高温工质驱动斯特林发动机工作。

碟式光热发电系统如图 4-19 所示，系统的主要特点是使用了盘状的抛物面反射镜，这种反射镜是由许多小镜片组成的，太阳光被聚集在抛物面的焦点上，聚光比可以达到 3000，集热温度可达 1000℃，属于高温太阳能热发电技术。下面简要介绍碟式抛物面反射镜、斯特林发动机两个关键设备。

图 4-19　碟式光热发电系统

1. 碟式抛物面反射镜

碟式抛物面反射镜呈盘状或抛物面形，可以把太阳光聚集到焦点上，因此在焦点处可以产生很高的温度。由于很难加工出一整块巨大的抛物面镜片，因此大型的反射镜是由许多小镜片组成的，拼接的镜片都是完整抛物面的一部分，保证了每一块镜片的焦点是一致的。

2. 斯特林发动机

碟式光热发电系统主要使用斯特林发动机作为热电转换装置的原动机。斯特林发动机是一种活塞式外燃机，发动机内部的工作介质不断进行热胀冷缩的循环，推动活塞的往返运动而做功。接收器位于碟式抛物面反射镜的焦点处，吸收由反射镜聚焦过来的太阳光，为下方的斯特林发动机提供热源。

美国 Advanco 公司研制的 Vanguard 碟式光热发电系统的发电功率为 25kW，安装在美国加州，该系统的聚光器直径为 10.7m，镜面反光面积为 86.7m^2，聚光比达到 3000，动力机由美国联合斯特林公司设计生产，发动机内部的工作介质采用氢气，压力为 20MPa，温度为 720℃，具有很高的热转换效率。

2012 年 9 月，中国首座碟式斯特林光热电站宣布正式完工。该示范电厂位于鄂尔多斯市乌审旗，装机 100kW，占地面积约 5000m^2，年发电量为 20 万 kW·h。

4.3.4　线性菲涅尔光热发电系统

线性菲涅尔光热发电系统与槽式光热发电系统类似，只是用线性菲涅尔结构式聚光镜代替了槽式反射镜，图 4-20a 所示为线性菲涅尔光热发电系统的组成。线性菲涅尔光热发电系统除了线性菲涅尔结构式聚光镜和接收器外，其他装置与槽式或塔式光热发电系统相同或相近，这里简要介绍线性菲涅尔结构式聚光镜和接收器。

线性菲涅尔结构式聚光镜由槽式聚光系统演化而来，可设想是将槽式抛物面反射镜线性分段离散化。与槽式反射技术不同，线性菲涅尔镜面无需保持抛物面形状，离散的镜面可处在同一水平面上，为提高聚光比，在集热管的顶部安装有二次反射镜，图 4-20b 所示为二次反射镜和集热管组成的接收器。

线性菲涅尔结构式聚光镜的一次反射镜，也称主反射镜，是由一系列可绕水平轴旋转的条形平面反射镜组成的，跟踪太阳光并汇聚光线于上方的接收器中，经过二次反射镜反射后再次汇聚于集热管。二次反射镜的镜面形状可优化设计成一个二维复合抛物面，聚光性能很好。

由此可见，被反射镜反射的太阳光进入接收器后，不是立刻被吸收而是经过二次反射，汇集到集热管上加热管内工质。通过二次聚焦，在一定程度上提高了聚光比。

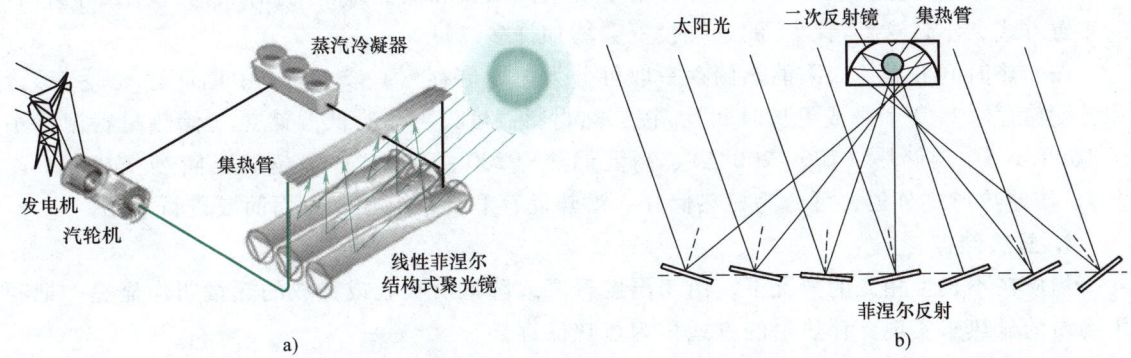

图 4-20　线性菲涅尔光热发电系统
a) 线性菲涅尔光热发电系统的组成　b) 二次反射镜和集热管组成的接收器

中国兰州大成敦煌熔盐线性菲涅尔式 50MW 光热发电示范项目是全球首座正式投入商业运行的商业化熔盐线性菲涅尔式光热电站，该项目采用线性菲涅尔聚光集热技术，并采用熔盐作为集热、传热和储热的统一介质，储热时长 15h，具备 24h 持续发电能力，该电站已于 2019 年 12 月 31 日成功并网发电。

4.3.5　各光热发电系统对比

从前文叙述可以看出，常见的四大光热发电系统的核心部件——聚光镜各不相同，并且各发电系统具有各自不同的特点，经济性也各具差异，具体见表 4-5。

表 4-5　各光热发电系统比较

发电系统	优　势	劣　势
槽式系统	已经大规模商用，跟踪系统结构简单；占地面积比塔式系统小	工作温度较低，太阳能热电转换效率低
塔式系统	聚光比高，容易达到更高的工作温度；太阳能热电转换效率高；对于地面的平整度要求不高，可在山坡上建设	每个镜面需单独的跟踪系统以调整镜面角度，吸热塔建设成本较高，正处在示范工程阶段
碟式系统	可单台运行，也可多套并联使用；可获得高工作温度；太阳能热电转换效率高	斯特林发动机重量大，需高强度支架结构；可靠性尚需加强，生产成本较高
线性菲涅尔系统	聚光性较好，合理利用空间	目前只是示范工程

4.3.6　太阳能储热技术

太阳能是一种间歇性的一次能源，与昼夜、天气、季节等因素密切相关，大多需要借助储热装置来调节发电系统的负荷输出。在有日照的白天，当光热发电系统功率高于额定功率时，多余的热量被储存至储热装置中；在其他时间，当光热发电系统功率低于额定功率时，则通过从储热装置中取出热量来维持系统稳定运行。

太阳能储热系统的布置有多种方式，例如在图 4-17 的布置方式中使用了一种换热工质，该换热工质流过吸热塔的流量与太阳光照情况有关,光照好则流量大。被加热后的换热工质进入高温储热罐进行储存,而高低温储热罐的换热工质流量是保持稳定的,从而保证做功工质获得稳定的热流量。也可以采用吸热塔中的换热工质和储热罐中的储热材料使用不同材料的布置方式,不过这种情况下的系统投资会增加许多。

按储热时间分类,太阳能热储存一般可分为短期储存(1~2天)、中期储存(3~7天)和长期储存(1~3个月或更长时间);按储热材料温度,可分为低温储热(储热材料温度小于100℃)、中温储热(100~200℃)、高温储热(200~1000℃)和超高温储热(1000℃以上);按储热形式分类,可分为显热储存、潜热储存和化学储热,下面简要进行介绍。

1. 显热储存

物质在不发生相变的情况下,由于温度升高或降低所吸收或释放的热量叫作显热。把利用物质的显热来实现储存热量的方式称为显热储存。

由热力学知识可知,质量为 m 的物体所吸收(或放出)的热量可以表示为

$$dQ = mc(T)dT \tag{4-51}$$

式中,$c(T)$ 为物质的比热容 [kJ/(kg·℃)]。

在太阳能利用过程中,所用的显热储存材料大多是各向同性的均匀介质,可以认为物质的比热容是常量,将式(4-51)改写为

$$dQ = mcdT \tag{4-52}$$

当物体温度由 T_1 变化至 T_2 时,其储存(或释放)的热量 Q 为

$$Q = \int_{T_1}^{T_2} mcdT = mc(T_2 - T_1) \tag{4-53}$$

由式(4-53)可知,温差越大,其储存(或释放)的热量就越多。但是储热温差不是可以任意选择的,主要取决于储热材料的工作温度范围。例如水的常压储热温度不应超过100℃,否则需要使用压力容器。

与储热材料相关的参数还有容积比热容,其定义是指单位体积的储热材料温度每变化1℃所吸收或放出的热量。容积比热容是表征储热材料热物性的一个重要参量,在其他技术和经济可行的条件下,一般优先选择容积比热容较大的材料作为储热材料。表4-6为常用显热储热材料的相关物理量。

表4-6 常用显热储热材料的相关物理量(25℃,100kPa)

材料名称	密度 ρ / (kg/m³)	比热容 c / [kJ/(kg·℃)]	容积比热容 ρc / [kJ/(m³·℃)]	热导率 λ / [W/(m·℃)]
水	1000	4.2	4180	0.6
砂子	1500	0.92	1380	1.1~1.2
铁	7800	0.46	3590	80
铝	2700	0.90	2420	237
松木	530	1.3	665	0.49

显热储存通常选用液体或固体材料作为储热介质,分别称为液体显热储存和固体显热储存,下面针对这两种显热储存的特点进行简要介绍。

(1)液体显热储存 液体显热储存是指利用液体作为储热材料的显热储存。其中,以

水作为储热材料居多,这是因为水的物理、化学性质很稳定,水的比热容大且来源丰富。

(2) 固体显热储存 固体显热储存是指利用固体作为储热材料的显热储存,储热材料通常使用熔点和沸点很高的材料,在高温情况下不会发生相变。而且固体储热材料化学稳定性很好,不易与其他物质发生化学反应,不易产生腐蚀。

2. 潜热储存

物质发生固-液或液-气等相变时所吸收(或放出)的热量称为相变潜热,我们把利用物质的相变潜热来进行储热的方式称为潜热储存,也称为相变储热。

由热力学知识可知,质量为 m 的物体在相变时所吸收(或放出)的热量 Q 为

$$Q = m\lambda \tag{4-54}$$

式中,λ 为相变热(kJ/kg),是指单位质量物质发生相变时所吸收(或放出)的热量,其数值与物质的种类有关。

部分熔盐相变储热材料的热物性见表4-7。

表 4-7 部分熔盐相变储热材料的热物性

材料名称	熔点/℃	比热容/[kJ/(kg·℃)]	潜热/(kJ/kg)	密度/(kg/m³)
NaF(氟化钠)	993	1.114	789	2558
NaCl(氯化钠)	802	0.839	486	2165
NaNO$_3$(硝酸钠)	306	1.026	168.6	2257
KCl(氯化钾)	770	0.681	346	1984

在选择潜热储存材料时应注意材料应该具有较大的相变潜热,工作温度范围满足储热材料的相变条件,而且其固态和液态均具有较大的热导率和比热容,同时要求材料具有良好的化学稳定性,与储热容器壁之间不产生化学反应,还应满足不易燃、无毒、来源丰富、价格低等特点。需要指出的是通常热力系统的工作温度范围较大,有时会同时用到储热材料的潜热和显热。

3. 化学储热

澳大利亚国立大学提出了一种储存太阳能的方式叫作"氨闭合回路热化学过程"。在这个过程里,氨吸收太阳能分解成氢气和氮气,储存太阳能;然后在一定条件下进行放热反应,重新生成氨。这种利用吸热和放热的可逆化学反应来储存热量的方式称为化学储热。

在化工过程中,吸热和放热的可逆化学反应,可以表示为

$$AB + Q \rightleftharpoons A + B \tag{4-55}$$

式中,AB 为化合物;A 和 B 为两种不同的物质;Q 为促使化合物 AB 分解成 A 和 B 所需外加的热量,称为反应热。由于这是可逆反应,当 A 和 B 化合成 AB 时,将释放相同数值的热量 Q。

为了选择合适的化学储热反应,需要确定什么温度下反应吸热,什么温度下反应放热。在常温常压条件下,可假设反应前后反应物和生成物的比定压热容不变,则可逆反应的平衡温度可定义为

$$T_C = \frac{\Delta H_{298}^0}{\Delta S_{298}^0} \tag{4-56}$$

式中，ΔH_{298}^0 和 ΔS_{298}^0 分别表示在标准状态下反应前后的焓增（kJ/mol）和熵增 [kJ/(mol·K)]，也称反应焓和反应熵。当温度 $T>T_C$ 时，进行吸热反应；当温度 $T<T_C$ 时，进行放热反应。

化学储热具有储能密度高，可长期储存等优点。用于化学储热的材料必须满足反应可逆性好、反应热大以及价格适中等条件。

4.4 太阳能光伏发电技术

太阳能光伏发电就是利用太阳能电池的光电转换特性，将太阳能直接转换成电能的技术手段，其中太阳能电池是太阳能光伏发电技术的核心设备。本节主要介绍太阳能电池的光电转换特性以及几种典型的太阳能电池，并介绍太阳能光伏发电系统的构成。

4.4.1 太阳能电池

太阳能电池是一种半导体器件，当光子辐射到具有一定内部结构的半导体材料时产生直流电，从而实现光电转换。

太阳能电池的历史可以追溯到 1839 年，法国物理学家埃德蒙·贝克勒尔（Becquerel）发现光投射到液体电解质中可以产生电压和电流。1883 年美国科学家查尔斯·弗瑞淄（Charles Fritts）制造了第一个光伏器件。他在半导体材料硒上涂了一层薄薄的金制作出一个简易电池，当时的能量转换效率还不到 1%。

太阳能电池的新纪元开始于 1954 年，贝尔实验室成功研制出第一个具有实用价值的单晶硅太阳能电池，效率为 6%，《纽约时报》把这一突破性的成果称为"最终致使无限阳光为人类文明服务的一个新时代的开始"。

1976 年以后，如何降低太阳能电池的制造成本和提高效率成为业内关注的重点。在众多科学家的努力下，太阳能电池的效率不断提升，1985 年第一次生产出能量转换效率超过 20% 的硅晶太阳能电池。

1990 年以后，人们开始将太阳能光伏发电技术与民用电相结合，开始推广并网光伏发电系统，将太阳能电池与建筑物相结合（Building Integrated Photovoltaics，BIPV），增加建筑物的新能源渗透率，降低大型建筑的碳排放量。

4.4.2 太阳能电池的光电转换特性

太阳能电池的工作原理是半导体材料的光电效应原理。本小节先介绍半导体的基本理论，再对太阳能电池的原理进一步阐述。

1. P 型半导体与 N 型半导体

P 型半导体和 N 型半导体是太阳能光电转换的重要材料，要了解两种半导体，需要先了解半导体的能带理论。根据物质的结构和性质，孤立原子的外层电子可利用的能量状态是不连续的，称为量子化能级，即相邻能级之间具有一定的能量差，电子只能出现在这些量子化的能级上。当很多原子彼此靠近形成晶体时，相同能级的轨道叠在一起，相互作用形成一个能量带，称为能带，被价电子所填充的能带称为价带（价电子指的是原子的核外电子中能与其他原子的核外电子相互作用形成化学键的电子）。未排满电子的价带称为导带，即可导电的能带。

自然界中固体按其导电性能可分为导体、半导体和绝缘体，其根本原因是三者的能带结构不同。对于半导体来说，一定的能量输入即可将少量电子跃迁至导带，从而改变原有的导电性质，形成微弱的电流。

半导体的导电性会受到其他原子的掺杂影响。举例来说，如果在纯硅中掺入具有 5 个价电子的原子（如磷或砷），掺入的原子会取代原来硅原子的位置，当它与邻近硅原子形成共价键时会多出一个自由电子。一般把能够提供自由电子的杂质原子称为施主，这种掺杂施主的半导体则称为 N 型半导体。

同理，若掺入 3 个价电子的原子（如硼原子），它则会取代原来硅的位置，但由于它只能提供 3 个价电子来与邻近硅原子形成共价键，在硼原子周围会产生一个空位，这个空位称为"空穴"。一般把提供空穴的杂质原子称为受主，把掺杂受主的半导体称为 P 型半导体。

2. PN 结的形成

如上所述，在 N 型半导体中存在大量带负电荷的电子，同时也存在少量的空穴，使材料保持电中性。同样在 P 型半导体中存在大量的空穴和少量电子。当 P 型半导体和 N 型半导体紧密结合连成一块时，在两者的交界面处就形成了 PN 结。仍以硼和磷掺杂为例，两种半导体相互接触时，由于 PN 结（交界面）两侧电子、空穴存在浓度梯度差，使 PN 结附近的电子强烈地从 N 区向 P 区做扩散运动，空穴则从 P 区向 N 区做扩散运动。PN 结附近 N 区的电子流向 P 区后，就剩下了一薄层不能移动的电离磷原子，形成一个正电荷区，阻碍 N 区电子继续流向 P 区，也阻止 P 区空穴流向 N 区。同时，PN 结附近 P 区剩下一薄层不能移动的电离硼原子，形成一个负电荷区，阻碍 P 区空穴向 N 区以及电子向 P 区的继续流动。于是，在界面层两侧形成一个空间电荷区，因为空间电荷区内电子或空穴几乎耗尽，所以也称作耗尽区，并建立起一个电场，其方向由 N 区指向 P 区，称为内建电场，如图 4-21 所示。

PN 结的空间电荷区宽度与两边半导体材料掺杂浓度有关，半导体材料掺杂浓度越大，内建电场越强。

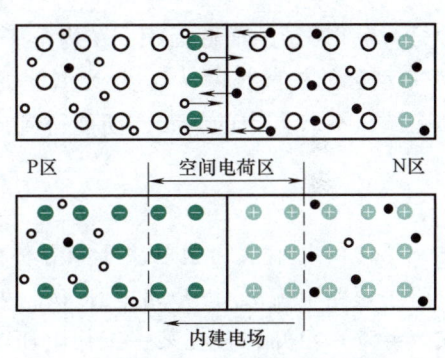

图 4-21　半导体的 PN 结

3. 光生伏特效应

当 PN 结被光线照射时，部分光子进入 PN 结中，价带的电子接收能量被激发到导带，使得价带本身成为带正电的空穴，在 N 区、耗尽区和 P 区中都会激发出光生电子-空穴对。光生电子-空穴对产生后，受内建电场的作用，光生电子进入 N 区，空穴则进入 P 区，导致 N 区储存了过剩的电子、P 区有过剩的空穴。如此一来便在 PN 结两侧形成了正负电荷的积累，产生了光生电压，如果将外电路接入负载，N 区与 P 区间积累的电荷就会相向运动，在 PN 结内部形成从 N 区流向 P 区的电流，即光生伏特效应，如图 4-22 所示。此时，如果将外电路短路，则外电路中就会有

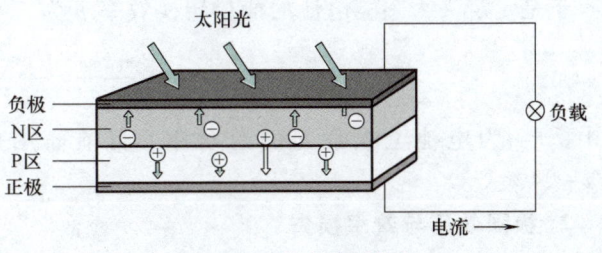

图 4-22　光生伏特效应

电流通过,这个电流称为短路电流;若将 PN 结两端开路,可以测得两端电势差,称为开路电压。

4.4.3 太阳能电池的工作特性

太阳能电池的本质就是大面积的 PN 结半导体,下面讨论太阳能电池在工作过程中的输出特性以及影响输出性能的主要因素。

1. 太阳能电池的输出特性

太阳能电池主要有三个输出参数:短路电流 I_{SC}、开路电压 U_{OC} 和填充因子 FF,下面分别介绍。

本书中直接给出光照条件下,太阳能电池的电流-电压特性的关系式,即

$$I = I_0(e^{qU/(kT)} - 1) - I_L \tag{4-57}$$

式中,I_0 为饱和电流密度,与太阳能电池的本身结构相关;q 为电子电荷(C);k 为玻尔兹曼常数($k = 1.381 \times 10^{-23}$ J/K);T 为热力学温度(K);kT/q 为太阳能电池中经常出现的参数,具有电压的量纲;I_L 为光生电流,理想情况下等于短路电流 I_{SC},其表达式见式(4-58)。

式(4-57)也被称为 PN 结的光照特性计算公式,是在某种理想状况下推导出来的,即假定光照时,光生电子-空穴的产生率在整个电池中一致。

$$I_{SC} = I_L = qAG(L_e + W + L_h) \tag{4-58}$$

式中,A 为 PN 结的横截面积;G 为电子-空穴对的产生率(与光照有关);W 为耗尽区宽度;L_e 为 P 型区的扩散长度;L_h 为 N 型区的扩散长度。

令式(4-57)中的 $I = 0$,便能得到理想情况下的开路电压 U_{OC},其表达式为

$$U_{OC} = \frac{kT}{q} \ln\left(\frac{I_L}{I_0} + 1\right) \tag{4-59}$$

可见,U_{OC} 和 I_0 有关,也取决于半导体的性质。

除了短路电流 I_{SC}、开路电压 U_{OC} 外,填充因子 FF 也是太阳能电池的重要输出参数。由式(4-57)可知,存在某一工作电压(U_{mp})和工作电流(I_{mp}),使得太阳能电池的输出功率最大,从而定义填充因子 FF 为

$$FF = \frac{U_{mp} I_{mp}}{U_{OC} I_{SC}} \tag{4-60}$$

在一般的工作环境下,其值在 0.7~0.85 之间,在理想情况下,它只是开路电压 U_{OC} 的函数。

于是,定义太阳能电池的能量转换效率 η 为

$$\eta = \frac{U_{mp} I_{mp}}{P_{in}} = \frac{U_{OC} I_{SC} FF}{P_{in}} \tag{4-61}$$

式中,P_{in} 为电池上入射光的总功率。目前商用单晶硅太阳能电池的能量转换效率为 18%~24%。

2. 极限效率与效率损失

在太阳能电池的光电转换过程中,存在能量转换效率的极限,各种非理想状况的因素也

对能量转换效率有一定的影响,下面详细叙述。

由式(4-61)可知,太阳能电池的能量转换效率为短路电流 I_{SC}、开路电压 U_{OC} 和填充因子 FF 的函数,同时填充因子为开路电压 U_{OC} 的函数,所以,要求能量转换效率的极限,只需考虑短路电流 I_{SC} 和开路电压 U_{OC} 的极限。

具体而言,计算短路电流 I_{SC} 的最大值可以通过光子能量分布的积分得到,积分从短波长到刚能在给定半导体内产生电子-空穴对的长波长为止。而要得到较大的开路电压 U_{OC},由式(4-59)可知 I_0 需尽可能小,故要计算 U_{OC} 的最大值,需要求得 I_0 的最小值。对于硅,最大 U_{OC} 约为 700mV,相应的最高填充因子 FF 为 0.84,再结合最大短路电流 I_{SC},可得到最高转换效率约为 29.1%,目前,钙钛矿-硅电池转换效率可提升至 32.5%。

下面讨论影响转换效率的因素,又称效率损失。效率损失分为三个部分,即短路电流损失、开路电压损失以及填充因子损失。

短路电流损失主要为光学性质的损失,包括:①裸露硅的表面反射率很高,可以使用减反射膜来减少这种表面反射损失;②在太阳能电池 P 型和 N 型两端制作的电极会遮住 5%~15% 的光照;③电池不够厚,有些强烈的光线将直接穿出太阳能电池板,变成热量使电池升温。

决定开路电压 U_{OC} 的主要因素是半导体中的复合。复合过程是与激发正好相反的过程,是导带中的电子回到价带填补原来空位的过程,该过程释放能量,不利于光电转换。半导体中的复合速度越快,开路电压就越小。然而在内建电场的作用下,PN 结耗尽区的复合速度很大,会造成开路电压的损失。

填充因子的损失也可由耗尽区的复合引起。除复合外,其他因素也会带来填充因子的损失。通常太阳能电池中都存在寄生的串联电阻 R_S 和分流电阻 R_{SH}。其中串联电阻 R_S 主要是由制造电池半导体的电极和连接金属的电阻,以及电极和半导体之间的接触电阻造成的;分流电阻则是由 PN 结漏电所造成的,包括晶体缺陷和外来杂质沉淀物带来的内部漏电。

除了以上三种效率损失外,温度对电池性能也有较大影响。随温度升高,U_{OC} 近似线性地减小,从而填充因子也随温度的上升而下降。U_{OC} 的显著变化导致光电转换效率和输出功率随着温度的升高而降低。对于不同的材料,温度的影响程度不尽相同。对于硅太阳能电池来说,温度每升高 1℃,输出功率将减少 0.4%~0.5%。但对砷化镓太阳能电池,温度变化对它的影响只是硅太阳能电池的一半。

在太阳能电池出厂前,要对其能够输出的最大功率进行测试,该功率称为峰值功率(用 W_p 表示,一般会出现在产品说明书中)。由于温度等因素对太阳能电池的输出功率有较大影响,生产企业会以一个统一的标准来测试峰值功率。一般采用欧洲委员会定义的标准条件进行测试,即在太阳辐射强度 1000W/m²、大气质量 AM1.5、电池温度 25℃ 的条件下测试太阳能电池的输出功率。

4.4.4 几种典型的太阳能电池

太阳能电池的材料是丰富多样的,除了最常见的硅材料电池之外,还有各种化合物太阳能电池,一般按照太阳能电池的材料分类,可分为晶体硅太阳能电池、硅薄膜太阳能电池、碲化镉(CdTe)太阳能电池、铜铟镓硒(CIGS)太阳能电池以及钙钛矿(PSCs)太阳能电池等，其中晶体硅太阳能电池依然是主流。

1. 晶体硅太阳能电池

晶体硅太阳能电池是以硅为主要材料制造的电池，是目前主流应用的太阳能电池。晶体硅太阳能电池分为单晶硅太阳能电池和多晶硅太阳能电池两种。

单晶硅太阳能电池对于硅的纯度要求极高，制造太阳能电池的单晶硅纯度要求达到99.9999%，甚至达到99.9999999%以上。生产单晶硅通常采用的方法是把高纯度的硅熔化，然后用直拉工艺（Czochralski Process）拉出单晶硅棒，再切割为硅片。这种生产方法的缺点是单晶硅的结晶生长时间长，制造成本及能耗较高。但是，单晶硅太阳能电池也有自身的优点，比如单晶硅性质稳定、使用时间长久、杂质含量少、能量转换效率较高。单个太阳能电池的输出功率很小，为了满足需要，可以把很多单体太阳能电池封装在一起，形成组件，如图4-23所示。

与单晶硅太阳能电池相比，多晶硅太阳能电池的能量转换效率略低，这是由于多晶硅内部晶粒与晶粒之间存在晶界，影响自由电子扩散，另外多晶硅本身杂质多，且杂质多半聚集在晶界附近，也使得自由电子和空穴移动困难。

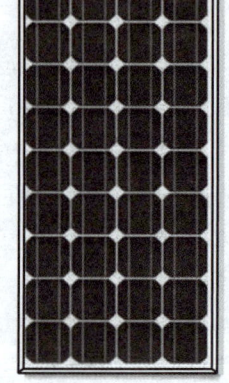

图 4-23 单晶硅太阳能电池的单体和组件

2. 硅薄膜太阳能电池

薄膜太阳能电池一般采用单质元素、无机化合物或有机材料等制作的薄膜结构，其形式多样，种类繁多，其中以硅为主要材料制成的薄膜电池称为硅薄膜太阳能电池。本书仅以硅薄膜太阳能电池中一种常见的非晶硅薄膜太阳能电池为例做简要介绍。

我们知道，对于晶体硅太阳能电池，其硅原子排列有一定规律，而非晶硅则是由无序的硅原子排列的，存在结构上的缺陷。这种缺陷导致非晶硅无法像晶体硅一样采用PN结进行光电转换，而要采用PIN结构，即在P型掺杂和N型掺杂的非晶硅之间叠加一层本征的非晶硅层（称为"I层"），使得两边掺杂层建立的内建电场向中间的本征非晶硅层聚拢，在本征非晶硅层中完成主要的光电转换。这种非晶硅太阳能电池常由多层薄膜材料组成，称为硅薄膜太阳能电池。

3. 碲化镉（CdTe）太阳能电池

碲化镉作为一种新型的电学材料出现在1947年，它是一种ⅡB-ⅣA族化合物半导体，是一种性能良好的带隙材料。半导体的带隙指的是半导体价带和导带之间的最大能量差。半导体的带隙是决定太阳能电池性能的重要因素，它不但决定了每个光子被吸收后所获得的最大能量，而且决定了太阳光谱中能够被吸收的光子的数量。在电学上，碲化镉表现出半导体特性，而且具有良好的带隙宽度，是公认的高效太阳能光电转换材料。

目前已开发了多种碲化镉太阳能电池的制作工艺，如电流沉积法、溅射法、化学气相反应法、原子层外延法、网印法、化学喷涂法等。其中电流沉积法较为经济，也是目前工业生产的最主要方法。

4. 铜铟镓硒（CIGS）太阳能电池

铜铟镓硒太阳能电池技术也被认为是具有前景的、高效低成本的太阳能光电转换技术。其原因一方面在于此种太阳能电池本身的成本不高，另一方面在于这种电池可以达到很高的效率。与前面讲述的材料不同，铜铟镓硒太阳能电池最重要的特点是允许通过不同的配比，使得铜铟镓硒太阳能电池在成分上可以有较大的变化，从而使得材料的带隙发生改变，适应不同条件的光照。

铜铟镓硒太阳能电池具有柔和、均匀的黑色外观，是对于外观有较高要求场所的理想选择。但同时需要指出，制造该种电池对技术的要求很高。而且铟是一种稀有金属，在某种程度上限制了它的大批量生产。

5. 钙钛矿（PSCs）太阳能电池

钙钛矿型太阳能电池是利用钙钛矿型的有机金属卤化物半导体作为吸光材料的太阳能电池，属于第三代太阳能电池，也称作新概念太阳能电池。

4.4.5 太阳能光伏发电系统

前面已经介绍了各种太阳能电池的基本结构，在实际应用中为了获得一定输出功率，太阳能电池需要通过串并联方式构成电池组件，然后与其他设备一起组成太阳能光伏发电系统。下面简要介绍太阳能光伏发电系统的组成与应用。

1. 太阳能光伏发电系统的组成

如图 4-24 所示，太阳能光伏发电系统由太阳能电池、储能电池、逆变器以及系统保护装置等主要单元组成。其中储能电池与风力发电类似，都是起到削峰填谷的作用，这里不再详述。逆变器是将太阳能电池输出的直流电转换为交流电的设备，由于太阳能电池只能输出直流电，而多数负载都在交流电下工作，因此逆变器是十分必要的。此外，系统保护装置可以对系统漏电和触电事故进行及时响应，主要由保护继电器和断路器等组成。

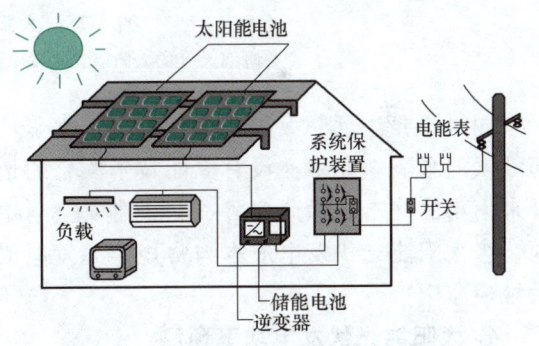

图 4-24 太阳能光伏发电系统的组成

2. 太阳能光伏发电系统的类型

根据太阳能光伏发电系统与电网的关系，可将太阳能光伏发电系统主要分为独立型和并网型系统。独立型系统需要借助储能电池为用户提供电力，运行时不依赖电网；并网型系统可以看作是将电网作为储能组件的系统，太阳能光伏发电系统与电网系统之间必须搭配使用。光伏发电系统产生的电能会优先提供给负载，当负载无法全部消耗光伏发电系统产生的电能时，多余电能会输送到电网上。当光伏发电系统的电能无法满足负载需求时，电网会弥补不足的电能。

并网型系统可以充分利用太阳能光伏发电，系统的运行时间一般按 25 年设计，而独立型系统受制于储能电池的使用寿命一般设计为 10 年左右；并网型系统的运行维护成本也相对较低，目前并网技术已经成熟，尤其在设计建筑物太阳能光伏发电系统时，一般重点考虑并网运行方案。

3. 太阳能光伏发电系统的应用

各种太阳能光伏发电系统有各自的特点和使用场景。独立型太阳能光伏发电系统通常适合用在一些特殊的场合，如在一些电网无法到达的偏远地区，居民可以使用独立型太阳能光伏发电系统，对一些用电量小的设备，也可以用独立型太阳能光伏发电系统供电，例如户外庭院、广告牌或警示牌等。

并网型太阳能光伏发电系统可有效降低上网运行成本。该系统除了布置在用户侧之外，还可以建设在大型荒漠地、开阔地带，如图4-25所示。

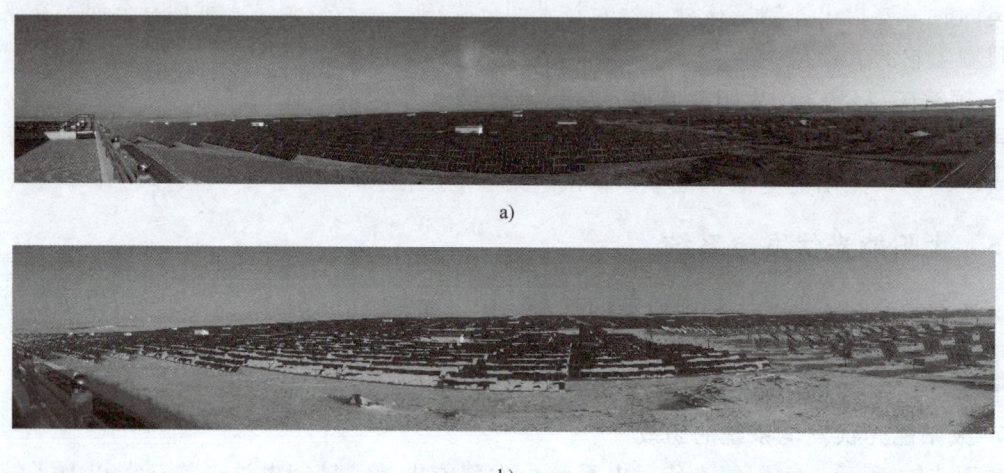

图 4-25 太阳能光伏发电站
a）夏季晴朗天气的太阳能光伏发电站 b）冬季雪后的太阳能光伏发电站

同时需要注意，太阳能光伏发电技术虽然具有良好的应用前景，但是容易受到天气等外部因素的影响。如果在没有储能技术配合的情况下大规模接入电网，势必会对电网的稳定性带来不小的冲击。除此之外，目前制约太阳能光伏发电技术发展的关键因素还包括成本问题，当太阳能光伏发电成本与常规能源发电成本相当时，会真正迎来太阳能光伏发电技术的大规模应用。

4. 太阳能光伏发电功率预测

除了耦合储能技术之外，光伏发电功率预测技术也是降低其不确定性影响的有效手段。经过多年发展，光伏功率预测技术已成为光伏发电调度运行技术的重要组成部分，有力支撑了大规模光伏发电的高效消纳。

影响光伏发电功率的因素主要有辐照度、光伏组件温度、环境温度、风速、相对湿度、云量和气压等。其中，太阳辐照度是影响光伏发电功率的最主要气象因素，而光伏组件温度则通过影响能量转换效率来改变发电功率。

根据时间尺度的不同，光伏功率预测可分为短期、超短期和分钟级预测。光伏短期功率预测应能预测次日零时起至未来72h的光伏发电站输出功率，时间分辨率为15min，目前常用的光伏短期功率预测技术主要采用统计预测模型和物理预测模型；光伏超短期功率预测应能预测未来15min~4h的光伏电站输出功率，时间分辨率为15min，目前常用的光伏超短期功率预测算法包括持续预测法、机器学习模型、时间序列算法和组合预测方法；光伏分钟级功率预测应能预测未来 0~2h 的光伏发电站输出功率，时间分辨率不低于 5min。

目前，国内外已有的光伏功率预测技术多聚焦于单点预测（确定性预测），即仅提供预测时刻光伏出力的期望值。然而单点预测结果中包含的信息有限，难以描述预测的不确定性，光伏概率预测技术提供预测时刻可能的光伏出力情况及相应的概率，为应对电力系统运行风险提供更为丰富的数据支撑。

近年来分布式光伏发电得到了大力发展，在电网中的穿透率不断提升，给电网安全稳定运行带来了潜在的影响，针对分布式光伏发电的功率预测技术得到了越来越多的关注。

思考题与习题

4-1 太阳能的主要特点是什么？有哪些主要的利用方式？指出其应用领域。

4-2 短波辐射与长波辐射的概念是什么？什么是选择性吸收材料？举例说明其应用。

4-3 什么是太阳常数和大气质量？为什么要引入太阳常数和大气质量的概念？

4-4 太阳能集热器有哪几种常见类型？各自有什么样的特点？

4-5 简述平板型集热器与真空管型集热器的区别。

4-6 为什么聚焦型集热器可以将工质加热到很高的温度？

4-7 光热发电的基本原理是什么？光热发电系统一般由哪几部分组成？

4-8 简述塔式光热发电系统的组成结构和工作原理。

4-9 有哪几种主要的太阳能储热方式？各种方式的储热原理是什么？

4-10 什么是 P 型半导体和 N 型半导体？简述 PN 结的形成机理。

4-11 影响太阳能电池光电转换效率的因素有哪些？分别简述。

4-12 简述太阳能光伏发电系统的主要组成及各部分的作用。

第 5 章　生物质能利用

生物质能
利用概述

生物质能是指以直接或间接形式，利用植物的光合作用将太阳能以化学能储存在生物质体内的一种能源，它具有储量丰富、可再生、清洁等优点。生物质能的主要来源通常包括农林作物以及农林畜牧业的废弃物等。

生物质能利用技术在当前节能减排的大背景下具有很大优势，但也面临着不少实际问题。以农作物秸秆、林业废弃物等生物质直接燃烧发电为例，由于这类生物质燃料体积大，且能量密度较低，加之远距离运输需要消耗优质能源，因此必须考虑经济运输半径问题；另外，与一些国家的大面积种植生物质作物不同，我国的农作物废弃物较为分散。

5.1　生物质能的利用基础

生物质能利用是近年来快速发展的一种新能源技术。生物质能以生物质作为能量载体，是一种可再生的清洁能源。由于生物质能是太阳能的间接表现形式，所以从广义上讲，生物质能也是太阳能的一种形式。本节将介绍生物质的生长过程、主要成分、具体分类以及生物质能的利用方式等。

5.1.1　生物质的生长过程

生物质的生长过程及其可再生特点与光合作用密切相关。光合作用是绿色植物利用叶绿体中的色素分子和酶，在光线照射下将二氧化碳和水转化为有机物的生化过程。光合作用包括光反应和暗反应两个阶段，如图 5-1 所示。

首先发生的是光反应。在光反应阶段中，叶绿体中的色素分子利用所吸收的太阳能，将水分解成氧和氢，其中氧以分子状态释放出去，氢是活泼的还原剂，能够参与暗反应。在光反应阶段中，光还被转变为化学能，并将这些化学能储存在 ATP（三磷酸腺苷）中。

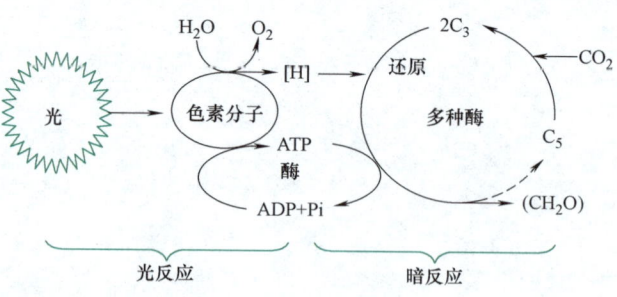

图 5-1　光合作用过程

暗反应是由酶催化的化学反应，主要将二氧化碳与水合成葡萄糖。反应所需的能量由光反应中合成的 ATP 提供，这个过程不需要光，所以叫作暗反应。暗反应极为复杂，美国科学家梅尔文·卡尔文用碳标记了 CO_2，探明了 CO_2 转化成葡萄糖的途径，所以暗反应过程又被称为"卡尔文循环"。

具体而言，在暗反应阶段中，植物通过气孔从外界吸收的 CO_2 首先与植物体内的 C_5（一种五碳化合物）结合，这个过程叫作二氧化碳的固定。一个二氧化碳分子被一个 C_5 分子固定后，很快形成两个 C_3（一种三碳化合物）分子。在酶的催化作用下，C_3 吸收 ATP 释放的能量并且被氢还原。随后，一部分 C_3 经过一系列变化形成糖类，另一部分 C_3 形成 C_5，从而使暗反应持续进行下去。

由于生物质能与光合作用密切相关，在了解光合作用的机理后，可以总结出生物质能所具有的一些特点：①可再生性。生物质可通过光合作用再生，只要有阳光照射，光合作用就不会停止。②清洁性。光合作用所需要的原料和产物都是对环境无污染的物质，且生物质中的氮和硫含量很低，灰分也很少。煤中硫的质量分数一般为 0.5%～2%，而生物质中硫的质量分数一般小于 0.2%。燃烧后 SO_2、NO_x 以及飞灰的排放量要比化石燃料少得多。③广泛分布性。这是许多其他能源所不具有的一大优势，生物质分布广泛，在客观上为利用生物质能提供了便利。

5.1.2 生物质的主要成分

生物质是多种复杂高分子有机化合物组成的高聚合物，由纤维素、半纤维素和木质素等主要成分交织而成。下面具体介绍纤维素、半纤维素以及木质素等的组成结构。

首先介绍纤维素，地球上的植物每年通过光合作用能产生亿万吨纤维素，纤维素是由葡萄糖组成的大分子多糖，不溶于水和一般有机溶剂，是植物细胞壁的主要成分。棉花中纤维素的质量分数接近 100%，是最纯的天然纤维素；木材中纤维素的质量分数约占 40%～50%。

纤维素的结构式如图 5-2 所示，纤维素可以看成是 n 个聚合的 D-葡萄糖苷（即失水葡萄糖），通式为 $(C_6H_{10}O_5)_n$。纤维素不溶于水，与木质素相比，它含较多的氧元素，更适合水解发酵生产乙醇，直接燃烧时热值较低。

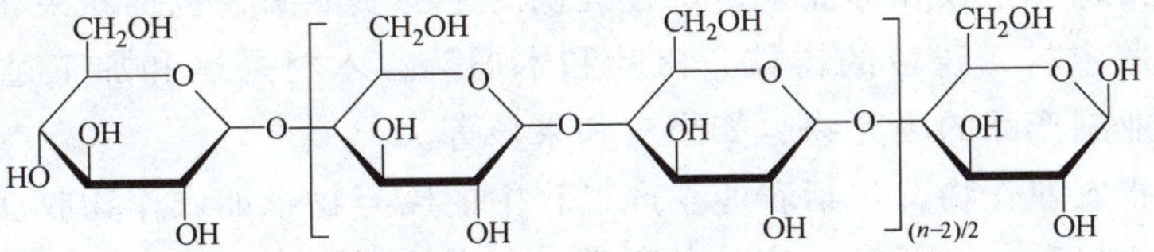

图 5-2 纤维素的结构式

半纤维素是生物质原料中除纤维素外含量较高的一种不均一聚糖，一般由两种或两种以上的单糖结合而成，以聚戊糖为代表，半纤维素主要分为三类，即聚葡萄甘露糖类、聚木糖类和聚半乳糖葡萄甘露糖类，其中聚葡萄甘露糖类的结构式如图 5-3 所示。一般阔叶材和草本植物中的半纤维素含量较多。

木质素是具有复杂三维空间结构的非晶体高分子。其结构单元为苯丙烷，又分为三种基本结构，即由愈创木基丙烷单元聚合而成的愈创木基木质素（Guaiacyl Lignin，G-木质素）、由紫丁香基丙烷单元聚合而成的紫丁香基木质素（Syringyl Lignin，S-木质素）和由对羟基苯丙烷单元聚合而成的对羟基苯基木质素（Para-Hydroxyphenyl Lignin，H-木质素），如图 5-4 所示。由于木质素中碳元素含量高，所以它具有较高的可利用能量，但由于它包围在纤维素之外，影响生物质的水解，故木质素的含量对原料的化学提取加工会产生一定影响。

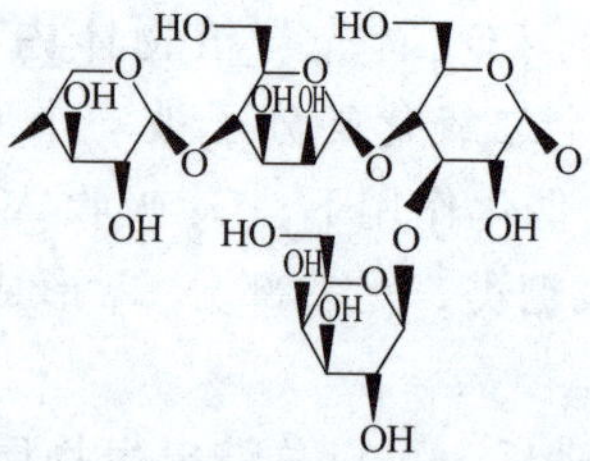

图 5-3 聚葡萄甘露糖类的结构式

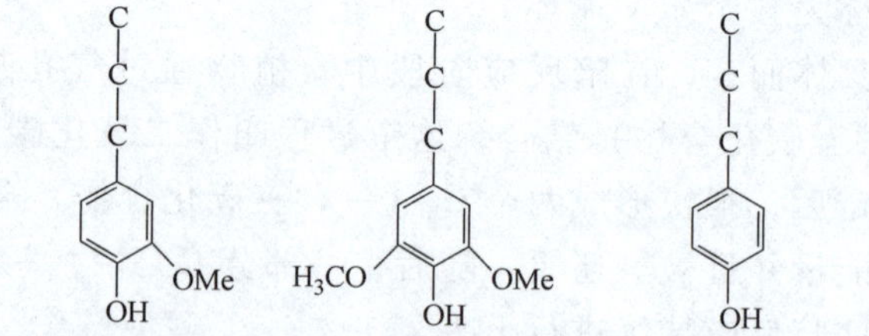

图 5-4 木质素三种组成单元的结构式（愈创木基丙烷单元、紫丁香基丙烷单元、对羟基苯丙烷单元）

木质素隔绝空气高温热分解可以得到木炭、焦油、木醋酸和气体产物，其获得率取决于木质素的化学构成、反应温度、加热速度等一系列因素。纤维素开始强烈热分解的温度是280~290℃，而木质素的热分解温度是350~450℃，可见木质素的稳定性较高，属难分解物质。

除了以上三种主要成分之外，灰分也是生物质成分中不可忽视的一部分。灰分由矿物元素组成，包括 K、Ca、Na、Mg、Al、Fe、Cl、P 等。不同植物的组成元素有较大不同，总体来看林木的灰分含量较少，而草本类、水生类和废弃物类生物质灰分含量较高。

5.1.3 生物质的分类

生物质能的相关研究已成为能源领域的一个热点问题。然而，学术界对于生物质的分类问题还未形成统一的分类方法。目前生物质的分类方法中有按来源分类、按化学成分分类、按燃料硬度分类、按商品形式分类以及按燃料转化产物分类等方法。以最常用的按生物质来源进行分类的方法，除了畜禽粪便、污泥和城市固体废弃物外，常见的生物质资源主要有林业资源和农业资源。

林业资源是指森林生长和林业生产过程提供的生物质能源，包括薪柴林，在森林抚育和间伐作业中的零散木材，残留的树枝、树叶和木屑等；木材采运和加工过程中的锯末、木屑、树皮等；林业副产品的废弃物，如果皮和果核等。

农业资源是指农业作物，包括农业生产过程中的废弃物，如农作物收获时残留在农田内的农作物秸秆（玉米秸、高粱秸、麦秸、稻草、豆秸和棉秆等）；农业加工业的废弃物，如农业生产过程中剩余的稻壳、甘蔗渣等。

5.1.4 我国现有生物质资源

我国生物质资源丰富，利用潜力大。根据《生物质能发展"十三五"规划》的统计，我国每年可作为能源利用的农作物秸秆及农产品加工剩余物、林业剩余物和能源作物、生活垃圾与有机废弃物等生物质资源总量达4.6亿t标准煤。

以农作物秸秆为例，包括玉米、水稻、小麦、棉花、油料作物在内的农作物秸秆可收集量每年约6.9亿t。另外，稻谷壳、甘蔗渣等农产品加工剩余物每年约1.2亿t，可供能源化利用的每年约6000万t。目前来看，秸秆商品化程度低，相关企业规模小，综合利用产业化发展缓慢，秸秆利用技术仍有较大发展空间。

但是我国生物质资源分布相对不均匀，省际差异较大。如四川、云南、黑龙江、内蒙古和西藏等地区的生物质资源相对丰富，约占全国资源总量的 40%；而上海、北京、天津、海南和宁夏等地区相对储量最小，仅占全国资源总量的 2%。按农村人口计算，人均理论可获得生物质资源最多的西藏和最少的浙江相差近百倍。下面具体介绍林业资源和农业资源的分布情况。

1. 林业资源分布

我国主要的林区，如西藏、四川、云南三地就占了全国林业资源总量的 50.9%，黑龙江、内蒙古、吉林三地则占全国总量的 27.4%，其余依次是陕西、福建、广西等地区。在众多林业资源中，薪柴在我国依然是不可或缺的一种能源，特别是一些比较缺煤而人口又较稠密的地区，如江西、湖北、贵州、陕西、辽宁、吉林、黑龙江、湖南、云南、福建等。

2. 农业资源分布

从已有的数据分析，秸秆是我国最主要的农业资源，主要集中分布于中部和东北的农业区以及西南部分省市，其中黑龙江、河北、山东、江苏和四川五省总量占全国的 36% 以上。粮食作物秸秆（如稻谷秆、玉米秆、小麦秆）和其他油料作物秸秆是我国秸秆资源两大主要类型，占到全国秸秆总量的 90% 以上。

5.1.5 生物质能的利用方式

目前生物质能的利用方式多种多样，按利用原理可分为物理转换、热化学转换和生物转换三大类，每种类别都有各自具体的技术，如图 5-5 所示，下面简要介绍。

1. 生物质能的物理转换

生物质能的物理转换是制备生物质固体燃料的过程，其核心是生物质固化成型技术。固化成型技术是指将具有一定粒度的生物质原料，在一定压力作用下，制成棒状、颗粒状等各种形状的燃料。生物质能的物理转换是其他转换的基础，便于生物质的储存、运输和利用。

生物质原料经挤压成型后，密度可达 $1.1 \sim 1.4 t/m^3$，能量密度与中质煤相当，

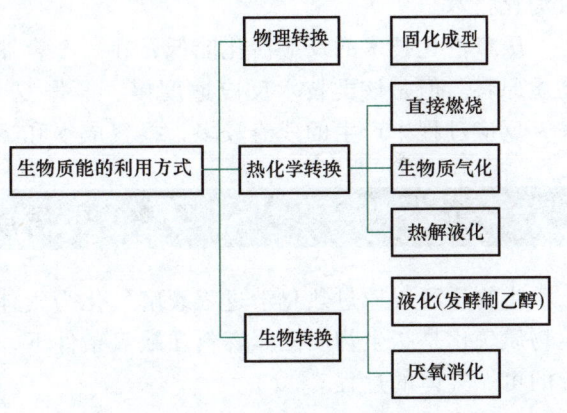

图 5-5 生物质能的利用方式

可作为工业锅炉、民用灶炉，以及工厂、家庭取暖的燃料，也可进一步加工成木炭和活性炭。我国生物质固化成型技术基础较好，设备水平与世界先进水平差别不大。

2. 生物质能的热化学转换

生物质能的热化学转换是当前生物质利用方式中最主要的方式，包含直接燃烧和生物质气化、热解液化技术，其中生物质气化和热解液化技术将在后文详细介绍。

（1）直接燃烧　生物质中含有大量有机物，可以用来直接燃烧，产生的能量可以发电或用于供热。农村普遍将生物质置于普通炉灶内燃烧，其效率非常低下，生物质燃烧不完全。工业中使用的生物质燃烧炉效率较高，现在主流的直接燃烧技术有沸腾流化床技术和循环流化床技术，燃烧效率基本接近化石燃料的燃烧效率，并且支持多种形态的生物质燃烧。

仍以秸秆为例，燃烧秸秆发电在我国已经发展多年，我国首台秸秆混燃发电机组已于

2005 年底在华电国际十里泉发电厂投运。该机组每年可燃烧 $1.05×10^5$ t 秸秆。另外，河南许昌、安徽合肥、吉林辽源、吉林德惠和北京延庆等地区也在大力发展秸秆发电厂。

（2）生物质气化　生物质气化技术是一种热化学处理技术。气化是以少量氧气（空气、富氧或纯氧）、水蒸气或氢气等作为气化剂，在高温条件下通过气化炉将生物质中碳氢化合物转化为小分子可燃气（主要为一氧化碳、氢气和甲烷等）的热解反应。在生物质气化过程中，所用的气化剂不同，得到的气体燃料也不同。对于生物质气化技术的分类有多种形式，按照气化剂的不同，可以将其分为干馏气化、空气气化、氧气气化、水蒸气气化和超临界水气化等。

（3）热解液化　热解液化技术是在高温高压下通过一系列化学加工过程将固态生物质转化为液体燃料（主要是生物油）。热解液化的过程主要由三个阶段构成：首先破坏生物质宏观结构并分解为大分子有机物；其次将大分子有机物解聚使之能被反应介质溶解；最后在高温高压下获得液态小分子有机物。

3. 生物质能的生物转换

生物质能的生物转换主要包括发酵制乙醇和厌氧消化技术。其中，发酵制乙醇指的是采用微生物发酵技术，将淀粉和纤维素类生物质转化为燃料乙醇的技术（将在后文生物质液化技术一节详细介绍）；厌氧消化技术是指依靠厌氧微生物的协同作用将生物质转化为甲烷、二氧化碳、氢气及其他产物的过程，依据规模不同可分为小型沼气池技术和大型工业厌氧消化技术。

厌氧消化技术的反应活化能低，在一个容器内可以进行多步反应，可利用含水量高的生物质原料。但是该类技术反应速度慢、操作复杂；另外，目前采用的厌氧消化技术耗水量大，反应过程中产生的残渣较多，投资成本和运行费用较高。

5.2　生物质气化技术

生物质可以通过热化学过程裂解气化为气体燃料，这是一种常用的生物质能转换途径。**生物质气化是指生物质固体燃料在缺氧条件下，热解产生以烃类、氢气和一氧化碳为主要成分的可燃气体的过程。**

1833 年，生物质气化技术首次实现商业化应用，当时以木炭作为原料，经过气化器生产可燃气，驱动内燃机用于早期的汽车和农业灌溉机械上。在 20 世纪 20 年代大规模开发使用石油以前，气化器与内燃机的结合一直是人们获取动力的有效方法。二战以后，油田的大规模开发使得世界的能源结构转向以石油为主，生物质气化技术在较长时期陷于停滞状态。直至能源危机的出现，人们认识到化石能源的不可再生性和分布不均匀性，使生物质气化技术再次引起人们的重视，由于各学科技术的渗透，这一技术发展到了新的高度。我国在 20 世纪 80 年代初期，研制了由固定床气化器和内燃机组成的稻壳发电机组，形成了 200kW 稻壳气化发电机组的产品并得到推广；同期，中国农机院、林科院用固定床木材气化炉烘干茶叶，进行采暖锅炉供应燃气；山东省科学院能源研究所在"七五"期间提出了生物质气化集中供气技术的设想，成功研制了秸秆气化技术和集中供气系统中的关键设备。

生物质气化能量转换效率高，设备简单，投资少，易操作，不受地区、燃料种类和气候的限制。在我国，尤其是农村地区，具有广泛的应用前景。

5.2.1 生物质气化原理

1. 生物质气化的基本概念

生物质的气化过程是在一定的热力学条件下，将组成生物质的碳氢化合物转化为一氧化碳和氢气等可燃气的过程。为了提供反应所需的热力学条件，需要供给一定量的空气，使原料发生缺氧燃烧。气化过程和常见燃烧过程的区别是燃烧过程中供给充足的氧气，使原料充分燃烧，目的是直接获取热量，燃烧后的产物是二氧化碳和水蒸气等不可再燃烧的烟气；而气化过程只供给热化学反应所需的那部分气化剂如氧气、水蒸气，而尽可能将能量保留在反应后得到的可燃气体中，气化后的产物是含氢气、一氧化碳和低分子烃类的可燃气体。

对于生物质气化过程的分类有多种形式，按照气化剂的不同，可以将其分为热分解气化、空气气化、氧气气化、水蒸气气化、水蒸气-空气气化、超临界水气化和氢气气化等，如图5-6所示。

(1) 空气气化 以空气作为气化剂的气化过程。空气中氧气与生物质中可燃组分发生氧化反应，提供气化过程中其他反应所需的热量，并不需要额外提供热量。由于空气随处可得，不需要消耗额外能源进行生产，所以空气气化是一种极为普遍、经济、设备简单且容易实现的气化形式。

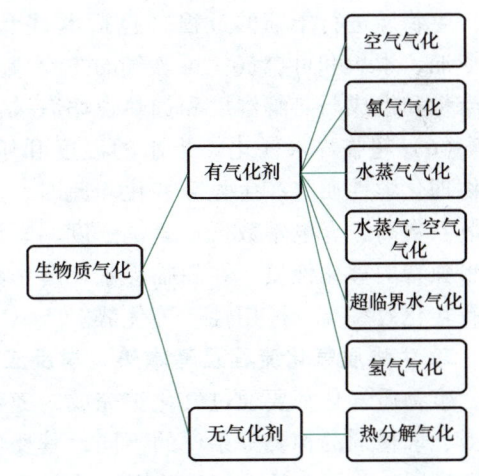

图 5-6 生物质气化的分类（按气化剂分类）

空气的主要成分为21%的氧气和79%的氮气。氮气是一种不活泼气体，一般不参与化学反应。但氮气在气化反应过程中，会吸收部分反应热，降低反应温度，阻碍氧气的充分扩散，降低反应速度。而且，不参与反应的氮气稀释了生物质燃气中的可燃组分，降低了燃气热值。在空气气化的生物质燃气中，氮气含量可高达50%，燃气热值一般为 $5MJ/m^3$，属于低热值燃气，不适合采用管道进行长距离运输。

(2) 氧气气化 以纯氧作为气化剂的气化过程。在此反应过程中，如果严格地控制氧气供给量，既可保证气化反应所需的热量，又可使得生成物中一氧化碳含量较高，提高燃气热值。同空气气化相比，由于没有氮气的参与，提高了反应温度和反应速度，缩小了反应空间，提高了热效率。同时，生物质燃气的热值提高到 $15MJ/m^3$，属于中热值燃气，可与城市煤气相当。但是，生产纯氧需要耗费大量的资源，故不适合在小型的气化系统中使用该技术。

(3) 水蒸气气化 以水蒸气为气化介质的气化过程。它不仅包括水蒸气与碳的还原反应，还有一氧化碳与水蒸气的变换反应、各种甲烷化反应和生物质在气化炉内的分解反应等，其主要气化反应是吸热反应过程，因此，需要外供热源。典型的水蒸气气化结果见表5-1。

水蒸气气化得到的燃气热值为 $17\sim21MJ/m^3$，经常出现在需要中热值气体燃料而又不使用氧气的气化过程中。

表 5-1 典型的水蒸气气化结果

气体成分	含量	气体成分	含量
H_2	20%~26%	C_2H_2	2%~4%
CO	28%~42%	C_2H_6	1%
CO_2	16%~23%	C_3 以上成分	2%~3%
CH_4	10%~20%		

（4）水蒸气-空气气化　主要用来克服空气气化产物热值低的缺点。从理论上分析，空气-水蒸气气化一方面减少了空气的供给量，并生成了更多的氢气和碳氢化合物，提高了燃气的热值，大约为 $11.5MJ/m^3$；另一方面，空气与生物质的氧化反应放热，不需要复杂的外供热源。

（5）热分解气化　属于热解的一种特例，又称干馏气化，指在缺氧或少量供氧的情况下，生物质进行干馏的过程（包括木材干馏）。其主要产物为醋酸、甲醇、木焦油抗聚剂、木榴油、木炭和可燃气。可燃气的主要成分是一氧化碳、甲烷、乙烯、氢气和二氧化碳等，其产量和组成与热解温度和加热速率有关。可燃气的热值约为 $15MJ/m^3$。

（6）超临界水气化　当水的温度和压力同时超过水的临界点（374℃，22.1MPa）时，其物理化学性质将产生显著变化。此时，其性质与水蒸气和液态水有很大不同，主要体现为扩散系数高、介电常数低、氢键强度弱、溶解有机物的能力强等。超临界水气化是利用超临界水独特的理化性质，在超临界水环境中将生物质转化为高附加值气体和液体燃料的技术，具有转化效率高、适用性广等优势。

2. 生物质气化流程及基本热化学反应

生物质气化都要通过气化炉完成，随着气化炉的类型、气化剂的种类等条件的不同，其反应过程也不完全相同。为了方便描述生物质气化过程，下面结合生物质下吸式气化炉的气化过程来说明生物质气化的基本原理，如图 5-7 所示。

生物质从气化装置的顶部加入，依靠自身的重力逐渐由上部下落到底部，气化后形成的灰渣从底部清除。空气从气化装置的中部（氧化层）加入，可燃气从下部被吸出。依据在气化器中发生的不同热化学反应，气化装置可以从上至下依次分为干燥层、热解层、氧化层和还原层四个区域。

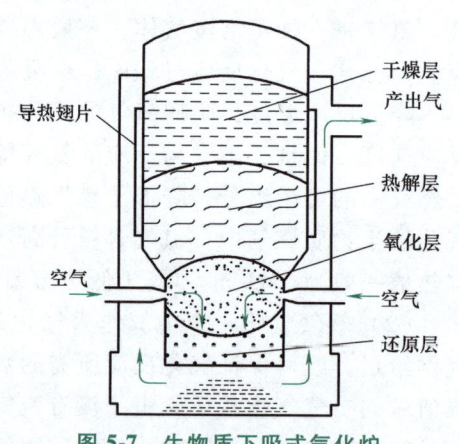

图 5-7　生物质下吸式气化炉

（1）干燥层　生物质进入气化器顶部，被加热至 200~300℃，原料中的水分首先蒸发，产物为干原料和水蒸气。

（2）热解层（干馏层）　生物质干原料向下移动进入热解层，挥发分将会从生物质中大量析出，在 500~600℃时基本上完成，只剩下残余的木炭。热解反应析出的挥发分主要包括水蒸气、氢气、一氧化碳、二氧化碳、甲烷、焦油和其他碳氢化合物。

（3）氧化层　热解的剩余物木炭与被引入的空气发生剧烈反应，同时释放大量的热，以支持其他区域反应进行。氧化层的反应速率较快，高度较低。在氧化层，温度可以达到

1000~1200℃，挥发分参与燃烧后进一步降解。主要化学反应为

$$C+O_2 \longrightarrow CO_2 \tag{5-1}$$

$$2C+O_2 \longrightarrow 2CO \tag{5-2}$$

$$2CO+O_2 \longrightarrow 2CO_2 \tag{5-3}$$

$$2H_2+O_2 \longrightarrow 2H_2O \tag{5-4}$$

（4）还原层　还原层中没有氧气存在，氧化层中的燃烧产物及水蒸气与还原层中的木炭发生还原反应，生成了氢气和一氧化碳等。这些气体和挥发分形成了可燃气体，完成了固体生物质向气体燃料转化的过程。因为还原反应为吸热反应，温度相应降低到700~900℃，所需的热量由氧化层提供，反应速率较慢，其主要化学反应为

$$C+H_2O \longrightarrow CO+H_2 \tag{5-5}$$

$$C+CO_2 \longrightarrow 2CO \tag{5-6}$$

$$C+2H_2 \longrightarrow CH_4 \tag{5-7}$$

在上述反应过程中，只有氧化反应是放热反应，释放出的热量为生物质干燥、热解和还原阶段提供热量。生物质气化的主要反应发生在氧化层和还原层，所以称氧化层和还原层为气化区。事实上，一个区可以局部渗入另一个区，因此所述过程有些部分是可以交错进行的。表5-2为下吸式固定床气化炉的气化反应区及其主要反应。

表 5-2　下吸式固定床气化炉的气化反应区及其主要反应

反应层	温度范围/℃	物理化学反应
干燥层	200~300	物料中自由水和结合水的蒸发
热解层	500~600	生物质 $\longrightarrow$ 炭+焦油+可燃气 （CO、H_2、CH_4、C_nH_m、CO_2、H_2O）
氧化层	1000~1200	$C+O_2 \longrightarrow CO_2$ $2C+O_2 \longrightarrow 2CO$ $2CO+O_2 \longrightarrow 2CO_2$ $2H_2+O_2 \longrightarrow 2H_2O$
还原层	700~900	$C+H_2O \longrightarrow CO+H_2$ $C+CO_2 \longrightarrow 2CO$ $C+2H_2 \longrightarrow CH_4$

3. 生物质气化过程的主要影响参数

（1）生物质物料特性　在气化过程中，生物质的物料特性对气化过程有着显著的影响。不同生物质原料的热值、水分、挥发分、灰分以及元素组成各不相同，通过相同的气化工艺得到的产物会有明显差异。另外，原料的黏结性、结渣性、灰熔温度等对气化过程中的温度影响较大，也会造成生物质燃气成分的变化。

（2）气化温度　温度是热解和气化的关键控制变量之一。主要的气化反应温度为700~1000℃，气化温度过低，易造成生物质燃气热值小、气化焦油量大等问题。一般而言，随着气化温度的增大，气化产气量也逐渐增大，燃气组分中的可燃组分浓度增大，气体热值增大。但气化温度过高，也不利于高热值气化气体的生成，而且能量损耗大。

(3) 气化介质　气化剂的选择与分布是气化过程的重要影响因素之一。如前所述，目前生物质气化技术中采用的气化介质主要有空气、氧气、水蒸气、空气-水蒸气等。气化剂的量也会直接影响到反应器的运行速率与气化剂的停留时间，从而影响燃气品质与产率。

(4) 生物质粒径　据有关学者研究，生物质粒径大小在 0.3~1mm 之间时，高温下较小粒径之间的气化差异表现并不明显，但对于粒径大于 1mm 的颗粒，随着反应温度的升高，气体产率逐渐增大，但总体小于小粒径的产气率。这是由于随着粒径的增大，颗粒表面和内部的传热效果变差，生物质颗粒的升温速度变小，会产生较多的焦炭和焦油、较少的小分子气体。

(5) 气化当量比　气化当量比 ER（Equivalence Ratio）为气化实际供给空气量与生物质完全燃烧所需理论空气量之比，即

$$ER = \frac{AR}{SR} \tag{5-8}$$

式中，AR（Air-fuel Ratio）为气化时实际供给的空气量与生物质质量之比，简称实际空燃比；SR（Stoichiometric Ratio）为供生物质完全燃烧所需最低空气量与生物质质量之比，简称化学当量比。

ER 越大，说明气化过程消耗的氧量越多，反应器内的温度越高，有利于气化反应的进行，但燃气中 N_2 与 CO_2 含量随之增高，使得燃气中可燃成分被稀释，气化气体的热值降低。在实际生产中，依据原料与气化方式的不同，最佳当量比在 0.2~0.28 之间。

4. 生物质气化工艺的评价参数

(1) 气体产率 G_v　气体产率指单位质量的生物质气化后得到的气体燃料在标准状况下的体积，单位为 m^3/kg，其公式为

$$G_v = \frac{V_g}{m_b} \tag{5-9}$$

式中，V_g 为气化气体在标准状况下的体积（m^3）；m_b 为气化生物质的质量（kg）。

(2) 气体热值 Q_v　气体热值指在标准状况下单位体积的气化气体所包含的化学能，单位为 kJ/m^3，分为高位热值（气化气体完全燃烧所释放的总能量，包含水蒸气的潜热）和低位热值（气化气体完全燃烧所释放的可供利用的热量）。气体的低位热值简化计算公式为

$$Q_v = 126CO + 108H_2 + 359CH_4 + 665C_nH_m \tag{5-10}$$

式中，化学式为各自的体积分数；C_nH_m 为不饱和碳氢化合物的体积分数总和。

(3) 碳转化率 η_c　碳转化率是指生物质燃料中的碳转换为气体燃料中的碳的份额，即气体中含碳量与原料中含碳量之比，它是衡量气化效果的指标之一，其计算公式为

$$\eta_c = \frac{12\varphi_{CO_2} + \varphi_{CO} + \varphi_{CH_4} + 2.5\varphi_{C_nH_m}}{22.4 \times (298/273)} G_v \tag{5-11}$$

式中，φ 为体积分数；G_v 为气体产率（m^3/kg）。

(4) 气化效率 η　气化效率为单位质量的生物质气化后，气化气体包含的化学能与气化原料的化学能之比，反映了能量的转移程度，其计算公式为

$$\eta = \frac{Q_v G_v}{Q_b} \times 100\% \tag{5-12}$$

式中，Q_v 为气化气体的热值（kJ/m³）；G_v 为气体产率（m³/kg）；Q_b 为生物质原料的热值（kJ/kg）。

（5）气化强度 P　气化强度是单位时间、单位横截面积的气化炉内气化生物质原料的能力，单位为 kg/(m²·h)。以生物质进料速率与气化炉的横截面积之比表示，又称为生产强度，其计算公式为

$$P = \frac{W_b}{A} \tag{5-13}$$

式中，W_b 为单位时间处理的原料量（kg/h）；A 为反应炉的总横截面积（m²）。

5.2.2　生物质气化的主要设备

把农作物秸秆、薪柴等经过气化转变成生物质燃气，需要在生物质气化炉中实现，气化炉是生物质气化过程的核心部件。如图 5-8 所示，气化炉大体上可以分成两大类：固定床气化炉和流化床气化炉。

固定床气化炉是将切碎的生物质原料由炉顶加料口投入，物料在炉内按层次进行气化反应。反应产生的气体在气化炉内的流动是依靠风机实现的，按气体在炉内的流动方向，固定床气化炉可分为下吸式、上吸式、横吸式和开心式四种类型。

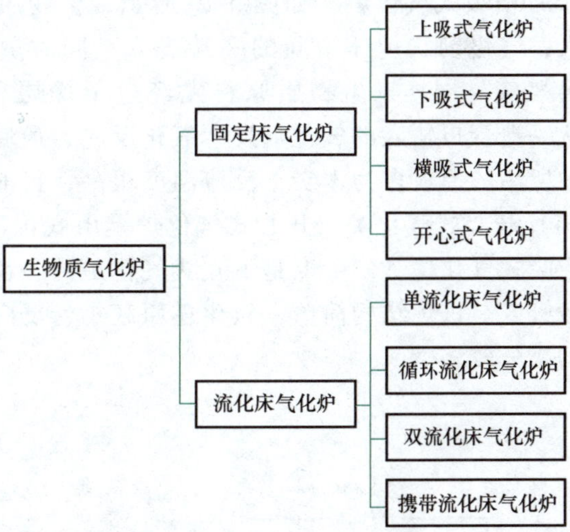

流化床气化炉是将粉碎的生物质原料投入炉中，气化剂由鼓风机从炉栅底部向上吹入炉内，物料的燃烧气化反应呈"沸腾"状态，反应速率快。按炉子结构和气化过程，流化床气化炉可分为单流化床气化炉、循环流化床气化炉、双流化床气化炉和携带流化床气化炉四种类型。

图 5-8　气化炉的分类

1. 固定床气化炉

所谓固定床气化炉，是指气化反应在一个相对静止的床层中进行，依次完成干燥、热解、氧化和还原过程。固定床气化炉的特征是有一个容纳原料的炉膛和一个承托反应料层的炉排。固定床气化炉具有以下优点：①结构简单、投资少、制作简便；②具有较高的热效率。其缺点如下：①内部过程难以控制；②内部容易形成空腔；③处理量小。固定床气化炉的原料一般为块状及大颗粒，多用于小型气化站、小型热电联产户用供气，不适合大规模的生产。

（1）下吸式气化炉（顺流式气化炉）　常见下吸式气化炉的结构如图 5-7 所示，反应过程在前文已经详细介绍。

下吸式气化炉结构简单、加料方便，生成的燃气中焦油含量少，因此运行安全可靠。但产出气体流动阻力大，消耗功率大，燃气中灰分较多，温度较高。

（2）上吸式气化炉（逆流式气化炉）　上吸式气化炉从上到下分为干燥层、热解层、还原层及氧化层，原料由顶部加入，气化剂从底部通入，如图 5-9 所示。

燃料进入炉膛后，被下部上升的燃气加热干燥，然后下移至热解层，析出挥发分被气流带到上方。焦炭依次进入下方的还原层和氧化层。气化剂从炉排的下部鼓入，向上先经过氧化层，固态碳燃烧放出大量的热，使气流和反应炉温度迅速升高。在氧化层和还原层之间，氧气不足，焦炭发生不完全反应。进入还原层后，燃料产物与固体碳发生还原反应并吸热，将能量存储到燃气中。最后燃气上升从上端排出。

此生物质气化方法能量利用充分，气化效率高，得到的燃气热值高、含灰分少，还有炉排工作条件温和等优势。但是，燃气的焦油含量高，并且加料时必须采用密封加料措施，导致加料不便。

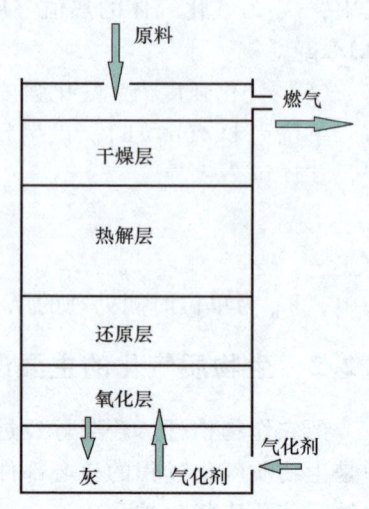

图 5-9　上吸式气化炉

（3）横吸式气化炉　如图 5-10 所示，生物质原料从顶端加入，气化剂从炉体中间的一端进入，同时炉体的另一端输出燃气。同样，生物质原料先经过干燥层和热解层，再同从一端管口输入的气化剂发生氧化反应，最后发生还原反应，从另一端输出燃气。这种气化炉所用的原料多为木炭，反应温度很高，目前主要在南美洲地区应用。

（4）开心式气化炉　开心式气化炉是由我国研制并应用的，结构如图 5-11 所示，它类似于下吸式气化炉，实际上是下吸式气化炉的一种特殊形式，所不同的是以转动炉栅代替了高温喉管区。该炉结构简单，氧化还原区小，反应温度较低，多以稻壳作为气化原料，反应产生的灰分较多。

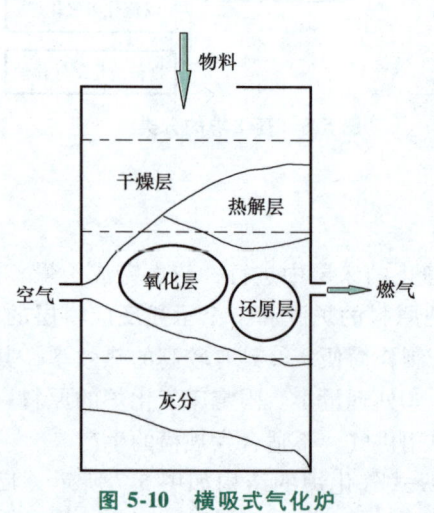

图 5-10　横吸式气化炉

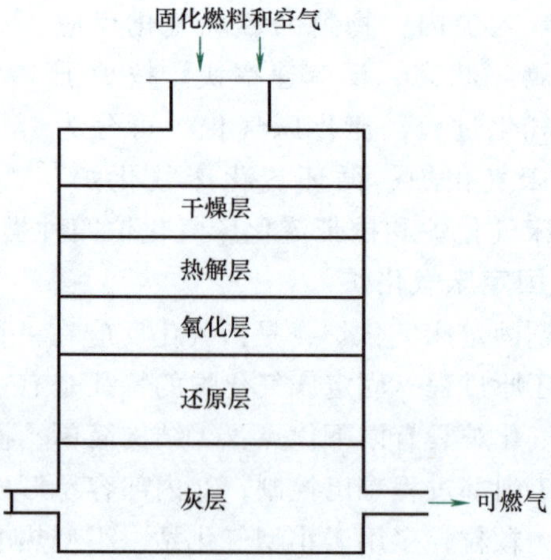

图 5-11　开心式气化炉

2. 流化床气化炉

在流化床气化炉中，气流以一定速率通过颗粒层，使颗粒物料等像液体沸腾一样悬浮起来，因此，流化床有时也叫沸腾床。被送入炉内的物料掺有精选的惰性材料（砂子和橄榄石等）作为流化床材料，在炉体底部以较大压力通入气化剂，使炉内呈沸腾、鼓泡等不同状态，物料和气化剂充分接触，发生气化反应。

(1) 单流化床气化炉　单流化床气化炉是最基本的流化床气化炉，其结构如图 5-12 所示。气化剂从底部气体分布板吹入，在流化床上同生物质原料进行气化反应，生成的燃气直接由气化炉出口送入净化系统中，反应温度一般控制在 800℃ 左右。单流化床气化炉的气流速率较低，比较适合颗粒较大的生物质原料，但存在着飞灰、夹带炭粒和运行费用较高等问题，不适用于小型气化系统。

(2) 循环流化床气化炉　循环流化床气化炉的工作原理如图 5-13 所示。循环流化床与单流化床相比主要的区别是在燃气出口处有旋风分离器或者袋式分离器，将燃料携带的炭粒和沙子分离出来，返回气化炉中再次参加气化反应，可以提高碳的转化率。循环流化床具有较高的流化速率（一般为 4~7m/s），反应温度一般控制在 700~900℃。循环流化床一般使用 100~200μm 的细颗粒原料，可以不加流化热载体，运行较简单，但回流系统难以控制，在炭回流较少的情况下容易变成低速率的携带床。

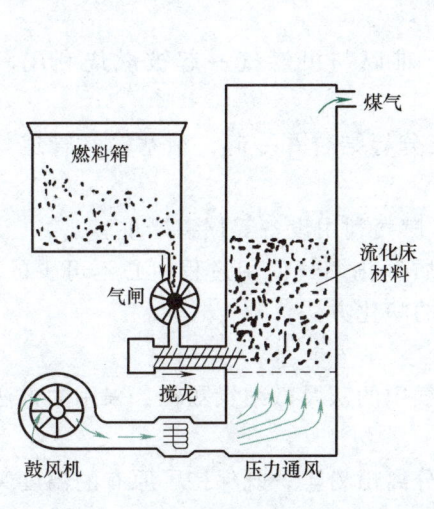

图 5-12　单流化床气化炉

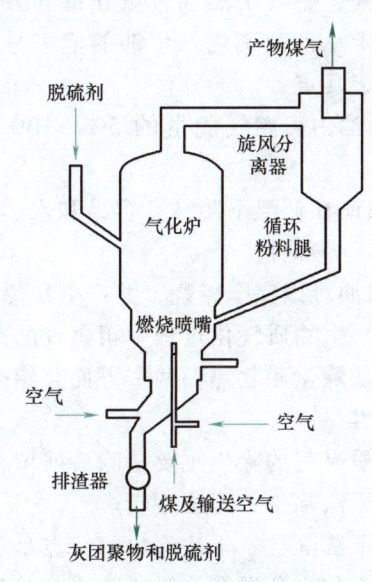

图 5-13　循环流化床气化炉

(3) 双流化床气化炉　双流化床气化炉的结构如图 5-14 所示，分为两个组成部分，即第Ⅰ级反应器和第Ⅱ级反应器。在第Ⅰ级反应器中，生物质原料发生裂解反应，生成气体排出后，送入净化系统，同时生成的炭颗粒经料脚送入第Ⅱ级反应器。在第Ⅱ级反应器中，炭进行氧化燃烧反应，使床层温度升高，经过加温的高温床层材料，通过料脚返回第Ⅰ级反应器，从而保证第Ⅰ级反应器的热源。因此，双流化床气化炉的碳转化率也较高。

双流化床系统将燃烧和气化过程分开，两床之间靠热载体（即流化介质）进行传热，因此控制好热载体的循环速度和加热温度是双流化床系统中的重点技术。

(4) 携带流化床气化炉　携带流化床气化炉是流化床气化炉的一种特例，它不使用惰性材料作为流化介质，气化剂直接吹动炉中生物质原料，且流速较大，为湍流床。该气化炉要求原料破碎成非常细小的颗粒，运行温度高，可达 1100℃，产出气体中焦油及冷凝成分少，碳转化率可达 100%，但由于运行温度高而易烧结。

5.2.3 生物质燃气的净化

生物质气化炉出口的燃气中含有一些杂质，一般称为"粗燃气"，必须经过净化处理之后才可以供用户使用。生物质燃气中的杂质主要包括固体杂质、液体杂质和少量的微量元素。固体杂质是指灰分和微细炭颗粒组成的混合物，不同原料灰粒的数量和大小各异。液体杂质主要是指常温下能凝结的焦油和水分。

焦油是成分十分复杂的产物，包括酚、萘、苯、苯乙烯等，根据气化方式和原料的不同，燃气中焦油含量在每立方米数克到数十克的范围内。焦油的危害总体来说有以下几点：

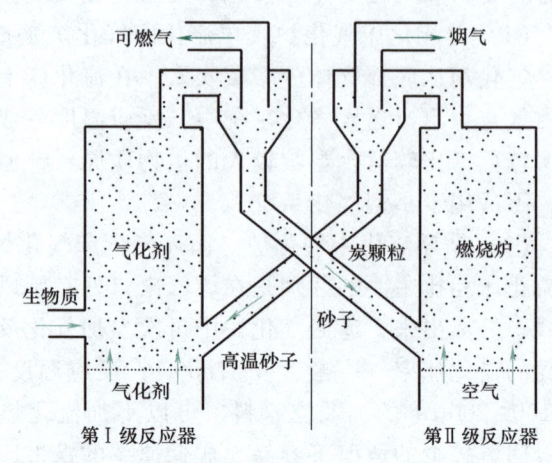

图 5-14 双流化床气化炉

1) 焦油占可燃气能量的 5%~10%，在低温下难以与可燃气一起被燃烧利用，浪费严重。

2) 焦油在低温下凝结，容易和水、炭颗粒、灰分等结合在一起，堵塞输气管道，卡住阀门、转子等部件。

3) 焦油难以完全燃烧，并产生炭黑等颗粒，对燃气利用设备等损害严重。

可见，生物质气化过程中粗燃气的净化是生物质气化燃气使用过程中必不可少的环节。下面主要从除尘和除焦油两个方面介绍生物质燃气的净化方法。

1. 除尘

生物质燃气的除尘主要是除去残留在生物质燃气中的灰及微细炭颗粒，采用的方法通常有两种：干法除尘、湿法除尘。

（1）干法除尘　干法除尘的特点是从可燃气中分离出粉尘，既保持了原有的温度又保持了干爽，不与水分混合。干法除尘又分为机械力除尘和过滤除尘。

机械力除尘是利用惯性效应使颗粒从气流中分离出来。其除尘效果同气流的流动速度密切相关，气流速度越高分离效果越好，所分离尘粉的粒度就越小。机械力除尘可除尘粉的最小粒度是 $5\mu m$。最常见的机械力除尘设备是旋风除尘器。

过滤除尘是利用多孔体，从气体中除去分散的固体颗粒。在过滤时，由于惯性的碰撞、拦截、扩散以及静电、重力的作用，使悬浮于气体中的固体颗粒沉积于多孔体表面或容纳于多孔体中。过滤除尘可将 $0.1\sim1\mu m$ 的微粒有效地捕集下来，是各种分离方法中效率最高且最稳定的一种。常见的过滤除尘设备是颗粒层过滤器和袋式除尘器。

（2）湿法除尘　湿法除尘是利用液体（一般是水）作为捕集体，将气体中的杂质捕集下来，其原理是当气流穿过液层、液膜或液滴时，其中的颗粒就黏附在液体上而被分离出来。

湿法除尘的关键在于气液两者的充分接触，其方法很多，可以使液体雾化成细小液滴，可以将气体鼓泡进入液体内，也可以使气体与很薄的液膜接触，还可以是以上方法的综合。

湿法除尘中常用的设备有鼓泡塔、喷淋塔、填料塔、文式管洗涤器等。

2. 除焦油

生物质气化的目标是得到尽可能多的可燃气体产物,但在气化过程中,焦油和焦炭都是不可避免的副产物。其中,焦油在高温时呈气态,与可燃气体完全混合,而在低温时凝结成液态,因此其分离和处理非常困难。目前,国内外对燃气中焦油的净化技术主要有普通的水洗法、过滤法,也有较复杂的静电法和催化裂解法。

(1) 水洗法　水洗除焦油是目前中小型气化发电系统采用较多的技术。它是指用水将生物质燃气中的焦油带走,如果在水中加入一定量的碱,会增强除焦油的效果。常见的水洗法分为如图 5-15 所示的喷淋法和鼓泡水浴法。

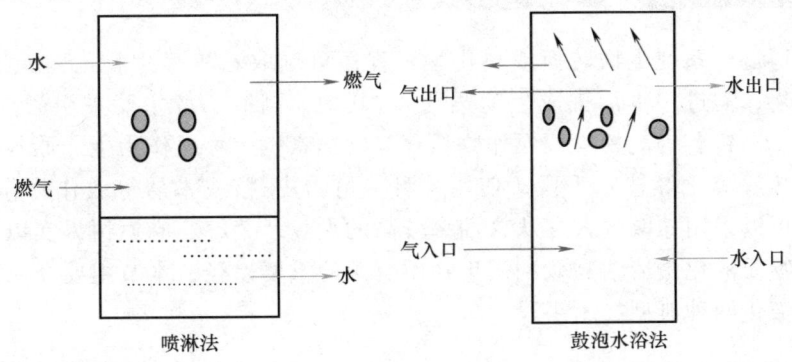

图 5-15　水洗法的分类

水洗法的优点是同时具有除焦、除尘和降温三方面的效果;缺点是有污水产生,必须配套相应的废水处理装置。

(2) 过滤法　过滤法除焦油是将吸附性强的材料(如活性炭或粉碎的玉米芯等)装在容器中,让燃气穿过吸附材料,或者让燃气直接穿过滤纸或陶瓷芯的过滤器,将燃气中的焦油过滤出来。水洗法和过滤法又分别被称为湿法和干法除焦油。

由于过滤材料阻力大、易堵塞,因此只能用于小型的气化发电系统,并且需要频繁更换过滤材料。此法的优点是具有除尘、除焦两个功能,除焦效率高。

(3) 静电法　静电法除焦油的原理是先将气体在高压静电下电离,使焦油雾滴中带有电荷,带电荷的雾滴将吸引不带电荷的微粒,与之结合成为较大的复合物,并由于重力作用从气流中下落,或者带有电荷的雾滴向异性的电极移动,并失去电荷沉降在电极上。气体中的焦油便会被收集并从气体中去除。

静电除焦的优点在于除尘、除焦效率高,达到 98% 以上。但此法要求进口处燃气焦油的密度低于 $5g/m^3$(标准状况下),并且焦油与炭混合后易附着在电除尘设备中,有爆炸的危险,因此目前在生物质气化发电系统中的应用仍较少。

(4) 催化裂解法　催化裂解法除焦油是目前最有效、最先进的方法,在中大型气化炉中逐渐被采用。其原理是在高温(1000~1200℃)下进行生物质气化,将焦油分解成小分子永久性气体,焦油裂解后产物与燃气成分相似,可直接燃烧使用。水蒸气在焦油裂解过程中也有重要的作用,它和焦油中的某些成分发生反应生成 CO、H_2 及 CH_4,既可以减少炭黑的形成,又提高了燃气质量。常用催化剂的有关参数见表 5-3。

表 5-3 常用催化剂的有关参数

名 称	反应温度/℃	接触时间/s	转化效率(%)	特 点
镍基催化剂	750	约 1.0	97	反应温度低,材料成本高
木炭	800	约 0.5	91	自身随反应进行减少,成本低
	900		99.5	
白云石	800	约 0.5	95	转换效率高,材料成本低
	900		99.8	

5.3 生物质液化技术

将生物质通过一系列生物转换或热化学过程便可制取乙醇（生物乙醇）或生物油（成分复杂的混合物，需进一步加工成生物柴油）。其中，制取乙醇主要采用微生物发酵技术，通常使用玉米、马铃薯等淀粉类或农作物秸秆等纤维素类生物质作为生产原料。而制取生物油则一般采用热解液化等技术手段，使用秸秆、植物皮/核或木屑等农作物作为生产原料。除此之外，还可以采用榨取方式，从含油率较高的大豆、菜籽、麻疯树果实以及棕榈果中得到生物油。生物质液化是清洁高效利用生物质资源的重要途径，本节主要介绍生物质制乙醇和生物质热解液化两种典型技术手段。

5.3.1 生物质制乙醇技术

目前，乙醇主要是通过生物质制取的，其生产方法主要采用传统的微生物发酵法，现在全世界90%以上的燃料乙醇都是通过发酵法生产出来的。美国和巴西是世界上乙醇产量前两位的国家，我国是第三大乙醇生产国。除了使用粮食作物生产外，各国重点发展以非粮食作物为原料的乙醇生产技术。另外，脱水后的乙醇与汽油按一定比例混合配制可得到乙醇汽油。汽车发动机可以使用乙醇汽油作为燃料，由于乙醇中含氧量高，可使汽油中的烃类物质燃烧更加完全，因此受到不少国家的重视。

1. 生产工艺

发酵法生产燃料乙醇的主要原料是各种糖类，有糖蜜类、淀粉类以及纤维素类，如图 5-16 所示。在这三类原料中，糖蜜类主要是由单糖和二糖组成的，而淀粉类和纤维素类则主要是由葡萄糖分子聚合而成的多糖组成的。这些原料有着不同的结构和性质，所以它们各自的处理工艺也不同，下面主要介绍淀粉类原料和纤维素类原料发酵生产乙醇的工艺。

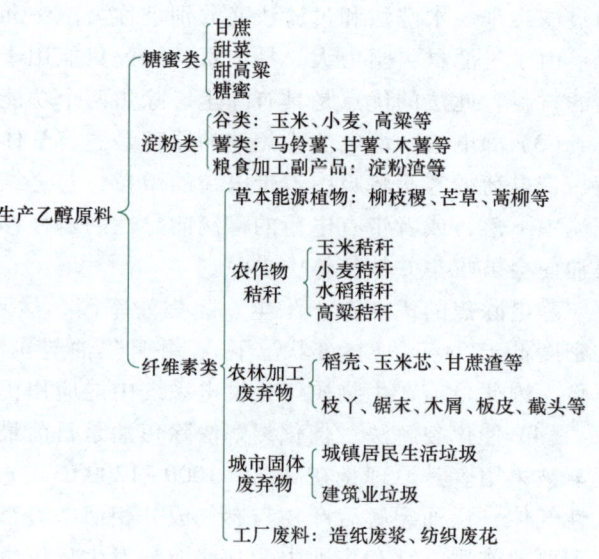

图 5-16 发酵法生产燃料乙醇的主要原料

(1) 淀粉类原料制乙醇　淀粉类原料是生产乙醇的主要原料之一，它是由大量的葡萄糖单元组成的多糖，分子式为 $(C_6H_{10}O_5)_n$，而淀粉又可以分为直链淀粉和支链淀粉。在一般的植物中，大概70%~80%的淀粉是支链淀粉，大概20%~30%的淀粉是直链淀粉。具体生产工艺包括原料预处理、蒸煮、糖化和发酵几个主要过程。

1) 原料预处理。淀粉原料在收获的过程中会带有杂质，必须要经过原料的预处理工艺，才可以提高产物的纯度。预处理一般分为除杂和粉碎两个工序。原料的除杂有磁选和筛选：磁选就是利用磁铁的磁性去除原料中的磁性杂质；筛选则是用振动筛把原料中较大的杂质和泥沙去除。除杂之后是粉碎工序。原料经粉碎处理后，其颗粒直径变小，且受热面积增大，有利于淀粉颗粒吸水膨胀，缩短原料的热处理时间，减少蒸汽用量，提高热处理效率。

2) 蒸煮。原料的蒸煮可以减弱淀粉分子间作用力，使淀粉颗粒逐渐分离，得到糊状的淀粉，便于进一步反应。一般而言，在蒸煮过程中，温度到达40℃时，淀粉颗粒膨胀的速度开始加快；在温度到达60~80℃时，淀粉颗粒的体积膨胀了50~100倍，此时淀粉颗粒开始逐渐分离，分子间作用力减弱，这个过程叫作糊化；当温度继续升高到130℃时，淀粉网状组织被彻底破坏。

3) 糖化。糖化是利用糖化酶将蒸煮后的产物进一步水解成葡萄糖的过程，得到的葡萄糖可直接用于发酵。糖化酶可以从淀粉的非还原性末端开始依次切割葡萄糖苷键，生成葡萄糖。可以说，蒸煮是淀粉的初步水解，而糖化是淀粉的进一步水解。先蒸煮后糖化的工艺既保证了水解速度也使得淀粉能够充分水解。糖化酶的催化反应对温度要求较高，温度过高会影响酶的活性，甚至会使其失去活性，而温度过低也不利于反应进行。一般来说，糖化温度在30℃~70℃为宜。另外，pH值也要控制在4.0~5.0。

4) 发酵。发酵是将葡萄糖转化为乙醇的过程。在经过糖化工序得到的葡萄糖中加入酵母菌或运动发酵细菌后，葡萄糖被转化为乙醇和二氧化碳，从而获得所需的乙醇产品（分子式 C_2H_6O）。酵母菌发酵过程需要在隔绝氧气的环境下，主要利用酵母菌的无氧呼吸进行，其总反应式为

$$C_6H_{12}O_6(葡萄糖) + 2ADP \longrightarrow 2C_2H_6O + 2CO_2\uparrow + 2ATP$$

式中，ADP为二磷酸腺苷；ATP为三磷酸腺苷。它们是细胞中能量传递的载体。该反应的部分能量用于将ADP与磷酸脱水缩合形成ATP。

与酵母菌的代谢途径不同，运动发酵细菌的发酵过程需要先将葡萄糖分子磷酸化，再用于与ADP合成ATP，磷酸分子式为 H_3PO_4，其总反应式为

$$C_6H_{12}O_6(葡萄糖) + ADP + H_3PO_4 \longrightarrow 2C_2H_6O + 2CO_2\uparrow + ATP$$

(2) 纤维素类原料制乙醇　由于淀粉类原料在很大程度上受到"不与人畜争粮"的限制，多数国家不提倡使用粮食作物生产燃料乙醇，因此资源量丰富的纤维素类原料受到广泛重视。纤维素类原料制取乙醇的过程一般分为预处理、水解和发酵三步。

1) 预处理。纤维素类原料是由多种高分子有机化合物聚合而成的，难以直接进行水解和发酵，因此在水解之前，必须要对天然的纤维素类原料进行适当的预处理，破坏其复合结构，降低纤维素的聚合度或直接去除原料中影响水解反应的木质素，以得到结构疏松的纤维素，使得水解反应的催化剂能够渗透进纤维素内部，便于接下来的水解反应快速进行。

纤维素类原料的预处理技术应该满足以下要求：预处理时间不能过长，避免碳水化合物

完全降解；预处理产物应该便于水解，同时能够节省水解催化剂用量；避免生成乙酸等对发酵有抑制性作用的副产物；分离出的预处理产物纯度应较高。

预处理的方法有很多种，可以用微波、超声波等物理方法得到较大孔隙度的产物；也可以添加适当酸、碱，用化学方法处理原料，直接打破纤维素的结晶结构；还可以采用物理化学相结合的预处理工艺，实现更好的预处理效果。

2）水解。由于纤维素类原料的性质很稳定，即便经过预处理工艺后，也必须在加入催化剂的作用下才能加速水解。纤维素的水解过程与淀粉的糖化过程类似，将预处理后的产物在一定的温度和催化剂作用下转化为葡萄糖。水解过程通常采用无机酸或纤维素酶作催化剂，由此形成酸水解或酶水解两种工艺。酸水解纤维素原料的工艺比较古老，但也比较成熟；酶水解的工艺相对新颖。

以纤维素类原料稀酸水解为例，溶液中的氢离子可和纤维素中的氧原子结合，使纤维素不稳定，纤维素长链容易在结合处断裂，断裂后又会生成部分氢离子，实现纤维素的连续断裂、解聚，最终生成最小单元的葡萄糖。反应后得到的葡萄糖如果不及时分离，将会继续与酸反应，生成其他副产品。

酶水解过程是利用微生物产生的纤维素酶降解纤维素的生化反应过程。纤维素酶是降解纤维素所使用酶的总称，它不是单种酶，而是多种酶协同作用。由于酶的高度专一性，葡萄糖产率很高，副产品也较少，反应温度低于酸水解，能耗较低，也避免了容器的腐蚀问题，被视为最有潜力的水解方法。但由于纤维素类原料成分复杂，酶水解又是多种酶的协同作用，酶水解的作用机理还有待进一步研究。

3）发酵。发酵是将葡萄糖转化为乙醇的过程，然而纤维素水解中的副产物乙酸会抑制发酵反应，因此发酵前需要进行脱毒处理。脱毒过程可以向水解产物中加入石灰（氧化钙），把水解液的 pH 值调至弱碱性，然后将温度加热到 50~60℃，持续大约半个小时之后，再把生成的硫酸钙过滤，并用硫酸把 pH 调回到弱酸性后，才可以进行发酵。而木糖发酵不能使用传统的酵母菌，其发酵过程相对复杂，这里不再叙述。

2. 乙醇的提取与分离

通过发酵制取的乙醇纯度一般达不到使用要求，需要经过蒸馏和精馏工艺进一步去除杂质，提高乙醇含量。蒸馏是利用液体混合物中各组分挥发性能不同的特点，将发酵产物中的乙醇与大部分水、非挥发性物质进行分离，使所得液体中乙醇的含量增大，从而实现乙醇的初步提纯。蒸馏后的乙醇中一般会含有多种醇和酯类物质，还需通过精馏进一步提纯。在乙醇生产中，蒸馏环节占总生产能耗的 60%~70%。表 5-4 为蒸馏产物中的主要成分。

经过蒸馏和精馏操作后得到的乙醇最高含量为 95.57%（质量分数），此时乙醇的挥发系数是 1，即蒸发出来的气体中乙醇的质量分数与溶液中乙醇的质量分数相同，由热力学两相平衡规律可知，再进行蒸馏和精馏操作也无法减少乙醇的含水量，要除去乙醇中的水分，获得含量更高的无水乙醇，需要采用其他的技术手段，如固体吸水剂脱水，即在低温条件下，使用氧化钙脱水法、分子筛脱水法、有机物吸附脱水法可进一步脱除水分。其中，分子筛脱水法使用沸石制成分子筛；有机物吸附脱水法通常使用多糖含量高的玉米粉、小麦粉、淀粉等有机物进行脱水，利用多糖中的羟基与水相似相溶的原理。除此之外，还有恒沸精馏脱水法，即向乙醇溶液中加入苯、环己烷、戊烷等与乙醇或水沸点相差很大的恒沸剂，改变原来乙醇溶液的恒沸点，再经过精馏处理，最终获得燃料乙醇。

表 5-4 蒸馏产物中的主要成分

杂质	分子式	相对分子质量	沸点/℃	杂质	分子式	相对分子质量	沸点/℃
乙醇	C_2H_6O	46.08	78.0	水化萜烯	$C_{10}H_{18}O$	154.24	206~210
丙烯醇	C_3H_6O	58.08	96.9	甲醇	CH_4O	32.04	64.7
糠醇	$C_5H_6O_2$	98.1	171.0	异戊醇	$C_5H_{12}O$	88.15	132.5
甲酸乙酯	$C_3H_6O_2$	74.08	53.4	异丁醇	$C_4H_{10}O$	74.12	107.9
乙酸甲酯	$C_3H_6O_2$	74.08	57.8	异丙醇	C_3H_8O	60.09	82.4
乙酸乙酯	$C_4H_8O_2$	88.10	77.1	丙醇	C_3H_8O	60.09	82.5
异丁酸乙酯	$C_6H_{12}O_2$	116.16	110.1	丁醇	$C_4H_{10}O$	74.12	117.6
丁酸乙酯	$C_6H_{12}O_2$	116.16	121.3	戊醇	$C_5H_{12}O$	88.15	137.5
乙酸异戊酯	$C_7H_{14}O_2$	130.18	142.0	己醇	$C_6H_{14}O$	102.17	140.0
异戊酸乙酯	$C_7H_{14}O_2$	130.18	134.8	甲酸	CH_2O_2	46.03	100.8
异戊酸异戊酯	$C_{10}H_{20}O_2$	172.26	193.0	乙酸	$C_2H_4O_2$	60.05	117.9
乙醛缩二乙醇	$C_6H_{14}O_2$	118.17	102.7	丁酸	$C_4H_8O_2$	88.11	163.6
萜烯	$C_{10}H_{16}$	136.23	161~170				

5.3.2 生物质热解液化技术

生物质热解液化技术是指在一定温度、压力、高加热速率和极短反应时间的条件下,生物质的分子链断裂,被直接分解成小分子混合物(气态和液态同时存在),产物经快速冷却后,得到高质量的生物油。不同种类的生物质原料在热解过程中发生的反应有所不同,其热解反应机理和反应温度也不一样。

1. 热解液化的主要机理

生物质热解机理的研究对于生物质的转换利用至关重要,可以有效指导实际工业应用。但由于生物质本身结构和性质非常复杂,且生物质的热解液化涉及许多物理过程与化学过程,目前的热解理论和热解动力学研究结果仍不能完全解释热解液化过程。

通常使用简化的物理模型来定性描述生物质热解过程。其中,蒙特卡洛随机模拟分子链模型可以从分子角度描述生物质热解反应机理。如图 5-17 所示,用 N 来表示单个聚合物分子中单体的数目,当 N 从小到大变化时(即分子链从短到长变化时),聚合物依次经历气

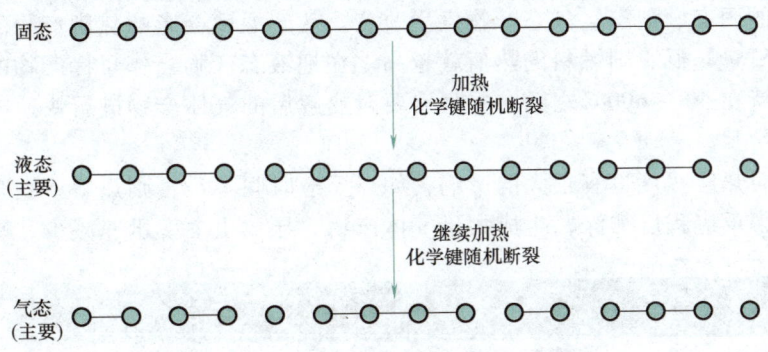

图 5-17 蒙特卡洛随机模拟分子链断裂过程

态、液态和固态。用 N_S 和 N_L 分别表示聚合物保持固相状态的最小链长度和液相状态的最大链长度，则分子链长度处于 N_S 和 N_L 之间的聚合物为液相状态。

生物质热解液化时一般需要较高温度及加热速率。当生物质被加热后，由于聚合物分子链的断裂是随机发生的，所以其热解后的液化产物总是三相共存。在较高温度的加热条件下，使得生物质分子尽可能充分均匀断裂；足够高的加热速率，能够保证生物质分子充分断裂后不至于发生过度断裂而变成气态，从而提高生物质的产油率。通常热解液化反应温度为 400~600℃，加热速率通常为 10^2~10^4℃/s，气体停留时间不超过 2s，同时热解产物需要快速冷却，防止中间液态产物进一步断裂生成气体。

2. 热解液化的工艺流程

生物质热解液化的工艺流程一般包括原料处理、热解、油灰分离以及产物收集 4 部分。从上面所述的热解原理可以看出，生物质热解技术对加热温度以及加热速率有着很高的要求，所以需要对原料的颗粒大小、颗粒形状、密度、含水量、杂质等性质有着较为严格的要求。原料的这些性质对生物质热解产物的组成及产率有着不可忽视的影响，因此必须要对原料进行处理。

生物质热解液化技术的原料处理过程一般包括干燥、粉碎和脱灰。干燥与粉碎过程这里不再赘述，而脱灰过程是热解液化工艺中独有的原料处理过程。由于生物质原料中的非有机成分，如 K、Ca、Na 等金属元素不会参与热解，最终将以灰渣的形式沉淀，因此需要通过水洗或者酸洗的方式预先除去这类杂质。

将预处理后的生物质原料送入热解反应装置中后，通过控制热解温度、加热速率以及气体停留时间促使生物质分解，形成多种热解产物，并将气态产物冷凝形成生物油。然后进行油灰分离过程。因为原料预处理中脱灰可能不够彻底，此时的灰经过高温后几乎全部留在了产物炭中，将炭从产物中分离的同时也将灰从生物油中去除。最后将生物油导出，为了避免生物油停留时间过长引发二次热解，必须快速对产物进行收集。

3. 热解液化的影响因素

影响生物质热解液化产物质量的主要因素包括原料成分、加热速率、热解温度和反应时间，其他的因素还有含水率以及催化剂等。

对于原料成分，不同的生物质原料，由于其化学组成及各组分的含量不同，热解后的产物组成也会有差异。有学者发现硬木热解的生物油中含有更多的乙酸，其热值不高；而藻类植物的热解产物中含氧量较低，其热值相对较高。

对于加热速率而言，如果提高加热速率，则热解反应的途径和反应的速率都会受到影响，使产物中的固态、液态、气态产物发生改变。热解温度会影响热解产物的氧含量，对于液体燃料，含氧量越低，则燃料的热值就越高。在把液态产物当作目标产物的前提下，反应温度一般要保持在 400~600℃ 之间，并且需要对热解后的气体产物进行快速冷却，防止其继续发生分解。

反应时间对热解程度也有很大的影响，如果反应时间不足，则热解不完全；如果反应时间过长，则热解反应程度加深，生成大量气体产物，导致出油率迅速减少，影响油品质量。

5.4 生物质能发电技术

生物质直接燃烧是生物质能转化中相当古老的利用技术，人类对能源的最初利用就是从燃用生物质开始的。生物质能发电技术是在传统燃烧利用的基础上，较大范围收集各类生物质资源，采用火力发电厂的集中燃烧方式加以利用。常见的生物质资源包括秸秆、林业废弃物（木屑和树皮）、甘蔗渣等，这些生物质资源普遍具有高水分、高灰分以及低热值等特点。目前的生物质能发电技术主要包括直接燃烧发电、沼气发电和混合燃烧发电等方式。

5.4.1 生物质直接燃烧发电

如图 5-18 所示，生物质直接燃烧发电是采用生物质锅炉，利用其直接燃烧后的热能产生蒸汽，进而推动汽轮机发电系统进行发电，其技术原理与传统的火力发电类似。这里仅介绍生物质燃烧前处理过程与燃烧方式。在燃烧前需要将生物质进行打包压缩或压制成成型燃料以提高燃烧效率。其中，生物质打包压缩过程相对简单，下文主要针对成型燃料的预处理工艺进行介绍。

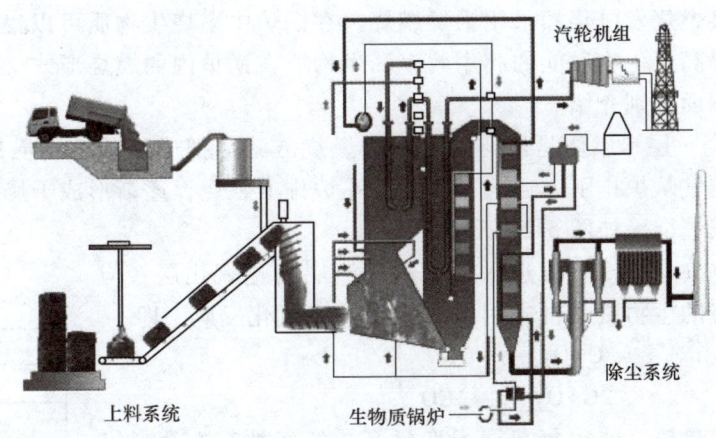

图 5-18　生物质直接燃烧发电系统

1. 燃料的预处理工艺

生物质燃料在进行燃烧之前需要进行一系列的预处理工艺，使生物质变为可以直接使用的燃料。预处理工艺主要包括生物质燃料的储存、干燥、破碎和成型。由于生物质的生长具有周期性，必须建立起适合生物质的燃料储存系统，以满足连续使用。一般会在生物质发电厂内建造两个储存仓，一个为电厂提供近期燃料（约存放一周的生物质原料），一个为长期储备的露天燃料堆（储存两个月甚至更长时间的生物质原料）。原料经过干燥和破碎并加工成某种颗粒形状才能用于燃烧，下面介绍生物质燃料的固化成型技术。

生物质的固化成型是将生物质原料经过压缩处理后加工成能量密度较高的燃料。压缩可以将结构不紧密的固态生物质压实，以增大密度、缩减所占空间。目前生物质的固化成型技术主要采用热压成型工艺，其相关设备主要为螺旋挤压式成型机。

螺旋挤压式成型机利用螺旋推挤原理，将加入的生物质燃料推挤到成型套筒中，成型套筒中的生物质燃料被挤压成型。这种成型技术可以分为加热和不加热两种类型，加热型就是利用木质素加热软化的性质，在外部用电加热装置加热，使得生物质燃料自身黏结成型，其结构如图 5-19 所示；不加热型就是利用黏结剂将生物质燃料黏结成型。螺旋挤压式成型机对加入的原料颗粒大小要求较高，一般要求粒度（即颗粒大小）为 1~10mm。除了螺旋挤压式成型机外,还有活塞冲压式成型机和模辊挤压成型机等固化成型设备。加工成型的生物质燃料如图 5-20 所示。

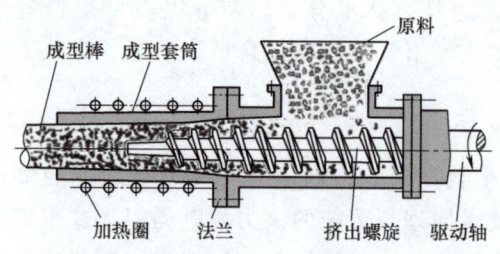

图 5-19 加热型螺旋挤压式成型机结构

图 5-20 加工成型的生物质燃料

2. 燃烧方式

生物质的直接燃烧发电仍然采用锅炉燃烧。在锅炉中燃烧生物质可以集中、大规模地利用生物质资源,提高了生物质能的利用效率。生物质在锅炉内的燃烧形式又可分为层状燃烧和流化床燃烧,下面分别介绍。

(1) 层状燃烧 层状燃烧是最典型的一种燃烧方式。把成型的生物质燃料在炉排上铺开均匀的一层;空气从炉排下方通入,生物质在炉排上燃烧,逐渐形成干燥层、干馏层、还原层、氧化层和灰渣层,如图 5-21 所示。

具体而言,空气从炉排下方进入,经过灰渣层到达氧化层,与氧化层中高温状态的生物质燃料(用 C 表示)发生氧化反应,即

$$C+O_2 \longrightarrow CO_2$$
$$2C+O_2 \longrightarrow 2CO$$

该反应放出大量热,使得氧化层温度最高。氧气被基本消耗完后,产生的 CO_2 和 CO 进入还原层,与燃料发生如下反应:

$$CO_2+C \longrightarrow 2CO$$

由于还原反应吸热,使得还原层温度降低,而且越往上还原反应越弱,温度越低,最后逐渐停止。在还原层上方还有干馏层、干燥层和新燃料层。新燃料层的生物质燃料经过干燥层后析出挥发分形成以碳为主要成分的物质并继续发生上面的反应。

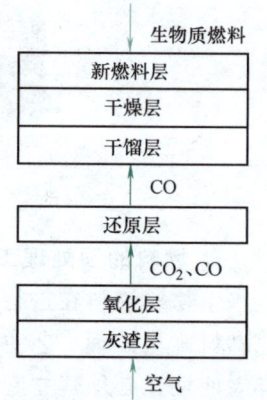

图 5-21 层状燃烧过程

层状燃烧有着较强的可适性,对原材料的固化成型要求不高,可以用来燃烧一些含水较多、颗粒大小不确定的生物质燃料。并且层状燃烧技术的成本不高,设备初期投入也不大,是一种经济实用的燃烧方式。

(2) 流化床燃烧 在气流的作用下,当燃料颗粒的重力小于或等于流动气流对它向上的推力时,燃料颗粒就可漂浮起来,从而使燃料颗粒间的距离扩大,并能在一定的高度范围内做一定程度的剧烈运动。随着气流速度的提高,燃料颗粒的漂浮高度增加,运动加剧,上下翻滚,就像液体在沸点时表现出的沸腾现象一样,这种燃烧形式便是流化床燃烧。

流化床下方有布风板,空气由此进入,而布风板上面是固体燃料加入的位置。空气的流速不同会对燃料产生影响,从而带来不同燃烧效果:

1）空气流速较低时，燃料自身重力大于流动空气对它的推力，燃料固体颗粒间相对静止，仅有空气与燃料之间发生相对运动，称为固定床。

2）空气流速逐渐增加至超过某一临界速度 v_{mf} 时，燃料自身重力等于流动空气的推力，这时固体燃料颗粒会被气流带起，在流体中做没有规律的翻动，颗粒间的空隙随之扩张，总体积变大，整体形状膨胀，从而达到流化床状态。因为速度达到 v_{mf} 时燃料层开始发生膨胀形成流化床，所以 v_{mf} 也叫临界流化速度。此时虽然燃料被吹动，但是仍处于料层中，不会被气流吹出。

3）空气流速逐渐增加至超过另一临界速度 v_t 时，原本燃料保持的沸腾状态被破坏，燃料被气体带出，称为气流输送，v_t 称为极限速度或带出速度。

由上述分析可知，想要燃料在燃烧时保持流化状态，那么空气流速 v 应该满足 $v_{mf}<v<v_t$。

流化床除了能使燃料充分燃烧外，还能有效降低所排放尾气中硫和氮的氧化物的含量。因为流化床中的生物质燃料在燃烧时温度保持在 800~900℃，而此温度下氮氧化物的生成量一般很少。

5.4.2 生物质沼气发电技术

生物质通过发酵可产生沼气（主要成分是甲烷），沼气不仅能用于日常烹饪，还能用于沼气发电。沼气发电技术可利用汽轮机、燃气轮机和内燃机发电，但是采用不同种类发电装置的效率不同，其中采用内燃机配合沼气发电具有较高的效率。因为相对于燃煤发电而言，沼气发电更适合中小型功率设备，而内燃机则刚好满足这一特性，是沼气发电中的常用设备。

沼气是各种生物质资源在与外界环境隔离的情况下，经过一系列的物理条件作用（如湿度、酸碱度等），被各种各样的微生物分解，进而产生的一种可燃性气体。沼气中甲烷含量约为60%，二氧化碳等其他气体含量约为40%。

就环保方面而言，沼气的主要成分甲烷，属于温室气体，合理利用沼气已成为环保领域的重要问题。而从能源利用的角度来看，每立方米沼气的发热量为 20800~23600kJ。即 $1m^3$ 沼气完全燃烧后，能产生相当于 0.7kg 无烟煤提供的热量，是一种很好的清洁燃料。

1. 沼气发电的工艺流程

一个完整的沼气发电工程，无论规模大小，都包括原料的收集和预处理、厌氧消化和沼气净化等几个系统。生物质利用过程中都需要进行原料的收集和预处理。稳定充足的原料供应是后续厌氧消化过程的基础，而原料中往往还混有一些杂物，在加工过程中可能会引起机器故障。因而在利用沼气发电之前需要有一系列的预处理步骤。

经过预处理的原料进入厌氧消化系统，其系统中最主要的核心设备叫作消化池。消化池的外形为矩形、方形、圆柱形、蛋形等。在场地受限的情况下一般选用矩形池，它的成本最低，但是矩形的结构不易搅拌均匀，操作起来比较困难。目前蛋形消化池是使用最广泛的类型，这种结构能够有效减少浮渣和沙粒的影响，如图5-22所示。

消化过程按温度可分为中温厌氧消化（30~38℃）和高温厌氧消化（50~57℃）。中温厌氧消化的时间为 20~30 天，而高温厌氧消化的时间仅为 10~15 天。按运行方式的不同，则可分为一级消化和二级消化：一级消化是指所有的消化步骤在一个设备内完成；二级消化是在一级消化池已经产生一定量沼气后，仅对当中一个消化池进行升温搅拌，而另一个则利用来自前一个消化池废水中的余热进行升温。

厌氧消化过程产生的沼气中往往会含有多种气体，除之前提到的甲烷、二氧化碳外，还含有硫化氢、水蒸气等，有时甚至包括一氧化碳、氮气、氨气、固体颗粒物等。由于这样复杂的组成，沼气的物理特性（流量、温度等）在时时变化，如果不经过处理就投入发电使用，会造成设备的腐蚀或磨损。因此，在进入发电设备之前，需要进行一系列的净化处理。净化系统主要由过滤、脱水、脱硫、精滤等部分组成，这里不做展开介绍。

图 5-22　蛋形消化池

2. 沼气发电的动力装置

相对燃煤发电而言，沼气发电的功率较小。对于这种规模的发电设备，通常选用的是内燃机发电机组，主要有压燃式和点燃式两种类型。

压燃式沼气发动机使用的燃料由柴油和沼气混合而成。先让空气和沼气在混合器内混合，再把形成的混合气导入气缸，以接受活塞的挤压。随后向燃烧室中喷入柴油来实现引燃效果。当柴油开始燃烧后，空气与沼气的混合气体也会燃烧起来，推动活塞做功。

压燃式发动机的特点在于燃料中柴油和沼气的比例可以灵活变化。当沼气量足够正常使用时，发动机所消耗的柴油量保持相对稳定；当沼气的供应量不足时，可通过增加柴油量进行调节，极端情况下只用柴油作为燃料也可以让发动机保持正常工作。这样的特点让压燃式发动机使用起来非常灵活，适用于产气量较少的场合。但由于其系统复杂，目前大型沼气发电工程往往不采用。

点燃式沼气发动机又被叫作全烧式沼气发动机。它的特点是结构简单，易操作。一般选取较低的压缩比，用火花塞点燃沼气与空气的混合气体，无需辅助燃料，多用于沼气产量大的场合，比如在城市大中型沼气工程中。但现有沼气发动机存在燃烧速度慢、排气温度高等问题，需要通过提高压缩比、提高点火温度等措施来解决。

5.4.3　生物质混合燃烧发电

生物质混合燃烧发电是指将生物质能发电与传统火力发电相结合，把生物质和煤一起作为发电的燃料。混烧燃料中生物质的份额大多占到 3%~12%，目前实际商业应用中生物质掺混份额最高为 25%。在燃烧煤的同时加入适量生物质燃料，可以有效降低污染物排放。同时，生物质与煤的混合燃烧还减少了煤的消耗，节约了化石能源。

生物质与煤混合燃烧的方式分为直接混合燃烧和气化利用这两种形式。直接混合燃烧指的是先对收集来的生物质进行预处理，然后直接运输到燃烧设备中燃烧，通过燃烧的热能产生蒸汽，再用蒸汽带动汽轮机工作。而气化利用方式指的是首先将生物质在气化炉中进行气化产生可燃性气体，再经过简单处理后输送到锅炉中与煤一起燃烧。表 5-5 为两种混合发电方式的比较。

表 5-5　生物质两种混合发电方式的比较

发电方式	直接混燃	气化混燃
主要优点	技术简单、使用方便;在不改造设备的情况下投资最小	通用性较好、对原燃煤系统影响很小
主要缺点	生物质前期处理要求较严、对原系统有一定影响	增加气化设备、管理较复杂;存在金属腐蚀问题
应用条件	最适合木材类原料	常用于处理大量生物质

在现阶段，在充分利用现有技术与设备的基础上，生物质的混合燃烧技术是一种低成本的可再生能源利用方式，不仅可以替代部分化石能源，还能有效降低污染物排放。

思考题与习题

5-1　什么是光合作用？光合作用由哪两个阶段组成？简述每个阶段的反应过程。

5-2　生物质是由哪些主要成分组成的？每种成分有什么特点？

5-3　简述生物质能的利用方式及每种方式的具体技术。

5-4　简要叙述生物质气化的基本原理以及气化的流程。

5-5　生物质气化过程的主要影响参数有哪些？请分别说明。

5-6　有哪些评价生物质气化工艺的参数？各项都是如何定义的？

5-7　简要叙述生物质液化的基本原理，并说明有哪些常见的液化技术。

5-8　简要叙述淀粉类及纤维素类原料制乙醇的主要流程。

5-9　简述热解液化的工艺流程，并说明为什么要及时将产物导出。

5-10　什么是生物质固化成型技术？固化成型的好处是什么？

5-11　什么是生物质的流化床燃烧技术？为保持流化燃烧，空气流速应该满足什么条件？

5-12　简述沼气的产生过程，并说明为什么要发展沼气发电技术。

第 6 章 地热发电

地热是来自于地球内部的热能,其蕴藏量十分巨大,其中温泉是人们最常见的地热表现形式。根据估算,储存在地球内部的热量约为全球煤炭储量的 1.7 亿倍,每年仅从地表流失的热量就相当于燃烧 1000 亿桶石油所释放的能量。地热的利用通常有疗养、供暖、工业干燥以及发电等多种方式,其中地热发电与火力发电有些类似,不同之处在于地热发电首先要从地下高温岩体、蒸汽甚至地下热水中获取热量,最终再把这部分热能转换成电能。简而言之,地热资源丰富,分布广泛,具有相当可观的利用和开发价值。

6.1 地热资源的种类

6.1.1 地热资源的主要来源

地热资源是指在当前技术经济和地质环境条件下,能够从地壳内开发出来的高温岩体、地热流体(热水或蒸汽)中所包含的热能及其他伴生组分,又称地热能。地热资源储藏在一定的地质构造部位,是集热、水为一体的宝贵资源。

地热资源

现代科学家一般认为,地热主要来源于放射性物质的衰变和地球深处的熔融岩浆。地球化学研究表明,铀-238、铀-235、钍-232 及钾-40 等少数长周期放射性元素,它们在地球中有较大的丰度(丰度就是指元素在自然体中的质量分数)和较强的放射性,对地热的形成有着极为重要的意义。放射性元素的原子核衰变放出能量,不断加热地球内部。地球自身热量除了一部分来自放射性物质衰变外,另一部分则是来自地球刚形成时保存至今的原始热量(熔融岩浆)。地球在最初形成时是炽热熔融的状态,此后因为原始热量流失而逐渐冷却。

人们发现的地热就是通过热传导、对流和辐射的方式传到地面上来的。地下水的深处循环和来自极深处的岩浆侵入地壳后,把热量从地下深处带至近表层。在有些地方,热能会随自然涌出的热蒸汽和水而到达地面。通过钻井,这些热能可以从地下的储层引向地面供人们利用。

6.1.2 地热资源的分布

地热资源作为一种综合性资源,也有数量和品位特征。就全球来说,地热资源的分布是不平衡的。在地壳表层各大板块的边缘,如板块的碰撞带、板块开裂部位和现代裂谷带,其地温梯度每公里深度可达 30℃ 以上。地球上分布的地热带主要有以下四个:

1) 环太平洋地热带。它是世界最大的太平洋板块与美洲、欧亚、印度板块的碰撞边界。世界上许多著名的地热田，如美国的盖瑟尔斯、长谷、罗斯福，墨西哥的塞罗普列托，新西兰的怀腊开，我国台湾的马槽，日本的松川、大岳等均在这一地热带。

2）大西洋中脊地热带。这是大西洋海洋板块开裂部位，大部分在海洋，北端穿过冰岛。冰岛的克拉弗拉、纳马菲亚尔和亚速尔群岛等一些地热田就位于这个地热带。

3）红海—亚丁湾—东非裂谷地热带。它包括吉布提、埃塞俄比亚、肯尼亚等国的地热田。

4）地中海—喜马拉雅地热带。它是欧亚板块与非洲板块和印度板块的碰撞边界。世界第一座地热发电站——意大利的拉德雷洛地热田就位于这个地热带中，我国的西藏羊八井及云南腾冲地热田也在这个地热带中。

除了在板块边界部位形成地壳高热流区而出现高温地热田外，在板块内部靠近板块边界部位，在一定地质条件下也可形成相对的高热流区，如我国东部的胶东半岛、辽东半岛，华北平原及东南沿海等地。

我国的地热资源是很丰富的。根据地质调查，全国已发现地热异常3200多处。其中，发现高温地热255处，主要分布在西藏南部和云南、四川的西部。在西藏羊八井地热田中，孔深2006m处，已探获329.8℃的高温地热流体。发现中低温地热2900多处，主要分布在东南沿海诸省区和内陆盆地区，如松辽盆地、华北盆地、江汉盆地、渭河盆地以及众多山间盆地区。这些地区1000～3000m深的地热井，可获80～100℃的地热水。

我国地热资源地理分布不均。就目前已勘查结果来看，以我国西南地区最为丰富，其次是华北和中南地区，再次为华东地区，而以东北、西北地区最少。以各省（区、市）的情况而论，地热资源最丰富的是西藏，其次是云南、广东、河北、天津等。

6.1.3 地热资源的特点

（1）地热资源是一种清洁的可再生能源　在地热源体系里，地热水通过对流的方式实现能量的传递，属于可再生范畴。地热资源的可持续利用是从一个国家或地区的角度来讲的，在一个相当长的时间内来统一规划利用地热资源，无论是用于发电或是直接热利用，使得新开发的地热系统可以取代逐步被淘汰的旧系统。

（2）地热资源的利用不受其他因素的影响　地热资源的利用可以不受天气、季节的影响，每一天每一刻均可连续使用。即使在常规维修检查时，地热源电站仍可持续发电。相反，其他形式的能源或多或少要受一定外部变化的影响。因此，对于装机容量相同的新能源发电站来说，地热电站的年发电小时数要高于风力或光伏发电。

6.1.4 地热资源的分类方法

1. 按温度等级与规模分类

根据地热勘查国家标准 GB/T 11615—2010 的规定，地热资源按温度分为高温、中温、低温三级（表6-1），按地热田规模分为大、中、小三类（表6-2）。

在我国，已探明的高温地热资源较少，主要以中低温为主。其中，高温地热资源主要分布在西藏、滇西和台湾地区，代表性地热田有西藏的羊八井及羊易、云南腾冲热海以及台湾大屯等，中低温地热田有很多，分布在京津冀、鲁西、昆明、西安、临汾、运城、川、黔等地，代表性地热田有广东邓屋、福建的福州及漳州、湖南灰汤、河北雄安等。

表 6-1 地热资源温度分级

温度分级		温度 t/℃	主要利用途径
高温		$t \geq 150$	发电
中温		$90 \leq t < 150$	发电、烘干、采暖
低温	热水	$60 \leq t < 90$	采暖、温室
	温热水	$40 \leq t < 60$	采暖、温泉、温室、养殖
	温水	$25 \leq t < 40$	养殖、农灌

表 6-2 地热田规模分级

规模分级	高温地热田		中、低温地热田	
	电能/MW	保证开采年限/年	电能/MW	保证开采年限/年
大型	>50	30	>50	100
中型	10~50	30	10~50	100
小型	<10	30	<10	100

2. 按成因类型分类

根据地热资源成因，地热资源分为火山型、岩浆型、断裂型、盆地型这几种，其温度等级及在我国的主要分布情况见表 6-3。

表 6-3 地热资源成因类型

成因类型	热储温度	代表性地热田
现（近）代火山型	高温	台湾大屯、云南腾冲热海
岩浆型	高温	西藏羊八井、羊易
断裂型	中低温	广东邓屋、东山湖、福建福州及漳州、湖南灰汤
断陷盆地型	中低温	京津冀、鲁西、昆明、西安、临汾、运城
坳陷盆地型	中低温	四川、贵州等省分布的地热田

（1）现（近）代火山型 现（近）代火山型地热资源主要分布在我国台湾北部大屯火山区和云南西部腾冲火山区。腾冲火山高温地热区是印度板块与欧亚板块碰撞的产物。台湾大屯火山高温地热区属于太平洋岛弧之一，是欧亚板块与菲律宾小板块碰撞的产物。在台湾已探到 293℃ 的高温地热流体，并在靖水建有装机 3MW 的地热试验电站。

（2）岩浆型 主要分布在现代大陆板块碰撞边界附近，埋藏在地表以下 6~10km 处。如我国西藏南部的高温地热田，均沿雅鲁藏布江（即欧亚板块与印度板块的碰撞边界）分布，就是这种成因类型较典型的代表。西藏羊八井地热田 ZK4002 孔，在井深 1500~2000m 处，探获 329.8℃ 的高温地热流体；羊易地热田 ZK203 孔，在井深 380m 处，探获 204℃ 的高温地热流体。

（3）断裂型 主要分布在板块内侧基岩隆起区或远离板块边界由断裂形成的断层谷地、山间盆地，如辽宁、山东、山西、陕西、福建以及广东等地。这类地热资源的生成和分布主要受活动性的断裂构造控制，热田面积一般几平方千米，甚至不到 $1km^2$。热储温度以中温为主，个别也有高温，单个地热田热能潜力不大，但点多面广。

(4) 断陷、坳陷盆地型　主要分布在板块内部巨型断陷、坳陷盆地之内,如华北盆地、松辽盆地、江汉盆地等。地热资源主要受盆地内部断块凸起或褶皱隆起控制,该类地热源的热储层常常具有多层性、单个地热田的面积较大,有的甚至可达几百平方千米,有很高的商业开发价值。

3. 按地热资源的存在形式分类

地热资源有多种存在的形式,可分成蒸汽型、热水型、地压型、干热岩型和岩浆型五类。其中,蒸汽型地热资源和热水型地热资源因为都是利用水的热量,所以又可归类为水热型地热资源。主要地热资源类型及其状况见表6-4。

表6-4　主要地热资源类型及其状况

类　型	温度范围/℃	储藏状况	开发技术情况
蒸汽型	>150	主要蕴藏在1.5km左右的地表深度,多为150~240℃的干蒸汽	开发良好,分布区很少
热水型	>50	主要蕴藏在3km以内的地表深度,以水为主	开发中,量大面广,为当前重点研究对象
地压型	>150	蕴藏深度为4~5km,深层沉积地压水,溶解大量碳氢化合物,开发可同时得到压力能、热能、化学能(天然气)	试验开发
干热岩型	>150	地表下数千米深度,干燥无水的热岩石	应用基础研究
岩浆型	600~1500	10km以下深处的熔融状和半熔融状岩浆	研究初期

(1) 蒸汽型地热能　蒸汽型地热能是地下以蒸汽为主的地热资源。如图6-1所示,当储水层的上方有岩层覆盖的时候,岩石盖层下面的储水层在长期受热的条件下,就会产生具有一定压力和温度的水蒸气。同时,由于岩石盖层透水性很差、导热性也不好,大量聚集并存储蒸汽后便可能形成蒸汽田。由图可知,蒸汽田上部压力较小,热水变为蒸汽;下部压力较大,仍为液态。蒸汽田特别适合以发电方式加以利用,是非常有开采价值的地热资源。蒸汽型地热发电技术通常是直接把蒸汽田中的蒸汽引入汽轮机组发电,但在引入汽轮机组之前,需要脱除蒸汽中所含有的岩屑和水滴,详细工作过程将在6.3节中介绍。

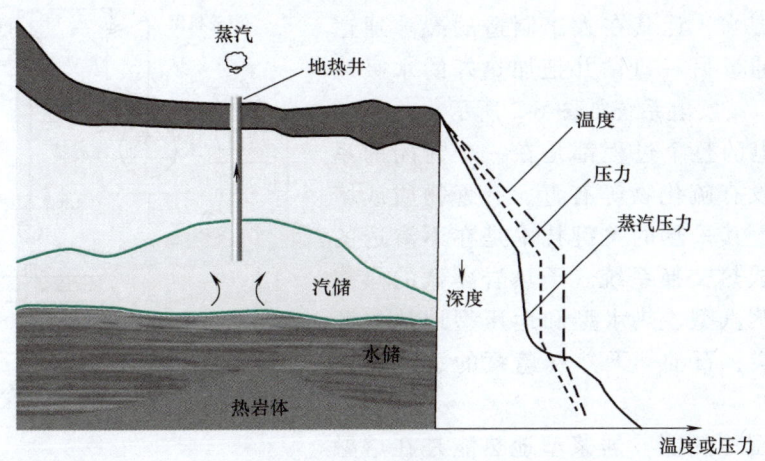

图6-1　蒸汽田的形成

(2) 热水型地热能　热水型地热能是指地下以液态水为主的地热资源。当地下储水层上方没有隔水岩层覆盖时，储水层的地温梯度和深度足以维持对流循环，储水层上部的温度就不会超过当地压力下水的沸点。从这种地热田开采出的基本是液态水，水温多在 60~120℃之间，在地热田中，热水田的存在比较普遍。中国拥有大量中新生代沉积盆地及褶皱山系，其地热能大都为中低温热水田。目前，热水型地热能主要有三种发电方式：闪蒸法、中间介质法（双循环法）以及全流法。闪蒸型地热发电技术和双循环地热发电技术会在后面的章节中详细介绍，这里仅对全流法发电技术做简要介绍。

全流法发电技术是把井中抽取到的全部流体，包括蒸汽、热水、不凝气体以及化学物质等直接送进全流动力机械中通过膨胀做功发电，然后排放或收集至凝汽器中。全流动力机械一般是螺杆膨胀机。原理上全流法发电技术能够充分利用地热流体的能量，闪蒸和换热由于存在压差和温差都会导致做功能力的损失，因此全流法发电技术是很理想的发电技术，但限于螺杆膨胀机技术，功率一般较小。

(3) 地压型地热能　地压型地热资源与水热型地热资源的主要区别在于这种资源具有比较高的压力，同时含有较多溶解性气体。甲烷在标准状态下微溶于水，但随着压力和温度的增加，其在水中的溶解度急剧上升。因此，一个地压地热系统的潜能是由三部分能量所组成的，即热能、机械能（水力机械能）以及化学能（溶解于水中的甲烷等烷烃）。

地压型地热资源的成因是在滨海盆地的一套退覆地层中，当上覆的粗粒沉积砂的质量超过下伏泥质沉积层的承重能力时，砂体逐渐下沉，产生一系列与海岸平行的增生式断层，沉砂体被周围的泥质沉积层所圈闭，并承受上覆沉积层的部分负荷。虽然覆盖层的负荷总是趋于压出沉砂体中的隙间水，但由于四周圈闭层的透水性能很差，砂粒和隙间水的可压缩程度又很低，因而地压型热水积蓄了较大的水力能。它的热来源于正常地热梯度热源，而地压型热水中的烷烃气体是石油烃在高温高压下发生天然裂解形成的。目前这种地热资源尚未实现商业化开发。

(4) 干热岩型地热能　干热岩是地下数千米深度，内部含水量少或不含水，渗透性差而又含有异常高热的岩体。干热岩热能的储存量比较大，可以较稳定地供应热量，使用寿命长。因此，它也是地热资源中的一种主要形式。开发干热岩资源，需要在致密高温岩体内，运用人工的办法（水力破碎或爆炸）制造裂隙通道，再注入低温水，让其在人工制造的裂隙通道内被加热，再通过另一口钻井把加热好的水吸取到地面上使用，其发电系统如图 6-2 所示。

干热岩发电的整个过程都是在一个封闭的系统内进行的，没有硫化物等有毒、有害物质或堵塞管道的物质，其采热的关键技术是在不渗透的干热岩体内形成热交换系统。干热岩蕴藏的热能十分丰富，比蒸汽型、热水型和地压型地热资源大得多，比煤炭、石油、天然气蕴藏的总能量还要大。

(5) 岩浆型地热能　岩浆型地热能是在熔融状或半熔融状炽热岩浆中蕴藏着的巨大能量资源。

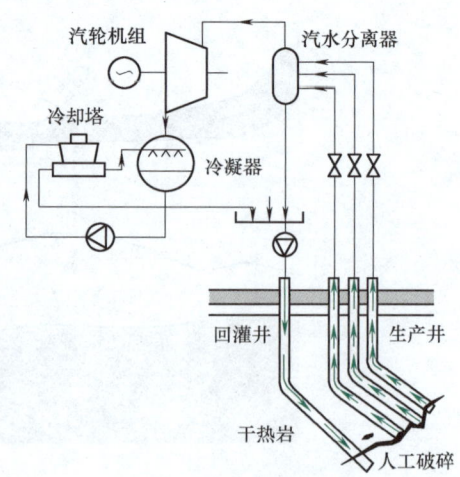

图 6-2　干热岩发电系统

其温度为 600~1500℃，一些火山地区资源埋藏较浅，而多数埋藏于目前钻探技术还难以到达的地层中，因此开采难度大。岩浆能开发利用的思路是：向岩浆内钻探一口井，插入一根注水管并将冷水用高压注入井底，冷水会使炙热的岩浆变成玻璃体物质，在热压的作用下发生破裂，如果水能够穿过破裂的高温玻璃体被加热成蒸汽后重新回到地面，那么就可以利用其来发电。但岩浆型地热能的利用还处于研究初期。

目前能为人类开发使用的地热资源主要是蒸汽型和热水型两大类资源，人类对这两类资源已有较多的利用经验；干热岩和地压型两大类资源尽管资源潜力丰富，但仍处于试验阶段，开发利用难度较大。

6.2 地热资源的获取方式

地热资源的开发是一项复杂的系统工程，在利用地热流体发电之前，通常还需要经历三个阶段，即勘探、钻井和井口装置安装。这一节将从这些方面着重介绍人类是如何获取地热资源的。

6.2.1 地热勘探

可以肯定的是，几乎所有的地热工程项目都位于存在热显示的地方（如火山喷气孔、温泉和天然热喷泉）。在地热工业早期，人们通常也都是选择在有热显示的地点附近进行钻探工作。然而，结果往往是令人失望的，因为那些热显示会逐渐消失不见，或许人们可以从井中获取一些短期产量，但是却错失了地热资源的真正源头。因此，系统化的勘探策略和技术是十分有必要的。

如今，人们在进行高成本的深层钻井之前，可以通过科学的技术手段对地热资源进行有效表征。在对地热田地下特征充分了解的基础上，钻井地点的优选则更为可靠，这样可以大大提高地热田勘探和开发的成功率。

1. 勘探目标

地热勘探目标包括以下五个方面：
1) 选定的区域下部应有高温岩体。
2) 估算热储容量、流体温度和该地层渗透率。
3) 预测产出的流体是干蒸汽、液体还是两者的混合物。
4) 确定地热流体化学性质。
5) 预测的发电潜力需要至少能够维持 20 年。

如果热储没有巨大体积的渗透性岩石，那么就无法长期且稳定地获取足够的热量来维持电站运行；如果地热流体不能保持合理的最低温度，那么热产量就不足以保证地热资源的商业价值。在生产过程中，储层流体的物理化学性质也决定着建立电站的可行性，一个完善的勘探计划应对这些流体的性质进行合理分析和预测。最后一项是勘探计划的最终阶段，即这个地热田能否按照预测长期稳定地维持地热发电厂的正常运转。

2. 勘探计划的各个阶段

下面将对一个完整勘探计划的常规步骤进行阐述。在前期资料收集的基础上，一个完整的勘探计划包括以下几个阶段：航空勘测、地质勘察、水文调查、地球化学研究、地球物理研究。

（1）航空勘测　从勘探区的航拍资料中，需要判断下列地热地质问题：地貌、地层、地质构造基本轮廓及地热区隐伏构造；地表泉点、泉群和地热溢出带、地表热显示位置；地面水热蚀变带的分布范围；深部温度场空间展布及高温异常。

（2）地质勘察　地质勘察应在充分利用航空勘测和区域地质调查资料的基础上进行，其主要任务是：实地验证航空勘测时的疑难点；查明地热田的地层及岩性特征、地质构造、岩浆活动与新构造活动情况，了解地热田形成的地质背景与构造条件；查明地表热显示的类型、分布及规模，地热异常带（区）与地质构造的关系。

该阶段主要是由火山地质学家（即在火山地质研究领域拥有丰富经验的地质学家）进行的。这是因为许多地热田的形成其实都应该归功于早期的火山活动。

（3）水文调查　对于具有商业价值的地热田来说，其中一个十分重要的先决条件是在地层中有充足的水资源，因此水文调查是整个勘探计划中的重要环节。通常来说，这项任务由水文学家（即在地下水领域具有丰富经验的工程师）来完成。水文学家可以推算出地层中流体的体积以及产量，这都是产能预测的关键信息。

（4）地球化学研究　地球化学研究主要包括以下几项调查内容：确定热源是由蒸汽相主导还是由液相主导；估计地热田的最低温度；确定在热储状态下和生产状态下流体的化学特征；表征回灌水的特征及其来源。

（5）地球物理研究　地球物理是将机械、热能科学及电学原理应用于地球系统的描述与表征。整个勘探的地球物理研究阶段通常应该准确确定最佳的钻探位置。基于先前的研究调查获得的数据资料，地球物理学家一般都会通过分析这些资料来决定进行哪些实验测试。在地球物理研究阶段需要测量的物理量包括：温度、电导率或电阻率、密度、波在固体物质中的传播速度、磁化性研究和当地的重力加速度。地球物理学家通过从较浅井（100~200m深）获取的数据资料来确定热流以及地温梯度。

6.2.2　地热钻井

确认地热田的第一步通常需要钻3口井，经过勘探研究的综合认识，这些井位都会选在最具开发潜力的地区。本小节将简要介绍一下钻探流程。

1. 钻井操作

地热钻井通常采用旋转式钻进的方法，通过牙轮钻头向岩层施加压力来钻进。通常，利用起重机吊起钻杆，通过柴油发动机驱动其旋转。钻杆的前部，称之为"方钻杆"，它的截面呈方形，以便钻盘驱动其旋转。钻头是三锥形牙轮钻头，它是基于霍华德·休斯在1909年的成果而研发的，这种类型的钻头可向岩层施加非常集中的作用力，进而使岩石破裂和粉碎。另外，在钻进过程中，钻头附近的岩石碎屑需要通过钻井液返排清除干净。

钻井液（或称为"泥浆"）是钻井的关键，具有以下四个方面的作用：

1）清除岩石碎屑。

2）冷却钻头和钻杆。

3）润滑钻杆。

4）防止井壁在钻井过程中垮塌。

典型的钻机设备如图6-3所示，其中相对较厚的钻杆和钻铤可以维持钻头的平衡。

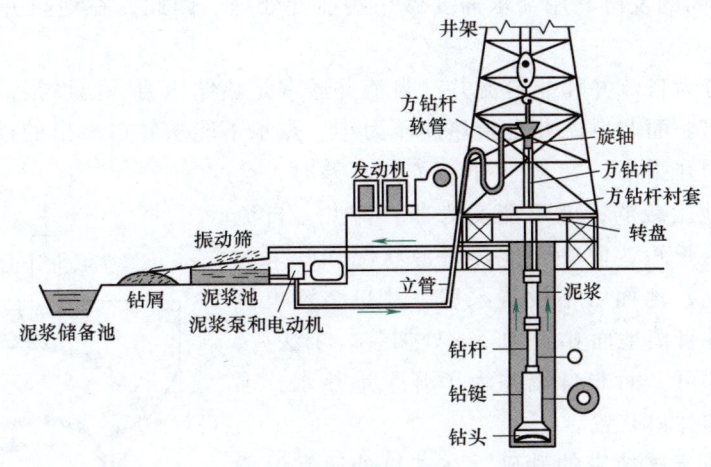

图 6-3　典型的钻机设备

钻井后的下一步就是下套管和固井，操作流程如图 6-4 所示。当井钻至预期深度时，将套管下放至井底，如图 6-4a 所示；水泥是混合物，其体积比井壁与套管之间的环空体积稍大，泥浆提供动力，通过堵头施加一个向下的力，使水泥溢出到套管与井壁之间的环空中，如图 6-4b 所示；当堵头移动到套管接箍的位置时，水泥则完全封填环形空间，如图 6-4c 所示；当水泥返回地表时，则标志着固井完成。

2. 安全防御措施

在钻探地热井时，井喷的风险时刻存在。当钻井过程中遇到高压可渗透层时，就会出现这种情况。为减少这些危险的发生，大多数国家已严格规范了钻井过程中的注意事项。

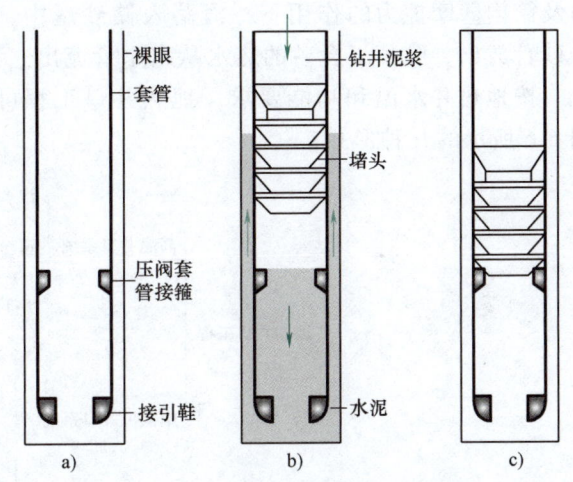

图 6-4　套管和固井的操作流程

防喷器可以有效防止井喷的发生。一套快装型的柱塞式阀门接在表层套管之上，并且钻杆可以旋转。当发生井喷时，这些在钻杆周围的阀门能够立即闭合，从而快速将井关掉。当然，一旦完井后就不再需要防喷器，而是通过一系列井口阀门来控制地热井。

有毒气体（如硫化氢）的存在也是地热钻井需要防范的。由于硫化氢、二氧化碳的密度比空气大，使得井口装置是一个非常危险的地方，井管任何位置的破损都会使有毒气体在井口装置附近积累，因此在任何可能存在高浓度有毒气体的位置都需要安装硫化氢和二氧化碳探测器。这些气体具有很强的腐蚀性，必须使用合适的抗腐蚀材料。

6.2.3　地热井口装置安装

地热井成井后采获的地热流体一般都无法直接利用，其中含有许多杂质（砂砾、不凝气体等），根据不同的发电利用需求需要做一些前置处理。因此，在地热井口需要安装相应的井口装置。

地热井通常分为自流井和非自流井。自流井通常是热储压力、温度很高，使得地热流体可从地下自动喷出。而非自流井是指热储压力小、热水不能从井口流出的地热井。通常自流井经过一段时间的开采后，在地下补给条件较差时，会发生水位下降，地压减弱，就可能变为非自流井。自流井持续自喷时间的长短，取决于地热资源状况和开采的强度。在自流期间，地面可不设置泵房，井口装置也比较简单，只需在井管离地面 0.2~0.5m 处加装一个法兰，接上弯头和阀门即可。而非自流井为了开采地热水，须安装专用潜水泵和井口装置。

为了清除地热流体挟带的砂砾，在井口处通常设置除砂器。图 6-5 所示为旋流式除砂器的工作原理。从井口出来的含砂地热水，由进水管以较高的速度沿锥形筒圆周的切线方向流进锥形筒，在旋转过程中，砂砾在重力及筒内壁摩擦力的作用下，滑落入储砂罐中，定期从排砂管放出，除掉了含砂的热水从出水管流出。

按地热井水温和功能要求，地热井口工程可分为如图 6-6 所示的几种形式。

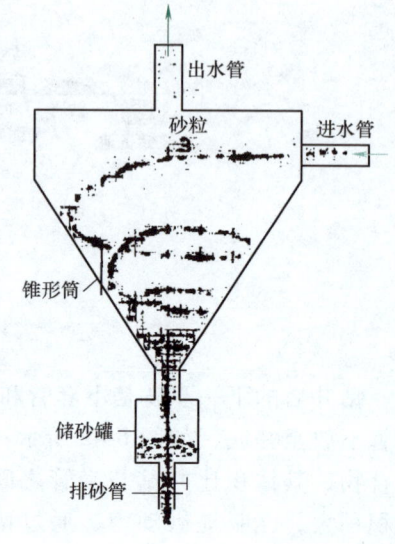

图 6-5 旋流式除砂器的工作原理

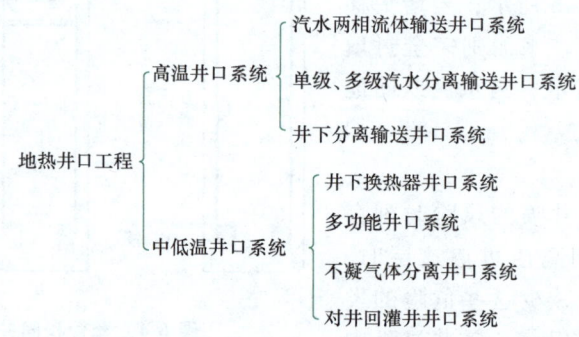

图 6-6 地热井口工程分类

下面简单介绍一下几种主要的井口工程。

（1）汽水两相流体输送井口系统 用于高温地热井，主要作用是防止输送过程中的热水汽化、结垢。可以采用增压法，即在地热井中安装耐高温、高扬程潜水泵。水泵扬程一定要超过地热水的饱和压力，使地热水在输送过程中，直到回灌和排放，输送压力始终维持在所输送地热水温度相应的饱和压力之上。采用这种方法来达到防垢的目的。

例如，西藏那曲地热田属于高温地热型，在开采过程中随着地热水压力的下降发生闪蒸现象，热水中的硫化氢、二氧化碳等气体不断从热水中逸出。当这些原溶于热水中的气体从地热水中逸出时，打破了原有的气液固平衡状态，大约自地表面以下 60m 深度范围内，大量的碳酸钙析出并附着在井筒上端，影响了地热资源的开采。为了保障输送过程的正常运行，工程上采用了增压法。

(2) 单级、多级汽水分离输送井口系统　用于高温地热井,主要作用是将地热水中的汽水经分离后分别输送给不同的热力用户。如在新西兰北部岛屿 Taupo(陶波)附近,由 Ormat(奥玛特)集团公司按交钥匙工程实施的地热发电工程,它采用了混合循环设计,将蒸汽与水从地热流体中分离出来,然后引入发电厂。发电厂采用单独的汽轮机分别用于高压蒸汽、低压蒸汽和地热热水做功。在汽轮机完全膨胀后,所有的地热液体都回灌到地下,以保证地热田得到合理的利用。

(3) 不凝气体分离井口系统　主要用于地热水中伴生不凝气体的热水输送系统。在有些地热井成井后发现伴生有一定的不凝气体,尤其伴生有毒、有害、可燃气体时,需要将这些气体分离后再加以利用,否则,会产生严重的后果。

例如,大庆油田萨热 1 井完成后,进行了溢流和泵抽试水。该井在 1480m 深度,用潜水泵泵抽生产,测得日产水量 450m^3,井口水温 47℃。当地热水中有少量天然气伴随产出,在溢流状态下,日产天然气 150~180m^3;在泵抽情况下,日产天然气 400~500m^3。天然气主要成分是甲烷,含量达 97.5%。天然气从地热水中分离后,输送到加热炉燃烧,将地热水加温。该地面井口系统主要由抽水控制系统、汽水分离系统、天然气加热系统、用户供水系统、可燃气体报警系统和井泵房内采暖系统等六部分组成。

6.3　蒸汽型地热发电技术

6.3.1　蒸汽型地热发电综述

地热资源根据它的性质和存储状态分类,可分为蒸汽型、热水型、地压型、干热岩型和岩浆型这五种类型。蒸汽型地热资源是目前开发利用的主要对象之一。

蒸汽型地热资源是指地下以蒸汽为主的对流热系统,该类系统以生产温度较高的蒸汽为主,杂有少量其他气体,系统中液态水含量很低甚至没有。该类地热田的蒸汽漏出后,其压力高于大气压力,温度至少等于饱和温度。在饱和温度下,汽水两态共存,此时蒸汽部分被称为饱和蒸汽;当温度超过饱和点时,蒸汽被称为过热态蒸汽。处于这两种状态的蒸汽都是地热干蒸汽。

蒸汽型地热发电技术发展了很多年,技术也较为成熟。在地热资源好的地区,其地热发电每千瓦时的投资要比水力发电和太阳能光伏发电站发电成本低很多,并且运行稳定、可靠,与其他新能源相比具有一定的竞争力。

干蒸汽地热发电是第一种取得成功的地热发电技术类型,其历史可以追溯到 1904 年。当时,意大利的皮尔洛王子建造并经营了一个小型蒸汽机,该蒸汽机利用了从意大利托斯卡纳的拉德雷洛地面喷发的自然蒸汽流。由于地热流体只单纯含有蒸汽,仅依靠热机即可加以利用。

与本书下一节要介绍的闪蒸发电厂相比,干蒸汽发电厂更为简单且成本更低。据不完全统计,全球共有 70 多个这类机组在运行,大约占所有地热发电厂的 12%。但是,这些电厂的总装机功率却达到了 2893MW,占全球地热发电厂总装机功率的 27%。据估计,干蒸汽地热发电机组的平均发电装机功率为 40.75MW。目前,世界上的干蒸汽地热发电厂主要集中在美国、意大利和日本等国家,装机容量约占全球地热总装机容量的 22%,而我国目前还未有干蒸汽地热发电厂。

6.3.2 干蒸汽资源的来源

目前仅在世界上两个地区发现了大规模的干蒸汽储层：意大利的拉德雷洛和美国加利福尼亚的盖尔瑟斯。在日本松川、印尼西爪哇省、新西兰怀拉基和美国犹他州的湾堡地区，也有数量有限的干蒸汽储层。根据相关估计，在所有温度高于200℃的水热型地热资源中，只有5%是干蒸汽类型。地热储层中产出干蒸汽的机会远小于液控储层产出气液混相的机会。

干蒸汽储层的一般特征是具有含蒸汽的裂缝性多孔岩石，无论是封闭性的还是相互连接的。另外，蒸汽中还含有一些其他气体，例如二氧化碳、硫化氢、甲烷和其他的一些微量气体，极少有液体出现。蒸汽可能来源于岩浆，也可能来源于大气降水，第一种可能性涉及岩浆房里的蒸汽缓慢演化，这些岩浆位于靠近熔岩、温度极高的地球深部；另一种可能性是雨水流过断层和裂缝，并到达拥有高温岩石的极深位置。目前，没有足够的证据证明哪一种是主要来源。

一个干蒸汽储层的存在需要各种高度偶然的情况同时发生。首先，在靠近地表以下5km的地方有热资源，可以使得原生地下水的温度提高到沸点。然后，在很长一段的地质历史时间内，在储集层之上必须有足够的渗透率使蒸汽溢出到地表，从而大大降低液体高度，在储集层一定要有一定数量的相互连通的裂缝与裂隙，可以使液体在储集层内部循环流动，还要在储集层和围岩之间有足够的横向隔层来防止低温地下水淹没蒸汽储层。最后，顶部盖层需要有很低的渗透率，而这需要通过矿物沉积形成密封来实现。

6.3.3 蒸汽型地热发电原理

地热蒸汽发电和火力发电的原理基本上是一样的，都是将蒸汽的热能经过汽轮机转变为机械能，然后带动发电机发电，将机械能转化为电能。只不过地热蒸汽发电不像火力发电那样需要大型锅炉，也不需要消耗化石燃料。可以说地球就是一个免费而且清洁的超级大锅炉，源源不断地提供发电所需要的能量。地热蒸汽发电的整个过程就是将地热蒸汽抽出通入汽轮机。

汽轮机发电功率可以根据以下公式来计算，即

$$P = \frac{D\Delta h\eta}{3600} \tag{6-1}$$

式中，D为地热蒸汽的流量（kg/h）；Δh为汽轮机进出口地热蒸汽的焓降（kJ/kg）；η为汽轮机发电的发电效率。

汽轮机根据排汽形式可分为背压式汽轮机和凝汽式汽轮机两种。背压式汽轮机的排汽压力高于大气压力，排汽可直接排放到大气中或输送给供热用户使用；凝汽式汽轮机的排汽压力小于大气压力，排汽是先进入到凝汽器中然后变成凝结水。

1. 背压式汽轮机发电

背压式汽轮机发电系统如图6-7所示。

其工作过程是：首先从蒸汽井中抽出干饱和蒸汽，或者抽出地下水和蒸汽的混合物到净化分离器中，通过离心分离等手段先对抽出来的蒸汽加以净化，除去蒸汽中的固体杂质和

水,然后把蒸汽输入汽轮机进行发电。最后做完功的蒸汽直接排入大气,或者用于工业生产中的加热过程。

2. 凝汽式汽轮机发电

凝汽式汽轮机发电系统如图 6-8 所示。

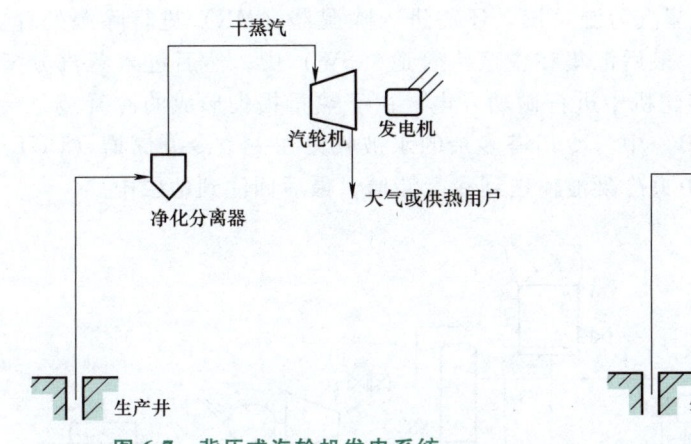
图 6-7 背压式汽轮机发电系统

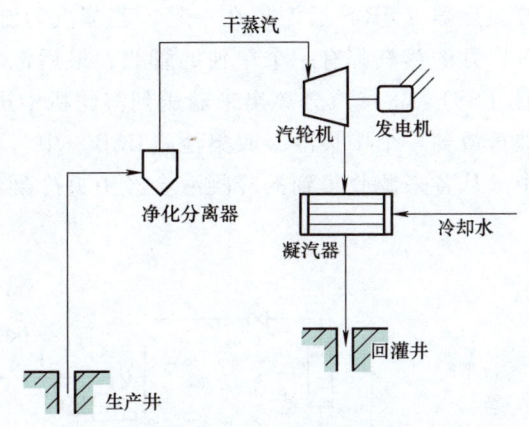
图 6-8 凝汽式汽轮机发电系统

凝汽式汽轮机与背压式汽轮机的主要区别是汽轮机的排汽没有直接排入大气而是进入凝汽器进行冷凝。排汽在凝汽器中被循环水冷却而凝结成水,在此过程中,由于排汽的体积骤然缩小,因而原来充满蒸汽的密闭空间形成真空,这就降低了汽轮机的排汽压力,使蒸汽的理想焓降增加,从而提高了汽轮机的输出功率。由于地热天然蒸汽中通常挟带有相当多的不凝结气体,它们通常会积聚在凝汽器中提高凝汽器的压力,因此凝汽式汽轮机还需要配备抽气器来抽除这些不凝结气体,以保持凝汽器内的真空度。

6.3.4 蒸汽型地热发电评价

通常来说,地热流体对设备有腐蚀作用,并且会导致设备结垢。地热流体的腐蚀性和易结垢性是化学成分、温度、流速、压力与所用材料相互作用的复杂结果。然而在干蒸汽发电厂中,地热流体仅仅由不含液体的干蒸汽组成,没有高含盐量的卤水需要处理,因此防腐防垢问题相对于其他地热发电技术要小得多。

蒸汽中的不凝结气体需要在冷凝器中被分离,然后通过真空泵或蒸汽喷射器去除。如果其中硫化氢含量超标的话,必须进行除硫化氢处理,以避免污染环境。

冷却塔中多余的冷凝液,包括其他蒸汽输送管道中残留的液体,可以进行回注。然而对于干蒸汽储层来说,这部分回注量是远小于开采量的。因此为避免地层压力下降甚至地下水枯竭,补充生产过程中采出的流体也是干蒸汽地热发电需要解决的重要问题之一。

地热蒸汽的温度和压力都不如火力发电高,因此地热利用率较火电厂低不少,并且冷却水用量多于普通电站。

6.3.5 蒸汽型地热发电案例

1. 盖尔瑟斯干蒸汽发电厂

盖尔瑟斯干蒸汽发电厂是世界上最大的地热发电厂,位于美国加利福尼亚州索诺玛县和莱克县。该地区地热能丰富，较为适合地热开发。它的第一口蒸汽井于1921年由J. D. Grant完成，随后不断发展。自1960年后，该地区相继建立了23个独立发电厂，有些已被拆除并不再使用。

图6-9所示为典型的盖尔瑟斯干蒸汽地热发电系统，同一端口多口井的蒸汽通过一个微粒去除器（PR）后汇集在一起，若蒸汽为湿蒸汽，还需进入除湿器（MR）进行除湿处理。每口井的蒸汽都有一个单独的管线，最后汇集在主蒸汽管道（SW）中，然后进入蒸汽分离器（SS），将蒸汽分离出来输送到汽轮机中进行做功发电。由于热量损失形成的冷凝液，会被排放到一个中央冷凝收集池（CCB）中。冷却塔多余的水被收集在一个冷凝储槽（CHT）中。从各来源收集到的冷凝液会经中央冷凝池输送到冷凝储槽，最后回注到地层中。

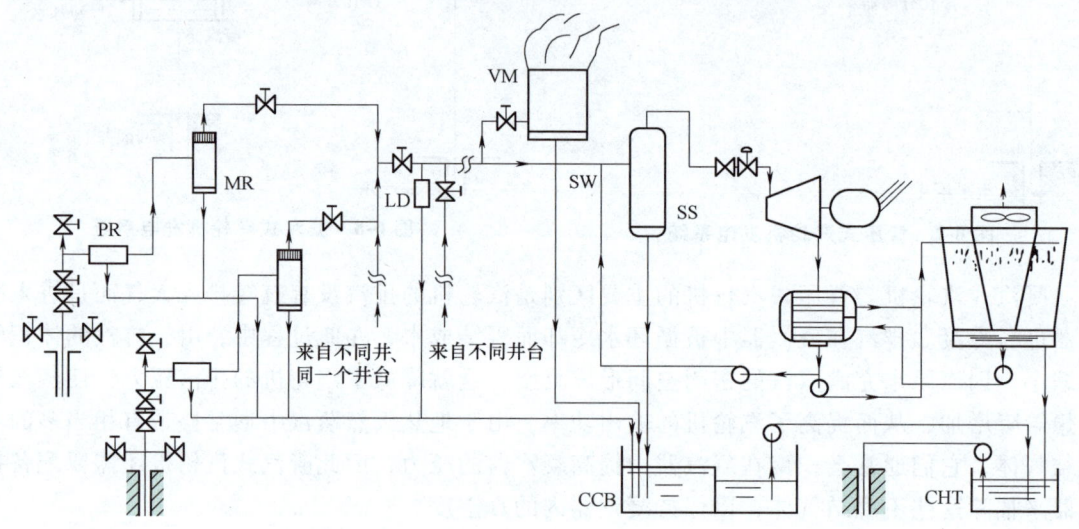

图6-9 典型的盖尔瑟斯干蒸汽地热发电系统
PR—微粒去除器　MR—除湿器　SW—主蒸汽管道　SS—蒸汽分离器　CCB—中央冷凝收集池　CHT—冷凝储槽

2. 拉德雷洛干蒸汽发电厂

意大利的拉德雷洛地区可以说是地热发电的发源地，1904年正是在这个地区，人们制造了第一个可以将已经储存在地下数世纪的蒸汽能量转化为电能的机电装置。

目前，该地区的地热发电厂可以分为两类，即前文所说的背压式机组和凝汽式机组。背压式机组主要用在地热蒸汽中不凝气体含量较高的地区，由于安装及操作压缩气体的成本较高，从冷凝器中分离这些气体是不经济的。从经济价值角度来看，这类发电厂是不错的，但在地热蒸汽发电潜力方面存在着热力学上的浪费。由于在这些机组中，汽轮机膨胀末端不是负压，发电机的输出功率大约为凝汽式汽轮机组的1/2。例如Piancastagnaio发电厂的利用效率只有24%，1MW电力输出的蒸汽消耗量为4.92kg/s。

26MW发电容量的Castelnuovo机组使用的是凝汽式机组，它所承受蒸汽的最高温度为188℃，绝对压力为0.42MPa，不凝气体含量为12%～14%，天然蒸汽的流量为47.2kg/s。假设地热流体为纯蒸汽，1MW电力输出的蒸汽消耗量为2.06kg/s，利用效率为62.8%。为了保证真空状态，需要将不凝气体从冷凝器中分离出来，这需要几个气体压缩阶段。这些压缩机有的是借助电动机驱动，有的是由汽轮机直接驱动的。

6.4 闪蒸型地热发电技术

6.4.1 闪蒸型地热发电技术综述

对于中低温、水质好且不凝性气体含量少的地热资源，其发电过程要比蒸汽型地热复杂，一般采用闪蒸型地热发电技术（又称"减压扩容法"）进行开发利用。首先将地热水引入密封的容器中，再通过抽气降低容器内的气压，使地热水在一定的真空环境下产生蒸汽，然后通过汽轮发电机组进行发电。

我国的大多数地热发电站都采用闪蒸型地热发电技术。闪蒸地热发电的特点是：系统比较简单，运行和维护较方便，而且闪蒸器比表面式蒸发器结构简单，金属消耗量少，造价低。存在的缺点主要是：低压蒸汽比体积大，所以蒸汽管道、汽轮机的尺寸相应也大，使投资增加；设备直接受水质影响，易结垢、腐蚀；当水蒸气中夹带的不凝气体较多时，需要容量大的抽气器维持高真空，因此自身电耗大。

据不完全统计，全世界共有 16 个国家 169 座闪蒸地热发电厂投入运营。其中单级闪蒸地热发电厂占 29%。而在全世界所有地热发电装机功率中，单级闪蒸地热发电厂所占比例更是高达 43%。该类发电机组的功率变化范围比较大（3~117MW），每个机组的平均发电功率约为 27MW，比蒸汽型地热发电要小一些。

6.4.2 闪蒸原理

在一定温度下，处于密闭容器中液体的蒸发速率和蒸汽的凝结速率相等时，气相与液相达到了平衡，此时容器中蒸汽所具有的压力称为此温度时该液体的饱和蒸气压（简称蒸气压）。水的饱和蒸气压和蒸发温度是一一对应关系，而且饱和蒸气压随蒸发温度升高而升高。水在升温至蒸发温度前的过程中吸收的热叫"显热"（或者叫饱和水显热）；而将饱和水转化成蒸汽所需要的热叫"潜热"。

根据以上这些原理，我们可以把温度不太高的地热水送入一个密封的容器中抽气降压，使水中的部分显热释放出来，这部分能量又会作为潜热被水吸收，使水快速蒸发为蒸汽。由于热水降压蒸发的速度很快，是一种闪急蒸发过程，同时热水蒸发产生蒸汽时它的体积会迅速扩大，所以这个过程被称为"闪蒸"或"扩容"。相应的密闭容器也被称为"闪蒸器"或"扩容器"。

图 6-10 是闪蒸过程温熵图。闪蒸过程起始于接近饱和状态的地热流体 1。一般认为，闪蒸过程是一个焓值不变的过程，即等焓过程，因为这一过程很稳定，是自发的，实质上是绝热的，并且中间没有外力做功，如果忽略闪蒸过程中流体动能和势能变化，可以认为 1、2 点的焓值相等。2 点即为闪蒸过程结束状态点，处于气液两相区，其中，处于状态 4 点的饱和蒸汽被分离进入汽轮机

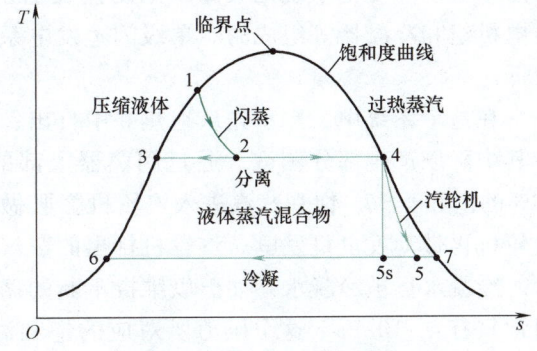

图 6-10 闪蒸过程温熵图

做功。5点为做功结束时的状态点,而5s是经历等熵过程时的状态点,是计算状态5点的参考。

已知地热流体的焓值为 h_1,质量流量为 $\dot{m}_{total}$,则2点的焓值为

$$h_2 = h_1 \tag{6-2}$$

如果已知闪蒸压力 P_f,则在闪蒸压力下,3点和4点这两个饱和状态的焓值也是已知的,则2点的干度为

$$x_2 = (h_2 - h_3)/(h_4 - h_3) \tag{6-3}$$

被分离出来的蒸汽流量为

$$\dot{m}_s = x_2 \dot{m}_{total} \tag{6-4}$$

汽轮机的发电功率为

$$P = \dot{m}_s(h_4 - h_5)\eta_g = \dot{m}_s(h_4 - h_{5s})\eta_t \eta_g \tag{6-5}$$

式中,η_g 为发电机效率;η_t 为汽轮机的等熵效率(相对内效率)。

6.4.3 闪蒸地热发电系统

根据地热资源的不同,闪蒸地热发电系统可以分为湿蒸汽型(利用的地热资源是湿蒸汽田)和热水型发电系统(利用的地热资源是热水田)。两种发电系统的差距在于蒸汽来源的不同。

如果地热井出口的流体是热水,则直接将热水输送到闪蒸器降压扩容,进而得到蒸汽,推动汽轮机旋转带动发电机发电。经过汽轮机做功后的乏汽进入凝汽器被冷却水直接冷却重新冷凝成水,冷凝水再被冷凝水泵抽出以维持循环。

如果地热井出口的流体是湿蒸汽,则需要先输送到汽水分离器将蒸汽与热水分离,蒸汽直接输送到汽轮机去做功,热水则通入闪蒸器,接下来的流程同上。

闪蒸器内剩余的地热水可以被继续闪蒸,以提高闪蒸发电的效率,这就是多级闪蒸。从理论上讲,热水发电的能量转换级数越多,发电量就越大,但级数过多时,发电量增加有限,而设备投资则增加比较大,故一般以两级为佳。

1. 单级闪蒸发电系统

单级闪蒸发电系统是最简单的闪蒸发电系统,如图6-11所示。它主要由闪蒸器、汽轮发电机组和冷凝器等组成的。单级闪蒸发电系统的结构简单,易于操作,实用性强,但效率较低。

在这个系统中,热水先从地热井中打出,通过管道进入闪蒸器,由于低压的作用,热水在其中降压产生部分蒸汽,通过闪蒸器上部的除湿装置,除去所夹带的水滴变成干度大于99%的饱和蒸汽。饱和蒸汽进入汽轮机膨胀做功将蒸汽的热能转化成汽轮机转子的机械能。汽轮机再带动发电机发电。汽轮机排出的蒸汽习惯上称为乏汽,乏汽进入冷凝器重新冷凝成水。冷凝水再被冷凝水泵抽出以维持不断的循环。冷凝器中的压力远低于闪蒸器中的压力,通常只有4~10kPa,这个压力所对应的饱和温度就是乏汽的冷凝温度。冷凝器的压力取决于冷凝的蒸汽量、冷却水的温度及流量、冷凝器的换热面积等。

单级闪蒸发电系统是所有地热发电中最为简单的系统，应用范围比较广，研究也较为成熟，同时还可以与其他的发电方式相结合，组成一个多级的、复杂的发电系统。

2. 多级闪蒸发电系统

为了增加每吨热水的发电量，通常采用多级闪蒸发电系统，即每级闪蒸后未蒸发的热水进入下一级闪蒸器，产生压力更低的蒸汽，再进入汽轮机做功。这里简单介绍下两级闪蒸发电系统。两级闪蒸发电系统如图6-12所示。

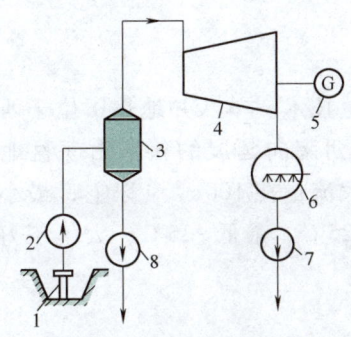

图6-11　单级闪蒸发电系统
1—地热井　2—热水泵　3——级闪蒸器
4—汽轮机　5—发电机　6—混合式
凝汽器　7—排水泵　8—排污泵

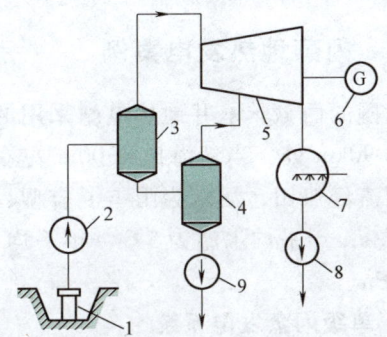

图6-12　两级闪蒸发电系统
1—地热井　2—热水泵　3——级闪蒸器
4—二级闪蒸器　5—汽轮机　6—发电机
7—混合式凝汽器　8—排水泵　9—排污泵

从井口流出的热水先进入一级闪蒸器，产生的蒸汽进入汽轮机的高压部分，而从一级闪蒸器底部出来的剩余热水再进入二级闪蒸器（扩容器），产生二次闪蒸蒸汽，并通往汽轮机低压部分做功。

闪蒸器的级数增加，单位质量工质输出功率也增加，即地热水中的能量越能得到充分利用。当级数无限多时，理论上可以得到最大的输出功率，增益达到极限。但是级数增加将使设备投资增加，系统变得复杂，所以实际采用的闪蒸级数一般不超过四级。地热流体温度高可以级数多些，热水温度较低时就不宜采用二级以上的闪蒸系统。采用两级发电系统可以使每吨水发电量提升20%，但蒸汽量增加的同时冷却水的需求也会增加，因此实际增加的发电量低于20%。

6.4.4　闪蒸地热发电评价

同蒸汽型地热发电技术一样，地热蒸汽中通常会含有硫化氢、二氧化碳、甲烷及少量其他不凝结气体。在正常条件下，这些不凝结气体需要在冷凝器中被分离，然后进入喷射器中进行处理，不能随意排放至大气中。尤其是当硫化氢超出规定范围时，必须进行除硫化氢处理，避免污染环境。

与蒸汽型地热发电技术不同，闪蒸型技术还需要处理分离出来的热水（卤水），分离出来的热水中几乎包含所有储层地热流体中的溶解性矿物质，并且浓度更高。而热水中的一些元素如果与地表或地下水混合，将对它们产生不利影响。这些元素包括砷、锂、硼、镁、钙、钾、氯、硅、氟、钠等。防止水污染的主要途径就是将废水重新注回储层中，回注既能够恢复储层中的流体，还能维持储层的压力。

当大量的地下水被采出时，有可能导致上覆地层陷入以前地下水占用的空间，即造成地面沉降。然而，大多数地热储层位于坚固的岩石区域；同时，地热流体对热储的结构强度几乎没有贡献。再加上闪蒸发电厂目前一般采用了回注，所以基本不用担心沉降问题。

然而需要担心的是对以液体为主的地热储层的商业化开发会破坏其自然景观，特别是对温泉的破坏。产生温泉所需的水热条件和地质条件非常微妙并且不稳定，大自然本身经常通过地震破坏这些稳定机制。

6.4.5 闪蒸地热发电案例

我国的西藏羊八井地热电站采用的就是闪蒸地热发电技术。羊八井地热田位于西藏拉萨西北约90km处，当地海拔4300m左右，处在一个东北-西南向延展的狭窄山间盆地中。藏布曲河流经热田，河水为雨雪混合型，以降雨为主，最大流量在100m³/s以上，最小流量约为1m³/s；年平均水温为5℃，年平均气温2.5℃，最高25℃，最低-25℃；大气压力年平均为60kPa。

1. 单级闪蒸发电系统

西南电力设计院设计的羊八井地热电站第1台试验机组，容量为1000kW，汽轮机是利用四川内江电厂2500kW废弃设备改造而成的，于1977年10月试运成功，采用单级闪蒸发电系统。其发电系统可参考图6-11。

羊八井地热电站1000kW机组主要参数如下：

1）地热井参数：地热水温度为140~160℃、压力为415.032~618.135kPa、流量为75~100t/h。

2）汽轮机参数：型号为冲动凝汽式；设计容量1000kW；进汽温度为145℃；进汽压力为415.817kPa；汽耗量为15t/h；蒸汽干度为99%；排汽压力为7.846~9.807kPa；转速为3000r/min；级数为6个压力级。

3）发电机参数：容量为2500kW、电压为3150V。

1号试验机组1977年10月试运后，最大稳定出力为800kW，未达到设计出力的主要原因是地热井井下结垢使地热井热水流量减小。后经现场反复试验，在1978年试制成功空心机械通井器，消除了地热井的结垢问题，机组出力一直稳定在1000kW，热效率约为3.5%，厂用电率为16%。

2. 双级闪蒸发电系统

总结羊八井1号试验机组试运成功的经验和教训后，1979年国家决定建设羊八井2×3000kW机组。地热电站的设计仍由西南电力设计院负责，采用双级闪蒸发电系统。其发电系统可参考图6-12。

羊八井地热电站2×3000kW机组单台机组的主要参数如下：

1）地热井参数：地热水温度为140~160℃、压力为415.032~618.135kPa、流量为400~500t/h（多口井）。

2）汽轮机参数：型号为双缸，冲动凝汽式；设计容量为3000kW；第一级进汽压力为166.719kPa，第一级进汽温度为114℃；第二级进汽压力为49.035kPa，第二级进汽温度为81℃；汽耗量为45.5t/h（一次汽22.7t/h；二次汽22.8t/h）；蒸汽干度为99%；排汽压力为

8.826kPa；转速为3000r/min。

3）发电机组参数：容量为3000kW、电压为3150V、转速为3000r/min。

羊八井2×3000kW电站2台机组分别于1981年和1982年相继投产，并一直满负荷稳定运行，向拉萨送电。根据实测，厂热效率达到6%甚至更高；厂用电率保持在12%以下；每吨地热水能发10kW·h电。

6.5 双循环地热发电技术

在利用地热能进行发电时，主要利用蒸汽型地热发电技术、闪蒸地热发电技术以及双循环地热发电技术这三种技术方式。前文已经介绍了蒸汽型地热发电技术和闪蒸地热发电技术，其中蒸汽型地热发电技术适用于高温地热干蒸汽，而闪蒸地热发电技术适用于温度相对较低的地热水，这两种地热发电方式对地热流体的品质都有较高的要求，在进入汽轮机发电前必须进行一系列净化工序。而双循环地热发电方式就比较灵活，它适用于各个温度范围内的地热水，对其品质要求也相对较低。除此之外，它还有许多改进形式，并可以与其他地热发电方式联合使用，可以说是应用最广的地热发电方式了。

6.5.1 双循环地热发电综述

从热力学原理上讲，双循环地热发电厂最接近于传统的化石燃料或核发电厂。在这些类型的发电厂中，工质要经历一个真实的封闭循环。根据适当热力学特征所选择出的工质从地热流体中获取热量、汽化，通过一个原动机膨胀，然后冷凝，再通过一个工质泵回到蒸发器中。

目前，普遍认为世界上第一个双循环地热发电厂投运于1967年，地点为俄罗斯堪察加半岛的彼得罗巴甫洛夫斯克附近的帕拉唐卡（Paratunka）。该发电厂的功率为670kW，它为一座小镇及一些农场的温室提供电力和热能。该发电厂成功运营多年，它证实了目前人们所了解的双循环地热发电厂的概念。

目前双循环地热发电厂是地热发电厂中应用最广泛的类型。据不完全统计，运行中的机组已有235个，覆盖15个国家，发电量超过708MW。在所有运行的地热机组中，双循环机组占47%，但是发电量只占发电总量的12%。所以，平均每个机组的发电功率很小，仅仅为3MW左右，但是随着循环设计的不断改进，一些大功率的机组也将陆续投入使用。近些年，为了从高温地热水中获得更多的能量，一些双循环机组被添加到了现有的闪蒸地热发电厂中，形成闪蒸和双循环的混合系统。

6.5.2 双循环地热发电原理

1. 系统流程

和前两节的发电方式不同，这种发电方式不是直接利用地热水所产生的蒸汽进入汽轮机做功，而是通过热交换器利用地热水来加热某种低沸点的工质，将其汽化为具有一定压力的蒸气，然后以此蒸气去推动某种原动机（通常是汽轮机），并带动发电机发电。在此过程中，热水从地下通过生产井被抽出，经过热交换器把热量传递给低沸点工质，最后又通过回灌井打回地下或作其他应用。低沸点工质经过热交换器加热，汽化后产生的过热工质进入汽轮机做功，然后再进入冷凝器被冷凝成液态，由工质泵升压后重新进入热交换器中，从而完成工质的封闭式循环。因此，此种发电方式中存在着地热水和低沸点工质这两种工质（流体），所以又被称为"双工质"发电技术或"双流体"发电技术。低沸点工质充当着中间介质的作用，所以这种发电技术有时也被称为"中间介质"发电技术，其原理如图 6-13 所示。当低沸点工质为有机工质时，该工质参与的循环也称为有机朗肯循环。

双循环地热发电系统温熵图如图 6-14 所示。

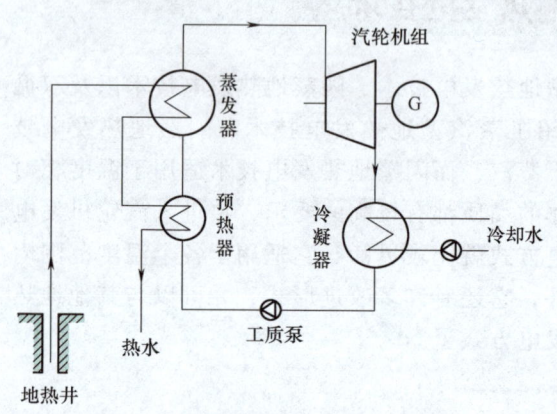

图 6-13 双循环地热发电原理

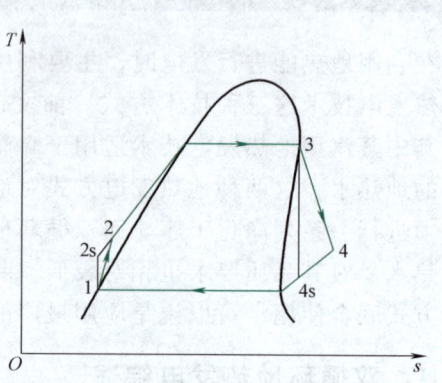

图 6-14 双循环地热发电系统温熵图

图 6-14 中，1-2 为低沸点工质由工质泵升压过程，2-3 为工质预热蒸发过程，3-4 为工质在汽轮机内膨胀做功过程，4-1 为工质冷凝过程，下标 s 代表理想等熵过程时的状态点，只是作为计算的参考。

则根据图 6-14，假设工质流量为 $\dot{m}_{wf}$，工质泵的耗功为

$$\dot{W}_p = \dot{m}_{wf}(h_2 - h_1) = \dot{m}_{wf}\frac{h_{2s} - h_1}{\eta_p} \tag{6-6}$$

式中，η_p 为工质泵的等熵效率。

加热过程吸收的热量为

$$\dot{Q}_h = \dot{m}_{wf}(h_3 - h_2) \tag{6-7}$$

汽轮机的输出功为

$$\dot{W}_t = \dot{m}_{wf}(h_4 - h_3) = \dot{m}_{wf}(h_{4s} - h_3)\eta_t \tag{6-8}$$

式中，η_t 为汽轮机的等熵效率。

冷凝过程释放的热量为

$$\dot{Q}_c = \dot{m}_{wf}(h_1 - h_4) \tag{6-9}$$

不计冷却水泵、照明系统等其他辅助设备的耗电，系统的净输出功率为

$$\dot{W}_{net} = \dot{W}_t - \dot{W}_p \tag{6-10}$$

整个循环的热效率为

$$\eta_{th} = \frac{\dot{W}_{net}}{\dot{Q}_h} \tag{6-11}$$

2. 低沸点工质

低沸点工质在双循环地热发电系统中起到了至关重要的作用,在选择工质时应考虑以下基本要求:

1) 发电性能好,即在相同条件下每吨地热水的实际发电量较大。
2) 传热性能好,即在相同条件下传热系数较大。
3) 来源丰富,价格较低。
4) 化学性质稳定,不易分解,腐蚀性和毒性小,不易燃易爆。

通常以上这些要求并不能全部满足,所以需要综合考虑。

常用的低沸点工质有异戊烷、正丁烷、异丁烷、R-12、R-114、R245fa等,其中,氟氯烃R-12和R-114由于对臭氧层具有破坏性且引起的温室效应较大,现已停止使用。表6-5是候选低沸点工质对环境和健康的影响。

表6-5 一些候选低沸点工质对环境和健康的影响

工质	毒性	可燃性	ODP	GWP
R-12	无毒	不可燃	1.0	4500
R-114	无毒	不可燃	0.7	5850
R245fa	毒性低	不可燃	0	1030
异丁烷	毒性低	易燃	0	3
正丁烷	毒性低	易燃	0	3
异戊烷	毒性低	易燃	0	3
正戊烷	毒性低	易燃	0	3
氨水	有毒	不易燃	0	0
水	无毒	不可燃	0	—

注:表中ODP代表臭氧消耗潜力。

烷烃类对全球变暖产生的影响主要是在其分解过程中产生二氧化碳这一副产品。很显然,所有的烷烃类工质都具有可燃性,要求现场有适当的消防设备,这样的要求超过了任何其他发电厂。

在常压下,水的沸点为100℃,而低沸点工质在常压下的沸点要比水的沸点低得多。根据低沸点工质的这种特点,就可以用温度较低的地热水加热低沸点工质,使其汽化,变成具有一定压力的气体来推动汽轮机做功,然后将机械能转换为电能。表6-6展示了水和异丁烷在不同压力下的饱和蒸汽温度。由表6-6可以看出,可以用100℃的地热流体加热1500kPa的异丁烷使其汽化,再用25℃的冷却水将500kPa的异丁烷冷凝,这其中的压差就可以推动汽轮机做功,而且全程保持正压。而如果将水作为工质,则完全无法实现上述情况。即使用180℃的地热流体加热,工质水蒸气的压力也是很低的,而且冷凝还需要在真空条件下进行。另外,在低压力情况下,水蒸气的比体积很大,导致汽轮机尺寸也会比较大。种种迹象都表明了低沸点工质的优越性和必要性。

表6-6 水和异丁烷在不同压力下的饱和蒸汽温度 (单位:℃)

工质	101kPa	500kPa	1000kPa	1500kPa
水	100	152	184	198
异丁烷	-12	37	66	86

3. 关键设备

双循环地热发电技术的主要设备包括预热器和蒸发器、汽轮机、冷凝器和工质泵。

(1) 预热器和蒸发器　预热器和蒸发器主要实现的是地热水与低沸点工质之间的热量交换，即把地热水的热量传递给低沸点工质，使低沸点工质汽化为具有一定压力的蒸气。双循环地热发电系统中必须使用表面式热交换器作为预热器和蒸发器，因为地热水和低沸点工质是两个独立的循环，不能互相混合。

蒸发器中由于地热水与低沸点工质的换热温差而引起的不可逆损失是双循环地热发电系统中最重要的一部分损失。因此，关于双循环系统的许多改进方法都是为了减少热交换器中的换热温差，比如采用混合工质，纯工质的相变过程是恒温过程，而混合工质的蒸发和冷凝过程都是变温过程，这就意味着混合工质蒸发时的温度曲线会与地热流体冷却时的温度曲线匹配得更好，平均换热温差会更小，因此，不可逆损失会更小。又比如采用超临界循环，工质在超临界状态下加热汽化全程温度上升，如能设计得当，也能减少蒸发器内的换热温差。再比如 6.5.6 小节案例中采用的双级系统，其主要目的也是为了减少换热温差。

(2) 汽轮机　汽轮机的作用是将低沸点工质蒸气的能量转换为机械功。汽轮机的基本原理是利用喷嘴和动叶将高温高压气体转化为高速流体，然后再将高速流体的动能转化为旋转机械的轴功。常见的汽轮机包括径流式汽轮机、轴流式汽轮机等。低沸点工质汽轮机的设计原理与水蒸气汽轮机相同。但是由于水蒸气性质与低沸点工质的性质有着明显差别，因此使用低沸点工质的汽轮机需要经过特殊设计。近些年，以螺杆膨胀机为代表的容积型膨胀机也逐渐在地热发电方面得到应用，其基本原理是通过体积的扩大来获得相应的焓降，然后再将获得的焓降转化为旋转机械的轴功。常见的容积型膨胀机包括螺杆膨胀机、涡旋膨胀机等。

(3) 冷凝器　冷凝器用于将膨胀机排出的气体重新冷凝为液体，通常使用水冷的方式。地热电站的冷却水供应方案，应因地制宜按地热区的具体条件确定。在地表冷却水源充足的地区，可直接采用一次使用的开式循环冷却系统；在冷却水源不足的地区，则可采用带有冷却水塔或喷水池的循环供水冷却系统。

(4) 工质泵　工质泵的作用是将冷凝为液体的低沸点工质升压再送入蒸发器，完成一个封闭循环。

6.5.3　卡琳娜双循环地热发电

卡琳娜双循环与其他普通双循环的主要区别在于工质为水和氨的混合液。氨水混合液的蒸发或冷凝过程是变温过程。这一特性使得氨水混合液工质在蒸发或冷凝过程中与地热水或者冷却水的温度匹配性更好，因此减少了热交换器内由于换热温差而引起的不可逆损失，增加了系统的可用能，提高了系统的热力学性能。

这种发电厂比普通双工质发电厂的设备要复杂，特别是需要一个分馏器来改变混合物的组分时，设备会更加复杂。具有可变工质组分的卡琳娜双循环系统如图 6-15 所示。分馏器允许氨较为富集的饱和蒸气流入汽轮机中。这样一来，比使用烃类工质所用到的汽轮机的尺寸更小、费用更低。水含量较多的稀溶液一般用在预热器中，通过节流使之减压到汽轮机出口压力，然后与浓溶液混合恢复到最初的组分。然后，这些混合液在完全冷凝之前，其所含的显热又会在回热器中得到利用。

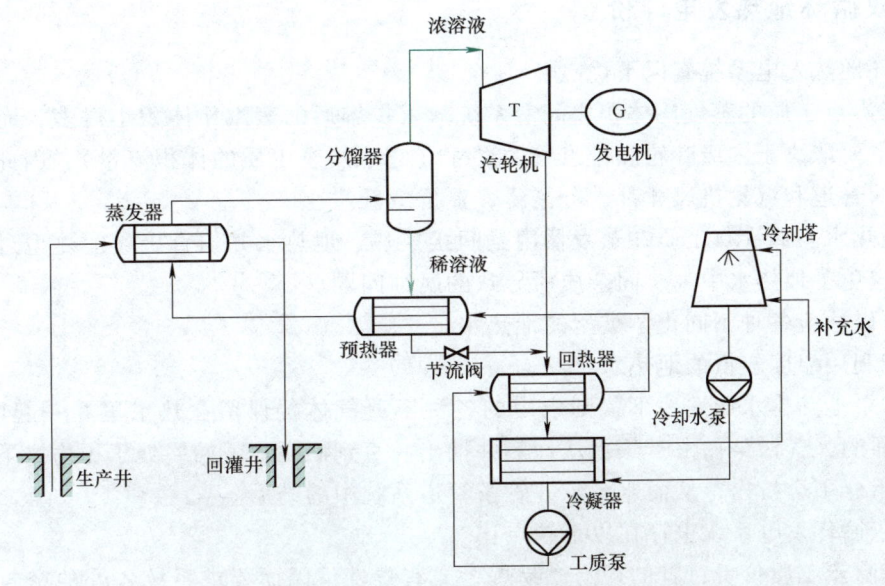

图 6-15　卡琳娜双循环系统

6.5.4　闪蒸与双循环联合地热发电

对于高于 150℃ 的高温地热流体来说，若将闪蒸地热发电与双循环地热发电联合起来，可使电站的出力提高，从而提高对地热资源的有效利用。闪蒸和双循环联合地热发电，实际上是将闪蒸器产生的蒸汽直接用于发电，而产生的饱和水则用于低沸点有机工质发电。这种特殊的能量转换系统，能使地热资源得到充分利用。该系统包括闪蒸地热发电和双工质循环地热发电两部分，系统输出的功率是闪蒸系统和双循环发电系统功率的总和。图 6-16 所示为闪蒸与双循环地热发电系统。

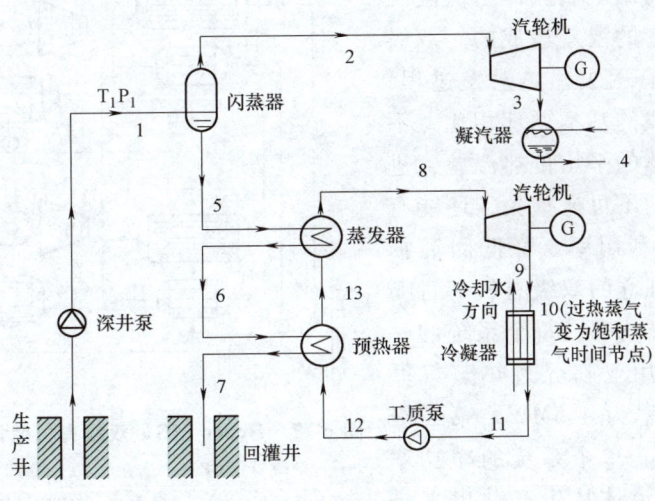

图 6-16　闪蒸与双循环地热发电系统

6.5.5 双循环地热发电评价

双循环地热发电系统有以下优点：

1) 低沸点工质的蒸气比体积比闪蒸系统减压扩容后的蒸汽比体积小得多，而汽轮机的几何尺寸主要取决于末级叶轮和排汽管的尺寸（它取决于工质的体积流量），因此，双循环发电系统的管道和汽轮机尺寸都十分紧凑，造价也低。

2) 地热水与低沸点工质在蒸发器内是间接换热，地热水并不直接参加热力过程，所以汽轮机内避免了地热水中气、固杂质所导致的腐蚀问题。

3) 可以适应各种不同化学类型的地热水。

4) 能利用温度较低的地热水。

5) 如果地热排水回灌地下，则水中的各种不凝气体仍保留在热水里并一起回到地下，避免了地面的大气污染。由于热水从地热井抽出一直到回灌地下始终处于压力之下，因而水中的结垢组分不会析出，从而避免了井管及管道系统中的结垢。

然而双循环发电系统也存在以下缺点：

1) 低沸点工质价贵，有的还易燃易爆，或有毒性，因而要求系统各处的密封性好，技术要求高。

2) 由于蒸发器、凝汽器和预热器都必须采用间壁式热交换器，增加了传热温差引起的不可逆热损失。低沸点工质一般传热性能较差，换热面积要求较大，从而增加了投资。

3) 操作和维修要求高。

6.5.6 双循环地热发电案例

1. 美国加利福尼亚大峡谷的 Heber SIGC 双循环地热电站

Heber SIGC 地热电站建于 1993 年，采用双级系统，其发电系统如图 6-17 所示，循环工质为异戊烷 R601a。双级系统意在降低基本双循环中热交换器内的换热不可逆损失，这种损失是由高温地热流体与低温工质之间热交换时存在的温差造成的。双级有机朗肯循环系统有两级预热蒸发过程，与传统单级预热蒸发的基本循环相比，不仅可以减小两种流体的平均传热温差，进一步降低热交换时的不可逆损失，还能有效提高地热流体的利用率，降低回灌损失。电站包括六个独立的双级有机朗肯循环系统，净功率为 33MW。每个系统的一级、二级循环均采用亚临界过热蒸气循环，第一级的总功率为 4.5MW，第二级的总功率为 3.5MW，单个系统的净功率约为 6.8MW。地热流体从生产井出来进入电站的初始温度为 165℃，冷却水温度

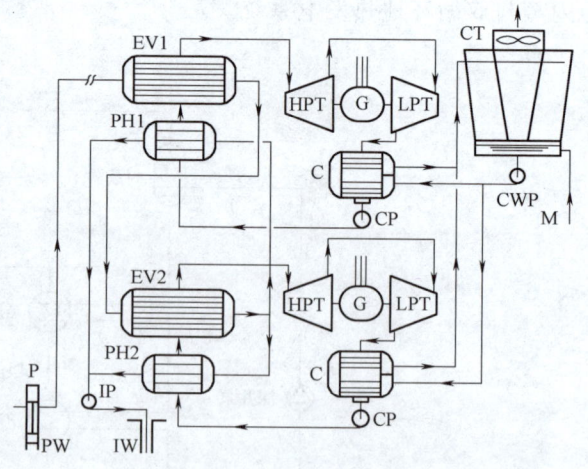

图 6-17 Heber SIGC 双级有机朗肯循环地热发电系统
C—冷凝器　CP—工质泵　CT—冷却塔　CWP—冷却水泵
EV—蒸发器　G—发电机　HPT、LPT—高、低压汽轮机
IP—回灌泵　IW—回灌井　PH—预热器　PW—生产井

为 20℃，电站㶲效率达到 41%。

2. 中国丰顺邓屋异丁烷双循环地热试验电站

位于广东省梅州市丰顺县的邓屋双循环地热试验电站，于 1977 年 4 月建成投入运行，其 2 号机组是我国第一台采用异丁烷作为工质的地热试验机组，整体系统如图 6-18 所示，也采用了双级有机朗肯循环。该机组所使用的地热源为 91℃ 地热水，其经两次调试和改装，出力稳定在 180kW，最高出力为 200kW。1978 年，该电站进行了初步运行测试，解决了机组振动、机械密封和油路调节等问题，其后进行了自发自用试验和并网发电试验，证明了异丁烷双循环地热发电在技术上的可行性。该机组系统简单，起动迅速，运行稳定，维护简单，但受限于设计经验和经济性等各种因素，于 20 世纪 80 年代停运。

相比较太阳能发电、风力发电等新能源的利用方式，我国的地热发电一直不温不火，但这并不代表地热发电已经走下坡路。相反，在地热发电技术与规划方面已取得显著进步。虽然今天只有西藏羊八井一枝独秀，但其未来前景一定是百花齐放。

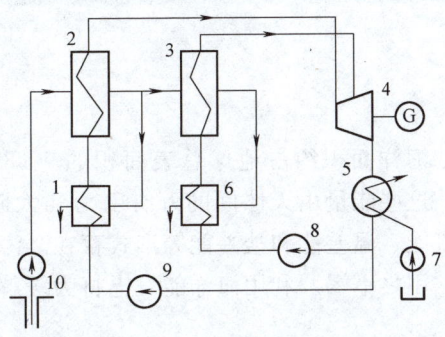

图 6-18　丰顺邓屋异丁烷双循环
地热试验电站热力系统

1—第一级预热器　2—第一级蒸发器　3—第二级蒸发器　4—汽轮机组　5—冷凝器　6—第二级预热器　7—循环水泵　8—第二级工质泵　9—第一级工质泵　10—深井泵

思考题与习题

6-1　什么是地热资源（地热能）？其主要来源有哪些？

6-2　地热能按温度等级分为高、中、低温，其温度范围分别是多少？分别有哪些利用方式？

6-3　地热资源存在的形式分为哪五种？目前人类主要利用的有哪些？

6-4　简述地热开采需要经历哪些过程。

6-5　概述蒸汽型地热发电的主要流程。

6-6　说出背压式汽轮机与凝汽式汽轮机的主要区别。

6-7　简要描述一下闪蒸原理。

6-8　简要描述一下闪蒸地热发电系统的流程。

6-9　什么是两级闪蒸系统？其优缺点分别是什么？

6-10　什么是双循环地热发电系统？简要描述一下其系统流程。

6-11　低沸点工质相对于水作为工质的特点和优势是什么？

6-12　双循环地热发电的优缺点分别有哪些？

第 7 章 海洋能发电

海洋能

海洋面积约占地球总表面积的 70.8%，在浩瀚的海洋中蕴藏着巨大的能量，这些能量由天体间的万有引力和太阳辐射产生，主要以潮汐能、波浪能、海流能、温差能和盐差能等形式存在。海洋能是清洁的可再生能源，其资源储量巨大，取之不尽，用之不竭。利用海洋能发电将为缓解世界能源危机和改善地球环境做出重大贡献。

7.1 潮汐能蓄能发电技术

潮汐能是海洋能中重要的一员，潮汐能蓄能发电是目前最有效的海洋能利用方式。

7.1.1 潮汐概述

1. 潮汐现象

在海边可观察到海水存在规律的涨落现象：到了一定的时间，海水迅速上涨，过了一段时间以后，海水又自行退去，如此循环往复。海水的这种运动被称为潮汐现象。

1687 年，牛顿首次应用万有引力定律解释潮汐现象。地球绕地球和天体（主要是月球和太阳）的公共质心运动所产生的惯性离心力和天体对地球上海水的引力的合力被称为引潮力。在引潮力和重力的共同作用下，海面形成一个平衡潮面。当海面正对天体时，海水受到天体的引力最大，导致海面上升；当海面背对天体时，海水受到天体的引力最小，同样导致海面上升。由于月球的引潮力比太阳大，潮汐现象主要是由月球引起的。这种因月球和太阳对地球的引潮力作用而产生的海水周期性涨落现象被称为海洋潮汐。由引潮力产生的潮汐又被称为引力潮。

引潮力的周期性变化还会引起地球固体部分的周期性形变，影响地面倾斜、重力和地球应变，因此产生的潮汐分别被称为地面倾斜潮、重力潮和地球应变潮，这三者统称为固体潮汐。海洋潮汐和固体潮汐之间存在相互作用。此外，太阳热辐射的周期性变化也会导致海水的周期性涨落，这种现象被称为太阳辐射潮。太阳辐射潮通常远小于引力潮，但是，它在海水涨落的年周期变化过程中起着主要作用。

2. 潮汐的主要概念

图 7-1 所示为潮汐现象涉及的部分概念。

（1）高潮和低潮　在海水涨落的一个周期中，海面上升到最高位置时称为高潮，海面下降到最低位置时称为低潮，两者对应的潮位高度分别称为高潮高和低潮高。

（2）涨潮、平潮、落潮和停潮　潮汐过程分为涨潮、平潮、落潮和停潮。从低潮到高潮的过程称为涨潮，从高潮到低潮的过程称为落潮，两者所经历的时间分别称为涨潮时间和落潮时间。海面到达高潮时暂停升降的过程称为平潮，海面降至低潮时暂停升降的过程称为停潮，平潮和停潮的时间可短至数分钟，或长达 1~2h，视地区而异。一般将平潮（停潮）的中间时刻作为高潮（低潮）的时刻。

（3）潮差 在海水涨落的一个周期中，高潮高与低潮高的潮位高度差称为潮差。其中，从高潮到低潮的潮差称为落潮差，从低潮到高潮的潮差称为涨潮差。潮差的平均值被称为平均潮差，月平均潮差是指月平均高潮高和月平均低潮高的潮位高度差。

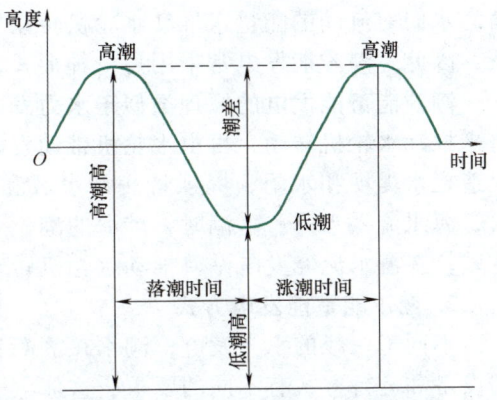

图 7-1 潮汐现象涉及的部分概念

3. 潮汐的分类

如前所述，潮汐现象主要是由月球的引潮力产生的。众所周知，地球自转的周期为 24h，但由于地球自转的同时月球也沿着同一方向围绕地球公转，月球中心连续 2 次经过地球上同一子午圈的时间间隔实际为 24h50min，即一个太阴日。因此，潮汐涨落的平均周期为 24h50min，大量的观测也证实了这一点。在一个太阴日中，地球上不同海区所产生高、低潮的变化情况不同，对此，潮汐被分为正规半日潮、不正规半日潮、正规全日潮和不正规全日潮四种类型。

（1）正规半日潮 正规半日潮在一个太阴日内有 2 次涨潮和 2 次落潮，且 2 次涨落的程度大致相等，即第 1 次高潮和低潮的潮差与第 2 次高潮和低潮的潮差大致相等。正规半日潮的涨潮和落潮时间也基本相同，约为 6h12.5min。

（2）不正规半日潮 与正规半日潮不同，在一个太阴日内有 2 次涨潮和 2 次落潮，但 2 次涨落的程度相差很大的潮汐被称为不正规半日潮。不正规半日潮的涨潮和落潮时间也不相等。

（3）正规全日潮 在一个月中，有连续一半以上的天数出现了一个太阴日内只有 1 次涨潮和 1 次落潮的情况，涨潮和落潮时间大约都是 12h25min，这种潮汐现象被称为正规全日潮。在这个月的其余天数中，一个太阴日内仍然有 2 次涨潮和 2 次落潮。

（4）不正规全日潮 在一个月中，有不到一半的天数在一个太阴日内只有 1 次涨潮和 1 次落潮，其他天数为不正规半日潮，这种现象叫作不正规全日潮。不正规半日潮和不正规全日潮又一起被称为混合潮。

4. 我国的潮汐能资源

引潮力做功导致了海水的涨落和流动，因此而产生的势能和动能就是潮汐能。我国地处太平洋西岸，海域辽阔，海岸线迂回曲折，潮汐能资源极为丰富。2012 年，根据国家海洋局组织实施的我国近海海洋综合调查与评价专项（简称 908 专项）的调查与研究，我国（不包括台湾地区）近海 10m 等深线以内潮汐能资源的总蕴藏量为 $1.9286×10^8$ kW，其中可开发的 500kW 以上的潮汐能发电站站址有 171 个，技术可开发量为 22830MW。

7.1.2 潮汐能蓄能发电原理和发电方式

1. 潮汐能蓄能发电原理

潮汐能发电是利用潮汐能的一种方法，一般可分为两种形式，一种是利用潮汐的动能，由海水向前流动的能量来推动水轮机转动。但是，直接利用潮汐的动能相对困难，效率也较低，因此，潮汐能发电常采用另一种形式，即潮汐能蓄能发电，又称潮位发电。

潮汐能蓄能发电的原理类似于水力发电，即利用潮汐的势能，由海水涨落所形成的水位差来推动水轮机转动，再由水轮机带动发电机发电。潮汐能蓄能发电站通常在海湾的出口处建造拦水堤坝和水闸，堤坝将海湾水域和外海隔开，形成一个潮汐水库。涨潮时，水闸开启，海水流入水库；落潮时，外海的潮位下降，与水库内的水位形成一定的落差。利用这个落差，在海水流经发电站时推动水轮机转动，水轮机再带动发电机发电。

2. 潮汐能蓄能发电方式

不同于一般的水力发电，潮水在涨潮和落潮时的流动方向相反，因此对潮汐能蓄能发电的设备和运行方式有不同的要求，这催生了不同类型的发电方式以及与之对应的发电站。潮汐能蓄能发电的方式主要包括单库单向发电、单库双向发电和双库连接发电。

（1）单库单向发电　单库单向发电方式只有一个水库，如图7-2所示。这种方式采用单向水轮发电机组，只能在涨潮或落潮时发电。由于涨潮发电利用的水库容量处于水库的下部，比落潮发电能利用的库容量小，因此，单库单向发电多利用落潮发电。

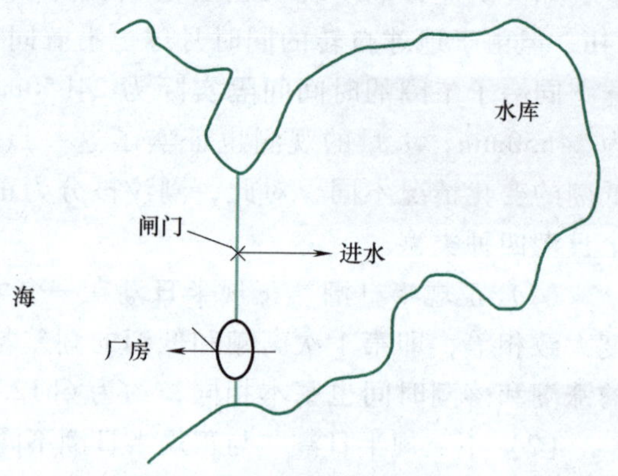

在一个潮汐周期内，潮汐发电的运行过程如下：

充水：涨潮时，水闸开启，上涨的潮水进入水库，直至水库内外的水位一致为止。这一过程中机组停机。

等候：落潮时，水闸关闭，水库内的水位维持不变，水库外的潮位不断下降。这一过程中机组停机。当水库内外的水位差达到水轮发电机组的起动水头时，机组开启。

发电：水库内的水流外泄，机组发电，库内水位不断下降，直到水库内外的水位差小于机组运行要求的最小水头。

等候：机组停机，水库内的水位保持不变，外海潮位由于涨潮而不断上升。当水库内外水位一致时，重新开始充水过程，进行下一次循环。

单库单向发电的水库运行曲线如图7-3所示。

图7-2　单库单向发电方式

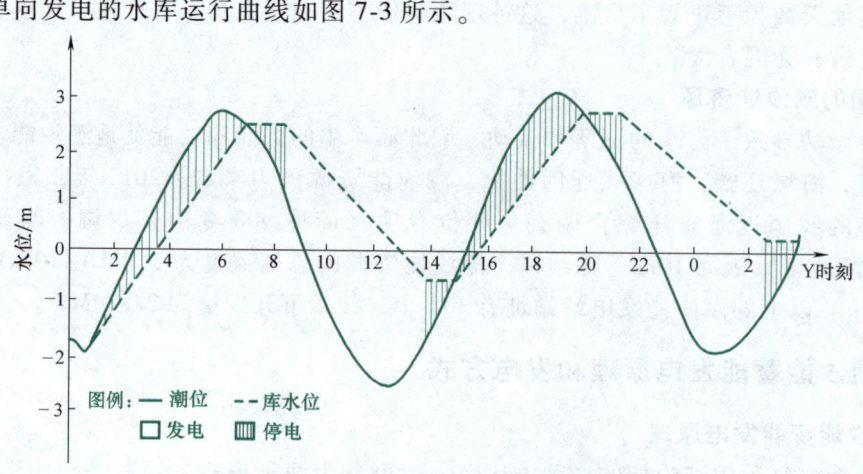

图7-3　单库单向发电的水库运行曲线

单库单向发电方式采用单向水轮发电机组,结构简单,发电水头大,具有较高的机组效率,工程建筑物的结构也较为简单。多数小型潮汐能蓄能发电站采用单库单向发电方式。但是,这种方式只能在落潮时发电,对正规半日潮地区而言,一天内发电两次,停电两次,导致平均每天发电时间较短,约为 9~11h,发电量较少,一般发电效率仅为 22%。

(2) 单库双向发电 由于涨潮和落潮时的水流方向不同,单库单向方式只能在落潮时发电。为了在涨潮和落潮时都能发电,可采用单库双向方式,如图 7-4 所示。这种发电方式同样只有一个水库,而"双向"可通过两种方法实现:一种是采用双向水轮发电机组来适应涨潮和落潮时不同的水流方向;另一种方法是仍然采用单向水轮发电机组,但是在布置水工建筑物时,让流道在涨潮和落潮的两种情况下都能沿着同一方向流入和流出水轮机。在一个潮汐周期内,单库双向发电的运行过程包括等候、涨潮发电、充水、落潮发电和泄水,水库运行曲线如图 7-5 所示。

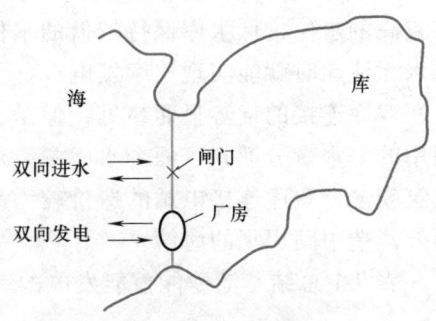

图 7-4 单库双向发电方式

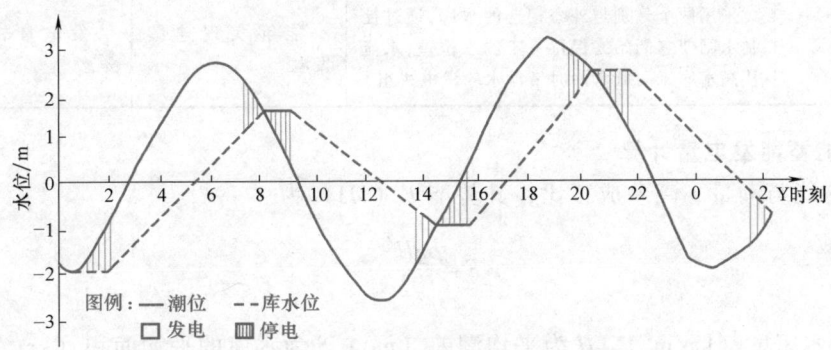

图 7-5 单库双向发电的水库运行曲线

单库双向发电方式适用于正规半日潮型的海湾,在一天内发电 4 次,停电 4 次,平均每天发电时间约为 14~16h。相比于单库单向发电,单库双向的发电量增加了 15%~20%,能够更充分地利用潮汐能。但是,因为采用了双向发电,其平均发电水头小于单向发电,机组效率较低。

(3) 双库连接发电 上述两种单库发电方式都无法避免停电的状态,这会给电力系统和电力用户带来很大的不便。若采用双库连接发电方式,就可以保证电力的连续供应。

双库连接是指在海湾的出口处建造两个相邻的水库,它们各自通过进水闸和出水闸与外海相连,其中一个水库只在外海潮位高时进水,称为高水库,另一个水库只在外海潮位低时出水,称为低水库,水轮发电机组建在高、低两个水库之间,如图 7-6 所示。在潮水涨落的整个周期中,通过控制进水闸和出水闸,让高水库保

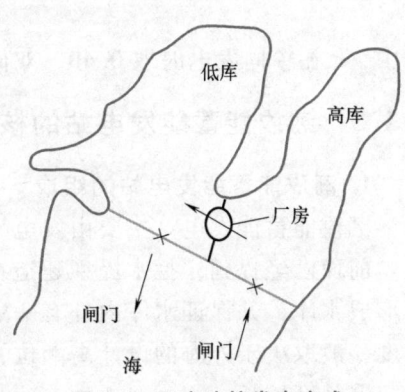

图 7-6 双库连接发电方式

持较高的水位,低水库保持较低的水位,两者之间始终有一定的水位差,则海水从高水库向低水库流动时就能实现连续发电。

双库连接的优势显而易见,但是,由于需要建造两个水库,将单库方式中一个水库能够利用的海水量分散到了两个水库中,双库的发电量较单库相应降低。而且,由于需要的工程建筑较多,双库连接电站的造价较为昂贵,因此这种发电方式适用于可借助天然地形而不需额外建造中间堤坝的海湾。

表 7-1 总结了潮汐能蓄能发电的三种主要方式及其优缺点。

表 7-1 潮汐能蓄能发电的三种主要方式及其优缺点

发电方式	工作原理	优点	缺点
单库单向	涨潮时向水库充水,落潮后利用水库内外的水位差驱动水轮发电机组	设备结构简单	发电量较少,潮汐能利用率低,发电不连续
单库双向	采用双向水轮发电机组,或利用特殊的流道布置使潮水在涨潮和落潮时从同一方向流经水轮机,从而使水流在涨潮和落潮时都能驱动水轮发电机组	发电量较大,潮汐能利用率高	机组结构复杂,发电不连续
双库连接	采用两个分别与外海相连的水库,通过控制水闸使它们始终保持一定的水位差,水流从高水库流向低水库时带动水轮发电机组	能够实现连续发电	发电量较低,工程建筑多

3. 潮汐能蓄能发电量计算

潮汐蕴含能与潮量、潮差成正比,其势能 E(MJ)为

$$E = \frac{\rho g H^2 S}{2} \tag{7-1}$$

式中,ρ 为潮水密度(kg/m³);H 为平均潮差(m);S 为水库的平均面积(km²)。

从理论上来说,潮汐能蓄能发电站的可能装机容量可以由潮汐的势能估算得出。对处于半日潮地区的潮汐电站,其装机容量和发电量可由经验公式计算,装机容量 P(kW)为

$$P = 200 H^2 S \tag{7-2}$$

潮汐电站的年发电量 F(kW·h)为

$$F = 10^6 a H^2 S \tag{7-3}$$

式中,a 在单向发电时取 0.40,双向发电时取 0.55。

7.1.3 潮汐能蓄能发电站的核心——水轮发电机组

1. 潮汐能蓄能发电站的组成

潮汐能蓄能发电站主要由发电厂、拦水堤坝和水闸组成。

前面已经提到,拦水堤坝建造在海湾出口处,作为外海与海湾水域之间的一道屏障,用以形成水库,并保证水库内外有一定的水位差,为潮汐发电提供条件。潮汐电站拦水堤坝的高度一般取决于外海的设计高潮位,由于潮汐的潮位高度一般都低于 10m,拦水堤坝通常不高,但长度较长。

水闸则用于调节水库的进、出水量。例如采用双库连接发电方式时，涨潮时高水库的进水闸打开，向高水库内充水，落潮时低水库的泄水闸打开，低水库向外海泄水，使两个水库之间维持较大的水位差，以增加发电量。除此之外，水闸还具有挡潮、防洪、排涝等作用，即在大潮和洪涝期间可通过调节水闸以阻挡潮流侵袭，或加快库内水的排出。潮汐电站的水闸需要频繁开启。采用单库单向发电方式的电站，其水闸每天开启 2 次，单库双向和双库连接潮汐电站的水闸则每天开启 4 次。

发电厂作为潮汐能蓄能发电站最重要的组成部分，其作用是将潮汐能转变为电能。发电厂的设备主要包括水轮发电机组、输配电设备、起吊设备、潮水流道、阀门和控制室等，其中最为核心的设备就是水轮发电机组。

2. 水轮发电机组的分类

潮汐能蓄能发电站一般建造在潮差较大的海湾，在加拿大芬迪湾能观测到全球最大的潮差，达 16.2m，但这一数字仍然远小于一般水电站的水头。因此，潮汐电站采用的水轮发电机组必须能够在很小的水头下运行。而由于海水进退的流量很大，潮汐电站的机组也必须允许大流量潮水的通过。

潮汐电站的水轮发电机组主要有三种类型：立轴式、横轴式和贯流式。

（1）立轴式水轮发电机组　立轴式水轮发电机组把轴流式水轮机和发电机的轴竖向连接起来，垂直于水平面，水轮机被置于较大的混凝土蜗壳内，发电机则被置于厂房的上部。这种形式的机组结构简单、运行可靠，但由于进水管和尾水管有较多弯曲，水头损失很大，导致效率较低。一般小型的潮汐电站可采用立轴式水轮发电机组。

（2）横轴式水轮发电机组　不同于立轴式机组，横轴式水轮发电机组将机组的轴横置。在这种形式下，机组的进水管缩短，进水管和尾水管的弯度也较立轴式机组大大减小，因此水头损失较少。但其尾水管仍然很长，因而对厂房的长度和面积有一定要求。

（3）贯流式水轮发电机组　为了提高机组的发电效率、缩短输水管的长度并减小厂房的面积，在横轴式机组的基础上发展出了一种新的卧式机组——贯流式水轮发电机组。与立轴式机组相比，贯流式机组的尾水管采用直线状或略微弯曲的流道来代替蜗壳和弯曲形尾水管，因而水流在流道内基本沿轴向运动，不会经过剧烈的转弯，水头损失较小，过流量大。贯流式机组一般适用于 1～25m 的水头，其整体效率较高，可达 87%。

贯流式水轮发电机组根据其结构形式和流道形状的不同，可以分为半贯流式和全贯流式两大类，其中半贯流式又包括灯泡贯流式、竖井贯流式和轴伸贯流式等。

在灯泡贯流式机组中，发电机被安装在一个灯泡形的金属壳体内，与水轮机同轴连接。根据灯泡形壳体被置于水轮机转轮的上游还是下游，灯泡式机组还可分为上游灯泡式和下游灯泡式。灯泡式机组的效率较高，并且结构紧凑，稳定性好。

竖井贯流式机组的流道中设有竖井，发电机安装在竖井内，通过竖井中的传动机构与水轮机相连接。竖井式机组的流道短，布置形式简单，但是竖井处于流道中，对水流流动造成了一定阻碍，因而机组效率较低。

在轴伸贯流式机组中，发电机被安装在流道外的尾水管顶部，水轮机的主轴从尾水管穿出后与发电机相连接，因而尾水管一般为 S 形。轴伸式机组的结构简单，但由于弯曲的尾水管内存在水力损失，其效率较低。

全贯流式机组的流道平直，水流直贯水轮机的转轮。水轮机和发电机之间没有传动轴，发电机的转子安装在流道外水轮机转轮叶片的外缘处。发电机的尺寸不受限制，能够采用最佳的转子直径，因而发电机的转动惯量较大。全贯流式机组的水力效率高，其适用水头可达40m。但是，发电机转子的转动惯量很大，这使得机组在承受潮流的推力和转子旋转时较难保持稳定，又由于转子距离流道很近，要求水轮机和转子轮缘间有良好的密封，因而全贯流式机组的制造要求很高。

表7-2为潮汐电站水轮发电机组的主要类型及其优缺点。

表7-2 潮汐电站水轮发电机组的主要类型及其优缺点

水轮发电机组		优　点	缺　点
立轴式		结构简单，运行可靠	水头损失大，效率低
横轴式		水头损失较小	长度长，需要较大的厂房面积
贯流式	半贯流式 灯泡贯流式	结构紧凑，稳定性好，效率高	—
	半贯流式 竖井贯流式	流道短，布置形式简单	效率较低
	半贯流式 轴伸贯流式	结构简单	效率较低
	全贯流式	效率高	制造工艺要求高

对贯流式机组而言，水轮机和发电机的连接有直轴连接和通过增速器连接两种方式。当潮汐电站的水头很小时，水轮机的转速很低，采用直轴连接就要求发电机的转速也很低，需要采用体积很大的低速发电机。因此，可以在水轮机和发电机之间使用增速器，将水轮机的转速升高以后再连接发电机，以减小发电机的尺寸。

3. 水轮发电机组的关键技术

不同于一般的水力发电，潮汐能蓄能发电使用的工作介质是海水，其水轮发电机组的许多部件需要长时间浸泡在海水中，其余部件接触到的空气所含盐分也很高，这会对金属材料产生极大的腐蚀作用，也会对机组中的电气元件产生不良影响。因此，潮汐电站的水轮发电机组必须采用防腐处理。

防腐处理的手段主要包括涂敷防腐涂料、选用耐腐蚀的制造材料和采用阴极保护。所有需要与海水接触的水轮发电机组的部件表面都应涂敷防腐蚀的涂料，常见的如环氧沥青防腐涂料等。对关键性的部件，还可在满足机械强度条件的情况下选用铬、钼、镍含量较高的不锈钢来制造，以提高其耐蚀性。此外，要防止金属材料被腐蚀，还可采用阴极保护。阴极保护是指在金属部件上安装辅助阳极，通过海水形成回路，使部件处于阴极状态，其电子迁移被抑制，降低了被腐蚀的可能性。阴极保护尤其适用于不易涂敷防腐涂料或涂料容易脱落的部件上。

除了容易被腐蚀，海水流经机组部件时，其携带的海洋生物也可能会附着在部件的表面，从而影响机组的过流量，妨碍部件的运动，导致机组的出力降低。因此，潮汐电站的水轮发电机组还需采用防海洋生物附着处理。通常这也是由涂敷特殊的涂料实现的，也可以通过电解海水产生氯离子，将其输送至部件表面，来抑制海洋生物的附着和生长。

7.1.4 著名的潮汐能蓄能发电站

1912年,德国建成了全世界第一座实验性小型潮汐电站——布苏姆电站,开启了人类利用潮汐能发电的历史。此后,潮汐电站技术逐渐发展成熟,并在世界各地陆续兴建。1946年,法国开始对其国土西北部圣马洛海湾的朗斯河口进行研究和试验,1961年,朗斯电站正式开工建设,1966年,第一台机组正式发电,1967年,全部24台单机容量为10MW的机组投入运行。1968年,苏联在基斯拉雅湾建成了一座潮汐电站,先后有两台400kW的机组投入运行。1979年,位于加拿大芬迪湾的安纳波利斯潮汐电站开工建设,1984年,安纳波利斯潮汐电站一台17.8MW的机组投入运行。2011年,韩国始华湖潮汐发电站正式投入运营,10台发电机合并发电容量达254MW,是目前世界规模最大的潮汐发电站。

我国利用潮汐能发电已有半个世纪的时间。20世纪50—70年代是我国利用潮汐能发电的第一个阶段。这一时期,我国先后建造了约50座潮汐电站,但是,由于选址不当、设备简陋和运行管理不善等原因,目前大部分电站都已废弃。从20世纪70年代开始,我国总结了50年代潮汐发电的经验教训,在此基础上建成了一批潮汐电站,其中的部分电站一直运行至今。1973年,位于浙江温岭乐清湾的江厦潮汐电站正式开工建设,1980年,江厦电站第一台500kW的机组投入运行,此后陆续投入了1台600kW的机组和4台700kW的机组,电站总装机容量达到3.9MW。江厦电站是我国第一座潮汐能双向发电站,也是我国目前规模最大的潮汐电站。20世纪80年代至今,我国对过去建造的潮汐电站及其设备进行了治理和改造。基于1978年和1986年的两次全国潮汐能资源普查,从20世纪90年代开始我国对10MW级以上的潮汐电站进行选址和规划,开展了大、中型潮汐电站的设计研究和前期科研工作,为今后大、中型潮汐电站的建设打下了基础。

表7-3列出了世界上的部分大型潮汐电站,表7-4列出了我国的8座潮汐电站。

表7-3 世界上的部分大型潮汐电站

电站名称	国 家	平均潮差/m	水库面积/km^2	总装机容量/MW	首台投产时间(年)
朗斯	法国	8.5	22	240	1966
安纳波利斯	加拿大	6.4	12	17.8	1984
始华湖	韩国	8.5	50	254	2011

表7-4 我国的8座潮汐电站

电站名称	地 址	总装机容量/kW	投产时间(年)
沙山	浙江温岭	40	1961
岳浦	浙江象山	300	1971
海山	浙江玉环	150	1975
浏河	江苏太仓	150	1976
果子山	广西钦州	40	1977
白沙口	山东乳山	960	1978
江厦	浙江温岭	3900	1980
幸福洋	福建平潭	1280	1989

1. 法国朗斯潮汐电站

法国朗斯电站建于1966年,是全世界第一座具有经济价值的潮汐电站。不同于以往的实验性电站,它的建成标志着潮汐能发电开始进入实用阶段。朗斯电站的装机容量达到240MW,设计年发电量为544GW·h,是全球规模最大的已建成的潮汐能蓄能发电站之一,也是全球规模最大的已投入运行的海洋能发电工程之一。电站位于法国西北部圣马洛海湾的朗斯河口以南约2.5km处,这里是世界上著名的大潮差地点之一,平均潮差为8.5m,最大潮差可达13.5m,潮汐能资源量十分可观。

朗斯电站的拦水堤坝长750m,在海湾处形成一个面积为22km^{2}的水库。电站的发电方式为单库双向,其发电厂房内安装有24台单机容量为10MW的灯泡贯流式水轮发电机组,这些机组能在涨潮和落潮时实现双向发电、双向抽水和双向泄水。相比于大多数采用单库单向发电方式的潮汐电站,朗斯电站的潮汐能利用率高,发电量大,在兼顾电站经济性的同时尽可能地克服了潮汐能发电不连续的特点。

2. 加拿大安纳波利斯潮汐电站

安纳波利斯电站建成于1984年,地处加拿大芬迪湾的安纳波利斯河口,这里的潮差为4.2~8.5m,平均潮差为6.4m。该电站只有一台发电机组,装机容量为17.8MW,年发电量为45GW·h。

安纳波利斯潮汐电站站址上有一道现成的控制洪水的堤坝,该堤坝长225m,形成了面积为12km^{2}的水库。电站采用单库单向发电方式,其创新之处在于使用的17.8MW的全贯流式水轮发电机组,这是世界上技术最先进的全贯流式机组之一。前文提到,全贯流式机组的制造要求很高,必须能够在机组承受推力和转子旋转时保持稳定,且转子轮缘和水轮机间要有良好的密封。安纳波利斯电站的这台机组采用常规的水动力套筒式转子轴承,并把特殊的合成材料弯曲压贴在构件上来达到密封效果。自1984年投产以来,机组良好运行了30余年,在发现涡轮机造成了大量鱼类死亡且发电系统内的一个关键部件发生故障后,该站于2019年4月关闭并退役。

3. 浙江温岭江厦潮汐电站

1973年,江厦电站在浙江温岭乐清湾开工建设。此处的最大潮差达到8.39m,平均潮差为5.1m。到1986年,共有5台机组投产,总装机容量为3.2MW。2007年,第6台700kW的机组投入运行,电站总装机容量达到3.9MW,年发电量约为7.2GW·h。

江厦电站是在原"七一"围垦工程的基础上建造的,除发电以外,还兼有围垦造田、海水养殖等多种功能。电站采用单库双向发电方式,安装有三种型号的双向灯泡贯流式水轮发电机组。其中1、2号机组为同一型号,水轮机和发电机之间装有增速器,额定容量分别为500kW和600kW;3~5号机组为同一型号,水轮机和发电机直接相连,额定容量均为700kW;6号机组是一台新型的双向卧轴灯泡贯流式机组,额定容量为700kW。江厦电站是我国第一座潮汐能双向电站,也是我国目前规模最大的潮汐电站。江厦潮汐电站的建设和发展,为我国潮汐能资源的开发和利用积累了宝贵的经验。

7.1.5 小结与展望

人类利用潮汐能发电的历史至今已有上百年,经过长久的经验和技术积累,潮汐能蓄能发电的规模正在从中、小型向大型化发展。地球上有许多海湾和河口的平均潮差达到了 4.6m 以上，蕴含着巨大的潮汐能资源。加拿大和美国之间的芬迪湾有全球最大的潮差，达 16.2m；朗斯电站地处的法国圣马洛湾，最大潮差为 13.5m；我国钱塘江的最大潮差也达到了 8.9m。目前，世界上许多适合建造大型潮汐电站的地点都在研究潮汐能蓄能发电，全球有多座 100MW 以上的潮汐电站在规划建设中。

但是，潮汐能发电的不连续性使得潮汐电站的效率相对偏低，加上高昂的土建成本和海水腐蚀导致的设备折旧费用，使得潮汐能蓄能发电目前在经济性上尚且无法和传统的火电以及新兴的光伏、风电等发电技术竞争。在未来，随着潮汐能蓄能发电技术的不断发展和发电成本的降低，其竞争力将不断提高，潮汐能蓄能发电将在多种发电方式中占有一席之地。

7.2 波浪能发电技术

人们已经可以通过波浪能发电技术，利用海洋中波浪的动能生产电能。早在一个世纪以前，人们已经开始对波浪能的利用进行研究。目前来看，波浪能发电尚处于技术示范阶段，由于成本和技术限制，波浪能还不能参与大范围供电。但在一些特殊场合，比如海岸、海岛、灯塔、航标等，由于距离陆地较远，电网无法直接覆盖，又不便采用常规能源供给能量，此时采用波浪能发电更加具有优势。

7.2.1 波浪能概述

汹涌澎湃的海洋中蕴藏着极大的能量，波浪能就是其中的一种。当海风吹过海面时会形成波浪，此时的风能就被转化成海水的动能，并以波浪的形式表现出来。更为广义的海洋波浪，还包括天体引力、海底地震、大气压力变化等因素引起的海水波动。据计算，波浪能所蕴含的能量可达 700 亿 kW 之多。

波浪能的发展历史可以追溯到 20 世纪。1910 年，法国人波契克斯·普莱西克（Bochaux Praceique）就建造了第一座振荡水柱式波浪能发电装置，为他的住宅供应 1kW 的电力。1964 年，日本的益田山雄发明了利用波浪能发电的导航灯浮标，成为首次商品化使用的波浪能发电装置。但是，由于早期波浪能发电装置大多采用振荡水柱式波浪能发电技术，能量转换效率不高，输出功率普遍较低，因此一直没有得到广泛的关注和研究。1970 年石油危机期间，英国教授索尔特发明了"鸭式"波浪能发电装置，提高了波浪能发电的效率。英国政府曾经计划在苏格兰外海海域大规模铺设"鸭式"波浪能发电装置，供应全国当年所需电力。后来，该计划因石油价格回落、发电成本高等原因被终止并放弃。1992 年，英国在苏格兰的艾拉岛附近建成一座功率为 75kW 的振荡水柱式波浪能电站，并在 2000 年改建为可满足 400 户居民电力需求的 500kW 岸式波浪能电站。此外，日本、挪威、芬兰、加拿大、丹麦、美国等国家也在波浪能发电设备及电站方面开展了大量的科学研究工作。

我国海岸线长达两万余千米，可开发和利用的波浪能资源十分丰富。依海域分，台湾海峡波浪能最大，福建、浙江、广东、山东沿岸次之。表 7-5 是我国波浪能资源分布情况。

表 7-5 我国波浪能资源分布情况

省份（自治区或直辖市）	平均功率/MW	省份（自治区或直辖市）	平均功率/MW
辽宁	255.03	福建	1659.67
河北	143.64	台湾	4291.22
山东	1609.79	广东	1739.50
江苏	291.25	广西	80.90
上海	164.83	海南	562.77
浙江	2053.40	全国	12852.00

我国波浪能发电技术的研究始于 20 世纪 70 年代，经过几十年的努力，已经有 10～450W 的多种利用波浪发电技术的航标产品面市。波浪能电站方面，1990 年，由中国科学院广州能源研究所研发的、装机容量为 3kW 的珠海市大万山岛电站成功试发电（图 7-7），随后又建成了 20kW 岸式波浪能实验电站、5kW 后弯管漂浮式波浪发电船、100kW 岸式振荡水柱电站、30kW 摆式波浪电站等。

总的来说，目前欧美发达国家和一些大型跨国能源公司对波浪能发电技术都有着浓厚的兴趣，英国在波浪能发电应用技术上处于较为领先的地位。我国波浪能发电技术虽然起步较晚，但是发展迅速，在部分技术领域，如小型岸式波浪能发电技术，已经逐渐进入世界领先行列。相比于风能和潮汐能，波浪能发电技术仍处于技术发展阶段，在诸如成本、效率和可靠性等方面仍存在问题。

图 7-7 大万山岛电站

波浪能发电技术具有无污染、能量密度高、潜在能源总量大、可再生等优点，但缺点在于发电量受环境的影响较大，是一种极不稳定的能源，波浪能量的收集难度较大。波浪能发电装置特别适合于无法架设电线的沿海小岛以及航标灯等设备，但也还需要在独立性与稳定性方面进行改进。

7.2.2 波浪能发电原理

一般来说，波浪能发电技术包含多个阶段的能量转换过程，如图 7-8 所示。

第一阶段的能量转换是上述转换过程的重点，也是波浪能发电技术的核心，是区分不同波浪能发电技术的标志。目前的主流技术是将波浪能转换为空气动能、浮子动能或重力势能，分别对应于振荡水柱式、振荡浮子式、越浪式波浪能发电装置。详细的转换原理和设备会在 7.2.3 节中重点介绍。

第二阶段是通过液压、气压或机械装置，将第一阶段得到的能量转换为更稳定、

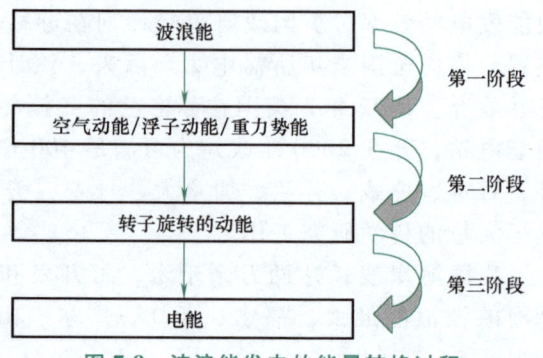

图 7-8 波浪能发电的能量转换过程

更容易利用的机械能——发电机转子的旋转动能。

在第三阶段，利用发电机完成由转子动能向电能的转化。发电机可以是交流发电机，也可以是直流发电机。

1. 海洋波浪的形成机理及特性

在详细介绍波浪吸收原理前，需要对海洋波浪的形成机理及特性进行简单的介绍。

海洋波浪的形成机理十分复杂，至今尚未被彻底研究清楚。目前将波浪的形成过程归纳为三个主要步骤：

1）吹拂海面的风形成一个水面切线压力，从而产生波浪并持续增强。

2）大气湍流产生压力和切应力波动，若切应力波动与波浪相同，则产生更多的波浪。

3）当波浪形成一定的规模，风将在波浪的迎风面作用一个更大的力，从而使波浪进一步生长。

如图7-9所示，波浪的特性可以用波高H、周期T及波长λ来描述，波高H为波峰和波谷之间的垂直距离；波长λ为波的传播方向上两个波峰（波谷）之间的水平距离；波周期T为两个连续波峰通过一个固定点所需的

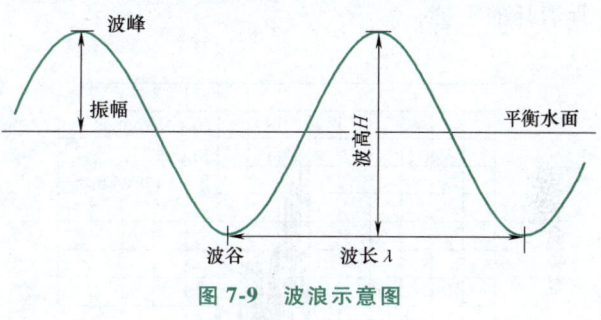

图7-9 波浪示意图

时间。根据波的叠加原理，海洋中随机形成的波浪可以近似为一系列频率、振幅各不相同的叠加正弦波。

通过人们对波浪形成机理及特性的长期探索，可以将波浪从不同角度划分成不同种类。

根据波浪的频率不同，可将波浪分为表面张力波、重力波、惯性波、行星波等。其中，表面张力波频率最高，表面张力是它的恢复力；随着频率的降低，重力、地转偏向力逐渐成为主要的恢复力，成为重力波和惯性波；频率最低的波是行星波，它的恢复力是地转偏向力在经纬方向上的变化率。

根据海水深度的不同，可将波浪分为浅水波、有限水深波和深水波，以相对水深作为划分的指标。相对水深指水深h与波长λ的比值，是一个量纲一的物理量，计作h/λ。当$h/\lambda<1/20$时，为浅水波；$1/20 \leqslant h/\lambda<1/2$时，为有限水深波；当$h/\lambda \geqslant 1/2$时，为深水波。浅水波和有限水深波在传播过程中会受到海底的影响，波浪性质和吸收原理与深水波不同。

掌握波浪的形成机理及波浪特性的理论，能够帮助科研人员在设计阶段对各种波浪能发电装置和技术进行模拟分析和优化，但由于海洋波浪形成的复杂性和传播过程的随机性，通过波浪的形成机理计算波浪特性仍存在较大困难。因此，在工程应用中，通常采用采样统计的方法来了解某一海域的波浪性质。

为了得到海洋的波浪性质，可以在海面上部署一个测量波浪的传感器。这个传感器可以是一个浮子，或者是一个利用声呐及高精度压力计来检测波面升降的浸没系统。通过这种方式可以观察到，在某一时刻，从多个波源发出的波在一点汇合后，会互相叠加。由于混合了来自不同地方的各种波浪，海洋中的波浪有着复杂多变的形态。

对于波浪吸收装置来说，波浪的频率特性十分重要。为了更加直观地了解波浪中蕴藏的能量与频率之间的关系，人们提出了"功率谱"的概念。功率谱的横坐标是角频率，纵坐

标是功率谱函数，图 7-10 所示是日本室兰测试点实测的海洋波浪能量功率谱。实测结果表明：在特定的角频率附近，海浪具有一个能量集中的极值点。这种性质表明，设计一个合适的机械系统，可以吸收海浪中的大部分能量，即可以利用波浪能驱动一个机械系统。

2. 波浪能的吸收原理

波浪能的吸收过程可以近似成一个"弹簧-阻尼"系统的能量耗散过程，利用"弹簧-阻尼"系统等效替代波浪能的吸收装置能够帮助人们更好地理解波浪能的吸收原理，该系统如图 7-11 所示，包括弹簧、质量块、阻尼器三个部分，并且有一个作用在质量块上周期变化的外部激励力。质量块代表波浪能发电装置中与海水接触的浮子；外部激励力代表波浪周期性波动作用在浮子上的力；阻尼器代表发电装置；被阻尼器吸收的能量代表驱动发电机运转所消耗的动能。

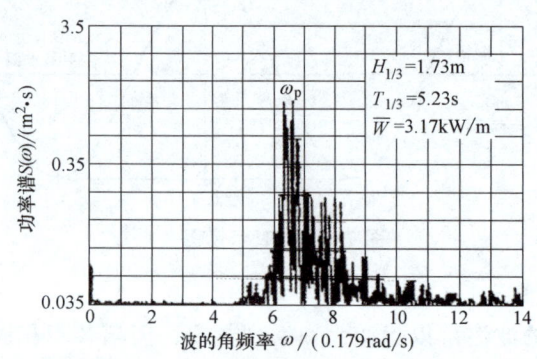

图 7-10 日本室兰测试点实测的海洋波浪能量功率谱

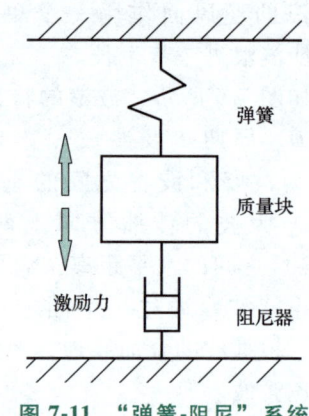

图 7-11 "弹簧-阻尼"系统

当施加一个周期性变化的外部激励力 F 后，质量块在弹簧力、外部激励力和阻尼器阻力的联合作用下振动，在这个过程中，阻尼器吸收能量。该系统的固有频率为

$$f_0 = \frac{1}{2\pi}\sqrt{\frac{k}{m}} \tag{7-4}$$

随着外部激励频率的变化，"弹簧-阻尼"系统表现出不同的特性。值得注意的是，当激励频率与系统的固有频率相同时，质量块的振动最为剧烈，达到最大振幅，此时阻尼器吸收的能量也达到最大值，称为"共振"现象。

波浪能的吸收过程利用了"共振"的原理，对于波浪能发电技术来说，当波浪能吸收装置的固有频率与波浪频率相同时发生共振，此时波浪能吸收装置的能量转换效率最高。

在实际应用中，由于海洋波浪的随机性，波浪的频率并不是常量，因此很难发现绝对的共振点。波浪能转换装置通常被设计成在功率谱中能量最大的频率附近发生轻微共振，此时更有利于波浪能的吸收。

3. 波浪功率的计算

对于波浪能吸收装置而言，由于不同类型的波蕴藏的能量不同，其可被吸收和利用的能量比例会有所不同。因此，在计算波浪的功率时，应采用分别计算、叠加求和的方法。

第 n 个波浪的功率可以用波浪自身的能量和转换速率的乘积来表示，即

$$W_n = E_n C_{gn} \tag{7-5}$$

式中，W_n 为第 n 个波的功率（W/m）；E_n 为第 n 个波的能量密度（J/m²）；C_{gn} 为第 n 个波

的转换速率（m/s）。

其中

$$E_n = \frac{1}{2}\rho_w g a_n^2 \tag{7-6}$$

$$C_{gn} = \frac{1}{2}C_n\left[1 + \frac{2k_n h}{\sinh(2k_n h)}\right] \tag{7-7}$$

$$C_n = \frac{g}{\omega_n}\tanh(k_n h) \tag{7-8}$$

式中，ρ_w 为海水的密度（kg/m³）；a_n 为第 n 个波的振幅（m）；C_n 为第 n 个波的波速（m/s）；k_n 为第 n 个波的位移系数；ω_n 为第 n 个波的角频率（rad/s）；h 为海水的深度（m）。

式（7-5）是从波浪形成机理的角度对波浪功率进行表述的。在实际应用中，采用上述公式计算较为繁琐，且需要对各种叠加波浪进行分别测量，测量难度较大。因此，在此介绍引入功率谱的经验拟合算法。

通过人们长期的经验总结发现，无论采集点在哪里，波浪的功率谱都有着类似的形态，即在某一频率处功率达到峰值点，两边越远离峰值点，功率越小。这一特性可以用 Bretschneider-Mitsuyasu 能量谱方程式表示，即

$$S_f(f) = \frac{0.256}{T_{1/3}^4 f^5} H_{1/3}^2 \mathrm{e}^{-1.03 T_{1/3}^{-3}} \tag{7-9}$$

式中，$S_f(f)$ 为功率谱函数（m²·s）；f 为波的频率（Hz）；$H_{1/3}$ 为有效波高度（m）；$T_{1/3}$ 为有效波周期（s）。其中，有效波高度为给定所有波高中最高的三分之一的平均值，有效波周期为给定所有波周期中最大的三分之一的平均值。

通过能量谱方程，可以计算所有频率的波叠加后得到的总功率，即波浪的总功率为

$$W = \sum_{n=1}^{\infty} W_n = \rho_w \sum_{n=1}^{\infty} C_{gn} S_f(f) \tag{7-10}$$

将式（7-9）代入式（7-10），可以得到估算海洋波浪能的简化方程，即

$$W = 0.44 H_{1/3}^2 T_{1/3} \tag{7-11}$$

式中，W 为所有频率的波叠加后的总功率。

从式（7-11）可以看出，波浪的总功率与有效波高的二次方和有效波周期成正比。

4. 波浪能发电系统

海洋中的波浪随机波动、时有时无，若直接利用波浪的波动推动发电机发电，产出的电能极不稳定，且发电效率较低，无法被人类利用。为了获得更加平稳的电能输出，波浪能发电系统采用多阶段能量转换的方法，这样不仅发电相对平稳，而且提高了波浪能的转换利用效率，同时还增加了装置的可靠性。

图 7-12 所示为典型的波浪能发电系统流程。波浪能发电系统包括以下四个主要组成部分：

图 7-12　典型的波浪能发电系统流程

(1) 波浪能吸收装置　用于吸收波浪的动能。由于波浪散布在海平面上，因此可以将多个波浪能吸收装置组成波浪吸收装置阵列，吸收更多的波浪能。波浪能吸收装置是波浪能发电技术的核心，根据吸收装置原理的不同，可以将目前主流的波浪能发电技术分为振荡水柱式、振荡浮子式和越浪式三种类型。

(2) 能量集中装置　能量集中装置由气泵、液压泵、齿轮箱或其他传动机构组成，其作用是集中散布在海面上的能量吸收器收集到的能量，并推动发电机转子高速旋转。例如振荡水柱式波浪能发电装置，气流速度经能量集中装置从 1m/s 提高到 100m/s，驱动空气涡轮高速旋转，带动发电装置转子旋转。

(3) 发电装置　发电装置将转子高速旋转的动能转换为电能。常用的发电装置有直流发电机和交流发电机。由波浪能发电装置发出的电能必须转换为具有标准电压和频率的三相交流电，才能并网向外界供电。

(4) 自动化控制设备　波浪能发电系统需要自动化控制设备，以维持系统安全、稳定运行。海洋中恶劣气候环境较多，自动控制设备承担着控制设备运转、防止海水侵蚀、提示系统运行故障和报警等多项任务。

海洋波浪发电装置按照服役地点的不同，可分为离岸式、近岸式和靠岸式。离岸式多被安装在水深大于 40m 的海区，利用锚泊系统固定在海底，电能通过海底电缆输送到岸上；近岸式一般置于水深 15~20m、距离海岸 1km 之内的海区；靠岸式固定在岸边，不需要锚固和海底电缆，易于安装和维护。

7.2.3　波浪能发电技术的形式

在利用波浪能的过程中，前人发挥智慧，设计出了各式各样、精巧非凡的吸收波浪能的技术形式。目前的主流波浪能发电技术可分为振荡水柱式、振荡浮子式和越浪式三种，如图 7-13 所示，三者的主要区别是能量转换过程中第一阶段转换形式不同——振荡水柱式、振荡浮子式和越浪式波浪能发电技术分别将波浪能转换为空气动能、浮子动能和海水的重力势能。接下来，对这三种主流技术进行详细的讲解。

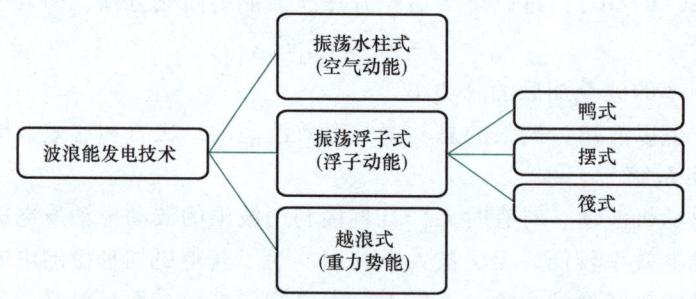

图 7-13　主流的波浪能发电技术形式分类

1. 振荡水柱式波浪能发电原理及装置

振荡水柱式（OWC）波浪能发电装置又称空气涡轮式波浪能发电装置，该技术利用波浪驱动气室内的水柱往复运动，再通过水柱推动气室内的空气进入空气涡轮，推动空气涡轮旋转，得到旋转动能，进而推动发电装置进行发电。振荡水柱式波浪能发电技术是最早出现的波浪能利用技术之一，也是目前较为成熟的波浪能发电技术。

振荡水柱式波浪能发电装置总共包含三个阶段的能量转换，第一阶段，将波浪能转换为空气流动的动能；第二阶段，借助空气涡轮将空气的动能转换为发电机转子的动能；最后，发电机转子动能转换为电能。能量转换流程如图7-14所示。

图7-14 振荡水柱式波浪能发电装置的能量转换流程

振荡水柱式波浪能发电装置包括气室、空气涡轮和发电机。

气室是振荡水柱式波浪能发电装置中的重要组件，其下部与海水相通，上部为空气。当海浪的波峰到达气室时，气室内的海水平面随着波峰而升高，压缩气室内的空气，使得气压升高。当气压大于外部压力时，空气从气孔中流出，从而将波浪能转换为空气动能。与此相反，当波谷到达气室时，气室内海水平面随波谷降低，气压减小，空气从外界流入气室内。通过波峰波谷的交替到达，形成气室内上下振荡的水柱，并带动空气进行往复运动，实现波浪能的第一阶段转换。

空气涡轮（又称空气透平）是将空气动能转换为发电机转子动能的设备。由于工作介质为周期振荡的往复空气流，属于变工况运行，因此振荡水柱式波浪能发电装置主要利用一种双向涡轮作为第二阶段的能量转换设备。常见的双向涡轮有萨窝纽斯（Savionus）型和威尔斯（Wells）型，此外日本佐贺大学的濑户口俊明教授发明了一种双向导叶的冲击涡轮，峰值工作效率高，特别适用于变工况条件下工作。

实际应用中，气室有水平出入气流和竖直出入气流两种形式，如图7-15所示。水平出入气流的气室更多应用在靠岸的固定式波浪能发电站，如图7-16所示，在岸上布置固定的涡轮机和发电机，发电可直接接入陆上电网；垂直出入气流的气室更多应用在漂浮式的波浪能发电装置上，如航标灯和发电船等。

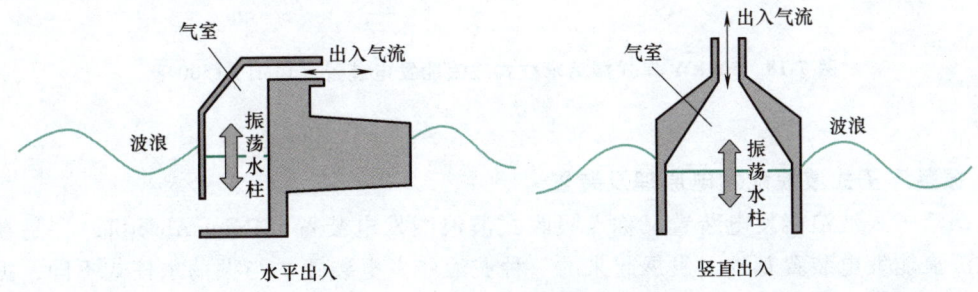

图7-15 两种不同的气室结构

由于波浪并不直接接触发电装置的实体，只是与往复流动的空气接触，因此采用振荡水柱式波浪能发电装置，尤其在恶劣的气候条件下，可以更好地保护较为脆弱的涡轮机组，故障率相对较低，可靠性较高。但是，该装置也存在建造费用昂贵、转换效率低等问题。

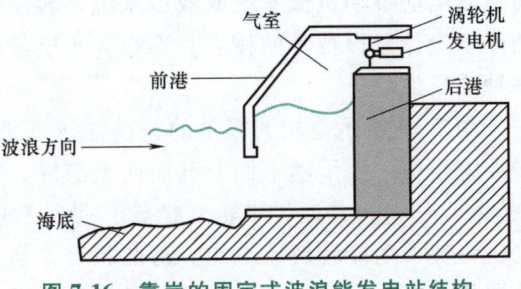

图7-16 靠岸的固定式波浪能发电站结构

英国于1990年在苏格兰艾拉岛（Islay Island）建成了75kW的振荡水柱式波浪能电站，利用波浪的动能推动空气的流动，并通过一种筒式空气涡轮发电机将振荡的空气流动的动能转换为电能。图7-17为艾拉岛波浪能电站的结构。

2000年，由欧共体资助的英国波浪能公司与英国女王大学合作建造的500kW岸式振荡水柱式波浪能发电装置（Land Installed Marine Powered Energy Transformer，LIMPET500），是以1990年开发的75kW艾拉岛波浪能电站为基础开

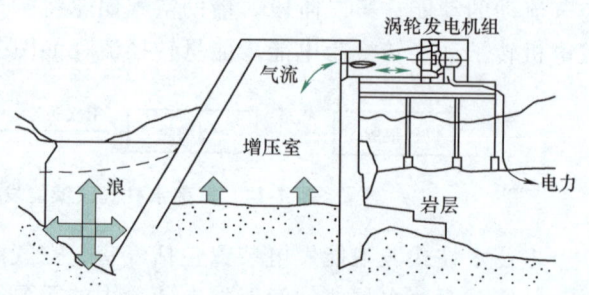

图7-17 苏格兰艾拉岛波浪能电站的结构

发的，如图7-18所示。站址选在已有岸线的陡峭悬崖岸壁处，前壁结构伸入水面以下，气室的底部与海水相连，顶部为振荡空气柱。波浪能的能量密度为15~25kW/m，并安装2台250kW的威尔斯涡轮发电机组，目前已进入商业化运行阶段，电力可供400户居民使用。

图7-18 500kW岸式振荡水柱式波浪能发电装置（LIMPET500）
a）前壁 b）全貌

2. 振荡浮子式波浪能发电原理及装置

振荡浮子式波浪能发电装置又称点吸收式波浪能发电装置（Point Absorber），是在振荡水柱式波浪能发电装置基础上发展起来的一种波浪能发电装置。与振荡水柱式不同，振荡浮子式波浪能发电装置首先利用波浪推动装置的活动部分，如鸭体、筏体等，再利用活动部分的往复运动带动机械系统或液压系统，转换为发电机转子的动能，并最终转换为电能。不同的浮子设计是该技术的核心，迄今为止已经出现了包括鸭式、摆式、筏式、漂浮式、蛙式等多种浮子设计。

图7-19所示是较为简单的振荡浮子式波浪能发电装置，当海浪的波峰到达浮子时，由于浮力作用，浮子随水面上升而向上漂浮，完成由波浪能向浮子动能的转变；浮子牵引绳索（链条）移动，并通过带轮（链轮）带动发电机转子转动，浮子动能转换为转子的动能；发电机将转子动能转换成电能。与此相反，当波谷到达时，浮子由于自身重力下降，牵引链条反向移动。由于浮子是上下振荡运动的，因此在带轮（链轮）处设置有齿轮、棘轮等装置，

保证发电机的单向转动，避免由于反转造成发电机损坏。能量转换流程如图7-20所示。

振荡浮子式波浪能发电装置由于直接与波浪接触，具有能量转换次数少、转换效率高、单体占用面积小、对海洋水动力环境影响小、浮子阵列排布组合灵活多样、受水深条件限制少、可在深水区域使用等特点。但是，其结构相对更为复杂，受海浪直接物理冲击较大，因此在近年才得到较大的发展。

根据浮子的不同，振荡浮子式波浪能发电装置也有不同的结构形式，下面选取几种主流的浮子类型——鸭式、摆式和筏式分别详述。

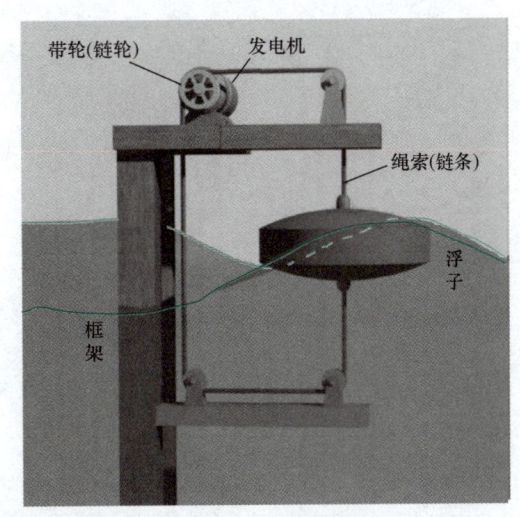

图7-19 振荡浮子式波浪能发电装置

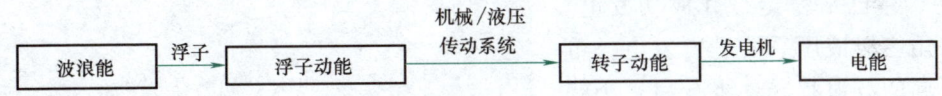

图7-20 振荡浮子式波浪能发电装置能量转换流程

（1）鸭式　1975年，英国爱丁堡大学的史蒂芬·索尔特（Stephen Salter）教授提出了鸭式波浪能发电技术的概念，并发明了一种具有特殊外形的波浪能发电装置。由于该装置形状和运行酷似鸭子头部的运动，故称之为"点鸭头"式（Nodding Duck，简称鸭式）波浪能发电装置。在应用过程中，人们逐渐发现，鸭式浮子能够有效拦截波长较短的波，具有较高的能量转换效率。

如图7-21所示，鸭式波浪能发电装置主要有鸭体、液压马达、发电机、凸轮、液压缸、支架等部件。在工作状态下，表层波浪的冲击力大于内部水的冲击力，导致鸭体产生一上一下的"点头"动作，鸭体的起伏摇摆带动连杆，推动液压缸内的传动油，将运动传递给液压马达，带动其旋转，再带动发电机发电。

如图7-22所示，鸭式波浪能发电装置根据安装位置的不同，又可分为漂浮式和半漂浮式两种。漂浮式波浪能发电装置将液压缸、液压马达和发电机安装在鸭体内，整个装置通过张紧的锚链与海底或海岸固定，使装置不会随波漂走。当遇到强风大浪时，装置还可以潜入海面以下，进入"避浪状态"，避免设备由于受到海浪猛烈冲击造成损伤。半漂浮式波浪能发电装置则与海岸或由海岸延伸出来的浮码头相连，鸭体伸出海岸，经连杆和液压系统与岸上的液压缸、发电机相连。

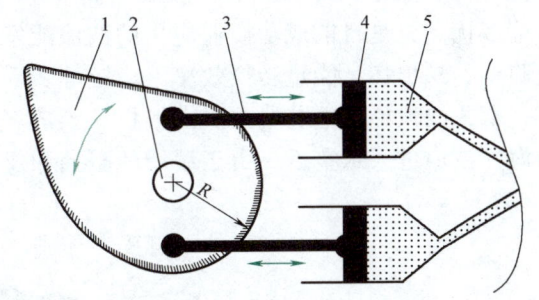

图7-21 鸭式波浪能发电装置
1—鸭体　2—转轴　3—连杆
4—液压缸　5—液压传动油

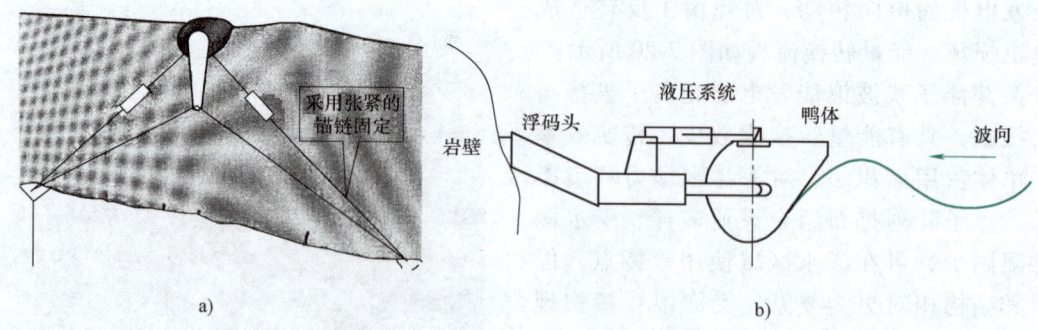

图 7-22 鸭式波浪能发电装置的安装
a) 漂浮式 b) 半漂浮式

2013年4月，由中国科学院广州能源研究所研制的100kW漂浮式鸭式波浪能发电装置在广州珠海市万山区附近海域投放成功（图7-23），现已平稳运行并成功发电。该装置采用多级液压系统进行发电，可以根据不同的波浪状况逐步开启：小幅波浪下，30kW发电机组起动；中等波浪下，70kW发电机组起动；较大波浪下，两台机组同时起动，发电总功率为100kW。

（2）摆式 摆式波浪能发电装置的浮子是一个随着波浪摆动的摆板，该装置具有频率响应范围宽、建造成本相对较低、可靠性好、常海况下转换效率高

图 7-23 中国科学院广州能源研究所研制的鸭式波浪能发电装置

等诸多优点，是目前成功商业应用的波浪能发电技术之一。摆式波浪能发电装置的缺点是摆板脆弱、易损坏、能量转换效率不稳定等。

摆式波浪能发电装置主要由摆板、铰链、液压泵、水室、发电机组成，如图7-24所示。当海洋波浪进入水室后，由于后墙的阻挡和反射作用，产生两个方向相反的波浪，互相叠加

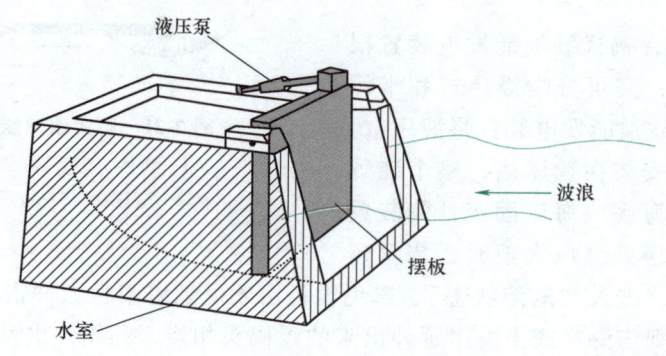

图 7-24 摆式波浪能发电装置

后在水室内形成驻波,将移动的波浪转变为海水的上下起伏运动。摆板安装在驻波节点上,被海水推动进行往复摆动,带动液压系统和液压泵,将能量传至发电机发电。

摆式波浪能发电装置按照摆板的布置方式不同,可以分为悬挂摆和浮力摆两种方式,如图 7-25 所示。悬挂摆的摆板铰接在海平面上方的某一位置,重心在转动轴下方,利用摆板的自身重力回到平衡位置;浮力摆的摆板铰接在海洋底部的某一位置,重心在转动轴上方,利用海水浮力回到平衡位置。除此之外,浮力摆根据摆板形状不同,又可以分成蛙式、滚式(Wave Roller)、袋式(Flexible Bag)等,不同的板型对波浪的吸收有不同的效果。

 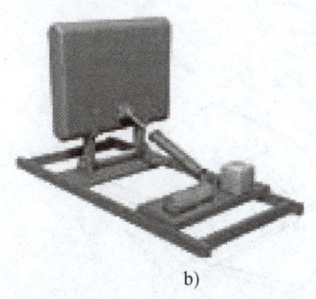

图 7-25 两种摆式波浪能发电装置
a) 悬挂摆 b) 浮力摆

英国牡蛎(Oyster)浮力摆式波浪能发电装置是由英国女王大学(Queen's University Belfast)的特雷福·惠塔克(Trevor Whittaker)教授从 2001 年开始研发的。在 2005 年,艾伦·汤姆森(Allan Thomson)教授成立了海蓝宝石动力(Aquamarine Power)公司,对该装置进行商业化。

牡蛎(Oyster)系统由活塞、液压传动管路、岸上电站和名为 Oyster 的摆板组成,如图 7-26 所示。波浪的波动推动摆板摆动,从而推动活塞压动海水进入布置在海底的液压传动管路,以海水为液压传动介质,将能量传递到岸上,由发电机进行发电,再由变电站转换为标准电压和频率的电力,输送到电网。

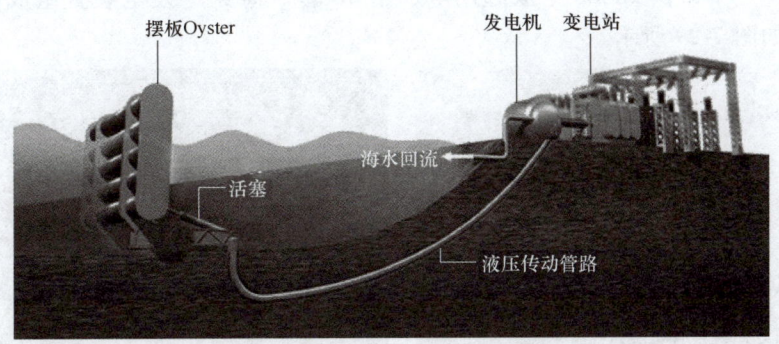

图 7-26 牡蛎(Oyster)系统结构

Oyster 摆宽 18m,摆高 11m,摆板由 5 个直径 1.8m 的钢管组成,安装水深 10~12m,输出功率平均可达 315kW。2009 年,第一套牡蛎(Oyster)系统已经成功安装在苏格兰奥克尼郡的欧洲海洋能源中心(European Marine Energy Center,EMEC)进行发电。2012 年 6 月,在 EMEC 测试了第二套牡蛎（Oyster）系统。

（3）筏式　筏式波浪能发电装置形如一条蛇，最早由英国人克里斯托弗·科克雷尔（Christopher Cockerell）在 20 世纪 70 年代提出。科克雷尔于 1955 年发明了气垫船，并建议利用漂浮在海洋上的筏体作为吸收海洋波浪能的一种手段——将许多筏体用铰链连在一起，能量收集系统安装于每一个铰链处。这是当今筏式波浪能发电装置的雏形。

筏式波浪能发电装置由铰链、筏体及液压系统组成，如图 7-27 所示。由于海浪的波动，阀体之间的夹角也在不断变化，利用这个特点，先将波浪能转换为筏体的动能，再转换为铰链内部液压系统的液压能，最终转换为电能。铰链内部的液压结构如图 7-28 所示。

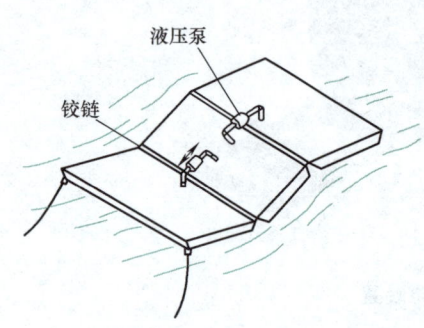

图 7-27　筏式波浪能发电装置

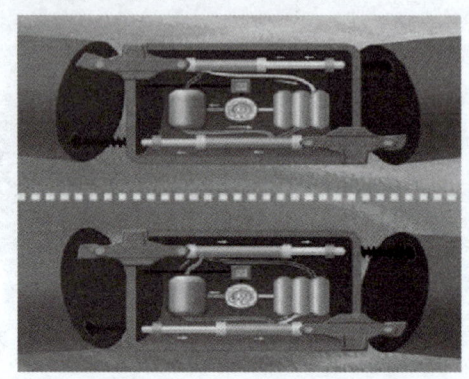

图 7-28　铰链内部的液压结构

这种形式的波浪能发电装置最大的优点是可以随着波浪的运动方向随意漂动，减少了海浪对发电装置的冲击和破坏力，因此即使面对极端恶劣的海洋环境，也可以保持自身不受到破坏。但是，由于铰链的作用不仅是为了固定筏体，还需要传递能量，因此结构也更为复杂，成本也更高。

苏格兰海洋动力传递（Ocean Power Delivery，OPD）公司开发了一套名为"海蛇"（Pelamis）的筏式波浪能发电装置，于 2004 年 8 月进行海试实验，平稳运行超过 1000h 并且没有出现重大技术故障，运行状况良好。OPD 公司和英国政府于 2006 年在苏格兰艾拉岛附近海域建立了一个可供 20000 个家庭用电、由 40 套"海蛇"发电装置组成的 30MW 波浪能发电系统，如图 7-29 所示。

a)

b)

图 7-29　"海蛇"（Pelamis）号筏式波浪能发电系统
a）示意图　b）实际图

3. 越浪式波浪能发电原理及装置

越浪式（Overtopping Wave Energy Convertor，OWEC）波浪能发电装置的原理，是利用人造或自然形成的水池，将传播至水池的波浪聚集于坡道，海水越过坡道后进入蓄水池，在重力作用下，水的势能转换为动能，最后利用低水头轴流式涡轮发电机实现动能向电能的转换。能量转换过程如图7-30所示。

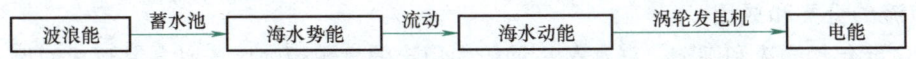

图 7-30　越浪式波浪能发电装置能量转换流程

越浪式波浪能发电装置主要由引浪面、蓄水池、出水管、涡轮发电机等主要部件构成，如图7-31所示。引浪面是一个坡度相对平缓、伸入海面以下的斜坡，海浪沿引浪面爬升越入蓄水池内，称为"越浪"。蓄水池将不稳定的波浪能转换为较为稳定的势能，实现能量的第一阶段的转换。由于内外存在高度差（水头），在重力作用下，蓄水池内的水由出水管流出，带动涡轮发电机旋转发电，实现第二阶段的转换。

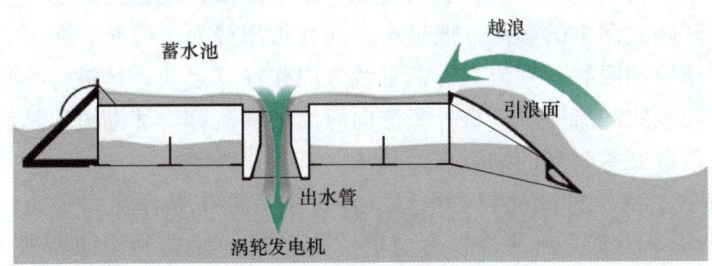

图 7-31　越浪式波浪能发电装置结构

越浪式波浪能发电装置又可以分成固定式和漂浮式两种。固定式安装在近岸或沿岸水域，易于安装和维护，但能量利用率较低，海浪还会受到海岸地形、潮差、海岸保护等诸多因素限制；漂浮式浮于海面上，利用锚链等装置加以固定，可以安装在波浪能资源较为丰富的深水区进行作业，波浪能利用效率高，受潮差等外界因素影响小，安装位置灵活多变，但是需要铺设海底电缆传输电能，安装和维护多有不便。

龙式（Wave Dragon）波浪能发电装置是由丹麦开发的一种漂浮越浪式波浪能发电装置，如图7-32所示。在该装置引浪面前的坡道上安装有曲形的反射壁，使得波浪更容易聚集到坡道上，有效地增加了波浪能的获取率；主体的结构由两个引浪坡道和混凝土结构的水池组成。

图 7-32　丹麦龙式（Wave Dragon）波浪能发电装置

该装置可以进行阵列排布，数量从2个到200个不等，适合于不同的海域情况。

7.3 海流能发电技术

7.3.1 海流能概述

1. 海流的分类和成因

海流主要包括洋流和潮流。洋流是一种较为稳定的大规模海水流动，其形成原因主要包括风力和海水的温度、盐度差。海面上的风带动海水流动，形成风生流。风生流主要存在于海水的上层，这是由于海水具有黏性，会消耗其运动的动量，风生流会随着海水深度的增加而不断减弱，直至小到可以忽略。而海水温度、盐度的不均匀性会影响海水的密度分布，这决定了海水压力场的结构。实际海洋中的等压面往往是倾斜的，与等势面不一致，因而在水平方向上存在着使海水流动的力，导致了洋流的形成。这种由海水的温度、盐度差而引起的洋流在海洋中、下层中占主导位置。本章在7.1节中提到，在月球和太阳的引潮力作用下，海水会出现周期性的涨落现象，被称为潮汐。其实，引潮力除了带来潮汐，还会使海水产生周期性的水平流动，这就是潮流。开阔大洋中的潮流一般很小，而在近岸浅海、海峡、海湾、河口以及岛屿之间的水道中，由于地形的限制，潮流只能沿直线方向作往复运动，这被称为往复式潮流，其流速也大大提高。对往复式潮流而言，从外海流向海湾的潮流称为涨潮流，从海湾流向外海的潮流则称为落潮流；两者交替时刻的潮流称为憩流，其流速为零。

相比于波浪而言，海流的变化较为平稳。海洋中有许多条洋流，每条洋流终年沿着一定的途径流动，流向基本不变，流速也较为稳定。而潮流的流向和流速都具有周期性的变化，且变化周期一般与潮汐一致。根据周期的不同，潮流也可分为半日潮和全日潮，其中半日潮的周期约为12h25min，全日潮的周期约为24h50min。对往复式潮流而言，在一个太阴日内出现两次最强涨潮流速和两次最强落潮流速，且相邻的涨、落潮流速基本相等的潮流称为正规半日潮；若相邻的涨、落潮流速相差很大，则称为不正规半日潮。如果一个太阴日内仅出现一次最强涨潮流速和一次最强落潮流速，这种潮流被称为正规全日潮；在正规全日潮中还掺有半日潮波动的潮流则是不正规全日潮。

2. 海流能

海流遍布于地球上的各处海域，纵横交错，川流不息，其中蕴藏着巨大的能量。海流能是指海流的动能，与流量及流速的二次方成正比。最高流速达2m/s以上的水道，其海流能被认为具有实际开发的价值。潮流的流速一般为2~5.5km/h，而狭窄的海峡或海湾中的潮流流速更高，例如我国杭州湾海流的流速可达20~22km/h。

海流能的功率密度是指通过单位面积内的海流能，是表征一处海域海流能强弱或海流能资源丰富程度的重要指标。我国是全球海流能功率密度最大的地区之一。根据国家海洋局于2012年公布的我国近海海洋综合调查与评价专项（简称908专项）的调查与研究结果，我国（不包括台湾地区）近海99条主要水道的潮流能蕴藏总量为8330MW，技术可开发量为1660MW。浙江、福建、辽宁等省份的海流能资源较为丰富，许多水道的功率密度可达15~30kW/m^2，具有良好的开发前景。我国的海流能资源多集中于东北及东南沿海地区，恰好可以弥补煤炭资源集中分布于华北、西北地区的情况。因此，海流能资源的开发与利用将有助于减少西气东输、西电东送等工程产生的额外费用，对改善我国能源结构和降低经济发展成本等具有重要意义。

7.3.2 海流能的发电原理

海流能利用的主要方式是发电,其发电原理与风力发电类似,即利用流动的海水来推动水轮机的叶片转动,再经过机械传动系统带动发电机发电,从而使海水的动能转换为水轮机的机械能,最终转换为电能。利用潮流能发电时,由于潮流的运动具有周期性,在固定海域的潮流流向和流速可以被准确预测,因此水轮机的转动和能量转换都具有确定的周期性变化。

1. 能量转换原理

图 7-33 所示为四叶片水轮机将海水的动能转换为水轮机旋转机械能的能量转换原理。水轮机的叶片通常为机翼轮廓形状。半径为 R 的叶轮在速度为 U 的海流作用下,绕主轴 O 以角速度 ω 逆时针转动。处于位置角 θ 处的叶片沿圆周切向速度为 ωR,ωR 与速度 U 的合速度即为叶片相对于海流的速度 W。因此,叶片受到来自海流垂直于 W 方向的升力 L、平行于 W 方向的阻力 D 和绕 O 点的力矩 M 的共同作用,其大小分别为

$$L = \frac{1}{2} C_L \rho W^2 A \tag{7-12}$$

$$D = \frac{1}{2} C_D \rho W^2 A \tag{7-13}$$

$$M = \frac{1}{2} C_M \rho W^2 CA \tag{7-14}$$

式中,C_L、C_D、C_M 分别为叶片翼型的升力系数、阻力系数和力矩系数,与叶片的迎流攻角 α、翼型和雷诺数 Re 等有关;A 为叶片特征面积;C 为叶片弦长;ρ 为流体密度。

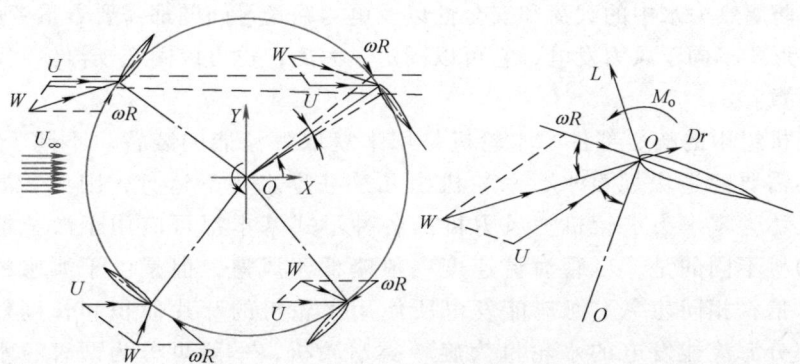

图 7-33 四叶片水轮机能量转换原理

升力 L 和阻力 D 沿圆周切线方向上的投影构成了叶片受到的切向力 f,使叶片沿圆周切线方向运动,并形成关于主轴 O 的动力矩 q,使叶轮转动,即

$$f = L\sin\alpha - D\cos\alpha \tag{7-15}$$

$$q = fR \tag{7-16}$$

当叶轮有多个叶片时,叶轮受到的总力矩 Q 是每个叶片受到的力矩 q 的合成,则迎流面积为 S 的叶轮吸收的总(轴)功率 P 为

$$P = Q\omega \tag{7-17}$$

功率 P 亦可写成

$$P = \frac{1}{2}C_P \rho U^3 S \tag{7-18}$$

式中，C_P 为叶轮的能量利用率系数，用以表征叶轮将海水的动能转换为水轮机旋转机械能的能力，即

$$C_P = \frac{P}{\frac{1}{2}\rho U^3 S} \tag{7-19}$$

2. 贝兹理论

与第3章风力发电的风轮类似，贝兹定律也可以建立在一个假定的"理想叶轮"上，即叶轮没有轮毂，且叶片无限多，连续的、不可压缩的流体均匀流过整个叶轮的迎流面时不存在阻力。根据推导，在这种理想情况下，能将海水动能转换为叶轮机械能的最大比值为 $\frac{16}{27}$（约 0.593），这说明了叶轮机能够从广域流场中获取的能量是有限的，实际水轮机的能量利用率系数都低于 0.593。

7.3.3 海流能发电装置

海流能发电装置主要由发电机组、电控系统、监测系统和海洋工程结构组成。其中，发电机组包括水轮机、机械传动系统和发电机，电控系统用以控制发电系统并输送电力，监测系统负责监测海流的流速和流向以及观测海底地形，海洋工程结构则用以支撑和固定发电系统。对电控系统、监测系统和海洋工程结构而言，由于海流能发电机组必须放置于水下，其安装、维护、防腐、海水中的载荷和安全性以及电力输送等问题都需要着重考虑。海流能发电装置的固定形式不同于风力发电，它可以固定于海底，也可以固定于浮体底部，浮体则通过锚链固定在海上。

作为发电机组中的核心部件，水轮机是用来获取海流能的装置。不同于潮汐能发电，海流能发电不需要建造堤坝蓄水，水轮机组几乎在零水头下运行，因此，海流能发电采用的水轮机又称为零水头水轮机。风力机的各种形式基本都可应用于海流能发电的水轮机。而与风力机不同的是，尽管海流速度一般略低于风速，但是由于海水的密度约为空气密度的 800 倍，相同功率下海流能发电所使用水轮机的叶片面积和长度较风力机可大为减小。大部分海流能发电的水轮机为旋转类水轮机，一般可分为两种：水平轴式和垂直轴式。

1. 水平轴式海流能发电装置

在水平轴式海流能发电机组中，水轮机叶轮的旋转轴轴线方向与海流方向平行，如图 7-34 所示。这种形式与目前主流的风力发电装置形式颇为类似，因此，水平轴式海流能发电装置也被称为"水下风车"。海流作用在水轮机的叶片上使其旋转，再通过传动系统带动发电机转动发电。水平轴式海流能发电装置的叶轮为螺旋桨型，这是一种升力型叶轮，其叶片受到的切向力和动力矩主要来自于海流作用在叶片上的升力。在海流的作用下，转子能够实现自起动。螺旋桨型的转子适用于单向海流的情况，当转子平面正对着来流时，转子才

能按照设计的最大效率工作。因此，水平轴式海流能发电水轮机的输出功率受海流流向的影响较大。而由于潮流的流向周期性变化，水平轴式海流能发电装置需安装偏航调节系统，以根据来流方向来调节水轮的轴线方向，使叶片的迎流面始终面对来流。此外，与风力发电机相同，采用变桨距控制系统也可实现功率调节，使海流能发电机组的输出功率保持稳定。水平轴式海流能发电装置具有工作效率高、自起动性能好的特点。目前，受到水平轴式风力发电技术不断成熟的影响，水平轴式海流能发电技术的研究规模也越来越大，单机功率已发展至数百千瓦级甚至兆瓦级，并从原理性试验、实验室试验发展到了海上现场试验。

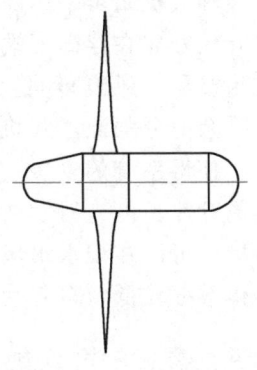

图 7-34　水平轴式水轮机

2. 垂直轴式海流能发电装置

在垂直轴式海流能发电机组中，水轮机叶轮的旋转轴轴线方向垂直于海流方向。对垂直轴式机组而言，任何方向的来流只要达到机组的起动流速，都能够带动水轮机转动，其获取的海流能大小不受来流方向的影响。由于潮流是水平运动，且流向周期性变化，垂直轴式水轮机非常适用于潮流能发电。

垂直轴式水轮机又可分为两种，叶轮轴线与海平面垂直的是竖轴式水轮机，叶轮轴线与海平面平行的则是横轴式水轮机。竖轴式水轮机的叶轮可分为升力型、阻力型和升阻力混合型。升力型竖轴式叶轮的自起动性能与其叶片是否可变桨距调节有关，可变桨距的叶轮能够自起动，而桨距不可调的叶轮没有足够的力矩实现自起动，需要通过控制发电机使其先切换为电动机来拖动叶轮转动，起动后再将电动机切换为发电机，由叶轮带动发电机工作。而阻力型和升阻力混合型的竖轴式叶轮均具有自起动性，但是叶轮的旋转速度低于螺旋桨型的叶轮。图 7-35 和图 7-36 分别为两种升力型竖轴式水轮机——φ 型达里厄竖轴式水轮机和 H 型竖轴式水轮机。达里厄水轮机叶轮的叶片是等截面的，叶片的制造工艺简单，生产成本较低。H 型水轮机的迎流截面为矩形，与螺旋桨型的转子相比，它能够更充分地利用来流水道的有效截面积和来流的动能。

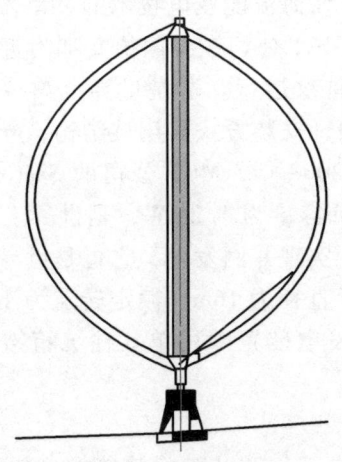

图 7-35　φ 型达里厄竖轴式水轮机

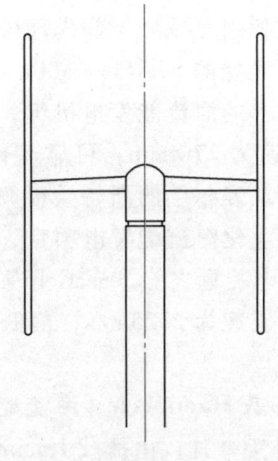

图 7-36　H 型竖轴式水轮机

竖轴式机组可采用漂浮式结构或固定式结构。漂浮式机组由竖轴式叶轮及浮筒装置组成，叶轮安装在浮筒下端，其转动通过传动轴传递给放置于浮筒内的齿轮箱和发电机。漂浮式机组极易受风浪影响。而固定式机组则采用固定于海床上的沉箱结构，叶轮安装于沉箱内，其余部分与漂浮式机组类似。由于竖轴式机组采用悬垂布置，其电气部分能够置于海面之上，使得系统的安装、调试和维护更为方便。但是，如果想获得较大的发电功率，就需要较大的叶片长度，对发电水域的水深要求较高。而横轴式机组的优点就在于叶片长度能够横向伸展，可以在浅水水域实现大功率发电。相比于水平轴式海流能发电机组，垂直轴式机组的整体效率较低，自起动性能也较差。

7.3.4 著名的海流能发电站

世界上已开展海流能发电技术开发的国家主要有美国、英国、加拿大、日本、意大利和中国等。从20世纪70年代开始，美国、日本、加拿大和英国提出了多种海流能发电方案，包括使用漂浮螺旋桨式、固定旋桨式、立式转子式、漂浮伞式、动力坝和电磁式海流能转换装置等。1980年，加拿大提出了使用类似于达里厄型垂直轴式风力机的水轮机来获取海流能的方案，并进行了5kW的试验。英国和意大利也提出了采用类似垂直叶片水轮机的海流能发电设想，以适应变化的海流流向。1985年，美国于佛罗里达的墨西哥湾建成了2kW的海流能发电试验机组。1988年，日本成功安装了装机容量为3.5kW的达里厄型海流能发电机组，并连续运行了将近一年的时间。我国海流能发电技术的开发也始于20世纪70年代。80年代初，哈尔滨工程大学研究出了一种直叶片型的海流透平，能够获得较高的效率，并完成了60W模型的实验室研究。此后，在此基础上开发出了千瓦级的海流能发电装置，在河流中进行了试验。

目前，海流能发电的商业化开发利用还很少，大部分项目仍处于试验、商业化技术示范及商业化前期试运行阶段。世界上已建成的海流能发电站主要有英国SeaFlow 300kW级和SeaGen 1.2MW级电站、挪威Hammerfest 300kW级电站以及意大利Kobold 120kW级电站等。

1. 英国SeaFlow和SeaGen海流能发电站

英国MCT（Marine Current Turbines）公司是一家开发海流能发电技术的公司，在世界海流能开发利用领域处于领先地位。2003年5月30日，MCT公司在英国德文郡附近的布里斯托尔水道建立的Sea Flow 300kW海流能发电测试系统首次运行。这是世界上第一台安装在广阔海域上的海流能发电机组，其叶轮采用双叶片结构，安装方式采用桩结构，叶轮直径为11m，转速为27r/min，可靠运行了超过一年的时间。2008年，MCT公司的SeaGen海流能发电站在北爱尔兰的斯特兰福德湾建成。SeaGen的装机容量为1.2MW，是世界上第一个大规模的商业化海流能发电项目，接入了北爱尔兰电网，实现并网发电，它也是世界上最大的海流能发电装置之一。SeaGen采用轴流式双转子，转子直径为16m，额定转速为14.3r/min，额定设计流速为2.25m/s，最低工作流速为0.7m/s，发电装置采用单立柱沉箱结构固定于海底。

2. 挪威Hammerfest海流能发电站

2003年9月，由挪威Hammerfest Stream公司研制的一台300kW海流能发电装置在Kval-Sound海区开始了发电试验。该装置采用水平轴式水轮机，装置主体沉没于水下工作。这是世界上第一个300kW级的并网型海流能发电站。

3. 意大利Kobold海流能发电站

意大利PdA（Ponte di Archimede）公司和那不勒斯大学联合开发了位于西西里海峡墨西拿水道的Kobold海流能发电站，装机容量为120kW。电站采用可变桨距直叶片竖轴式水轮机，水轮结构简单可靠。整个发电装置由圆形漂浮式载体支撑和4个重力锚系泊固定。2002年，电站开始测试运行。此后，Kobold电站又经历了两次改造，通过海底电缆实现了并网发电，成为世界上第一个接入电网的竖轴式海流能发电站，并在原有基础上继续安装了6kW的太阳能发电系统，成为世界上第一座实现与太阳能互补发电的漂浮式海流能试验电站。

4. 中国万向海流能发电站

从1982年开始，哈尔滨工程大学在万向集团的支持下陆续研制出了万向Ⅰ和万向Ⅱ海流能发电试验装置。2002年1月，70kW的万向Ⅰ海流能试验电站在浙江省岱山县龟山水道建成，采用可变桨距直叶片竖轴摆线式双转子水轮机。电站为漂浮式结构，由4个重力锚块实现固定。万向Ⅰ和上述意大利Kobold电站建成于同一时期，是世界上第一座采用漂浮式结构的海流能试验电站。此后，2005年12月，在岱山县高亭镇与对港山之间的潮流水道中，45kW的万向Ⅱ海流能试验电站建成，采用了可变桨距直叶片H型竖轴式水轮机。该电站是世界上第一座采用坐底式的竖轴水轮机海流能试验电站，其支撑结构和基座连成一体，而基座稳定地固定在海床上，可避免机组受到强台风的袭击。

7.3.5 小结与展望

近年来，在全球能源短缺的形势下，海流能发电受到了许多国家的重视。由于海流的流量和流速可以维持常年稳定，在海流能资源丰富的地区，海流能能够提供充足而廉价的电力。目前，海流能的商业化开发利用还很少，但是，随着海流能发电技术的发展与成熟，未来海流能也将成为可靠的电力来源。

7.4 海洋温差能发电技术

在浩瀚的海洋中存在着波浪、潮汐和海流等由于海水运动而形成的能量。这些直观易于理解的能量在前面几节中已经学习过了。然而海洋能还有一种不易了解的能源形式——海洋温差能。海洋温差能是由海洋表层和深层海水之间所存在的温度差而形成的，它属于海洋能中能量最稳定、资源量最大的一种。在国外，海洋温差能发电更习惯被称为海洋热能转换（Ocean Thermal Energy Conversion，OTEC），本书统一称为海洋温差能发电技术。

7.4.1 海洋温差能的成因与开发历史

1. 海洋温差能的成因

海洋温差能本质上也来自于太阳能。众所周知，海洋覆盖面积超过地球表面的70%。因此，从太阳辐射到地球表面的大部分能量被海洋所吸收。海洋所吸收的太阳辐射能中有一半以上被1m厚的上层海水所吸收，另外不到一半的太阳辐射能最多到20m深处就完全被海水所吸收。由于海浪、洋流和潮汐等作用，部分被海洋海面所吸收的太阳能得以向较深处传播。另外，由于地球南北两极的太阳辐射很弱，气候严寒，极地冷海水会下沉到大洋底部，然后向赤道地区缓慢移动，从而造成大洋底层充满了来自极地的冰冷海水。因此，海洋深处是个巨大的冷库。

正是由于上述这些原因，热带和亚热带的海洋，从海面到海底依据海水温度可以划分为3层，即混合层、温跃层、深海冷水层。混合层是离海面最近的，因而其温度较高，特别是在南、北纬20°之间的热带和亚热带地区，混合层的温度在25℃以上，热带地区甚至可达28~30℃。混合层下面是温跃层，温跃层的温度随深度的增加而迅速下降，在约200m处下降至15℃左右。温跃层下面就是深海冷水层，根据海洋深层大循环理论，深层海水是由极地冰山融化下沉流动而来的高密度冷水，因而在1000m的深层海水终年保持4℃左右的温度。因此，热带和亚热带海洋的表层海水与深层海水之间始终能保持20℃左右的温差，而这个温差就可以为人类所利用。

2. 海洋温差能的开发历史

由于海洋表层温海水的温度通常低于30℃，难以直接把它作为"热"来使用。历史上第一个提出海洋温差能可以利用的是法国学者雅克·达松瓦尔（Jacques Arsene d'Arsonval），他于1881年提出了这样的设想。而这个设想于1930年被他的学生乔治·克劳德（Georges Claude）实现，在古巴马坦萨斯湾建成了第一台海洋温差能发电实验装置，这个装置能发出22kW的电能，但是仍小于装置耗电，因此并不算成功，而且可惜的是这个装置因为被风暴摧毁了深海冷水管而被迫停止。1935年，克劳德又建了一个开式循环装置，却还是因为风暴被毁。1956年法国政府在非洲西海岸科特迪瓦的阿比让建设了一个3MW的开式循环海洋温差能电站，但是由于竞争力不足并未成功。此后海洋温差能利用一度陷入低谷。

直到20世纪70年代，能源危机的发生让人们开始寻找新能源，而此时尘封已久的海洋温差能利用渐渐兴起了。二战以后，美国和日本逐渐扩大了对温差能发电技术的研究，尤其是日本，对于这样一个能源匮乏却拥有广袤海洋的国家来说，发展海洋能是再合适不过了。1979年由洛克希德公司制造的Mini-OTEC在夏威夷自然能源实验室附近海域正式投入试验，该装置采用闭式循环，利用海面温海水（28℃）与670m深处冷海水（3.3℃）分别作为热源和冷源，发出52kW电力，净发电15kW，人类第一次利用海洋温差获得具有实用意义的能量，这也促进了各个国家对海洋温差能的开发力度。1980年，美国建成OTEC-1试验装置，1981年日本在太平洋的瑙鲁共和国建设了一个100kW的岸基闭式循环OTEC示范电站，同年日本九州电力公司在日本鹿儿岛县的德之岛研建50kW混合式OTEC电站。紧接着，佐贺大学在伊万里湾完成了75kW的试验电站，美国也在夏威夷建成了210kW的岸基开式循环OTEC电站。OTEC在世界兴起。

我国的海洋温差能发电技术研究虽然起步较晚，但近年来发展势头迅猛。目前，我国已有多家科研机构和高校开展了相关研究工作，取得了一系列成果。1985年，中国科学院广州能源研究所开始对温差利用中的一种"雾滴提升循环"方法进行研究，这种方法的原理是利用表层和深层海水之间的温差所产生的焓降来提高海水的位能。据计算，温度从20℃降到7℃时，海水所释放的热能可将海水提升到125m的高度，然后再利用水轮机发电。该方法可以大大减小系统的尺寸，并提高温差能量密度。1989年，广州能源所在实验室实现了将雾滴提升到 21m 的高度记录。同时，该所还对开式循环过程进行了实验室研究，建造了 2 座容量分别为 10W 和 60W 的试验台。2006 年以来，我国海洋局第一海洋研究所开展了闭式海洋温差能发电循环系统的研究，其设计的"国海循环"方案的理论效率达到了 5.1%。2008 年，我国海洋局第一海洋研究所承担了国家重点项目"15kW 海洋温差能关键技术与设备的研制"，于 2012 年搭建成了中国第一套 15kW 的海洋温差发电装置，推动了中国在这一领域的发展。2011 年中国国家海洋技术中心制造出小型发电装置，并在北黄海冷水团进行了试验，得到发电功率最大可达 298W。2023 年，中国地质调查局广州海洋地质调查局研发的 20kW 海洋漂浮式温差能发电装置在南海成功完成海试，标志着我国海洋温差能开发利用从陆地试验向海上工程化应用迈出了关键一步；同年，由中海油研究总院牵头设计的 50kW 海洋温差能发电系统于湛江一次投料成功发电。我国拥有广阔的亚热带、热带海洋，海洋温差能资源十分丰富。据估算，我国近海及毗邻海域的温差能资源理论储量为 $14.4 \times 10^{21} \sim 15.9 \times 10^{21}$ J，90% 分布在我国的南海海域。有效开发利用南海温差能资源可有效缓解南海沿海地区，特别是南海岛屿能源供应紧缺的现状，对社会、经济的可持续发展，维护国家海洋权益和海洋生态环境都具有非常重要的意义。

7.4.2 海洋温差能的发电原理

热能转换成机械功再转换为电能的实用方法是通过热力循环，也就是借助热机来实现这一转换过程。我们可以根据系统内所用工质以及冷凝后工质是否回收，将系统分为开式循环、闭式循环和混合式循环。

1. 开式循环

开式循环使用温海水作为工质，其流程如图 7-37 所示。温海水进入闪蒸器，在负压下闪蒸汽化，产生的蒸汽进入汽轮机做功，乏汽排入冷凝器冷凝成水，冷凝水再由冷凝水泵排出。由于冷凝水不返回到循环中，因此被称之为开式循环。

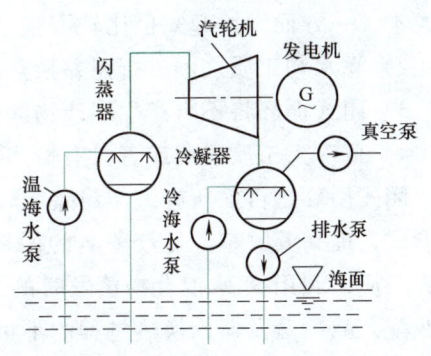

图 7-37 开式循环流程

开式循环具有很多优点：

1) 开式循环使用水作为工质，不会对环境造成污染。

2) 开式循环由于不需要回收工质返回循环中，因此可以使用混合式冷凝器和闪蒸器。这些设备不存在金属换热面，结构简单、金属耗量少、成本低，没有金属换热面也意味着没有换热面的沾污、结垢和腐蚀问题，运行维护极为方便。

3) 开式循环的冷凝水是质量很好的淡水，是宝贵的副产品。但是如果要回收淡水，就要使用表面式热交换器，就不存在第 2 个优点了，这点需要注意。

但是，开式循环也存在一些缺点或者需要注意的问题：

1) 开式循环系统工作在很高的真空度条件下，因此需要随时抽出漏入系统的不凝结气体，保证系统正常工作是一项十分重要的任务。

2) 开式循环需要大流量、低焓降的汽轮机。10℃ 饱和水蒸气的比体积可达 $100m^3/kg$，1kW 的容量需要 $0.02m^2$ 的通流面积，对于单机容量为 100MW 的海洋温差能汽轮机来说，其转子直径将超过 50m，整个汽轮机将显得十分庞大。因此，开式循环汽轮机的单机功率将极为有限。

2. 闭式循环

闭式循环又叫中间介质循环，其特点是使用低沸点流体代替水作为循环的工质，低沸点工质必须回收循环使用，因此称之为闭式循环，其流程如图 7-38 所示。

首先，低沸点工质在蒸发器中吸收温海水的热量而汽化。工质蒸气进入汽轮机膨胀做功。乏气进入冷凝器中被冷海水冷凝成液态工质，再由工质泵升压打进蒸发器中蒸发汽化，完成一个循环，从而源源不断地把温海水的热量转化成动力。

使用低沸点工质的优点在于在海洋温差能温度范围内，其饱和蒸气压力为正压，不再需要像水工质一样保持真空状态。这样的工质蒸气具有比较小的比体积，其体积流量将大大小于相同温度下的饱和水蒸气，从而可以使低

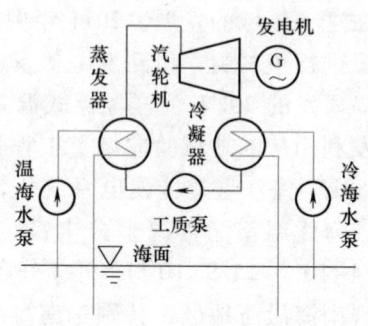

图 7-38 闭式循环流程

沸点工质汽轮机的体积大大缩小，突破开式循环单机容量受限制的问题，这一点对于大规模开发海洋温差能来说特别重要。另外，在闭式循环中，温冷海水都不直接与工质接触，所以也不会发生溶解在海水中的不凝结气体进入闭式循环系统的问题，大大减轻了从系统中抽除不凝结气体的负担。

但是，使用低沸点工质闭式循环也会带来一些问题：

1）闭式循环必须使用体积巨大的表面式蒸发器和冷凝器。巨大的换热面积一方面增加了成本，一方面维护起来也比较困难。

2）海水与工质之间进行温差换热，增加了换热损失，减少了可用功。

3）闭式循环将不再产生副产物淡水，降低了它的总体经济价值。

4）低沸点工质泄漏或者没有恰当处理可能会污染海洋环境。

闭式循环是目前所有海洋温差能转换中利用最多的，因此很多研究者着力于改进闭式循环形式，提高其效率。比较著名的循环有 Kalina 循环、上原循环等，都是使用氨-水混合物作为工质，利用氨-水混合物蒸发时的变温特性，使得工质蒸发过程与热源的放热过程更好地匹配，减少蒸发器内换热过程的不可逆损失，从而提升系统整体效率。感兴趣的读者可以查阅相关文献来进一步了解。

3. 混合式循环

混合式循环，顾名思义，它把开式循环和闭式循环结合起来。混合式循环保留了闭式循环的整个回路，但是它不是把温海水直接通进蒸发器去加热低沸点工质，而是用温海水减压闪蒸出来的蒸汽作为蒸发器的热源，其流程如图 7-39 所示。这样做可以免除蒸发器被海水腐蚀和海洋生物沾污，同时还可以得到副产物淡水。同时，蒸发器的高温侧由原来液体对流换热变为蒸汽冷凝换热，其传热系数有较大提高，从而减少了蒸发

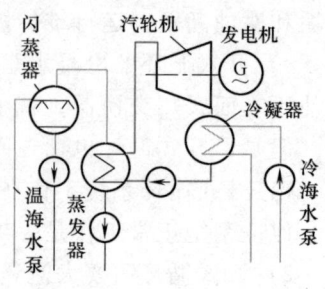

图 7-39 混合式循环流程

的换热面积。但是，由于混合式循环增加了海水闪蒸汽化这一环节，降低了温海水的能源品位，导致循环的发电量减少。

7.4.3 海洋温差能发电系统

海洋温差能发电系统主要由以下几个子系统组成：动力系统、发电平台系统和海水管路系统，另外，循环工质的选择对 OTEC 系统来说也至关重要，下面将分别对这些组成部分做简单介绍。

1. 动力系统

动力系统也就是 7.4.2 节所介绍的热力循环系统，是 OTEC 发电系统的核心。因为目前绝大多数示范项目使用的都是闭式循环系统，所以下面介绍的动力系统各部件都是基于闭式循环系统的。

（1）热交换器　蒸发器和冷凝器是闭式循环 OTEC 系统中最关键的部件，起到将液态变为气态或从气态变成液态的作用。热交换器在尺寸和投资上都是 OTEC 中最大的部件，投资占 1/5~2/5。这是因为在海洋温差能温度范围内，热交换器（尤其是蒸发器）需要能在极小换热温差的条件下交换大量热量。这就导致了热交换器的换热面积通常十分巨大。因此，研究高效能低成本的热交换器是一个重点课题。此外，热交换器直接与海水接触，由此带来的腐蚀问题以及海洋生物附着热交换器壁使传热性能下降的问题也需要引起重视。

（2）泵　OTEC 系统中主要有三种泵：冷水泵、温水泵、工质加压泵。水泵消耗的电力占发电量的 25%~30%，工质泵消耗占 10%~15%。泵技术目前是比较成熟的。冷、热水泵采用涡轮液流设计，所使用的制造材料是碳钢、不锈钢、铜以及绝缘材料，目前这些泵在商业上已有现成产品，其叶轮尺寸可达到 2.1m，其效率通常为 87%~92%。生产这种叶轮通常需要 12~18 个月的时间，造价较低，但是它们需要大量的维护工作。通常在装置上比额定个数多安装 1 个泵，以使泵可以定期轮换维护。在某些设计中，泵被置于水下，这种情况会增加设计的复杂性和工程的成本。

（3）汽轮机　汽轮机的常用材料是钢、碳钢以及铬。5~10MW 的轴流汽轮机在商业上已经有现成产品，可以进行模块组装以适应不同规模装置的需要。由于闭式循环最常用的工质是氨，因此海上温差能发电系统最常采用的是已经成熟的氨汽轮机技术。但目前很少有适宜于商业化规模海洋温差能工程需求的氨汽轮机装置，大型的氨汽轮机设备通常由冷冻设备生产厂商生产，工期通常需要 18~24 个月。汽轮机的日常运行和维护也比较完善，通常情况下安装的汽轮机数量是根据额定功率的两倍来确定，这样可以定期对汽轮机进行维护同时又不影响发电装置的运行。汽轮机使用过程中主要的不确定因素来自工质泄漏对环境的影响，因此需要使用传感器来进行环境检测。

2. 发电平台系统

OTEC 系统可以建设在岸上也可以建设在海上，所以分为岸基型和海上型两类，又被称为岸式和浮式。

岸基型把发电装置设在岸上，将抽水泵延伸到 500~1000m 或更深的海水处。其优势是维护和检修不受台风影响，长期使用经济性较好，若抽取的海水可以用作其他用途，则其经济性还可提高；其局限性是建厂位置条件苛刻，要求厂址附近有水深超过800m的热带海域，以确保深层海水间具有足够的温差，使用的冷水管包括水下竖直部分及陆上水平部分，长度较长，而且水泵需要消耗较多能量。

海上型又被称为浮式、浮动式、漂浮式等，有半潜式、全潜式、柱式、船式等设计。它是把抽水泵从船上或平台上吊下去，发电机组安装在船上或平台上，电力通过海底电缆输送。海上型平台装置垂直于水面吸水，水管长度减短，海水在输运过程中的热损失也相应减少；但海上装置需要用锚固定，具备抗风浪的能力，且需要电缆将电力输送出去，增加了工程的难度和造价。

3. 海水管路系统

海水管路系统也是海洋温差能发电站很重要的部分，其中尤以冷水管最为重要。海水管路系统由三个组件组成，分别是取水用的温水管、冷水管以及排水用的排水管。温水管从海洋表层抽取温海水，长度短，消耗能量少，铺设问题少。排水管的铺设主要需考虑不能与表层的温海水混合（因为排水温度低于海面水温），而且不能危害到海中的生态。而冷水管是发展OTEC所面临的极大挑战之一，无论采用何种循环形式都需要大量深层冷海水，必须具备很长的大直径冷水管。在岸式OTEC系统中，冷水管要跨越倾斜的海底到达600~900m的深度，故管子长度可能要达到2000m才满足要求。为了适应深海环境，冷水管材质要求高强度、防腐蚀、低生物附着及绝佳的绝热能力，目前冷水管的主要材料包括R-玻璃、高密度聚乙烯、玻璃纤维复合塑料和碳纤维化合物。目前应用于实践的冷水管的直径多数小于或等于1m，适用于规模小于或等于1MW的海洋温差能发电装置。冷水管可以在现场进行组装，也可以在岸上建造后再运到平台上。目前的技术可以使冷水管的使用寿命达到30年，冷水管的日常运行可以使用光纤技术进行监测。但是如果要建设发电容量大于1MW的海洋温差能电站，大直径冷水管的建造、铺设和监测维护仍然是一大挑战。

4. 循环工质

在闭式循环中，循环工质也是一个重要组成部分。如何选取合适的工质是海洋温差能发电中的一个重要课题，以目前的研究成果来看，主要的循环工质有氨和氟利昂。

选择工质时需要考虑以下几个原则：
1）工质的工作压力要适中，使整个循环处于一个不太高的正压之下。
2）单位功率的工质体积流量要小（有利于减小设备尺寸）。
3）化学性能稳定，不易老化分解。
4）不易燃、不易爆、无毒性、不污染环境。
5）对金属无腐蚀作用。
6）用过的工质易于处理或再生。
7）价格低廉，资源丰富。

7.4.4 海洋温差能发电示范项目

美国、日本和中国已经建了一些海洋温差能电站，但是主要都是示范性的，用来研究闭式和开式热能转换的原理、系统和部件的技术、对环境的影响、综合利用的前景等。这些OTEC示范电站的主要指标可见表7-6。

表 7-6 OTEC 示范电站的主要指标

电站	Mini-OTEC	SAGAR-SHAKTHI	瑞鲁示范项目	德之岛电站	伊万里示范项目	骏河湾电站	NELHA
技术方	美国	日本、印度	日本、瑙鲁	日本	日本	日本	美国
年度	1978—1979	2001	1982—1984	1982—1984	1985	1993 设计	1993—1998
站址	夏威夷	蒂鲁琴杜尔港口	瑙鲁	德之岛	伊万里	骏河湾	夏威夷大岛
装机容量/kW	50	1000	100	50	75	1000	210
净功率/kW	15	493	14.9	32	35	728.8	40～50
结构	浮式	浮式	岸式	岸式	岸式	浮式	岸式
原理	闭式	闭式	闭式	混合式	闭式	闭式	开式
研建单位	洛克希德和夏威夷州政府	印度国家海洋技术研究所和东京电力集团	东京电力公司	九州电力公司	佐贺大学	佐贺大学	太平洋高技术研究国际中心（PLCHTR）
温水入口温度/℃	26.1	29.0	29.8	28.5	28.0	26	26.0
冷水入口温度/℃	5.6	7.0	7.8	12.0	7.0	5.4	6.0
工质	氨	氨	R-22	氨	氨	氨	水
蒸发器	表面	板式	管式	表面	表面	—	直接混合
冷凝器	表面	板式	管式	管式	表面	—	直接混合
冷水管长度/m	645	1100	950	2300	—	600	1000
冷水管直径/m	0.61	0.9	0.7	0.6	0.4	—	1.0

1. 美国海洋温差能电站

美国从 1978 年开始建造 OTEC 电站。Mini-OTEC 50kW 电站由夏威夷州政府和几家私营公司集资 300 万美元设计，建造于一艘向海军租借的驳船上，位于夏威夷岛西部沿海海域，如图 7-40 所示。项目从设计到发电共用了 15 个月，然后，又进行了 4 个月的试验。电站采用闭式循环系统，工质为氨，温水口平均温度为 26.1℃，冷水口平均温度为 5.6℃，冷水管长度为 645m，直径为 0.61m，热交换器总面积为 407.8m²。在温差为 21℃时，热力循环系统效率超过了 2.5%。电站输出电力为 47～53kW，平均为 48.7kW，扣除自身用电（其中冷水泵 11.9～13.6kW，热水泵 9.4～10.7kW，氨泵 1kW，其他装置 10～19.2kW）后，电网的电力输出为 5.5～17.3kW，平均为 15kW。

Mini-OTEC 的成功，引起了美国能源部的重视。1993 年，太平洋高技术研究国际中心（PICHTR）在夏威夷建成 210kW 开式循环岸式 OTEC 系统。如图 7-41 所示，其扣除自身用

图 7-40 Mini-OTEC 50kW 电站

图 7-41 210kW 开式循环岸式 OTEC 系统

电后的净功率为40~50kW，小部分（10%）蒸汽引入表面冷凝器生产淡水。淡水最高产率是0.4L/s。PICHTR还开发了利用冷海水进行空调、制冷及海水养殖等附属产业，在太平洋热带岛屿显示出良好的市场前景。

2015年8月，一座由Makai海洋工程公司建造的100kW级岸式OTEC机组在夏威夷投入运行，如图7-42所示。这是第一座接入美国电网的闭式循环OTEC机组。该公司未来还计划在夏威夷海域建造一座100MW级别的浮式OTEC发电系统。

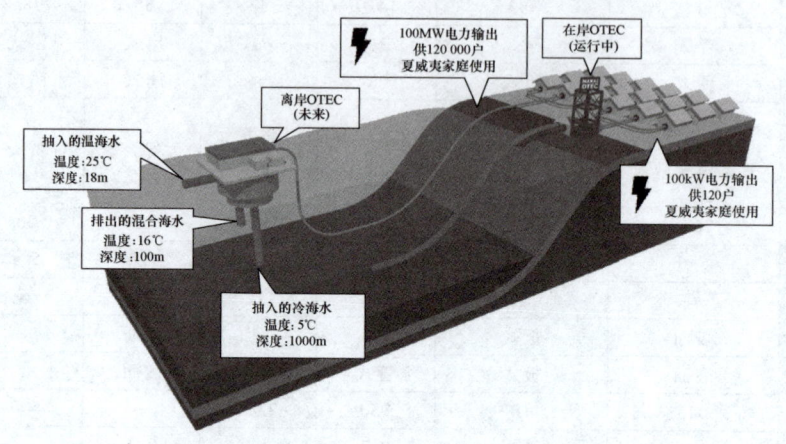

图7-42　夏威夷100kW级岸式OTEC机组

2. 日本海洋温差能电站

日本一共建成多座岸式海洋温差能电站。1981年，日本东京电力公司在瑙鲁共和国建造了一座岸式闭式循环电站，并投入运行1年，电站采用R-22为工质，平均发电功率为100.5kW，扣除系统运行动力的消耗，平均净输出功率为14.9kW，并入当地电网。1982年，九州电力公司在日本鹿儿岛县的德之岛建成50kW的温差能试验电站，试验运行到1994年8月为止。这是一座混合型电站，工质为氨，采用板式热交换器。电站的热源不是直接取海洋表层的温海水，而是利用岛上的柴油发动机排气余热将表层海水加热后再作为热源，热源温度可达40.5℃，平均净功率可达32kW。此外，佐贺大学还于1985年建成一座75kW的实验室装置，并得到35kW的净功率。值得一提的是佐贺大学一直在坚持进行海洋温差能发电的研究，著名的上原循环就是由佐贺大学提出，日本在几十千瓦级的实证研究领域具有的研究经验，就是得益于该大学的研究成果。2013年4月，佐贺大学和多家日本企业合作建成的100kW级OTEC发电机组在冲绳岛正式投入运行，如图7-43所示。

3. 中国海洋温差能电站

中国在海洋温差能利用方面的研究近年来取得了迅猛发展。2023年8月，中国地质调查局广州海洋地质调查局牵头研发的20kW海洋漂浮式温差能发电装置在南海成功完成海试，如图7-44所示。本次试验在我国南海水深1900m处海域开展，发电总时长4h47min，最大发电功率16.4kW，发电系统累计输出电量57.74kW·h，净输入船上电网系统电量10.24kW·h，有效发电利用率达到了17.7%。该装置国产化率达到100%，且整机体积只有常规同等规模温差能发电设备的1/3，成本低，机动灵活性强。这是我国首次在实际海况条件下实现海洋温差能发电原理性验证和工程化运行，有力地推进了我国深海能源的开发利

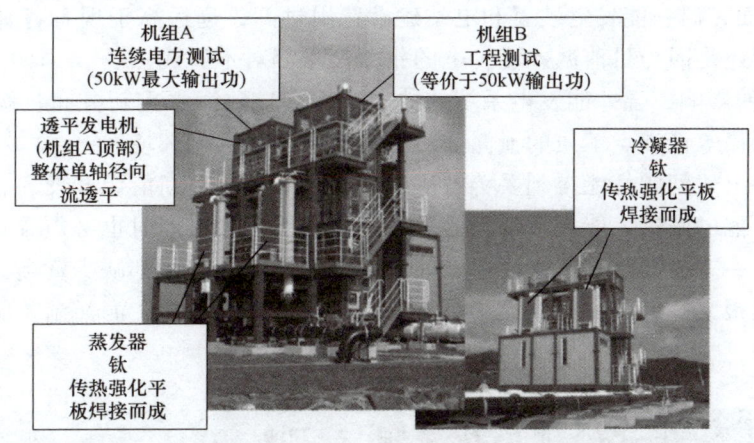

图 7-43　日本冲绳岛 100kW 级 OTEC 发电机组

用,标志着我国海洋温差能开发利用从陆地试验向海上工程化应用迈出了关键一步。

图 7-44　20kW 海洋漂浮式温差能发电装置搭载"海洋地质二号"船进行海上试验前期准备

7.4.5　小结与展望

海洋温差能具有能量蕴藏量大、能量稳定等特点,但其开发难度较大,技术水平要求较高。因此,实现海洋温差能的可持续利用将会是一项长期而艰巨的任务。在海洋温差能发电技术的大规模推广应用之前,主要还需解决以下问题:

1)基础研究方面,小温差热力循环效率过低,受卡诺循环效率限制,温差为 20℃ 时,最大转换效率只有 6.8%,加上辅助负荷后,效率一般在 2.5%~4% 之间。如何改进小温差热力循环,选择合适的低沸点工质,提高循环效率是目前研究的一大重点。

2)各类技术挑战,主要包括冷水管的制造、铺设和维护,高效能低成本、高强度耐腐蚀的热交换器设计,海底电缆技术,平台水管接口的固定和部署等。

3）经济方面，温差能发电装置和电站建设费用过高，远远高于现有各种发电工程的单位造价。这主要还是因为目前温差能发电的相关技术相对不够成熟。

4）对环境的影响，温差能发电系统的抽水排水会导致海水重新分布，影响海洋的生态环境。氨或氟利昂等低沸点工质的泄漏会污染海洋环境和大气环境。

总之，如果上述问题都能得到妥善解决，那么随着人们对新能源开发和利用愿望的日益增强，海洋温差能电站进入能源市场只是个时间问题。但是，同时也必须看到海洋温差能利用的不利因素：一方面，具有海洋温差能开发潜力的地区大部分都缺少资金，而海洋温差能电站所需投资又很大；另一方面，如果没有政策扶持和研究支持，海洋温差能开发将缺乏市场竞争力。

思考题与习题

7-1 简述潮汐现象及其形成的原因。

7-2 简述潮汐能蓄能发电的发电原理及其主要方式。它们的优缺点分别是什么？

7-3 说出潮汐电站采用的水轮机组的主要类型及其优缺点。

7-4 波浪能发电需要经历怎样的能量转换过程？

7-5 结合波浪能吸收原理，简述如何设计波浪能吸收器，才能使能量转化效率最大。

7-6 波浪能发电目前存在哪些主要的技术形式？它们各自有什么特点？

7-7 海流可分为哪两类？其形成的原因分别是什么？

7-8 潮汐和潮流的区别是什么？潮汐能发电和海流能发电的原理有何不同？

7-9 简述海流能发电装置的基本组成，并简述水轮机的主要类型及其功能。

7-10 海洋温差能的来源是什么？

7-11 海洋温差能发电分为哪几种循环方式？请分别简述其循环流程。

7-12 在海洋温差能发电方式中，闭式循环方式有什么优点和缺点？

第 8 章 燃料电池技术

燃料电池是一种将储存在燃料中的化学能直接转化为电能的发电装置，属于氢能利用技术，具备高效、洁净等多种优点，已成为当今能源领域的开发热点。在其工作过程中，当氢气或含氢燃料被输入到燃料电池阳极、氧气或空气作为氧化剂被送入其阴极时，两者就会在燃料电池内部的电极与电解质界面上发生电化学反应，直接产生电能。

8.1 燃料电池的工作原理及输出性能

8.1.1 燃料电池的发展历史

燃料电池自发明以来已有近 200 年的历史。早在 1839 年，英国的格罗夫教授在电解水实验过程中，发现吸附 H_2 和 O_2 的 Pt 电极能够释放出电能，进而提出了燃料电池概念。图 8-1 所示为该燃料电池的实验装置，该装置分为上下两部分，上部为电解水装置，下部是燃料电池。其中，ox 表示氧气管，hy 表示氢气管，管子下部被放置在稀硫酸溶液中，管中黑色部分是铂金催化棒，图中的箭头方向表示电流方向。

燃料电池汽车

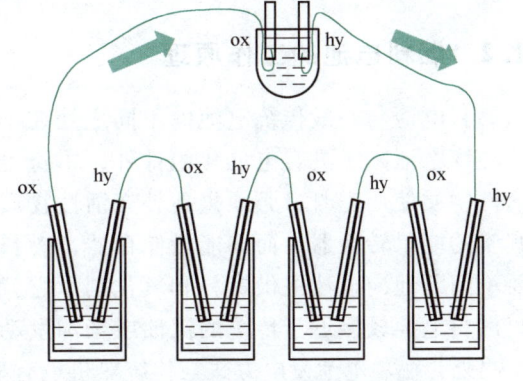
图 8-1 燃料电池的实验装置

该实验装置下部是 4 个串联在一起的燃料电池单体，其氢气管 hy 中发生的阳极反应为 $H_2 \longrightarrow 2H^+ + 2e^-$，氧气管 ox 中发生的阴极反应为 $\frac{1}{2}O_2 + 2H^+ + 2e^- \longrightarrow H_2O$，其总的电化学反应是 $H_2 + \frac{1}{2}O_2 \longrightarrow H_2O$。在该装置上部电解池氧气管 ox 中发生的反应为 $H_2O - 2e^- \longrightarrow 2H^+ + \frac{1}{2}O_2$，氢气管 hy 中发生的反应为 $2H^+ + 2e^- \longrightarrow H_2$。由此可以看出，通过燃料电池装置可以实现从化学能到电能的能量转化，并为图中的电解水装置提供电能。

就 19 世纪的科技能力而言，要将燃料电池商业化仍有许多障碍难以克服，例如铂的来源、氢气的生产以及电堆的生产工艺等。到了 19 世纪末，内燃机技术的快速发展以及大规模化石燃料的开发与使用，使得燃料电池技术在当时并未获得广泛关注和应用。1932 年，剑桥大学的培根博士在原有技术基础上开发出第一个碱性燃料电池，该装置采用比较廉价的镍电极取代铂电极，并采用不易腐蚀电极的碱性电解质——氢氧化钾取代了硫酸。不过，直到1959年，培根才真正制造出能够持续工作的燃料电池，其发电功率为5kW，用于给焊接机供电。培根的研究成果为后来美国宇航局（NASA）在阿波罗计划中研发燃料电池奠定了基础。

20世纪60年代，美国宇航局为了寻找适合作为载人宇宙飞船的动力源，特别进行了各种动力源发电特性的分析与比较，例如化学电池、燃料电池、太阳能及核能等。研究表明，作为宇宙飞船的动力源必须具备较高的比功率及续航能力，化学电池太重，太阳能具有间歇性且比功率较低，而核能又有一定危险性，相比之下氢氧燃料电池则可以满足1~10kW的功率需求。此外，燃料电池反应所产生的纯水还可以作为宇航员的饮用水。因此，美国宇航局便开始资助一系列燃料电池的研究计划，来进行太空飞行动力的开发设计。

1973年石油危机之后，各国普遍认识到新能源的重要性，纷纷制定各种能源政策以降低对石油的依赖。出于提高能源使用效率与能源多元化的考虑，人们又重新开始大力发展燃料电池技术。此后，一些民营企业和政府部门开始认真思考燃料电池推广应用的可行性，并积极研究如何克服燃料电池商业化所遇到的瓶颈与障碍。20世纪70年代之后，燃料电池的研发工作大都集中在开发新材料、寻求最佳的燃料来源和降低成本等方面。进入21世纪，有许多医院、学校、商场等公共场所都已经安装了燃料电池发电系统，一些汽车制造商也已经研制出各种燃料电池汽车；在北美、欧洲和中国的部分城市，以燃料电池为动力的公共汽车正在投入示范运行；此外，以燃料电池作为便携式电源的应用技术也正在如火如荼地进行中。

8.1.2 燃料电池的工作原理

燃料电池与一般传统电池的不同之处在于其本身不具有活性物质，而只是个催化转换组件。传统电池除了具有电催化组件外，本身也是活性物质的储存容器，因此当储存于电池内的活性物质使用完时，必须重新补充活性物质后才能继续工作。相比而言，燃料电池则是名副其实的能量转换器，而非能量储存器，燃料和氧化剂都是从燃料电池外部供给的，原则上只要不间断地向电池提供燃料和氧化剂，它就可以连续输出电能。因此，从燃料供应角度来看，燃料电池较接近于传统的汽油或柴油发动机。

另外，燃料电池发电方式与传统热机也有显著不同，传统热机发电必须先将燃料的化学能经由燃烧转化成热能，再利用热能产生高温高压的水蒸气来推动蒸汽机，使热能转化为机械能，最后再将机械能转化成电能。在一连串能量形态变化的过程中，不仅会产生噪声、污染，同时也会造成大量热损失，从而降低机组的发电效率。相比之下，燃料电池发电是直接将燃料的化学能转化为电能，过程少、效率高，由于发电过程中没有燃烧，所以不会产生污染；没有转动组件，所以噪声低。因此，燃料电池是具有高效和清洁特点的新能源发电技术。

虽然各种燃料电池有其独特结构，但是它们的基本原理大致相同。下面以氢氧燃料电池为例，具体介绍燃料电池的工作原理，其发电环节可分为四个主要过程：

（1）反应物的输入　为了保证燃料电池能够持续发电，必须为其连续不断地提供燃料和氧化剂。利用流场板结合多孔电极结构可以实现反应物的高效输送。其中，流场板包括许多精细的流道，引导反应气体接触电极；电极是多孔结构，以保证氢气和氧气能够充分与电极、催化剂以及电解质发生接触。

（2）电化学反应的发生　如图8-2所示，反应物到达电极后会发生电化学反应，阳极反应为 $H_2 \longrightarrow 2H^+ + 2e^-$，阴极反应为 $\frac{1}{2}O_2 + 2H^+ + 2e^- \longrightarrow H_2O$。当阴、阳极反应达到平衡状态时，便形成各自的电极电势。燃料电池产生的电流大小与电化学反应速度直接相关，为了获得更大的电流，通常用催化剂来提高电化学反应速度。需要指出的是上述反应还是一个放热反应，在产生电能的同时还伴有热量产生。

（3）电子与离子的传导　上一过程中发生的电化学反应将产生或消耗离子和电子，阳极产生的阳离子及电子都将被送到阴极。对电子而言，这种传输过程相当容易，如图8-2所示，当负载接通时，两个电极间的导线便为电子提供了路径，电子就会从阳极流向阴极。然而对离子而言，传输要相对困难一些，主要是由于离子体积比电子大，因此必须要有电解质为氢离子提供扩散路径。与电子传输相比较，这一过程效率很低。所以，离子传输可能存在一定的电阻损耗，从而降低燃料电池输出性能。为了减小这种影响，就技术而言，燃料电池中的电解质层应尽可能薄，以缩短离子传导的路径。

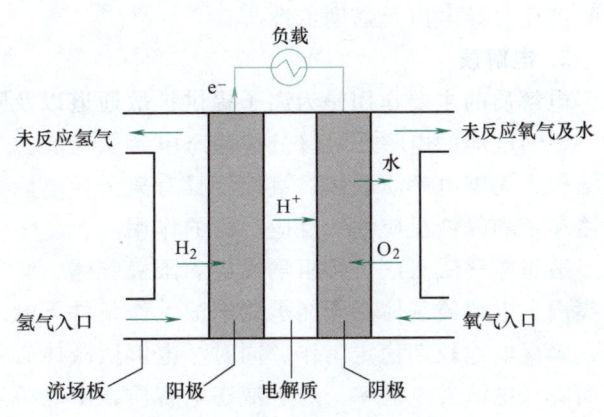

图 8-2　氢氧燃料电池电化学反应

（4）反应产物的排放　燃料电池进行氧化还原反应时，一定会伴有反应产物的产生，氢氧燃料电池的反应产物是水，反应产物的存在或积累会影响燃料与催化剂、电解质接触，必须以一定方式排出。未反应的氢气从阳极流道出口离开燃料电池，生成的水与剩余的氧气则从阴极流道出口排出，而反应中所释放的热量需要通过外部冷却方式带走。

在燃料电池内部，上述氧化还原过程并不是逐步进行的，而是同时发生的，并在电池内部维持动态平衡，源源不断地将燃料中的化学能转化成电能。

8.1.3　燃料电池的基本结构

燃料电池的工作面积决定其工作电流大小，而串联数目则决定其工作电压高低。因此，为了提高燃料电池的输出电流，可采用增加单体电池面积或电池并联的方式。同样，为了满足一定的输出电压，则必须将多个单体电池串联起来组成电池堆。燃料电池通常采用若干电池堆构成的模块化组件，电池堆往往包括数十甚至上百个单体电池，而单体电池是由电极、电解质、双极板以及电池外壳等基本单元构成的。

1. 电极

燃料电池的电极是燃料发生氧化反应、氧化剂发生还原反应的电化学反应场所，分为阳极和阴极。燃料电池氧化还原反应具有反应速度慢、反应途径多的不利因素，需在催化剂作用下才能提高反应速度，因此两极都含有加速电极电化学反应的催化剂。催化剂不仅仅要对特定的电化学反应有良好的催化活性，而且还必须具有良好的电子导电性。电极性能好坏的关键是催化剂的性能、电极的材料以及电极的制作工艺等。

由于燃料电池所使用的燃料和氧化剂通常为气体（例如氢气和空气），而气体在电解质中的溶解度很低，因此为增加参与反应的电极表面积，燃料电池的电极多采用多孔结构。多孔电极可以增加反应物与催化剂的接触面积，提高反应速率，一般是将多种电极材料和催化剂研磨成纳米级颗粒，再通过烧结等方式制作而成，这样还可以节省催化剂的用量。由于不同电极材料可加工成不同大小的颗粒，经此工艺制成的电极内部存在孔隙结构，同时具有良好的催化、导电以及强度特性。

2. 电解质

电解质的主要作用是为离子提供扩散通道以及隔离阳极与阴极之间的反应物。从形态来看，燃料电池的电解质可以分成液态电解质与固态电解质两种。其中，固态电解质属于无孔膜结构，无需电解质载体，直接将具有离子导电能力的电解质材料制作成无孔薄膜即可达到传输离子和隔绝反应物、反应产物的作用。

液态电解质无法直接阻隔阴极和阳极气体，必须将其吸附在作为电解质载体的多孔基体隔膜内，电解质载体必须能承受电池工作条件下的压力和电解质的侵蚀，以保持其结构的稳定，确保电池长期稳定工作。同时，电解质载体必须是电子绝缘材料，否则会导致电池内漏电而降低电池发电效率。对于液态电解质，由电解质载体所制作的多孔隔膜的孔径必须小于多孔电极的孔径，以确保在电池工作时多孔隔膜的孔隙内始终浸有电解质。当燃料电池运行时，阴、阳极中的气体压力经常会出现波动而产生一定的压力差。因此，隔膜的微孔内所浸入的电解液还必须能够承受一定的压力范围，按照孔隙率、最大孔径以及气体压差之间的相互关系，隔膜的最大孔隙率一般为50%~70%。其次，电解质层越薄则电阻越小，然而其基体隔膜也需要保证一定的结构强度，因此也不宜太薄。

3. 双极板

两个相邻的单体燃料电池会通过一个双极板连接，双极板的其中一侧与上一个燃料电池的阳极相连，另一侧则与下一个燃料电池的阴极连接。双极板是燃料电池所特有的结构，它起到连接单体电池，并分配参与电化学反应的气体以及收集电流等作用。

目前，双极板主要采用石墨板以及复合材料板或金属板。石墨板的优点是导电性及耐腐蚀性好，缺点是制作工艺复杂，而且石墨板质地硬、脆，不易加工，因此制作成本较高。此外，石墨板还会受到加工条件的限制，一般厚度在3mm左右，难以进一步降低，因此燃料电池的体积比功率难以提高。金属材料的优点是厚度较薄（0.1~0.5mm），而且可采用冲压成型等方法加工，有助于提高比功率和降低成本，然而使用金属双极板必须解决腐蚀问题。复合材料板是将高分子树脂和石墨混合搅拌，再经由压铸成型制成双极板，这种工艺减少了双极板制作成本和时间，适合大量生产，但是其制成的双极板内阻较大，机械强度也有待加强。不论用何种材料，双极板的设计和制作都十分关键，在燃料电池的制作成本中占有较大比例。

在完成了电池堆的设计与加工后，必须按照严格的组装程序完成电池堆组装。密封是组装燃料电池堆的关键技术之一，目的是确保阴极与阳极两侧的反应气体不会互窜和外漏。燃料电池堆密封所遇到的问题主要是密封设计和材料老化：不当的密封设计会使得双极板与电极之间的接触电阻增加而降低电池堆性能；电池堆运行过程中会因密封件的老化变形造成反应气体外漏，由于在电池运行中密封件或电解质可能出现形变，燃料电池堆往往需要通过自紧装置以确保长期稳定运行。

8.1.4 燃料电池的输出性能

1. 燃料电池的电动势

燃料电池的电动势需要从化学热力学角度分析，燃料电池是将化学能转化为电能的装置，因此利用燃料电池技术可获取电能的多少是由燃料发生化学反应的性质所决定的。根据化学热力学，电池电动势与电池反应的吉布斯自由能（Gibbs Free Energy，G）的变化有关。吉布斯自由能表示系统可以利用的潜能或系统做功的潜能，与其他热力学函数一样，吉布斯自由能也具有状态函数属性。等温等压条件下，吉布斯自由能变可以表示某一个热力学过程中，系统减少的内能中可以转化为对外做功的部分。当吉布斯自由能变小于零时，反应自发进行，能对外输出有用功；当吉布斯自由能变大于零时，反应不能自发进行，需要外界输入能量。即

$$\Delta G = \Delta H - T\Delta S \tag{8-1}$$

$$\Delta G = -W_r \tag{8-2}$$

式中，ΔG 为生成物减去反应物的吉布斯自由能变（kJ/mol）；ΔH 为生成物减去反应物的反应焓变（kJ/mol）；T 为温度（K）；ΔS 为生成物减去反应物的熵变[kJ/(mol·K)]；W_r 为体系对外做非体积功的最大值（kJ/mol）。

对于燃料电池而言，对外所做的非体积功为电能（功率与电流和电压有关），因此可得

$$W_r = nFE \tag{8-3}$$

式中，n 为单个电池反应中转移的电子数；F 为法拉第常数（$F = 96485 C/mol$）；E 为电池的理论电动势（V）。

对于一个化学反应 $aA + bB \longrightarrow cC + dD$，其在任意状态下的吉布斯自由能变与标准吉布斯自由能变的关系为

$$\Delta G = \Delta G^0 + RT\ln\frac{\alpha_C^c \alpha_D^d}{\alpha_A^a \alpha_B^b} \tag{8-4}$$

式中，ΔG^0 为标准状态（25℃，101.325kPa）下的吉布斯自由能变（kJ/mol）；R 为摩尔气体常数，$R = 8.314 J/(mol·K)$；T 为温度（K）；α 为物质 X 的活度（理想溶液中若物质 X 为溶质，则 α 表示 X 的相对浓度；若物质 X 为气体，则 α 表示 X 的相对分压）。

燃料电池在标准状态下的吉布斯自由能变为

$$\Delta G^0 = -nFE^0 \tag{8-5}$$

式中，E^0 为电池在标准状态下的电动势（V）。

推导可得能斯特方程为

$$E = E^0 + \frac{RT}{nF}\ln\frac{\alpha_A^a \alpha_B^b}{\alpha_C^c \alpha_D^d} \tag{8-6}$$

由能斯特方程可知，对于整个燃料电池所发生的电化学反应来说，其总的电动势随着反应物活度或浓度的提高而增加，随着产物活度或浓度的增加而降低。为了进一步说明能斯特方程，把它运用到氢氧燃料电池反应中，即

$$\frac{1}{2}O_2 + H_2 \longrightarrow H_2O \tag{8-7}$$

该反应的能斯特方程为

$$E = E^0 + \frac{RT}{2F}\ln\frac{\alpha_{H_2}\alpha_{O_2}^{0.5}}{\alpha_{H_2O}} \tag{8-8}$$

理想状态下，氢气和氧气的活度等于它们的相对分压。如果燃料电池工作在100℃以下，则生成液态的水，其活度为1。这样就有

$$E = E^0 + \frac{RT}{2F}\ln\frac{p_{H_2}p_{O_2}^{0.5}}{1} = E^0 + \frac{RT}{2F}\ln(p_{H_2}p_{O_2}^{0.5}) \tag{8-9}$$

利用能斯特方程可以计算出燃料电池的理论电动势，但在实际情况下，燃料电池输出的工作电压明显小于理论值，也就是说存在电压损失，其主要原因是产生了三种不可逆性损失：活化损失、欧姆损失、浓度差损失。燃料电池实际工作时的输出电压可表示为

$$V = E - E_{act} - E_{ohm} - E_{conc} \tag{8-10}$$

式中，E 为理论电动势（V），它代表燃料中的化学能全部转化成电能所对应的电动势；E_{act}、E_{ohm}、E_{conc} 分别为活化损失、欧姆损失以及浓度差损失造成的电压降（V）。

活化损失主要是由于在驱动电子传输到电极或传输出电极时，反应速度过慢而导致部分电压的损耗；欧姆损失是克服电子通过电极材料以及各种连接部件、质子通过电解质的阻力而引起；浓度差损失是由于电极表面反应物存在一定的浓度差而导致的电压损耗，这种浓度差主要由供气不足引起。

2. 燃料电池的输出电流

电流大小是燃料电池的关键指标，理论情况下，其与反应物摩尔流量和电子转移数成正比，即

$$I = nFv' \tag{8-11}$$

式中，I 为流过截面的电流（A）；v' 为燃料反应速率（mol/s）。

对电流起决定性作用的因素是燃料在燃料电池内部的利用率。在同样的外部条件下，燃料利用率越高，说明参与电化学反应的燃料所能提供的电子越多，则电池输出的电流越大。另外，在实际运行时，由于电解质也具有一定的电子传导能力，一部分电子不通过外电路而是通过电解质到达阴极，这就使一部分本应转化为电能的能量直接转变为热能，导致了一定的能量损失，这种损失称为内部电流损失。此外，电极上的反应常受到电极表面杂质的影响，因此除了电极反应外还会有一些副反应，这些反应也导致了电流损失。

3. 燃料电池的能量转换效率

由于输入的燃料并非全部参与电极上的电化学反应，燃料的利用效率必然小于100%，这造成燃料利用不充分的同时，也直接影响到燃料电池的输出电流。同时实际运行时存在内部电流损失，由此可定义电流效率为

$$n_f = \frac{i}{nFv} \tag{8-12}$$

式中，i 为燃料电池实际工作电流（A）；v 为燃料供应速率（mol/s）。

燃料电池由于不受卡诺循环限制，其理论能量转换效率较高，在理想条件下的能量转换

效率为

$$\eta_r = \frac{\Delta G}{\Delta H} \tag{8-13}$$

将式（8-2）、式（8-3）代入式（8-13）可得

$$\eta_r = -\frac{nFE}{\Delta H} \tag{8-14}$$

然而在实际工作时，存在多种因素使得燃料电池的实际工作效率小于理论值，这些因素主要来自于电压损失与燃料利用损失。根据前文描述，电压损失包括活化损失、欧姆损失以及浓度差损失，这意味着实际输出电压低于理论电动势，由此可定义电压效率为

$$\eta_V = \frac{V}{E} \tag{8-15}$$

燃料电池的实际能量转换效率定义为

$$\eta = \eta_f \eta_r \eta_V = \frac{iV}{v\Delta H} \tag{8-16}$$

8.1.5 燃料电池的工作特性

相对传统热机，燃料电池的主要优势表现在能量转换效率高、环境友好、噪声低、模块化程度高等方面，而且用途非常广泛。

（1）能量转换效率高　燃料电池直接将化学能转换为电能，其转换效率不受卡诺循环的限制（卡诺循环是两个热源之间的理想循环，即一个高温热源，一个低温热源），其发电效率在40%~60%之间，若加以综合利用，其效率可达80%以上。

（2）环境友好　燃料电池使用的氢燃料可以通过可再生能源或化工过程副产品得到，其工作过程中的排放产物为水蒸气，清洁、无污染，不产生二氧化碳，环境影响很小。

（3）噪声低　在目前普遍使用的发电技术中，包括火力发电、水力发电、核能发电等，系统中普遍存在转动设备，运行过程中噪声非常大，而燃料电池结构简单，且没有转动设备，工作噪声相对较低。

（4）模块化程度高　燃料电池采用模块化结构，其发电效率与容量规模无关，可以满足不同的功率需求。

（5）用途广泛　燃料电池可应用在不同的工作领域，例如在固定电源、移动电源、航天以及家庭等都有不错的应用前景。

燃料电池虽有很多优点，但仍有一些不足之处，使其尚不能进入大规模商业化应用，主要原因在于其成本较高、对辅助设备以及密封等方面要求高。

（1）成本较高　燃料电池一般采用稀有金属作为催化剂。以质子交换膜燃料电池为例，其需要使用昂贵且稀有的铂金属为催化剂，这使得该种燃料电池价格居高不下，且难以大规模应用。此外，目前氢气的制取及运输成本也较高。

（2）对辅助设备要求较高　虽然燃料电池的燃料种类广泛，但是大部分燃料电池需要将其他燃料转化为氢气后才能利用，因而需要燃料预处理系统。此外，铂金属催化剂对环境比较敏感（如Pt催化剂遇CO会中毒失活），这意味着燃料电池对燃料处理有较高要求。

（3）密封要求高　单体燃料电池所能产生的工作电压为0.8~1.0V，实际应用过程中通

常需要将多个单体电池组合成为燃料电池堆，在单体电池连接时，必须要有严格的密封措施防止氢气泄漏，增加了燃料电池制造要求，并给使用和维护带来一定困难。

8.2 燃料电池的技术分类

燃料电池种类多而且分类方式也各不相同，通常是按电解质的不同分为碱性燃料电池（Alkaline Fuel Cell，AFC）、磷酸型燃料电池（Phosphoric Acid Fuel Cell，PAFC）、熔融碳酸盐燃料电池（Molten Carbonate Fuel Cell，MCFC）、固体氧化物燃料电池（Solid Oxide Fuel Cell，SOFC）、质子交换膜燃料电池（Proton Exchange Membrane Fuel Cell，PEMFC）五类。依照其工作温度范围不同，一般将碱性燃料电池、质子交换膜燃料电池归类为低温型燃料电池，磷酸型燃料电池划为中温型燃料电池，而熔融碳酸盐燃料电池、固体氧化物燃料电池则属于高温型燃料电池。除此之外，还可以按照用途范围分为固定电站、移动电源以及家用燃料电池。下面介绍几种主要的燃料电池发电技术。

8.2.1 碱性燃料电池

碱性燃料电池是最早开发并成功应用的一种燃料电池，一般采用氢氧化钾或氢氧化钠水溶液等碱性物质作为电解质，比较典型的电解质溶液是氢氧化钾溶液，其质量分数一般为30%~45%，最高可达85%。

1. 碱性燃料电池的工作原理

碱性燃料电池的工作原理如图8-3所示，电解质内部传输的导电离子为OH^-，氢气在阳极发生氧化反应，而氧气在阴极发生还原反应。在碱性燃料电池阳极中，氢气与OH^-发生反应生成水和电子，电子通过外电路到达阴极和氧气与水生成OH^-，生成的OH^-通过电解质回到阳极。

碱性燃料电池的电极反应如下：

阳极　　$H_2 + 2OH^- \longrightarrow 2H_2O + 2e^-$　　(8-17)

阴极　　$\frac{1}{2}O_2 + H_2O + 2e^- \longrightarrow 2OH^-$　　(8-18)

电解质　$KOH \longrightarrow K^+ + OH^-$　　(8-19)

总反应　$H_2 + \frac{1}{2}O_2 \longrightarrow H_2O$　　(8-20)

碱性燃料电池在阳极侧生成水或水蒸气，这也是其与其他类型燃料电池最大的不同之处。阳极侧生成的水必须及时排除，以免将电解质溶液稀释。此外，废热也需要被及时带走以保持燃料电池工作温度稳定。

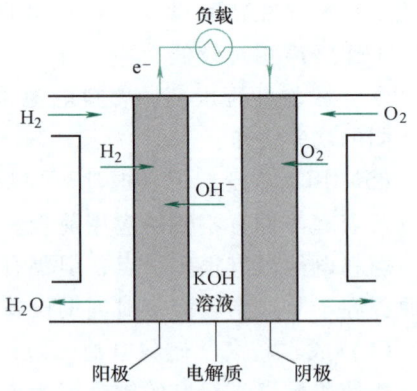

图8-3　碱性燃料电池的工作原理

2. 碱性燃料电池的关键组件

碱性燃料电池可选催化剂种类较多，既可以是铂、钯、金、银等贵金属，也可以采用镍、钴、锰等过渡金属作为催化剂。此外，贵金属与过渡金属组成的合金，例如铂-钯、铂-金、铂-镍、铂-镍-钴、镍-锰等合金，也都可以作为碱性燃料电池的催化剂。

石墨和镍都具有较好的化学稳定性,在碱性介质中不易被腐蚀,而且价格并不高,因此,适合作为 AFC 的双极板材料。然而,两者各有其缺点:石墨板由于质地较脆,所需厚度往往超过 3mm,导致了以石墨作为双极板材料的 AFC 体积比功率难以提高;相对地,由于镍的密度比较大,以镍作为双极板材料的 AFC 的质量比功率难以提高。

3. 碱性燃料电池的特性

碱性燃料电池与其他几种燃料电池相比,具有以下优点:

1) 碱性燃料电池可以使用非铂催化剂,如硼化镍等。这样不但可以降低成本,而且还不受铂资源的限制。

2) 碱性燃料电池的结构可以使用塑料、石墨或者非贵金属等材料。

但碱性燃料电池也存在如下几个缺点:

1) 在以空气作为氧化剂时,必须清除空气中所含的二氧化碳。

2) 当以各种碳氢化合物的重整气作为燃料气体时,必须脱除气体中的二氧化碳。

3) 碱性燃料电池采用氢氧化钾或氢氧化钠作电解质时,电化学反应产物必须及时排除,以维持其浓度不变,因此排水系统及其控制策略均增加了燃料电池的复杂程度。

8.2.2 磷酸型燃料电池

如前所述,碱性燃料电池虽然具有高效清洁的特点,但是工作过程中必须除去燃料和空气中的二氧化碳,这不仅增加了燃料电池系统的复杂性,也增大了发电成本。1970 年之后,世界各国就开始致力于开发以酸为电解质的酸性燃料电池。其中,以磷酸为电解质的燃料电池首先获得成功,这是由于磷酸具有良好的热和电化学稳定性,在超过 150℃ 的温度下挥发性也很小,更重要的是它能容忍空气(氧化剂)与燃料气体中二氧化碳的存在。磷酸型燃料电池(PAFC)是最早实现商业化的燃料电池技术,目前磷酸燃料电池技术已相当成熟。由于对燃料中二氧化碳的容忍度较高,磷酸型燃料电池可以使用空气作为阴极反应气体,也可以采用重整气作为燃料,这使得它非常适合于中、小型分布式固定电站。

1. 磷酸型燃料电池的工作原理

磷酸型燃料电池是以磷酸作为电解质的一种燃料电池,工作温度在 200℃ 左右,之所以反应温度较高主要是因为酸性电池中电化学还原速度较慢,因此需要提高反应温度加快还原速度。当磷酸型燃料电池采用氢气作为燃料,氧气作为氧化剂时,其工作原理如图 8-4 所示。在阳极,氢气在电极表面释放出电子生成氢离子,氢离子通过电解质层依靠浓度差扩散迁移到阴极;在阴极,由电解质迁移来的氢离子与从外电路流入的电子及外部供给的氧气结合生成水。

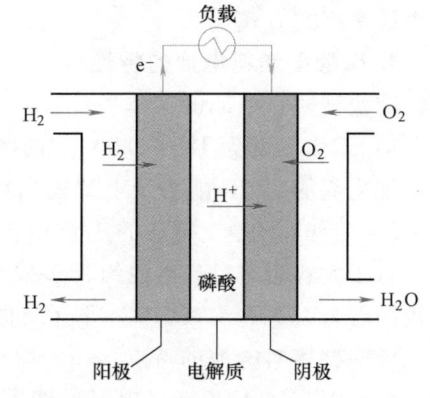

图 8-4 磷酸型燃料电池的工作原理

电极的反应表达式如下:

$$\text{阳极} \qquad H_2 \longrightarrow 2H^+ + 2e^- \qquad (8\text{-}21)$$

阴极	$2H^+ + \frac{1}{2}O_2 + 2e^- \longrightarrow H_2O$	(8-22)
电解质	$H_3PO_4 \longrightarrow H^+ + H_2PO_4^-$	(8-23)
总反应	$H_2 + \frac{1}{2}O_2 \longrightarrow H_2O$	(8-24)

2. 磷酸型燃料电池的关键组件

磷酸型燃料电池的电极由碳载体和铂催化剂组成，通过化学吸附法将催化剂沉积在载体表面，电极的厚度约为 0.1mm。由于磷酸的腐蚀性强，多数合金和金属受酸性电解质腐蚀严重，因此采用耐腐蚀的贵金属铂作为催化剂。碳载体具有导电性能好、比表面积高、耐腐蚀和低密度等优点。

作为电解质的磷酸在燃料电池中不能自由流动，而是被包含在碳化硅制成的多孔结构中。磷酸本身是无色、黏稠并有吸水性的液体，在流通环境中蒸气压很低，但如果 PAFC 长时间在较高温度下工作，会因为蒸发而引起磷酸损失，其损失速度和电池内反应气体流速以及电流密度有关。电流密度越大，产生水的量越多，水的蒸气压越高，夹杂在水蒸气中的耗散磷酸也越多。由于电解质的损失可能导致反应气体内部渗漏，进而降低电池输出性能甚至引发安全事故，因此必须及时补充电解质。

由于磷酸具有腐蚀性，双极板不能采用一般的金属材料制作，目前常用的双极板材料是石墨。采用复合结构制作，中间为石墨薄板，两侧为多孔碳板，这种设计除了可有效分隔氢气与氧气外，其内部还可储存少许的磷酸，当电池隔膜中的磷酸因蒸发等原因损失时，储存在内部的磷酸就会依靠毛细力的作用迁移到电解质层，以延长电池的工作寿命。

磷酸型燃料电池堆是由单体电池逐一堆叠而成的，发电效率约为 40%，另外的 60% 是以废热的方式排放，也可通过热回收设备加以回收利用。一般而言，PAFC 的散热设计是在每 2~5 个单体电池之间加设一片散热板，散热冷却剂可采用水、空气或绝缘油等，其中水冷为最常用的方式。

3. 磷酸型燃料电池的特性

磷酸型燃料电池的工作条件：

1）工作温度为 180~220℃。选择这一温度范围的依据是磷酸的蒸气压、材料的耐蚀性能、催化剂的耐 CO 能力及电池输出特性等。

2）工作压力：PAFC 的工作压力为常压至 0.8MPa，通常对于小容量电池采用常压工作，对于大容量 PAFC 电池组，多采用加压工作。与低压工作时的情况相比，PAFC 电池组在较高压力（0.7~0.8MPa）下运行时，反应速率加快，发电效率提高。

磷酸型燃料电池的特点：

1）优点：PAFC 能在中温条件下工作，而且稳定性良好；余热利用中获得的水可以直接作为日常生活用水；起动时间与熔融碳酸盐燃料电池和固体氧化物燃料电池相比较短。

2）缺点：PAFC 的催化剂必须使用贵金属，成本较高；若燃料气体中的 CO 过高，催化剂容易引发 CO 毒化而失去催化活性。

磷酸型燃料电池经过多年的研究和发展，已经属于较为成熟的技术，但仍然需要进一步的研究来提高 PAFC 的可靠性、寿命，并降低成本。

8.2.3 熔融碳酸盐燃料电池

熔融碳酸盐燃料电池（MCFC）属于高温燃料电池，可作为兆瓦级以上的固定电站使用。它具有效率高、燃料多样化和无需贵金属催化剂等诸多优点。

1. 熔融碳酸盐燃料电池的工作原理

熔融碳酸盐燃料电池采用碱金属（如Li、Na、K）碳酸盐作为电解质，电池工作温度为500~600℃。在此工作温度下，电解质呈熔融状态，载流子为碳酸根离子（CO_3^{2-}），这种燃料电池不需要使用贵金属做催化剂。MCFC的常用燃料为H_2，氧化剂是O_2和CO_2，如图8-5所示。当电池工作时，阳极方向过来的H_2与从阴极区迁移过来的CO_3^{2-}反应，生成CO_2和H_2O，同时将电子输送到外电路；而阴极方向过来的O_2和CO_2与从外电路输送过来的电子结合，生成碳酸根离子（CO_3^{2-}）。

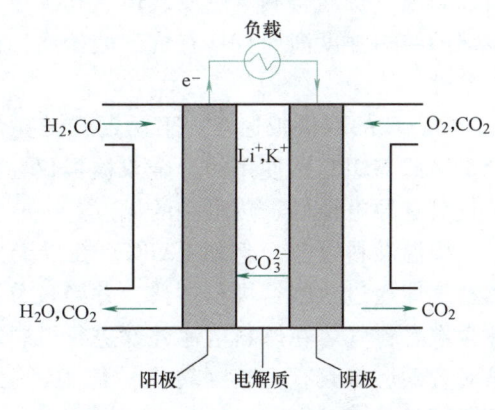

图8-5 熔融碳酸盐燃料电池的工作原理

上述过程中所涉及的反应如下：

阳极
$$H_2 + CO_3^{2-} \longrightarrow CO_2 + H_2O + 2e^- \tag{8-25}$$

阴极
$$\frac{1}{2}O_2 + CO_2 + 2e^- \longrightarrow CO_3^{2-} \tag{8-26}$$

电解质
$$K_2CO_3 \longrightarrow 2K^+ + CO_3^{2-} \tag{8-27}$$

总反应
$$H_2 + \frac{1}{2}O_2 + CO_2(c) \longrightarrow H_2O + CO_2(a) \tag{8-28}$$

总反应中c、a分别表示阴、阳极。从上述反应方程式可以看出，MCFC与其他燃料电池有所不同，阴极反应需要消耗二氧化碳，而碳酸根离子在阳极又转化为二氧化碳，二氧化碳同时为阴极的反应物和阳极的产物，因此如果能够将阳极产生的二氧化碳送回阴极作为反应物使用，则可以构成一个封闭循环以减少发电过程中二氧化碳的排放。在实际运行的MCFC中，通常是将阳极所排放出的二氧化碳和未参加反应的氢气或一氧化碳导入阳极排气氧化器燃烧并去除水，然后与空气混合后送到阴极循环使用。

2. 熔融碳酸盐燃料电池的关键组件

早期的熔融碳酸盐燃料电池曾采用铂、钯、银等贵金属制作阳极催化剂，为了降低电池的成本，后来改用导电性与电催化性良好的镍制作而成。然而，多孔镍阳极在高温环境下工作非常容易产生机械变形进而影响电池的密封性，造成电池性能下降。为了防止这种现象，目前新型MCFC阳极多采用镍-铝合金，其孔隙率为50%~70%，厚为0.50~0.75mm，平均孔径3~7μm。MCFC阴极材料以氧化镍为主，将镍合金粉、黏结剂浇注在带状物上，在氧化气氛中将有机物烧掉，得到氧化镍，其孔隙率可达50%左右，厚度为0.25~0.50mm，平均孔径为8~10μm。由于氧化镍不导电，一般会在氧化镍中掺杂2%的Li，形成$Li_xNi_{1-x}O$，产生游离电子。该电极材料的优点是具有良好的导电性和结构强度，而且在碳酸盐内的溶解度较低。

电解质载体是熔融碳酸盐燃料电池的核心元件,它除了能够阻挡气体从内部穿过,还必须具有高强度、耐高温、耐腐蚀等特性。早期采用氧化镁制作熔融碳酸盐的载体时,发现氧化镁会溶解在熔融碳酸盐中,而且所制作出的隔膜容易破裂。目前普遍用 γ-$LiAlO_2$ 和黏结剂在高温下烧结得到电解质载体,孔隙率为 60%~70%,厚为 1mm,平均孔径小于 $1\mu m$。铝酸锂的结构强度高而且具有抗碳酸盐腐蚀的能力,基本满足熔融碳酸盐电解质载体所需的工作条件。

MCFC 的双极板通常由不锈钢或镍基合金制作而成,由于阳极侧的腐蚀速率远高于阴极侧,因此 MCFC 所使用的合金双极板仅在阳极接触面镀镍,镀镍双极板具有极佳的稳定性,而且具有导电性好、热阻小的优点。

中温燃料电池(例如 PAFC)在以天然气或煤气等含碳燃料作为燃料气体时,必须先将燃料气体通过重整器进行重整,并经过分离净化处理后再送入燃料电池进行电化学反应,这种含碳燃料气体在燃料电池外部进行燃料重整的方式称为外重整。而高温工作下的 MCFC 本身对含碳燃料具有重整(转化)能力,也就是燃料重整可以直接在 MCFC 内部进行,这就是所谓的内重整方式。

3. 熔融碳酸盐燃料电池的特性

与其他燃料电池相比,熔融碳酸盐燃料电池具有以下几个优点:

1)工作温度高,不需要贵金属作催化剂。
2)可以使用 CO 含量高的燃料气体,如煤制气。
3)MCFC 具有内重整能力,可以采用天然气、煤气等碳氢燃料,而比起传统发电技术,它的二氧化碳排放量可以减少 40% 以上。
4)MCFC 排出高温余热可以回收使用或与汽轮机联合发电,其循环效率高达 80%。

熔融碳酸盐燃料电池的主要不足之处如下:

1)高温环境以及电解质的腐蚀性对电池内部各种材料的耐蚀性有严格要求。
2)燃料电池高温密封技术难度大,增加了制造成本。

8.2.4 固体氧化物燃料电池

固体氧化物燃料电池(SOFC)属于高温燃料电池,是国际上积极研发的新型发电技术之一。

1. 固体氧化物燃料电池的工作原理

SOFC 采用在高温下具有氧离子(O^{2-})传递能力的固态氧化物作为电解质,通常直接以天然气、煤气、厌氧消化气等碳氢化合物作为燃料,以空气作为氧化剂。如图 8-6 所示,在阴极,空气中的氧原子与外电路提供的电子反应而生成氧离子(O^{2-}),氧离子(O^{2-})由阴极通过固体电解质迁移至阳极。在阳极,燃料气体与氧离子进行氧化反应生成水(或 CO_2)并释放出电子。当燃料气体及空气连续供应给电

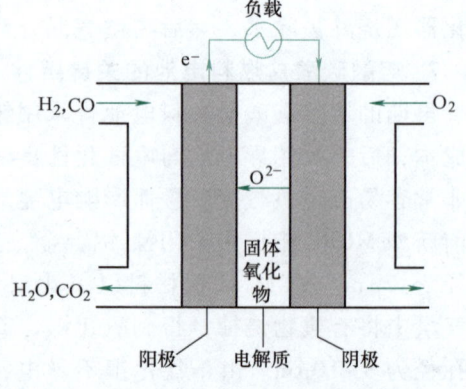

图 8-6 固体氧化物燃料电池的工作原理

池时，该电池就会源源不断地向负载输出直流电。

反应方程式如下：

阳极 $\qquad H_2+O^{2-} \longrightarrow H_2O+2e^-$ (8-29)

$\qquad CO+O^{2-} \longrightarrow CO_2+2e^-$ (8-30)

阴极 $\qquad \dfrac{1}{2}O_2+2e^- \longrightarrow O^{2-}$ (8-31)

总反应 $\qquad mH_2+nCO+\dfrac{1}{2}(m+n)O_2 \longrightarrow mH_2O+nCO_2$ (8-32)

2. 固体氧化物燃料电池的关键组件

目前 SOFC 所使用电解质的主要成分是掺入三氧化二钇（Y_2O_3）的氧化锆（ZrO_2），其中 Y_2O_3 的摩尔分数为 3%~10%，这种电解质材料不仅有很好的氧离子电导率，而且在氧化和还原气氛中也能保持很好的稳定性，在高温下也不和 SOFC 中的其他组件发生反应。另外，氧化锆在地球上含量比较丰富，价格相对低廉，而且容易加工。当 Y_2O_3 代替一定量的 ZrO_2 形成固溶体时，可能会出现的情况有两种，第一种是 Y^{3+} 阳离子进入 Zr^{4+}，第二种是 Y^{3+} 阳离子进入 O^{2-}，但由于 Y^{3+} 的半径为 0.089nm，Zr^{4+} 的半径为 0.072nm，因此，Y^{3+} 只能占据 Zr^{4+} 位置，晶格中出现阴离子缺位。例如 1 个 Y_2O_3 取代 2 个 ZrO_2，原来晶格中阳离子位置的 2 个 Zr^{4+} 代以 2 个 Y^{3+}，而 4 个 O^{2-} 位置只有 3 个 O^{2-} 被占据，则产生 1 个 O^{2-} 缺位，晶体中 O^{2-} 缺位的数目等于掺杂的分子数，这种阴离子的缺位造成阴离子能够以接力的方式迁移，故掺杂后的材料是一种良好的电解质。

SOFC 的催化剂除了需要具有良好的电催化活性与导电性之外，还必须具备与电解质相近的热膨胀系数，更重要的是在高温下不能与电解质发生化学反应。SOFC 采用掺入锶的锰酸镧（Sr-doped $LaMnO_3$，LSM）作为阴极催化剂，LSM 不但具有较高的催化活性，而且具有良好的导电性。适合作为 SOFC 阳极催化剂的有镍、钴、钌等过渡金属，其中镍由于兼具价格低以及电催化活性好等优点，目前已成为 SOFC 普遍采用的阳极催化剂。

由于构成 SOFC 的所有元件都是固体，因此电池的结构与外形具有多样性，可以按照不同的需求与环境条件进行设计。目前 SOFC 主要应用的结构形式有管式和平板式两种。管式 SOFC 早在 20 世纪 50 年代后期便开始发展，它的工作温度可达 1000℃，管式结构的优点是不需要进行阳极与阴极密封，然而所采用的工艺技术相当复杂，制作成本高昂。与管式结构相比，平板式结构相对简单，制作成本低得多，由于平板式 SOFC 的工作温度比管式 SOFC 低（800℃以下），因此能够使用较低成本的双极板连接材料，如不锈钢等。平板式 SOFC 的主要缺点是高温密封困难，因此热循环性能差，目前研究人员已经成功开发出陶瓷的复合无机密封材料，解决了平板式 SOFC 高温密封问题。

3. 固体氧化物燃料电池的特性

SOFC 除了具有一般燃料电池高效率、低污染的优点外，还具有如下特点：

1）SOFC 的电解质是固体，因此没有电解质蒸发和渗漏问题，而且电极也不会被腐蚀，运行寿命长。

2）SOFC 在高温下进行电化学反应，因此无需使用贵金属催化剂，而且本身具有内重整能力，故可以直接采用天然气、煤气或其他碳氢化合物作燃料，简化了电池系统。

3) SOFC 排出的余热以及未反应的燃料气体可以与燃气轮机或汽轮机等构成联合循环发电系统,这样不仅可以提高总发电效率,而且还可以减少环境污染。

高温下工作的 SOFC 主要缺点是电池材料要求高,价格较贵。SOFC 的所有元件,包括电极、电解质以及双极板等,都必须具备稳定的物化特性,电极材料之间不能发生化学反应,而且彼此之间的热膨胀也必须具有一致性。

8.2.5 质子交换膜燃料电池

质子交换膜燃料电池(PEMFC)的电解质是一种固态高分子聚合物膜,所以又称为高分子电解质燃料电池或者固态高分子燃料电池。1960 年美国首次将质子交换膜燃料电池应用于双子星太空计划中,但当时采用的聚苯乙烯磺酸膜在电池工作过程中发生劣化,不但导致电池寿命缩短,而且还污染了反应产物水,使航天员无法饮用。其后通过更换成聚全氟磺酸膜,不仅延长了电池寿命,而且有效地解决了反应产物水被污染的问题,并成功搭载在卫星上进行太空试验。近年来,随着质子交换膜膜材性能改进、电池堆功率密度提高及催化剂用量降低等突破性技术的实现,PEMFC 已逐渐具有商业竞争能力。

1. 质子交换膜燃料电池的工作原理

质子交换膜燃料电池以氢气或净化重整燃料气为燃料气体,以空气或纯氧为氧化剂,工作原理如图 8-7 所示。在阳极,氢气在催化剂的作用下电离成为氢离子与电子,氢离子通过质子交换膜往阴极移动,而电子则经由外电路对负载做功后回到阴极;在阴极,氧气、电子以及氢离子在催化剂的作用下发生还原反应产生液态水。

反应方程式如下:

阳极 $\qquad H_2 \longrightarrow 2H^+ + 2e^-$ (8-33)

阴极 $\qquad \frac{1}{2}O_2 + 2H^+ + 2e^- \longrightarrow H_2O$ (8-34)

总反应 $\qquad H_2 + \frac{1}{2}O_2 \longrightarrow H_2O$ (8-35)

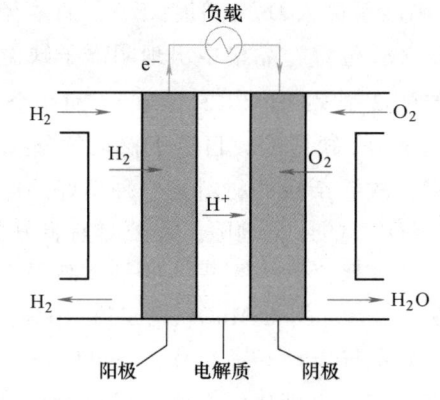

图 8-7 质子交换膜燃料电池的工作原理

由于受到质子交换膜的耐热制约,目前 PEMFC 的工作温度介于 70~100℃ 之间,一般低于 80℃。质子交换膜燃料电池完全反应后除了产生水和电之外,还会伴有热量的产生,为了保持燃料电池在低温(<80℃)下工作,必须进行冷却。另外,阴极产物水会以液态和气态的形式同时存在,这些产物将随阴极排气一同离开燃料电池。

2. 质子交换膜燃料电池的关键组件

质子交换膜燃料电池的电解质是固态高分子聚合物,PEMFC 的质子交换膜曾采用酚醛树脂磺酸膜、聚苯乙烯磺酸膜、聚三氟(α、β、β)苯乙烯磺酸膜以及全氟磺酸膜等,研究表明,聚全氟磺酸膜是目前最好的 PEMFC 电解质。

由于 PEMFC 是低温型燃料电池,其阴极与阳极反应均需借助催化剂加速电化学反应,通常采用纳米级铂金属作为催化剂。PEMFC 的电极采用碳载铂技术,并添加黏结剂与质子传导剂,涂布在气体扩散层或质子交换膜上,然后再通过热压的方法将气体扩散层与膜压合。这样，可以使铂浓缩附着在电极与膜的交界处而形成立体网络结构。气体扩散层由导电的多孔材料组成，起到支撑催化层、收集电流、传导气体和排出水等多重作用，从而实现反应气体和产物水在流场和催化层之间的再分配。

膜电极（Membrane Electrode Assembly，MEA）是 PEMFC 的心脏部位，MEA 是由氢阳极、质子交换膜和氧阴极热压而成的三合一组件。当 PEMFC 工作时，不仅需要有传输反应气和水的通道，还需要有质子和电子的传输通道，这就要求 MEA 组成部件的材料和结构能够满足相应的功能。根据不同的制备方法，MEA 可由 5 层或 3 层组成：5 层 MEA 是由 2 层气体扩散层与阴、阳极催化层以及质子交换膜制备而成的组合件；3 层 MEA 则仅包含阴、阳极催化层和质子交换膜，使用时再在 MEA 两侧加上气体扩散层。MEA 制备技术不但直接影响电池性能，而且对降低电池成本、提高电池比功率与比能量均至关重要。

PEMFC 双极板的两面分别附着阴极和阳极的气体扩散层，它具有进气导流与收集电流两项主要功能。目前广泛用作 PEMFC 双极板材料的有无孔石墨板、塑料碳板、表面改性金属板以及复合型双极板等，这些材料都具有阻气、导电、散热以及抗腐蚀等特性。

3. 质子交换膜燃料电池的特性

质子交换膜除了具有洁净无污染、能量转化效率高等燃料电池的一般特性外，还具有以下优点：PEMFC 的电解质是固体，内部唯一的液体为水；与其他类型的燃料电池相比，PEMFC 结构简单，便于制造，电池寿命长；与磷酸型燃料电池相比，质子交换膜燃料电池的工作温度较低（<80℃），因此余热利用价值低，然而低温工作也使其具有激活时间短的特性，可以在几分钟内达到满载。

质子交换膜的主要缺点如下：催化剂成本高；膜的供应商少，价格高；PEMFC 必须在水产生速率高于蒸发速率的状况下工作，以使薄膜保持充分含水状态，因此膜的水管理难度大；若燃料气体中含有 CO，催化剂会被 CO 毒化而失去催化活性。

目前，世界各大汽车厂相继投入大量资金进行 PEMFC 电动汽车的开发工作，各车厂的原型车也陆续在进行路测，预计在不久的将来可量产并成为主要的运输动力之一。此外，许多厂商正在积极研发容量从数百瓦到数百千瓦的针对不同场景所使用的电源产品。

8.3 燃料电池发电系统

燃料电池可以为用户提供所需电力，要达到这一目的，仅仅只有一个燃料电池是不够的，通常需要将若干个单体燃料电池组成燃料电池堆，再与一整套辅助装置构成一个复杂的燃料电池发电系统。本节在介绍燃料电池发电系统组成的基础上，着重介绍车用燃料电池系统、家用燃料电池系统、燃料电池发电站这三种最为常见的应用方式。

8.3.1 燃料电池发电系统的基本构成

如图 8-8 所示，燃料电池发电系统是由燃料预处理单元、燃料电池单元、直交流变换单元、热量管理单元以及控制单元构成的。

中低温燃料电池，例如 PEMFC 和 PAFC 所使用的燃料可以是纯氢，也可以是醇类或烃类。当以醇类或烃类为燃料时，必须先通过燃料重整改质器。燃料经过重整改质转化成氢气后再输入燃料电池；高温燃料电池，例如 SOFC 与 MCFC，由于其本身具有内重整能力，因

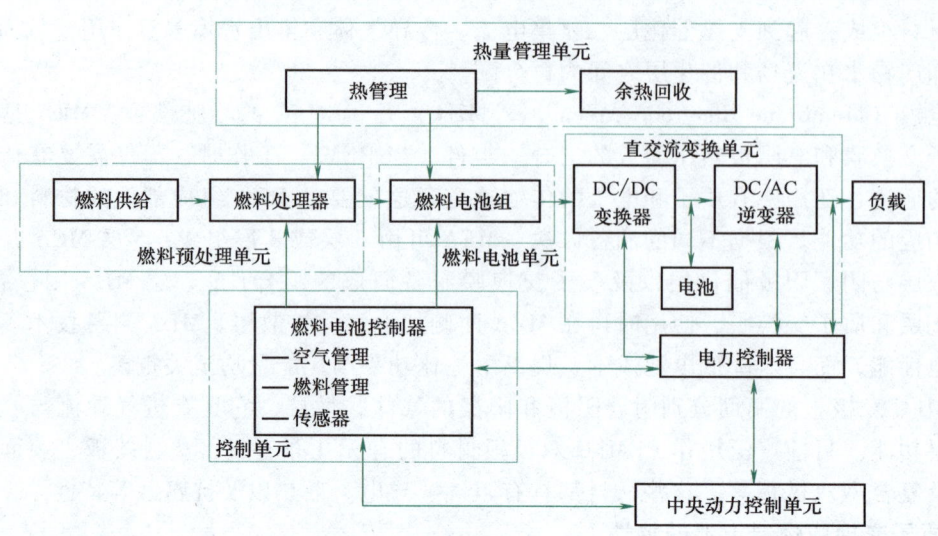

图 8-8　燃料电池发电系统的构成

此不必再设置燃料重整改质器,可以直接使用甲醇、天然气等碳氢气体燃料。

燃料电池与一般化学电池一样,都是输出直流电。对于直流电用户,必须加装直流/直流变换器(DC/DC Converter),而对于交流电用户或者需要并网的燃料电池发电站,则必须将直流电转换成交流电,也就是需要加装直流/交流逆变器(DC/AC Inverter)。

目前燃料电池的电能转换效率为 45%~60%,因此有近一半的化学能以热的形式释放,为了保持电池工作温度的稳定,还必须将这些废热排放或回收后加以利用。一般而言,中低温燃料电池大都通过冷却系统降温,而高温燃料电池,则是与其他发电装置组成复合发电循环系统,以提高燃料利用率及其系统发电效率。

燃料电池发电系统除了必须具备燃料预处理单元、燃料电池单元、直交流变换单元、热量管理单元之外,还要有燃料电池控制单元,这样才能对气、水、热、电进行管控,保证当用户负载发生变化时,其输出功率也会随之变化。下面主要介绍燃料电池发电系统的重要单元。

1. 燃料预处理单元

燃料预处理单元的主要作用是将系统初始燃料转化成燃料电池所需气体燃料。电池堆的工作温度越低,对燃料的要求条件就越苛刻,对燃料预处理的要求也就越高。例如,进入 PAFC 的燃料含氢比例必须很高,且一氧化碳含量必须低于 0.5%;而进入 PEMFC 的燃料必须脱除一氧化碳。

初始燃料需要进行脱硫、催化重整、CO 变换等处理流程。脱硫一般利用镍钼氧化物或钴钼氧化物作催化剂,将有机硫化物转化为硫化氢;催化重整是在有催化剂作用的条件下,将初始燃料中的烃类分子重整成氢气的过程;而除去 CO 一般直接利用水-气变换反应实现。燃料经过这些处理后,才可送入燃料电池进行发电。以磷酸型燃料电池(PAFC)为例,假定燃料是城市煤气,重整后的燃气约含 80% 的氢气和 20% 的二氧化碳。各个过程中的化学反应方程式如下:

脱硫	$R\text{-}SH+H_2 \longrightarrow R\text{-}H+H_2S$		(8-36)
	$H_2S+ZnO \longrightarrow ZnS+H_2O$		(8-37)
催化重整	$CH_4+H_2O \longrightarrow CO+3H_2$		(8-38)
CO 变换	$CO+H_2O \longrightarrow CO_2+H_2$		(8-39)
总反应	$CH_4+2H_2O \longrightarrow 4H_2+CO_2$		(8-40)

2. 热量管理单元

燃料电池在生产电力的同时，一定会伴有热量生成。如果这些热量不能及时从电池堆中释放出来，则可能导致燃料电池出现过热现象，或者在电池堆内不同部位出现较大温差，这对燃料电池堆的平稳运行非常不利。另外，从提高能量转换率考虑，这部分热量可加以回收利用。因此，热量管理单元在燃料电池发电系统中有着重要作用。低功率小型便携式 PEMFC 系统（如<100W）通常不需专门的冷却设备，可以通过电池堆结构设计，通过与周围环境产生的自然对流满足电池堆散热需求，实现既能够维持电池堆反应温度又不至于引发过热的目的。较大容量的低温 PEMPC 系统和中温 PAFC 系统，通常需要借助强制空气对流（风冷）或利用冷却液进行散热来控制电池温度，这就需要一些辅助设备（如鼓风机或泵）来使气体或液体流经冷却流道，相关辅助设备将消耗一部分燃料电池所产生的电能。高温燃料电池，如 MCFC 和 SOFC，由于工作温度高，其排放热量有很好的利用价值，可以用来对燃料和氧化剂进行预热，或为燃料的预处理提供热量（碳氢化合物的水气转换或重整制氢），剩余的热量还可用来生产蒸汽然后通过汽轮发电机进行二次发电，从而提高整个系统的发电效率。

3. 直交流变换单元

直交流变换单元主要有两个方面作用：一是对电力进行调节，即保证燃料电池系统输出电压稳定，几乎所有的燃料电池都要进行电力调节；二是对电力进行转换，即将燃料电池输出的直流电转换为交流电，对于用于小型便携式电子设备（笔记本计算机、摄像机等）的燃料电池发电系统，可以直接使用直流电，但对于燃料电池电站，电力转换是必要的。

（1）电力调节 在实际应用中，大多数情况下都要求供电系统能够在长时间内提供稳定的电压。然而，燃料电池的输出电压往往是不稳定的，在很大程度上取决于电池温度、反应气体压力和流速等工作条件。尤其是当负载变化加剧时，电压会随之大幅度变化。另外，即使燃料电池堆在设计时考虑到了用户对电压的要求，但设计电压也往往达不到用户特定应用的准确要求。为了解决这些问题，使得燃料电池系统能够输出稳定的直流电压，需要在电池堆和用户负载之间使用直流/直流变换器，它可以将一定范围内变化的输入电压（燃料电池堆电压）转化成某一固定且稳定的输出电压。这种转换需要消耗一部分功率。通常将直流/直流变换器的输出功率与输入功率的比值定义为其变换效率，一般 DC/DC 变换器的效率能够高于 85%。利用变换器可以提高电压也可以降低电压，通常用来提高电压。提高输出电压是以降低输出电流为代价的，比如一个变换效率为 90% 的 DC/DC 变换器，当将 10V 输入电压（电流 20A）升高到 20V 时，理论上能够输出的电流会下降到 9A。

（2）电力转换 如果燃料电池系统的用户是交流电用户或者当燃料电池产生的电力需要并入电网时，则需要将燃料电池堆的直流电转换成交流电。这一转换过程通常由 DC/AC 逆变器来完成。目前，DC/AC 逆变器的效率在 85% 以上。

4. 控制单元

燃料电池发电系统运行工况经常发生变化，特别是车用燃料电池，由于车辆频繁起动、加速、爬坡等，导致负荷变化较大。因此，必须对燃料电池系统运行工况进行实时监控，并根据负载变化情况实时调整，这就是控制单元（燃料电池控制器）的作用。同时控制器还包括燃料电池系统的启动程序、停车程序、故障检测程序等。控制器由多种传感元件（如温度、压力传感器）、执行元件（如电磁阀）和控制程序等构成，图 8-9 为燃料电池控制单元的主要功能。

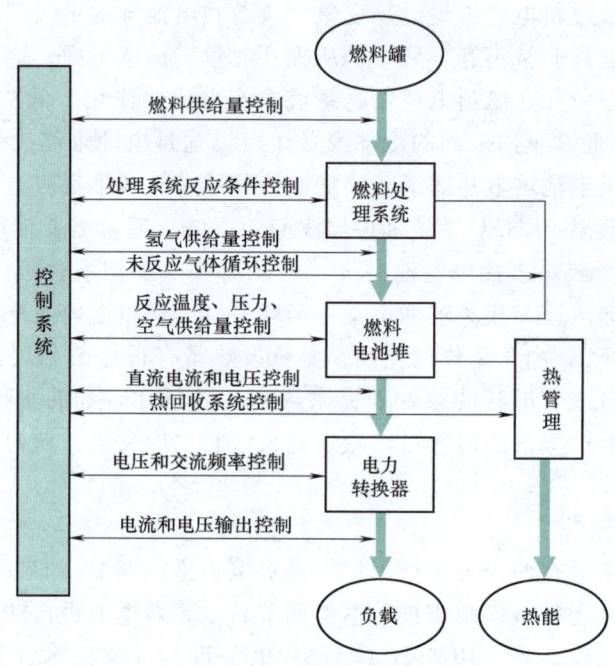

图 8-9　燃料电池控制单元的主要功能

在燃料电池系统中，各过程的响应时间有所不同，某些过程响应时间很短，比如电化学反应与 DC/AC 逆变器，而有些过程响应时间较长，如电池冷却和燃料重整过程。控制系统应能准确响应各种需求，并按照设计要求及时调整运行参数。

总之，燃料电池系统是一个具有多个子系统的复杂系统，需要有燃料电池控制器作为系统的"大脑"指挥各个子系统协作运行，以维持整个系统压力、温度、输出电压以及输出电流等参数的稳定。

8.3.2　车用燃料电池系统

由于化石能源短缺和大气污染等问题日益严重，人们将燃料电池开发转移到为汽车提供动力。燃料电池汽车相比普通纯电动汽车，功率更大，效率更高，而且续航有了极大提高，因此受到了人们的重视，几乎所有大型汽车制造厂商都在研发燃料电池汽车或摩托车，并已有示范车型（图 8-10）。燃料电池汽车目前多采用质子交换膜燃料电池（PEMFC），实践证明，PEMFC 不仅是人造卫星上可靠、高效的动力源，而且也很适合作为陆上交通工具的动力源。PEMFC 所使用的燃料包括氢气、甲醇、天然气等。

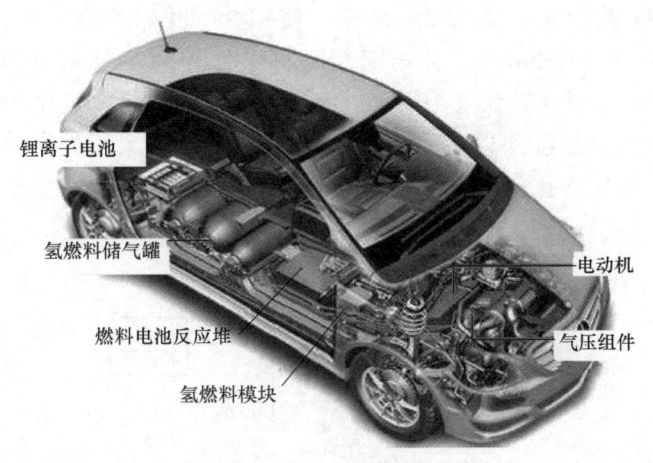

图 8-10 燃料电池汽车系统

拓展——混合动力汽车

燃料电池汽车的动力系统由质子交换膜燃料电池（PEMFC）、蓄电池、电动机和系统控制设备组成。燃料电池所生成的电能经过 DC/DC 变换器、DC/AC 逆变器等的变换，带动电动机工作，将电能转变为机械能为汽车提供动力。现代燃料电池汽车经常配有蓄电池与燃料电池互相配合使用：当燃料电池的输出功率大于汽车的需要时，多余电能可对蓄电池进行充电；当燃料电池的功率不能满足汽车加速、爬坡时，由蓄电池提供附加电能。

质子交换膜燃料电池因其突出优点在燃料电池电源领域有着重要地位，但成本高、寿命短等问题制约了其商业化进程。目前车用燃料电池的催化剂为 Pt/C，每千瓦用量为 0.3g，每辆燃料电池轿车的铂用量约为 15g，燃料电池客车的用量约为 30g，从而导致燃料电池成本居高不下。在车辆运行过程中，燃料电池需要经历频繁的变载工况，这会引起电池温度与湿度的变化，加速电催化剂的老化。目前电催化剂在低温下的反应动力学速度缓慢，尤其是在 0℃ 以下低温环境中起动燃料电池时，更需要提高燃料电池催化剂在低温下的活性。因此受动态工况、频繁起停、0℃ 以下储存等因素的影响，目前电池堆的寿命较短。针对以上问题，汽车用燃料电池系统的主要研究工作为通过调节组分以及改进制备方法提高催化剂的活性与利用率，研究低 Pt 催化剂、非 Pt 催化剂，降低膜电极上的铂载量。

8.3.3 家用燃料电池系统

燃料电池发电系统的出现和发展有望在不久的将来，把人类从火力发电的集中供电时代带入由燃料电池发电的分布式供电时代，这将是电力系统的一次革命。分散供电可以部分或全部取代以化石燃料为主的效率低、噪声大、污染严重的火力发电厂及其集中供电的方式，转而采用以中、小型燃料电池向家庭直接供电的新型方式。其优点非常明显：节约了变压器和远距离输电线的建造及维护费用，避免了输电过程中意外故障的影响、提高了发电效率和可靠性，减少了各类输电线路及电线杆等影响城市景观的设施，有利于保护环境。

现有的家用燃料电池系统通常直接以氢气为燃料，也有利用城市供应的天然气、煤气等转化富氢气体，并利用发电过程中产生的热量向用户供暖或供应热水。家用燃料电池系统目前已得到了各国的广泛重视。

早在 21 世纪初，加拿大的巴拉德公司就开发了家用燃料电池电源，其输出功率为

1.2kW，输出 22~50V 直流电，寿命为 1500h，使用 99.99% 的氢，尺寸仅为 56cm×25cm×33cm；美国的普拉格（Plug Power）公司则在同期开发出 5kW 燃料电池电源，其工作电压为 48V 或 120V 直流电，同样以氢气为燃料，且在 1m 远处噪声小于 60dB；在日本，燃料电池技术早已进入工厂、商业楼宇以及家庭中。图 8-11 所示的家用燃料电池系统，其大小与电冰箱相当，使用城市燃气重整制氢，然后进入燃料电池与空气中的氧气发生电化学反应，并可实现热电联供。

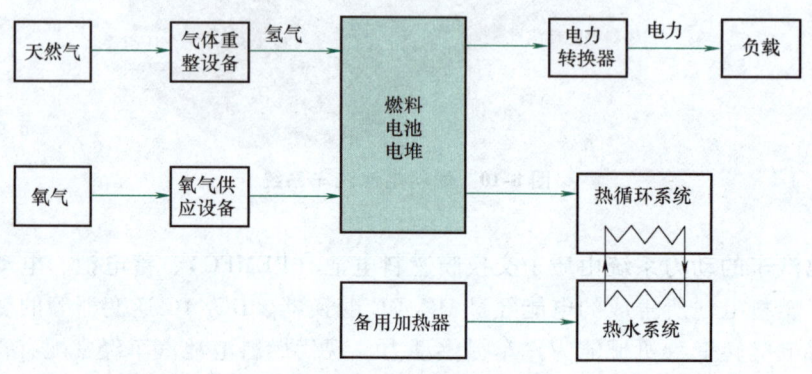

图 8-11 家用燃料电池系统

家用燃料电池技术正在逐渐成熟，相信在不远的将来，随着制氢技术和材料工艺的突破，家用燃料电池系统的性能必将更为优越，真正走进千家万户，助力各国早日跨入氢能时代。

8.3.4 燃料电池发电站

由于燃料电池成本高，且对燃料气体品质也有较高要求，因此始终未被用于大规模发电。但随着技术进步，已有燃料电池公司成功研制出可供实际使用的燃料电池示范发电站。与传统的火力发电技术相比，这种新型发电方式可以大幅度降低空气污染、提高效率。燃料电池发电技术具有以下特点：

1）由于燃料电池是直接将燃料的化学能转换为电能，中间不经过燃烧过程，即燃料电池不受卡诺循环的限制，可以获得更高的发电效率。

2）采用模块化结构，建厂时间短。由于燃料电池发电系统没有常规火电系统那样复杂的锅炉等庞大设备，用水量也很少，所以占地面积和工程量大大减少，再加上燃料电池为模块化结构，设计、制造、组装都十分方便，建设周期短，扩建也容易，可以完全根据实际需要分期筹建。

3）环保问题少。与传统的燃煤、燃油或者是天然气火力发电厂相比，燃料电池没有燃烧过程，没有锅炉及汽轮机，转动部件少，因此污染少、噪声小。由于反应产物为 H_2O 和 CO_2，包括 NO_x、SO_x 以及粉尘在内的有害物质向大气排放也比传统电厂少得多。

4）燃料电池的动态变化特性好，在数秒内就可以从最低功率变换到额定功率。

燃料电池发电站一般采用以下三种燃料电池：熔融碳酸盐燃料电池、固体氧化物燃料电池、质子交换膜燃料电池。目前美国、日本和欧洲具有一定的研发优势。

1. MCFC 发电系统实例

美国 Fuel Cell Energy 公司开发了 DFC300、DFC1500、DFC3000 系列的 MCFC 系统，容量分别为 250kW、1MW 和 2MW，效率可达 47%~50%。截至 2007 年在美国安装接近 40 台发电装置，装机总量达到 11.5MW。

德国 MTU 公司利用美国 Fuel Cell Energy 公司的电池堆组装成其燃料电池发电站，如图 8-12 所示，其发电效率达到 47%。自 2008 年起，德国 MTU 公司已经在欧洲安装了超过 20 台该类型机组，主要应用在工厂、医院、沼气工程、生物制气装置、分布式供热系统和计算中心。

2. SOFC 发电系统实例

三菱重工利用 SOFC 和 MGT（微燃气轮机）组成了 200kW 联合发电系统（图 8-13），该系统于 2013 年 3 月投入运行。该联合发电系统使用城市燃气作为燃料电池的燃料，再将燃料电池发电后所排放的高温废气送入 MGT 进行二次发电利用。

图 8-12　MCFC 发电站

图 8-13　SOFC-MGT 联合发电系统

3. PEMFC 发电系统实例

为了实现"双碳"目标，我国开始加快构建新型电力系统。2022 年 7 月 6 日，安徽六安兆瓦级氢能综合利用示范站成功投运，这一项目标志着国内首个兆瓦级电解纯水制氢、高压储氢和氢燃料电池发电系统的全链条贯通（图 8-14）。该示范站是首个将兆瓦级质子交换膜燃料电池发电系统应用于工程的案例，配备了额定功率 200kW 的国内最大单套发电模块，6 个模块协同运行，最高发电功率可达到 1.2MW。该项目采用创新的零碳循环设计理念，实现从绿电（光伏、风电）到绿氢再到绿电，提高了可再生能源的利用率，能实现削峰填谷、热电联供等功能，每年可节约标准煤约 1091t，减少二氧化碳排放约 1889t。

图 8-14　PEMFC 发电系统

8.4　燃料电池联合循环发电

8.4.1　燃料电池联合循环发电概述

燃料电池联合循环发电是指通过燃料电池与其他能源动力转换设备的合理耦合，充分利用燃料电池的余热以及未参与电化学反应的剩余燃料，将其进一步转化为电能。该系统不仅继承了燃料电池高效、清洁等特点，同时还进一步提高了总能系统的能源转换效率。

一般情况下，适用于联合循环发电系统的燃料电池类型为高温燃料电池，表 8-1 为不同类型燃料电池的工作温度，通过表中信息可以发现，熔融碳酸盐燃料电池和固体氧化物燃料电池的工作温度为 600~1000℃，属于高温燃料电池，特别适用于联合循环发电系统。

表 8-1 不同类型燃料电池的工作温度

燃料电池类型	碱性燃料电池	磷酸型燃料电池	质子交换膜燃料电池	熔融碳酸盐燃料电池	固体氧化物燃料电池
工作温度/℃	60~120	180~220	60~120	600~700	600~1000

燃料电池联合循环发电系统的主要优点如下：

1）燃料电池联合循环发电系统进一步挖掘了燃料电池系统中的可用余能，进一步提升了系统的能源转换效率。

2）燃料电池本身就是环境友好型发电设备，燃料电池联合循环发电系统进一步回收燃料电池排放产物，降低了对环境的影响，属于环境友好型发电方式。

3）燃料电池联合循环发电系统除可利用氢气作为燃料外，还可以利用天然气、煤气等作为燃料，燃料适应性广。

4）燃料电池联合循环发电系统多采用模块化结构设计，可并入电网使用，也可独立运行。

8.4.2 燃料电池联合循环发电系统

本小节主要介绍两种典型的燃料电池联合循环发电系统，这两种典型系统的区别在于能量回收系统的组成不同：第一种系统的能量回收系统由锅炉、汽轮机、发电机组成，称为燃料电池-汽轮机联合循环发电系统；第二种系统的能量回收系统由燃气轮机（或内燃机）、余热锅炉、汽轮机、发电机组成，称为燃料电池-燃气轮机联合循环发电系统。

燃料电池-汽轮机联合循环发电系统如图 8-15 所示，燃料预处理系统除去燃料中的杂质，清洁燃料进入燃料电池本体系统，与空气发生电化学反应，产生系统大部分的电能，通过直交流变换将直流电转换成交流电，实现向外界供电。燃料电池的高温排气进入锅炉将水加热成蒸汽，蒸汽进入汽轮机膨胀做功，带动发电机发电。

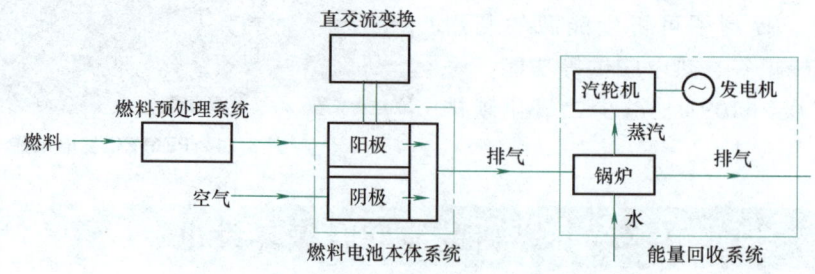

图 8-15 燃料电池-汽轮机联合循环发电系统

燃料电池-燃气轮机联合循环发电系统如图 8-16 所示，燃料电池的高温排气进入燃气轮机或内燃机膨胀做功，带动发电机发电。燃气轮机或内燃机排气进入余热锅炉将水加热成蒸汽，蒸汽进入汽轮机膨胀做功，带动发电机发电。该系统运用了三种主要装置：燃料电池、汽轮机以及燃气轮机，从而实现燃料的高效利用。

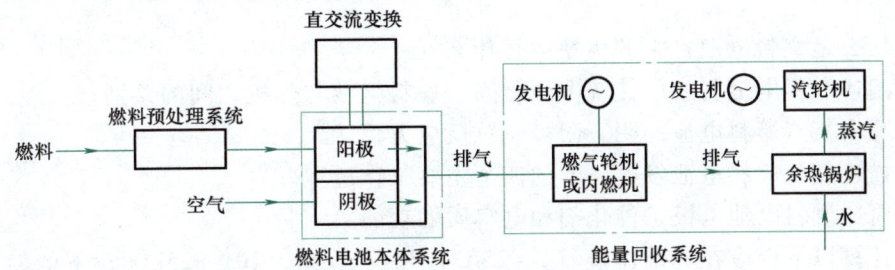

图 8-16　燃料电池-燃气轮机联合循环发电系统

8.4.3　整体煤气化燃料电池联合循环发电技术

燃料电池还可以与煤气化技术组合成整体煤气化燃料电池联合循环发电技术。我国的火力发电处于主导地位，其中，以煤炭作为燃料的发电厂在数量上与发电量上遥遥领先。以煤炭为基础的发电方式在未来相当长时间内仍将会占据主流，由此带来的环境问题不容忽视。整体煤气化燃料电池联合循环发电技术，就是在这个背景下兴起的一种以先进技术手段利用传统能源的清洁发电技术。

整体煤气化燃料电池联合循环发电系统如图 8-17 所示，该系统由煤炭气化装置和燃料电池系统构成。其中，煤炭气化是第一步，首先将煤炭加工成水煤浆，再以水煤浆为原料在气化炉中气化为煤气，煤气在冷却器中被冷却水冷却后进入燃料预处理系统中，燃料预处理系统可以有效除去煤气中的硫化物、氮化物和粉尘等杂质，从而使之变为清洁的气体燃料。随后，煤气作为燃料被送入燃料电池中与空气发生电化学反应产生电能，燃料电池的高温排气进入燃气轮机或内燃机膨胀做功，带动发电机发电。燃气轮机或内燃机出口的排气进入余热锅炉中将水加热成蒸汽，蒸汽进入汽轮机膨胀做功，带动发电机发电，进一步将热能转化为电能。

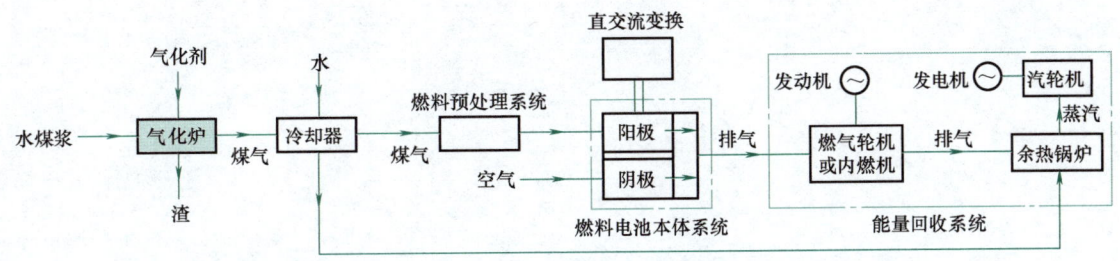

图 8-17　整体煤气化燃料电池联合循环发电系统

整体煤气化燃料电池联合循环发电技术是结合了煤气化技术和燃料电池技术而产生的大型复合型发电技术。它旨在结合二者优点，尽可能提高总能系统的发电效率，从而实现煤炭的清洁利用。

思考题与习题

8-1 什么是燃料电池？它的优缺点是什么？

8-2 阐述燃料电池与一般传统电池之间、燃料电池与热机之间的差别。

8-3 写出氢氧燃料电池的阴、阳极及总反应方程式。

8-4 描述氢氧燃料电池发电环节的四个主要工作过程。

8-5 简述燃料电池电极、催化剂和电解质的功能。

8-6 计算以下反应在标准温度（$T=25℃$）和压力（$p=101.325\text{kPa}$）下的燃料电池的理论电动势：

$$H_2(g) + \frac{1}{2}O_2(g) \longrightarrow H_2O(l)$$

其中，燃料为纯氢气，氧化剂为空气，空气中氧的摩尔分数为 0.21，已知标准状态下氢氧燃料电池的吉布斯自由能变 $\Delta G^0 = -237.3\text{kJ/mol}$，法拉第常数 $F=96485\text{C/mol}$，摩尔气体常数 $R=8.314\text{J/(mol·K)}$，g、l 分别表示气态、液态。

8-7 燃料电池根据所用电解质的不同可分为哪几种？分别写出这几种燃料电池的阴、阳极及总反应方程式。

8-8 在常见的燃料电池中，属于高温、中温和低温燃料电池的分别是哪几种？

8-9 分别简述碱性燃料电池、磷酸型燃料电池、熔融碳酸盐燃料电池、固体氧化物燃料电池、质子交换膜燃料电池的优缺点。

8-10 描述固体氧化物燃料电池电解质中 O^{2-} 传递的工作原理。

8-11 燃料电池发电系统通常包括哪些子系统？

8-12 说出燃料电池发电系统中直交流变换单元的主要功能。

8-13 简要画出以天然气为燃料、热电联供家用燃料电池系统的示意图。

8-14 简述燃料电池联合循环发电系统的概念、意义及优点。

8-15 通常适用于燃料电池联合循环的是哪两种燃料电池类型？并请简单说明原因。

参 考 文 献

[1] bp. bp Statistical review of world energy 2022 [R]. London: bp, 2023.

[2] The National Aeronautics and Space Administration (NASA). Global temperature [EB/OL]. (2024-01-08) [2024-05-26]. https://climate.nasa.gov/vital-signs/global-temperature/? intent=121.

[3] Intergovernmental Panel on Climate Change. Climate change 2023: synthesis report [R]. Geneva: IPCC, 2023.

[4] Global Monitoring Laboratory (GML) of the National Oceanic and Atmospheric Administration (NOAA). Trends in atmospheric carbon dioxide (CO_2) [EB/OL]. (2023-08-19) [2024-05-26]. https://gml.noaa.gov/ccgg/trends/data.html.

[5] 周明胜,田民波,俞冀阳. 核能利用与核材料 [M]. 北京:清华大学出版社,2016.

[6] 冯飞,张蕾. 新能源技术与应用概论 [M]. 3版. 北京:化学工业出版社,2023.

[7] 郝琛,李富. 核反应堆物理计算不确定性分析 [M]. 北京:清华大学出版社,2022.

[8] 潘良明. 核反应堆热工水力学基础 [M]. 重庆:重庆大学出版社,2020.

[9] 俞冀阳. 反应堆热工水力学 [M]. 3版. 北京:清华大学出版社,2018.

[10] 孙中宁. 核动力设备 [M]. 2版. 哈尔滨:哈尔滨工程大学出版社,2017.

[11] 刘永阔,晁楠. 压水堆核岛主系统安装与调试 [M]. 哈尔滨:哈尔滨工程大学出版社,2020.

[12] 阎昌琪. 核反应堆工程 [M]. 3版. 哈尔滨:哈尔滨工程大学出版社,2020.

[13] 张建民. 核反应堆控制 [M]. 2版. 北京:中国原子能出版社,2016.

[14] 张东辉,刘一哲,师泰,等. 核反应堆安全分析 [M]. 北京:北京理工大学出版社,2022.

[15] 朱继洲,单建强. 核反应堆安全分析 [M]. 3版. 西安:西安交通大学出版社,2018.

[16] 陈玉清,张龙飞,龚军军. 核安全概论 [M]. 北京:国防工业出版社,2020.

[17] 丁锡嘉,周涛,张家磊,等. 小型模块化核反应堆技术安全性研究 [J]. 科技创新与应用,2019 (34):19-21.

[18] 俞冀阳. 核电厂安全与事故分析 [M]. 北京:中国环境出版集团,2021.

[19] 过惠平. 原子核物理导论 [M]. 西安:西北工业大学出版社,2017.

[20] 郭鹏程,吴静,姚列明. 核聚变原理及前景展望 [J]. 物理通报,2023 (1):146-149.

[21] 谢华生. 聚变点火原理概述 [M]. 合肥:中国科学技术大学出版社,2023.

[22] 韦森,等. 托卡马克:第4版 [M]. 王文浩,等译. 北京:清华大学出版社,2021.

[23] 李建刚,武松涛. 托卡马克聚变堆研究进展 [M]. 上海:上海交通大学出版社,2023.

[24] 原鲲,王希麟. 风能概论 [M]. 北京:化学工业出版社,2010.

[25] 肖松,刘艳娜. 风资源评估及风电场选址实例 [M]. 沈阳:东北大学出版社,2016.

[26] 郭新生. 风能利用技术 [M]. 北京:化学工业出版社,2007.

[27] 王亚荣. 风力发电与机组系统 [M]. 北京:化学工业出版社,2014.

[28] 周双喜,鲁宗相. 风力发电与电力系统 [M]. 北京:中国电力出版社,2011.

[29] 刘国庆,吴建国,申磊,等. 电池储能系统综述 [J]. 工业控制计算机,2013,26 (8):104-106.

[30] 吴福保,杨波,叶季蕾. 电力系统储能应用技术 [M]. 北京:中国水利水电出版社,2014.

[31] 王育飞,王辉,符杨,等. 储能电池及其在电力系统中的应用 [J]. 上海电力学院学报,2012,28 (5):417-422.

[32] 王勃,王铮,刘纯,等. 风力发电功率预测技术与应用 [M]. 北京:中国电力出版社,2019.

[33] 沈桐立. 数值天气预报 [M]. 2版. 北京:气象出版社,2015.

[34] 王飞,甄钊,刘兴杰,等. 新能源发电功率预测 [M]. 北京:科学出版社,2020.

[35] 王晓暄. 新能源概述：风能与太阳能 [M]. 西安：西安电子科技大学出版社，2015.
[36] 肖刚. 太阳能 [M]. 北京：中国电力出版社，2019.
[37] 魏舒怡，张秀霞，王二垒. 太阳能工程光学 [M]. 北京：北京邮电大学出版社，2019.
[38] 郑瑞澄. 太阳能利用技术 [M]. 北京：中国电力出版社，2018.
[39] 张华. 太阳能利用科学 [M]. 北京：机械工业出版社，2021.
[40] 中国气象局. 2023年中国风能太阳能资源年景公报 [R]. 北京：中国气象局，2024.
[41] 孙如军，卫江红. 太阳能热利用技术 [M]. 北京：冶金工业出版社，2019.
[42] 张立琛. 太阳能利用 [M]. 北京：化学工业出版社，2022.
[43] 董双岭. 太阳能光热光电的高效吸收与传递 [M]. 北京：科学出版社，2019.
[44] 高援朝，曹国璋，王建新. 太阳能光热利用技术 [M]. 北京：金盾出版社，2015.
[45] 何雅玲，邱羽，陶于兵，等. 太阳能光热发电原理、技术及数值分析 [M]. 北京：科学出版社，2023.
[46] 邵理堂，刘学东，孟春站，等. 太阳能热利用技术 [M]. 北京：化学工业出版社，2021.
[47] 代彦军，葛天舒. 太阳能热利用原理与技术 [M]. 上海：上海交通大学出版社，2018.
[48] 许宁. 太阳能电池材料与应用 [M]. 北京：科学出版社，2022.
[49] 杨金焕. 太阳能光伏发电应用技术 [M]. 3版. 北京：电子工业出版社，2017.
[50] 袁振宏，吴创之，马隆龙. 生物质能利用原理及技术 [M]. 北京：化学工业出版社，2016.
[51] ANTAR M, LYU D M, NAZARI M, et al. Biomass for a sustainable bioeconomy: an overview of world biomass production and utilization [J]. Renewable and Sustainable Energy Reviews, 2021, 139: 110691.
[52] 袁振宏. 生物质能资源 [M]. 北京：化学工业出版社，2020.
[53] 田宜水，姚向君. 生物质能清洁转化利用技术 [M]. 2版. 北京：化学工业出版社，2022.
[54] SUSASTRIAWAN A A P, SAPTOADI H. Small-scale downdraft gasifiers for biomass gasification: a review [J]. Renewable and Sustainable Energy Reviews, 2017, 76: 989-1003.
[55] NEVES D, THUNMAN H, MATOS A, et al. Characterization and prediction of biomass pyrolysis products [J]. Progress in Energy and Combustion Science, 2011, 37 (5): 611-630.
[56] 丁亮. 生物质气化反应特性研究 [M]. 北京：中国石化出版社，2020.
[57] 骆仲泱，王树荣，王琦，等. 生物质液化原理及技术应用 [M]. 北京：化学工业出版社，2013.
[58] 陆强，赵雪冰，郑宗明. 液体生物燃料技术与工程 [M]. 上海：上海科学技术出版社，2013.
[59] 赵海，许敬亮. 燃料乙醇生产制备技术 [M]. 北京：化学工业出版社，2020.
[60] 张晓东. 生物质发电技术 [M]. 北京：化学工业出版社，2020.
[61] 李大中. 生物质发电技术与系统 [M]. 北京：中国电力出版社，2014.
[62] 蔡正敏，李刚，陈闯. 肯尼亚地热电站环境因素监测 [J]. 中国科技信息，2018 (21): 79-80.
[63] 王振，彭彬彬，李子祥，等. 碳中和目标下我国地热发电的现状与展望 [J]. 科技资讯，2023, 21 (14): 112-115.
[64] 葛鹏超. 生命的能源：地热能 [M]. 北京：北京工业大学出版社，2015.
[65] 王军. 地热资源特点与可持续开发利用 [J]. 建材与装饰，2016 (37): 188-189.
[66] 郭清海. 岩浆热源型地热系统及其水文地球化学判据 [J]. 地质学报，2020, 94 (12): 3544-3554.
[67] 格兰特，比克斯勒. 热储工程学 [M]. 王贵玲，蔺文静，译. 北京：测绘出版社，2013.
[68] 徐世光，郭远生. 地热学基础 [M]. 北京：科学出版社，2009.
[69] 袁清，刘金侠. 常规地热能开发技术应用与实践 [M]. 北京：中国石化出版社，2015.
[70] DIPIPPO R. 地热发电厂：原理、应用、案例研究和环境影响 第3版 [M]. 马永生，刘鹏程，李瑞霞，等译. 北京：中国石化出版社，2016.
[71] 骆超，黄丽嫦. 中低温地热发电技术研究 [J]. 科学，2012, 64 (1): 24-28.
[72] 骆超，马伟斌. 单级和两级地热发电系统能量转换分析 [J]. 科技导报，2014, 32 (14): 35-41.

[73] 陈卫营,薛国强,赵平,等. 西藏羊八井地热田 SOTEM 探测及热储结构分析[J]. 地球物理学报,2023,66(11):4805-4816.

[74] 何一鸣,钱显毅,刘龙春. 可再生能源及其发电技术[M]. 北京:北京交通大学出版社,2013.

[75] 韩家新. 中国近海海洋:海洋可再生能源[M]. 北京:海洋出版社,2015.

[76] 张浩东. 浅谈中国潮汐能发电及其发展前景[J]. 能源与节能,2019(5):53-54.

[77] 杨晓占. 新能源与可持续发展概论[M]. 重庆:重庆大学出版社,2019.

[78] 胡聪,毛海英,尤再进,等. 中国海域波浪能资源分布及波浪能发电装置适用性研究[J]. 海洋科学,2018,42(3):142-148.

[79] 肖曦,摆念宗,康庆,等. 波浪发电系统发展及直驱式波浪发电系统研究综述[J]. 电工技术学报,2014,29(3):1-11.

[80] 肖钢,马强,马丽. 海洋能:蓝色的宝藏[M]. 武汉:武汉大学出版社,2015.

[81] 国家海洋技术中心. 中国海洋能技术进展 2014[M]. 北京:海洋出版社,2014.

[82] 张继生,唐子豪,钱方舒. 海洋温差能发展现状与关键科技问题研究综述[J]. 河海大学学报(自然科学版),2019,47(1):55-64.

[83] 侯明,衣宝廉. 燃料电池技术发展现状与展望[J]. 电化学,2012,18(1):1-13.

[84] 刘畅,林汉辰,史陈芳达,等. 中国氢燃料电池汽车市场发展现状及展望[J]. 南方能源建设,2024,11(2):162-171.

[85] FERRIDAY T B, MIDDLETON P H. Alkaline fuel cell technology:a review[J]. International Journal of Hydrogen Energy,2021,46(18):18489-18510.

[86] TIMURKUTLUK B, TIMURKUTLUK C, MAT M D, et al. A review on cell/stack designs for high performance solid oxide fuel cells[J]. Renewable and Sustainable Energy Reviews,2016,56:1101-1121.

[87] 王洪建,程健,张瑞云,等. 质子交换膜燃料电池应用现状及分析[J]. 热力发电,2016,45(3):1-7.

[88] 国家能源局. 新型电力系统发展蓝皮书[EB/OL]. (2023-06-02)[2024-05-26]. https://www.nea.gov.cn/2023-06/02/c_1310724249.htm.

[89] 中国电机工程学会. 中国电机工程学会专题技术报告 2018[M]. 北京:中国电力出版社,2018.

天工讲堂 小程序

微信扫码直接进入小程序 »

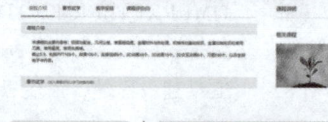
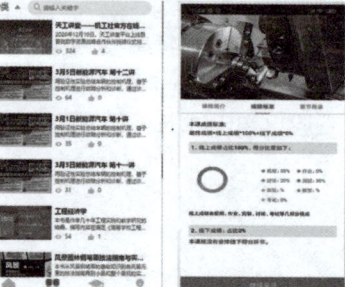

平台介绍

"天工讲堂"是机械工业出版社打造的官方知识学习平台，是以数字产品为核心、以技能学习为特色、以提升学生专业知识水平和技能专长为目标、以云服务的方式构建的专属在线教学云平台，可用于开展线上线下混合教学。

荣誉与认证

国家新闻出版署2019年度数字出版精品遴选推荐计划

中国出版协会2020年出版融合创新优秀案例暨出版智库推优

教育部移动教育APP备案

软件著作权登记证书

信息网络安全二级认证

平台功能特点

微信小程序端可搜索并直接打开"天工讲堂"，方便用户浏览、搜索、学习。一书一空间的设计理念，涵盖了图书所有数字化资源，方便教师或学生检索或获取。学生可在微信小程序中随时随地利用碎片化时间学习。